HISTOIRE PARLEMENTAIRE

DE LA

RÉVOLUTION FRANÇAISE,

OU

JOURNAL DES ASSEMBLÉES NATIONALES,

DEPUIS 1789 JUSQU'EN 1815.

PARIS. — Imprimerie d'Adolphe EVERAT et C⁰,
rue du Cadran, 16.

HISTOIRE PARLEMENTAIRE

DE LA

RÉVOLUTION FRANÇAISE,

OU

JOURNAL DES ASSEMBLÉES NATIONALES

DEPUIS 1789 JUSQU'EN 1815,

CONTENANT

La Narration des événemens; les Débats des Assemblées; les discussions des principales Sociétés populaires, et particulièrement de la Société des Jacobins: les Procès-Verbaux de la Commune de Paris, les Séances du Tribunal révolutionnaire; le Compte-Rendu des principaux procès politiques; le Détail des budgets annuels; le Tableau du mouvement moral, extrait des journaux de chaque époque, etc.; précédée d'une Introduction sur l'histoire de France jusqu'à la convocation des États-Généraux;

PAR P.-J.-B. BUCHEZ ET P.-C. ROUX.

TOME TRENTE-CINQUIÈME.

PARIS.

PAULIN, LIBRAIRE,
RUE DE SEINE-SAINT-GERMAIN, N° 33.

—

M. DCCC. XXXVII.

NOTE ADDITIONNELLE

AU TRENTE-TROISIÈME VOLUME.

Nous recevons de M. Hortensius de St-Albin une réclamation relative à un passage de l'*Histoire parlementaire* à laquelle est jointe une lettre de son père ; nous nous empressons d'insérer l'une et l'autre, dans l'intérêt de la vérité.

« Messieurs,

» Dans l'un des derniers volumes de votre *Histoire parlementaire*, après avoir rendu compte des séances de la Convention et de celles des Jacobins, du mois de prairial an II, vous croyez devoir devancer les faits thermidoriens, et même post-thermidoriens, pour rattacher à cette première époque une citation relative à mon père. Vous êtes des observateurs trop fidèles et trop rigoureux de la chronologie, pour que je veuille contrarier cette anticipation.

» Mais ce que vous me permettrez de vous rappeler, c'est que l'auteur auquel vous empruntez quelques passages sur mon père fut l'un de ces hommes qui, mus par leur passion contre-révolutionnaire, n'eurent jamais la faculté d'écrire quelques lignes *véridiques*, quoique Nougaret lui-même, puisque vous l'avez nommé, en ait beaucoup écrit qu'il a appelées *historiques*. A qu'elles sources d'ailleurs ce Nougaret a-t-il puisé ses autorités ? Vous le savez, il écrivait sous la réaction et pour la réaction de l'an V, et il a pris ses textes dans les écrits de la réaction de l'an III. Nous verrons sans doute dans la suite de votre intéressant travail l'histoire de ces deux époques si déplorables, où les partis politiques, dans leurs déchaînemens, se sont tour à tour renvoyé les plus horribles calomnies ; les caractères les plus purs, les ames les plus généreuses pouvaient-ils en être préservés ? Mais l'homme de bien qui a terrassé, il y a quarante-quatre ans, les plus puissantes inimitiés n'a pas besoin aujourd'hui d'entreprendre de nouvelles réfutations...

» Et quelle est la brochure spéciale à laquelle s'était adressé Nougaret lui-même pour autoriser les assertions que vous avez répétées dans votre ouvrage ? Cette brochure *anonyme*, et sans responsabilité d'auteur, n'était autre chose que l'œuvre de sectionnaires effrénés voués à la réaction de l'an III, à la tête desquels se trouvait un homme plus violent que tous, parce qu'il avait été, dans le jugement même qui acquitta mon père et ses dix-sept coaccusés, le 2 thermidor de l'an II, *arrêté séance tenante et conduit à la Conciergerie, comme prévenu de fausses dépositions dans l'affaire*. (Voir le *Moniteur*, 7 thermidor an II.) Cette œuvre de vengeance eut encore pour coopérateur le nommé *Lamotte*, dit *Collier*, condamné aux galères perpétuelles par arrêt du parlement du 14 juillet 1786. Ce personnage n'avait été arrêté par le comité de salut public, en l'an II, que comme un *grand coupable de tous les temps et de tous les régimes*. Le forçat *non-libéré* ne pardonna pas au fonctionnaire chargé de l'ordre du gouvernement d'avoir fait son devoir (il est vrai que ce fonctionnaire était mon père), et c'est ainsi que Lamotte combina et rédigea, de concert avec les plus furieux réacteurs, le libelle où Nougaret est allé chercher de prétendus faits ou actes, produit de l'imagination satanique du fabricateur éhonté de la trop célèbre affaire du collier. Depuis, et trente-un ans après son arrestation, le même Lamotte, dont la peine était prescrite par le laps de sa contumace, mais qui n'avait jamais été réintégré dans aucuns droits civils, crut pouvoir recommencer ses machinations contre d'estimables citoyens et contre mon père, et ressusciter les vieilles calomnies contenues dans le pamphlet de l'an III. Mais cette tentative de haine et de cupidité échoua devant la justice. Elle fut flétrie comme elle méritait de l'être. Lamotte fut itérativement condamné par tous les tribunaux...

» Voilà, messieurs, la vérité, la vérité tout entière sur la citation empruntée par vous à Nougaret. Vérité, impartialité, justice, vous le savez mieux que personne, tels sont les premiers devoirs de l'historien. Au milieu de malentendus suscités dans la presse périodique, en 1833, quelques journaux des départemens, notamment *le Patriote de Saône-et-Loire*, *le Patriote de la Meurthe*, *le Précurseur de Lyon*, s'étant trouvés les organes des erreurs et des odieuses méprises qui motivent aujourd'hui ma réclamation près de vous, mon père leur fit la réponse suivante. Tous s'empressèrent de l'insérer, et elle mérita les hauts suffrages des amis comme des ennemis. Cette lettre est celle que j'ai l'honneur de vous adresser. C'est aussi une pièce historique, et qu'à part même le sentiment de la tendresse filiale, j'ose croire n'être pas indigne d'être enregistrée dans vos annales parlementaires ; elle y remplira une lacune que vous auriez été peinés d'y laisser.

» HORTENSIUS DE SAINT-ALBIN. »

A messieurs les rédacteurs du *Précurseur de Lyon*, du *Patriote de Saône-et-Loire*, du *Patriote de la Meurthe*.

« Sans vous connaître, monsieur, et sans être connu de vous, j'ai été gratuitement attaqué dans votre journal. Je commence par déclarer que vos citations, rapportées du *Moniteur* de l'an II, présentées isolément et hors de l'encadrement des faits, sont altérées, torturées dans leur application, fausses par leurs réticences ; je déclare ensuite, avec preuves authentiques, que ces citations évoquées de 93, c'est-à-dire après quarante ans, et que les conséquences qu'on en voulait tirer ont été, dès cette époque, *for-*

mellement détruites par la justice. D'abord vengé par les autorités administratives contemporaines, j'ai été encore, très-précisément, sur les faits même allégués dans votre évocation surannée ; j'ai été, dis-je, *acquitté par le tribunal révolutionnaire le 2 thermidor de l'an II* ; et je n'ai pas été seulement acquitté par ce terrible tribunal, avec les malheureux patriotes auxquels on m'avait associé, mais encore le dénonciateur, qui sous l'action de Robespierre avait cru nous immoler, a été, dans la même audience, et aux termes du même jugement, *arrêté séance tenante comme prévenu de fausses dépositions dans l'affaire, et a été de suite conduit à la Conciergerie* (Voir le *Moniteur* dudit jour, dernier paragraphe du jugement.) Ainsi, monsieur, *c'est la chose jugée elle-même que vous avez attaquée en attaquant mon honneur.*

» Si j'avais l'ambition de me produire comme l'une des victimes de la terreur, je pourrais n'être pas sans quelque titre dans ce genre, car mon incarcération est antérieure au 9 thermidor, et elle eut lieu sur la motion spéciale de Robespierre, qui me qualifiait de *jeune rejeton de la faction Danton et d'Orléans.* Il m'accusait particulièrement d'avoir voulu détourner le glaive de la tête de ceux qu'il appelait *des scélérats.* Il était très-vrai que j'étais très-accusable sous ce rapport. Oui, sans doute, j'aurais voulu au péril de ma vie, je le proclame encore aujourd'hui, j'aurais voulu sauver celle de Danton, de Camille Desmoulins et de tant d'autres mémorables et regrettables patriotes, sacrifiés dans cet horrible pêle-mêle, dont les spectateurs, à la vue du fatal tombereau, s'écrièrent avec désespoir que *c'était le tombeau de l'esprit et du patriotisme!* Quel est le citoyen d'ailleurs qui, portant un cœur d'homme, pouvait rester insensible en présence d'une pareille tragédie? Comment ne pas frémir des désastres qui devaient suivre? Comment ne pas voir dès ce moment la ruine incessante, inévitable de la République, lorsque ses premiers défenseurs passaient leur temps à se dévorer les uns les autres?

» Ce qui m'est personnel dans cette époque a même été considéré déjà par l'histoire comme n'étant pas indigne de mention ;

car plusieurs écrivains ont considéré mon acquittement par le tribunal révolutionnaire comme une circonstance frappante qui avait indiqué l'affaiblissement du pouvoir de Robespierre. Ils ont cru y entrevoir comme un premier soupir du 9 thermidor. Robespierre dit aux Jacobins, le soir de mon acquittement : « On » parle de ma puissance, et je n'ai pas eu celle de faire tomber » sous le glaive des lois la tête d'un jeune rejeton de la faction » Danton ! » Je fus effectivement arrêté, remis à la Conciergerie, d'où je ne suis sorti qu'après le 9 thermidor par l'office du représentant du peuple, Legendre, le fidèle ami de Danton, et qui avait été envoyé par la Convention nationale à la Conciergerie pour opérer l'élargissement des prisonniers politiques. Legendre fit cette opération généreuse avec une grandeur et, si l'on peut ainsi dire, avec une largeur qui seule peut finir les troubles civils. J'en raconterai les procédés simples et politiques. Ils pourraient être un modèle de conduite pour les vainqueurs qui, dans les révolutions, se trouvent un moment les plus forts, et à qui la destinée remet des prisonniers sous leurs verrous.....

» Voilà, monsieur, des faits pour ce qui précède le 9 thermidor. Quant à ceux qui suivent cette journée qui aurait pu fixer le sort de la France, ils appartiennent à la *réaction de l'an III*. Vous n'attendez pas que j'entre en explication sur les tourmens que j'ai pu éprouver de cette réaction; ils ont été graves sans doute, car je ne suis pas de ceux qui aient eu la prétention d'être tranquilles quand les patriotes ont été persécutés. Mais tout ce que la malfaisance contre-révolutionnaire a voulu recommencer contre moi a toujours été dissipé devant l'exhibition de la *chose jugée*. Vous l'avez méconnue, monsieur, cette *chose jugée ;* elle ne peut manquer d'être l'objet de votre respect, du moment qu'il n'y a plus prétexte d'ignorance.

» Après les événemens ante et post-thermidoriens, rendu aux armées, asile et consolation des agitations de la cité, c'est aux plus grands hommes de la guerre comme de la politique, c'est-à-dire aux premiers patriotes de la République que j'ai été attaché. Les places qui m'ont été conférées dans les administrations civiles et militaires ont été quittées par moi sans qu'elles me quittassent. Arrivé avec mes amis, je me suis retiré avec eux quand la liberté se retirait, et les vicissitudes de ma vie attestent plus des opinions que des intérêts.

» J'ai été successivement honoré de l'estime et de l'affection de *Hoche* (dont je publiai la vie en l'an vi), des *Chérin*, des *Marbot*, des *Lefebvre*, des *St-Cyr*, des *Jourdan*, des *Bernadotte*. (Je fus secrétaire-général au département de la guerre pendant le ministère de celui-ci). S'il faut toujours parler de soi biographiquement, je vous rappellerai qu'à l'époque du 18 brumaire, signalé à l'audacieux auteur de cette journée comme un des opposans, et reconnu par le futur Empereur dans ma qualité de républicain persévérant, ami des *Bernadotte* et des *Jourdan*, j'ai été l'objet d'une persécution qui ne s'est point ralentie sous le consulat, l'empire, et n'a été arrêtée qu'à la fin du régime impérial. Je pourrais ajouter que jamais je n'ai été excepté d'aucune persécution dirigée contre les patriotes, et j'ai le droit de dire avec un ancien, que *ma maison n'est pas demeurée debout dans les guerres civiles*.

» Dans les cent-jours, rappelé par l'illustre *Carnot* au ministère de l'intérieur, où j'avais été vingt ans auparavant avec le ministre *Garat*, j'ai eu l'honneur, à cette époque où la patrie avait tant de préoccupations, d'être l'un des premiers coopérateurs de l'enseignement mutuel avec MM. de Lasteyrie et de Laborde. J'ai posé à Paris les premiers bancs de l'institution.

» A cette époque des cent-jours, voyant que le parti de l'opposition était un élément indispensable, mais jusqu'alors non représenté dans notre pays qui essayait le gouvernement constitutionnel sous l'invasion de l'étranger, quelques patriotes et moi nous crûmes, au milieu du désespoir général, ne devoir pas désespérer de la liberté : nous conçûmes l'idée de créer un journal qui répondît au besoin de la nation, et nous plantâmes, le 1er mai 1815, le drapeau du *Constitutionnel*, qui commença sous le nom de l'*Indépendant*. Je suis sûr, monsieur, de n'avoir dans la participation que j'ai eue à notre feuille, de n'avoir jamais émis une ligne, une pensée qui fût contraire à notre programme. Les services que le *Constitutionnel* a rendus à la patrie sont historiques. Je n'ai ni à me réfugier sous la protection collective, ni à me faire une part individuelle pour répéter que jamais je n'ai dévié de mes principes. Je défie que, dans l'époque la plus ancienne comme la plus récente, on me soupçonne d'avoir écrit une ligne dans le *Constitutionnel*, ou d'avoir au *Constitutionnel* dit un mot faible ou équivoque, et qui ne serait pas au contraire la franche expression de mon culte pour la liberté la plus étendue et la plus ferme.

» Maintenant, monsieur, lorsqu'une révolution qui a fait tant de promesses à la liberté et à l'humanité a pu rencontrer de cruels mécomptes, je conçois des irritations souvent injustes et qui ne savent où se prendre; mais si le droit de la presse est de suivre et de poursuivre les ennemis de la liberté, son devoir n'est-il pas, lorsqu'elle s'est trompée, de se hâter de réparer ses méprises? Qui vous a nié, monsieur, que j'aie été jeune quand la révolution fut jeune elle-même? Mais je ne connais que moi seul qui aie le droit, sous ce rapport, de dire du mal de moi. Et que puis-je en dire, lorsque je n'ai jamais reçu de commandement que de ma conscience? Qu'on exhume quelques-unes de mes paroles ardentes et même colériques, alors que tout le monde fut en colère; je ne les rétracte pas plus que je ne crois devoir les répéter à une époque tranquillisée.

» Voilà ma réponse sur ce qu'on appelle *nos gestes*. Quand tout le monde reconnaît que mes mains sont pures d'or et de sang, j'ose dire : *N'a pas des ennemis qui veut ; j'accepte tous les miens* : non, je ne veux pas décliner la responsabilité d'avoir été ce que l'aristocratie nomme un révolutionnaire : je m'honore d'être encore ce que j'ai été. Ainsi, ce n'est point au passé, c'est toujours au présent qu'il faut mettre mes torts ou mes mérites; si la nécessité des temps explique la dureté des formes, l'histoire peut leur donner cette excuse : il ne m'appartient point de l'implorer; et si la maturité a pu modifier l'expression de nos sentiments, elle n'a pu en affaiblir la vérité. La résignation à l'expérience n'est point abjuration de nos principes. On peut avoir toujours son âme républicaine, et cependant une raison monarchique constitutionnelle : c'est ce qu'il me serait facile de prouver dans la discussion, si elle sortait de la barbarie et rentrait dans la civilisation.... Soldat vétéran de la révolution, j'ai vu ses premières batailles, elles ont été ses premières victoires. Je pose en fait que le triomphe de la liberté a été décidé le jour même du 14 juillet 1789. Bientôt les patriotes triomphans se sont divisés. En vain ai-je entendu Danton (dont je publierai bientôt l'histoire) leur crier de sa voix tonnante « qu'il ne faut pas tirer » sur ses troupes, qu'il faut s'aimer et se tenir serrés comme le » faisceau pour être forts, que l'union dans le patriotisme serait » égale à l'attraction dans le monde physique. » Inutiles remontrances! il a fallu que les vainqueurs se divisassent encore, perdant toujours leur supériorité par les scissions, la prenant de nouveau par leur réunion ; puis le *rocher de Sysiphe*, chaque fois relevé par tant d'efforts jusqu'au haut de la montagne, est retombé dans l'abîme. Voilà toute notre histoire.

» En présence de si hautes considérations, qui pourrait encore s'occuper de sa personnalité? Lorsque tant de braves qui valaient mieux que nous ont péri à toutes les avant-gardes, *cùm fortissimi per acies aut proscriptione cecidissent..., quotusquisque reliquus qui rempublicam vidisset*. Pensées admirables de Tacite, qu'on croirait avoir été traduites par Danton lorsqu'il a dit cette sentence remarquable, dernièrement rappelée par moi dans une cérémonie funéraire : « Les révolutions comme les religions com» mencent par les apôtres, elles finissent par les prêtres. » Et lorsque l'humanité, le front tourné vers l'avenir, marche en avant d'un pas si déterminé, à qui siérait-il de vouloir la distraire pour lui parler de soi? Quant à moi, dans la question présente, mon patriotisme m'eût paru d'accord avec le plus juste dédain pour me prescrire le silence; mais ici il ne s'agit pas moins que de l'honneur, et tel est le chapitre sur lequel le patriotisme le mieux retranché dans sa conscience ne peut entendre capitulation. Une demi-publicité ne peut être réparée que par la plus complète publicité légale, vengeresse de l'injure, de la diffamation et de la calomnie.

» Sans avoir à vous faire production de mon existence nominale, non plus qu'à me justifier de ma conduite politique, lorsque vous voudrez prendre connaissance de mes actes civils, il vous sera libre de les voir; vous reconnaîtrez une calomnie de plus dans la qualification de pseudonyme qui termine les injures de votre article, et je vous apprendrai comment, fidèle à la mémoire de son père, un fils porte le nom de celui qui a été le mari légitime de sa mère. Vous devais-je autant d'éclaircissemens, monsieur? Je les devais d'abord à l'estime de mes concitoyens, à l'honneur de ma famille : je les devais à moi-même.

» A. R. C. St-Albin. »

Nous avons sous les yeux la brochure originale analysée par Nougaret. Elle est intitulée : *Histoire du terrorisme exercé à Troyes par A. Rousselin et son comité révolutionnaire, pendant la tyrannie de l'ancien comité de salut public; suivie de la réfutation du rapport dudit Rousselin, avec les pièces justificatives.* — *A Troyes, chez Sainton, imprimeur du département, rue du Temple, an* III *de la république.*

Voici, d'après cette brochure, l'histoire du prévenu de faux témoignage dont parle M. Hortensius de St-Albin, dans sa lettre. Guélon, le jeune, sectionnaire, avait dénoncé A. Rousselin, et c'était sur son mémoire que ce dernier avait été traduit au tribunal révolutionnaire : « Au commencement de l'audience du 2 thermidor, Guélon est appelé comme témoin. Il avait, sur cette qualité à lui donnée par le tribunal, fait ses protestations à la chambre du conseil. Il les réitère en public, déclarant que dénonciateur de faits dont plusieurs ne se sont pas passés sous ses yeux, mais dont les pièces seules justifient, il n'a pu, ni voulu réunir le caractère de témoin. On passe outre, et la loi sur les faux témoins lui est lue préalablement. » (*Histoire du terrorisme*, etc., p. 94).

Guélon borna sa déposition à demander, à plusieurs reprises, la lecture des pièces, qui étaient au nombre de trente-sept. Dumas, président du tribunal, répondit : « les jurés les examineront dans leur chambre. » Ceux-ci déclarèrent innocens A. Rousselin et ses coaccusés, et ils mirent en même temps Guélon en prévention de faux témoignage. L'accusateur public présenta sur-le-champ son réquisitoire; mais Guélon ayant encore demandé, pour toute défense, la lecture des trente-sept pièces, son affaire fut renvoyée à une autre audience. Il sortit de prison, sans être jugé, immédiatement après les événemens du 9 thermidor.

La brochure qui nous occupe est terminée par une pièce qui porte ce titre :

Adhésion des huit sections composant la commune de Troyes, à l'Histoire du terrorisme exercé dans son arrondissement, et à la réfutation des calomnies de Rousselin.

Ces adhésions sont identiques pour le fonds à celles qu'on va lire :

Extrait du registre des délibérations de la première section, dite de Guillaume-Tell, séance du 30 ventose, troisième année républicaine, présidence de Parisot.

» Lecture faite par le président de l'historique, ou du mémoire contenant l'historique des faits qui ont eu lieu à Troyes pendant le séjour d'A. Rousselin ; l'assemblée a reconnu la vérité desdits faits, et a demandé l'impression du mémoire.

Pour extrait conforme : signé HOUNET, *secrétaire archiviste.* »

Les sept autres adhésions sont signées — pour la deuxième section, dite J.-J. Rousseau : *Pierre Collot, secrétaire* ; — pour la troisième, *Lefèvre d'Alichamp, président* ; *Corbet, secrétaire archiviste* ; — pour la quatrième, *Lombard, président* ; *Bourgeois, secrétaire* ; — pour la cinquième *Dufour, président* ; *Gagot, secrétaire* ; — pour la sixième, *Pouard, secrétaire* ; — pour la septième, *Ruelle, secrétaire* ; — pour la huitième, *Dorgemont, président* ; *Chaguet, secrétaire.*

Notre impartialité nous faisait un devoir d'examiner le pour et le contre en cette affaire, comme en tout le cours de l'*Histoire parlementaire.* L'auteur de la brochure sur laquelle nous venons de faire une courte notice, et les signataires de l'adhésion dont elle est revêtue, agirent sous l'influence et dans la première chaleur de la réaction de l'an III. Nous avons cherché à connaître et à constater quels avaient été leurs sentimens à l'égard du commissaire national, antérieurement au 9 thermidor, et nous nous sommes procurés là-dessus deux pièces originales dont l'une concerne M. Parisot, président de la section de Guillaume-Tell, et l'autre, M. Lombard, président de la quatrième section. Voici la première :

« Nous, ci-devant président secrétaire de la première section, dite Guillaume Tell, de la commune de Troyes, déclarons qu'en donnant notre signature aux délibérations prises par la section le 30 frimaire

(2 et 4 nivose), notre intention n'a jamais été de prendre part à aucune manœuvre tendante à avilir le commissaire national envoyé dans le département de l'Aube par le comité de salut public, puisque par sa délibération du 30 frimaire ladite section a déclaré qu'il avait sa confiance ni à rien qui soit contraire à l'unité et l'indivisibilité de la république; que si, dans lesdites délibérations, il est des articles contraires au principe fondamental de la République et aux lois, nous avons été surpris et égarés; pourquoi nous rétractons les signatures par nous apposées auxdites délibérations, et désavouons tout ce qui, directement ou indirectement, pourrait donner lieu à mal interpréter nos sentimens républicains.

» Fait à Troyes, le 12 nivose, l'an II de la république française, une et indivisible. PARISOT. HOUNET. »

La pièce relative à M. Lombard est une lettre de ce dernier plus explicitement approbative encore de la conduite du commissaire national, et qui lui reproche de pécher par trop d'indulgence.

Après avoir rempli notre tâche d'historiens, qu'il nous soit permis de rappeler ce que nous disions en insérant le passage de Nougaret qui est l'objet de la réclamation actuelle. Nous regrettions de n'avoir à opposer aux inculpations tirées par Nongaret de l'histoire du terrorisme exercé à Troyes, qu'une apologie indirecte et générale de M. St-Albin. La défense est maintenant complète, et nos lecteurs peuvent juger. Nous ajouterons une dernière réflexion; ils ne doivent pas oublier qu'il s'agit d'un écrit politique, et d'un écrit d'une époque où les injures les plus grossières étaient le plus souvent des affaires de style.

HISTOIRE PARLEMENTAIRE

DE LA

RÉVOLUTION FRANÇAISE.

TRIBUNAL RÉVOLUTIONNAIRE. — PROCÈS DE FOUQUIER-TINVILLE.

Suite de l'audience du 23 germinal.

Soixantième témoin. *J.-B. Tavernier, commis-greffier du tribunal révolutionnaire.*

Je n'ai que quelques faits sur l'accusé Fouquier. Son caractère violent et ses brutalités m'éloignaient de lui ; et si je l'ai vu, c'est que j'y étais forcé par la mission dont j'étais chargé par le tribunal. C'est donc de lui dont je vais parler.

Le tribunal prit, le 25 pluviose, an deuxième, un arrêté portant que les détenus seraient dépouillés de leurs bijoux, argent et assignats, sur lesquels il leur serait payé 50 livres par décade. Les huissiers furent chargés de cette besogne, pour les déposer ensuite au greffe. Les dépôts me furent remis, et on me chargea de payer les 50 livres par décade.

Au premier paiement je fus accablé de réclamations ; je connaissais ce qui se passait au tribunal ; je ne voulus point prendre sur moi de recevoir ces réclamations. J'allai trouver Fouquier, à qui je fis part des demandes des détenus. Il me dit que je pouvais recevoir toutes les réclamations et les lui remettre ; ce que je fis bien exactement.

Un jour que je présentais à l'accusé Fouquier les réclamations de différens détenus, entre autres de Pouilly, qui réclamait ses décades sur 1,800 livres, et 1,440 livres en or remises à Fouquier par le gendarme chargé de le conduire, ce ne fut qu'après bien du temps qu'il obtint 50 livres ; encore fallait-il que j'allasse chaque décade les prendre au parquet de Fouquier, quoique l'arrêté portât qu'on déposerait au greffier chargé de payer les décades. Dunoyer, autre détenu, réclamait ses décades sur 2,282 livres aussi remises chez Fouquier par le gendarme qui l'avait amené de son département ; ce ne fut qu'au 30 thermidor, après l'arrestation de Fouquier, que le dépôt fut fait, quoiqu'il réclamât depuis plus de quatre mois. Merceron, Emery, Boutay et bien d'autres étaient dans ce cas.

Un jour que je présentai à Fouquier les justes réclamations des détenus, et que je lui observai qu'ils manquaient de tout, il me dit avec vivacité : Donne-moi la liste de ces b......-là, et je les ferai passer demain. Je connaissais assez ce que cela voulait dire ; je représentai aux détenus le danger de leurs réclamations. Ils le sentirent et se turent ; et ce ne fut qu'après la détention de l'accusé Fouquier que le dépôt d'Émery, qui n'était point encore guillotiné, fut remis au greffe. J'observe que les réclamations se faisaient avec bien du ménagement, car, connaissant le droit de vie et de mort que Fouquier s'était arrogé, on était obligé de se taire.

J'ai aussi connaissance des calculs qu'il faisait pour faire tomber certain nombre de têtes par décade. Un jour il était à la buvette ; il tenait un papier à la main, et je crois qu'il venait des comités de gouvernement. Il dit : La dernière décade n'a pas mal rendu, il faut que celle-ci aille à quatre cents, quatre cent cinquante ; allons, qu'on me fasse monter un huissier, qui étant arrivé, il lui dit : Allons, mes b....., il faut que cela marche ; la dernière décade n'a pas mal rendu ; mais il faut que cela aille à quatre cent cinquante au moins.

Je vois dans l'acte d'accusation qu'on mettait en jugement différens individus qui ne se connaissaient point ; c'est à la connaissance de toute la République ; je ne dois pas m'étendre sur cet objet.

Je vais parler sur l'affaire des femmes qui s'étaient déclarées enceintes, entre autres des citoyennes Joly et Fleury, Meursin et d'Hinixdal. Je fus appelé à la chambre du conseil, où se trouvaient Dumas et Fouquier pour tenir la plume à leurs déclarations qui furent reçues par ce juge, qui ordonna que ces femmes seraient vues et visitées par les officiers de santé qui feraient leur rapport, pour ensuite, par le tribunal, être statué ce qu'il appartiendrait. Il paraît que le même jour la visite fut faite, car le lendemain matin l'accusé Fouquier vint me trouver au greffe, où j'étais seul. Il me donna une note pour faire un jugement, ordonnant l'exécution de celui de la veille à l'égard des femmes qui s'étaient déclarées enceintes ; et d'après les mandats et motifs portés en cette note, convenus avec les juges assemblés en conseil dans la chambre de Coffinhal, je fis sur ces motifs ce jugement, et à la lecture Coffinhal ne trouva pas ces motifs suffisans, et il y en ajouta d'autres qui sont portés en renvoi sur la minute. Ces motifs, autant que je puis me les rappeler, portaient sur ce que, depuis l'époque de la grossesse énoncée, les femmes étaient détenues à Lazare, où il était impossible de communiquer avec les hommes. Je me permis naturellement l'observation que ceci était contraire à ce qui s'était passé aux débats, puisque les hommes communiquaient avec les femmes, et qu'on les avait condamnés comme ayant conspiré avec eux ; que d'ailleurs la ci-devant duchesse Saint-Aignan était enceinte de quatre mois, et qu'elle était renfermée dans la même maison où était aussi son mari. Coffinhal, avec la brutalité qui lui était naturelle, me dit : Tu n'as pas ici voix délibérative ; tes observations sont de trop ; tu es fait pour écrire ce qu'on te dit, et écris. Les juges se turent ; le jugement fut rédigé comme Coffinhal le voulut, et les malheureuses femmes furent exécutées le même jour.

J'ai aussi connaissance que Fouquier alla avec Lane à la maison de Bicêtre, pour faire le triage de ceux qu'on voulait faire passer au tribunal. Je le vis partir, et le même jour Haly, concierge de Plessis, me dit que Fouquier avait retenu chez lui des logemens pour ces individus.

Pour faire connaître quelle était l'autorité et la puissance de l'accusé Fouquier, je vais rapporter un fait.

Depuis sa détention, un jour, étant occupé à payer les décades des détenus à la Conciergerie, il m'aborda et me dit : Tu es l'ami de Paris? Oui, lui répondis-je, vous ne l'ignorez pas. On m'a dit qu'il m'en voulait, je l'ignore ; mais c'est qu'il pourrait me rendre ce service. Il connaît Barras, Fréron et d'autres députés, il pourrait me servir auprès d'eux. Il a tort de m'en vouloir, car, s'il n'a pas été mis en jugement, c'est moi qui l'ai retardé. On devait même t'accoler à lui, ainsi que Wolf. J'avoue que mon étonnement fut tel que je ne répondis rien, et je me retirai sans lui demander qui devait nous accoler à Paris.

Un autre fait, que je vais rapporter, m'a fait penser que les jurés avaient connaissance des desseins de Fouquier, avec lequel je les voyais souvent.

Le malheureux Legris, mon collègue, fut arrêté chez lui à cinq heures du matin, couché avec son épouse ; il fut conduit à la Conciergerie à sept heures ; à neuf heures un acte d'accusation lui fut signifié ; à dix heures il monta sur les fatals gradins ; à deux heures il fut condamné; à quatre il n'existait plus. Hé bien! le lendemain un juré accusé se présenta au greffe, et, en se frottant les mains avec un air de satisfaction, il nous dit : Allons, voici enfin le greffe entamé ; le premier chaînon est dénoué, ça ira de suite. Ce juré est Prieur.

J'ai aussi connaissance que l'accusé Fouquier arrangeait la section des jurés qui lui convenait, car un jour je fus appelé à la chambre du conseil pour le tirage des juges et des jurés. Les sections des juges étant tirées, et s'agissant du tirage des jurés, le président fit demander Fouquier, qui était à la buvette, pour être présent ; il fit dire qu'il arrangerait cela ; effectivement il arrangea les sections des jurés, car le tirage n'en fut pas fait.

Dumas, en parlant de l'acquittement de Fréteau, me dit qu'il reviendrait au tribunal.

Maintenant je passe à l'accusé Naulin. Je dois rapporter des faits qui lui font honneur, et qui feront connaître aux jurés quelle est sa moralité.

Un jour j'entendis l'accusé Naulin dire à Dumas, qui présidait, et qui ôtait la parole aux accusés : On ne peut y tenir ; ce n'est pas ainsi qu'on doit agir ; ce n'est point ici un tribunal, c'est une boucherie. Dumas lui fit un geste du bras, et je ne pus comprendre ce qu'il répondit. Quelques jours après l'accusé Naulin fut arrêté, et je n'ai attribué son arrestation qu'à ce qui s'est passé avec Dumas.

Naulin était commissaire national au tribunal du cinquième arrondissement. Une affaire importante fut portée à ce tribunal ; il s'agissait de réclamations par un grand nombre d'ouvriers contre un entrepreneur des carrières de Paris, très-riche. Cette affaire était au rapport de Naulin. (J'observe aux jurés qu'il était le seul homme de loi en ce tribunal, et qu'il pouvait avoir une grande influence sur les jugemens : le président était maître de langues à Vaugirard, un juge était maître de pension à Passy, et un autre, gazier dans la section de Bondy.) La veille du rapport de cette affaire, quelqu'un alla chez lui de la part de l'entrepreneur, sous prétexte de savoir si l'affaire serait rapportée le lendemain, et pour le solliciter en faveur de l'entrepreneur ; pendant que Naulin avait le dos tourné, le solliciteur glissa sur son bureau un paquet cacheté ; Naulin ne s'en aperçut qu'après que le particulier fut sorti.

Le lendemain, à l'ouverture de l'audience, Naulin prit la parole, raconta ce qui s'était passé dans son cabinet, demanda acte du dépôt qu'il faisait, sur le bureau, du paquet cacheté, ce qui fut fait à l'instant. Il contenait environ 3,000 livres ; il demanda, et le tribunal, sur son réquisitoire, ordonna que cette somme serait distribuée aux indigens de la section. Un homme qui agit de la sorte n'est pas capable, selon moi, de se laisser influencer. Voilà ce qu'en conscience je devais dire sur Naulin.

Je dirai sur l'accusé Harny que je l'ai vu au tribunal très-sensible, et souvent verser des larmes lorsqu'il votait la peine de mort.

J'ai aussi distingué l'accusé Maire, par sa bonhomie, sa justice et sa sensibilité. En votant la mort, il avait les larmes aux yeux.

Fouquier. L'arrêté du tribunal relatif aux décades est connu des citoyens jurés. Le témoin, en parlant des détenus qui réclamaient leurs décades, a prétendu que j'avais dit : Il faut me donner les noms, je les ferai passer. Je faisais rechercher les dépôts ; j'ai pu dire que je ferais passer les recherches les plus pressées. A l'égard des femmes enceintes dont il s'agit, on ignorait alors qu'elles pussent avoir communication avec des hommes. La plupart de celles dont a parlé le témoin ont été mises en liberté après le 9 thermidor. J'ai seulement dit au témoin, à la Conciergerie : J'ai appris que Fabricius m'en voulait, j'en suis surpris ; j'ai fait tout ce que j'ai pu pour le faire sortir : un mandat d'arrêt du comité était décerné contre vous et contre Wolf ; je l'ai fait révoquer. On a procédé plus tard au tirage des jurés dont on vient de parler. Je nie formellement tous les autres propos qu'on a empoisonnés et qu'on m'a attribués ; j'ai déjà répondu aux autres faits ; mais j'observe aux citoyens jurés que le témoin était un des amis de Danton.

Le témoin. Je ne l'ai jamais vu.

Fouquier. C'est le jugement de Danton qui nous conduit ici : voilà la récompense de la conservation de ces gens-là. (Murmures.)

Fouquier. J'entends que j'ai empêché leur arrestation.

Prieur. J'ai pu dire au greffe, lorsque notre collègue, l'estimable Antonelle, fut arrêté, qu'on voulait arrêter tout le tribunal ; mais je nie le propos tel qu'il a été allégué par le témoin.

Ducray, *témoin déjà entendu*. J'atteste que Prieur a tenu le propos tel que Tavernier vient de le rapporter ; j'étais présent.

Joseph Noirot, commis au greffe du tribunal révolutionnaire, depuis son installation jusqu'au 14 floréal, an II, et, depuis cette époque, commis-greffier.

Je déclare qu'il est arrivé plusieurs fois que lorsque l'audience de la salle de l'Égalité était terminée, et qu'il y avait eu dans cette salle cinq ou six personnes condamnées, je présentais à Fouquier l'ordre pour l'exécuteur, qui, en le signant, me fit ajouter au bas desdits ordres : « L'exécuteur fera amener six ou sept charrettes ; » ce qui annonce de la part de Fouquier l'espoir qu'il avait que les autres accusés qui étaient en jugement dans la salle de la Liberté, au nombre de trente, plus ou moins, devaient subir le même sort.

Lors du jugement de Danton, Hérault de Séchelles, Camille Desmoulins et autres, Camille récusa le juré Renaudin. Fouquier, sans avoir égard à cette récusation, prit un réquisitoire qui détermina le tribunal à ne pas s'arrêter à cette récusation, et à passer outre.

Je déclare qu'il est arrivé plusieurs fois que des acquittés, qui venaient au greffe pour retirer des certificats constatant le temps de leur détention, afin d'obtenir des secours que leur accordait la Convention, ne purent les obtenir, Fouquier ayant intimé au greffe l'ordre de n'en délivrer aucun sans son ordre. Un jour, entre autres, je montai chez Fouquier, lui dire qu'un citoyen, acquitté la veille, demandait un certificat de détention, il me répondit : Dis-lui qu'il doit se regarder très-heureux d'être acquitté, qu'il s'en retourne sans regarder derrière lui ; je ne veux point qu'on lui en donne. Ce malheureux fut obligé de s'en retourner chez lui sans pouvoir participer aux bienfaits que lui accordait la Convention.

Le 11 messidor, après le jugement de soixante victimes amenées du Luxembourg, le nommé Louvatière, prisonnier, transféré de la même prison à la Conciergerie, pour s'être appitoyé sur le sort déplorable de ces malheureux, et leur avoir dit : Adieu, mes amis, j'irai vous rejoindre demain ; fut inhumainement précipité dans un cachot, de l'ordre de Fouquier, qui était à l'une des croisées de la buvette. Ce même Louvatière fut assassiné le 22 messidor, comme ayant conspiré dans la maison d'arrêt du Luxembourg.

Je déclare que, dans beaucoup de procès jugés, il existe au greffe des paquets scellés et cachetés, contenant des pièces, peut-être à charge comme à décharge des accusés, tels que dans le procès du nommé Bart, des nommés Bologne, les pièces remises à l'audience, par les accusés, pour leur justification, et qui devaient passer sous les yeux des jurés, n'ont jamais été rapportées au greffe après les jugemens.

Fouquier exerçait un tel despotisme sur les employés au tribunal, que le 7 thermidor, lui remettant une liste contenant les noms des personnes jugées le même jour, voyant que j'avais omis les qualités de quelques-unes, il me dit que le greffe était composé de scélérats et contre-révolutionnaires; que, voyant bien que l'exemple qu'il avait cru nous donner en faisant guillotiner le nommé Legris, commis-greffier, ne nous faisait pas mieux aller, il nous ferait f..... à la Conciergerie.

Je déclare que le citoyen Harny, l'un des accusés, a manifesté en plusieurs circonstances le désir qu'il aurait de donner sa démission, s'il était possible de la faire accepter, la place qu'il occupait au tribunal ne convenant nullement à son caractère; en effet ce citoyen a plusieurs fois prouvé son humanité par les larmes qu'il laissait couler après les jugemens auxquels il avait assisté.

Je déclare que le 2 thermidor, lendemain du jugement de Legris, le nommé Prieur, l'un des accusés, alors juré au tribunal, manifesta la joie qu'il avait de voir que bientôt tout le greffe serait guillotiné, et notamment le citoyen Joise.

Je déclare enfin que plusieurs fois les jurés ne se sont pas donné la peine de monter dans leur chambre pour délibérer; ils attendaient dans un corridor, à côté du greffe, que les accusés redescendissent du tribunal à la Conciergerie, pour rentrer à l'audience voter la mort de ces mêmes accusés.

J'ajoute qu'il n'a été remis au greffe aucune pièce des procès d'Hébert et de Danton, et que même la minute des jugemens de Danton est perdue : elle a dû être perdue au cabinet où les pièces étaient portées pour y être collationnées.

Fouquier. Mourette, l'un des exécuteurs des jugemens criminels, sera entendu sur le nombre des charrettes ; mais je déclare que je n'ai jamais signé d'ordre pour faire exécuter ceux qui n'avaient pas été condamnés à mort. Je portais par ordre, aux comités, les listes des individus jugés ; aux termes de la loi, les prénoms et qualités devaient s'y trouver.

Toutes les pièces nécessaires étaient remises, en présence des accusés, aux jurés, lorsqu'ils se retiraient dans leur chambre pour y délibérer. J'ignore ce qui regarde les pièces de Bart et de Boulogne; lorsqu'elles me seront représentées, j'y répondrai. La perte de la minute du jugement de Danton m'est étrangère, car ce n'était pas le parquet qui donnait les jugemens à imprimer. Cette minute a existé, car le jugement est imprimé.

Le témoin. Ce jugement a été livré à Nicolas, alors juré et imprimeur du tribunal ; il a été imprimé avant que Danton et ses coaccusés fussent condamnés ; et les pièces dont j'ai parlé n'ont pas été remises au greffe.

Fouquier. Je l'ignore ; cela ne me regarde pas. Je dénie formellement le propos que m'a prêté le témoin.

Soixante-deuxième témoin. J.-B.-B. Auvray, huissier du tribunal révolutionnaire. En thermidor, j'ai entendu Fouquier qui disait à deux citoyens qui étaient avec lui à la buvette : Il faut qu'il y en ait deux cents à deux cent cinquante jugés par décade. Il lui fut observé que ce nombre était bien considérable ; il répondit : C'est le gouvernement qui le veut ainsi. Dans le même mois, et vers les huit heures du soir, il me dit dans son cabinet : Comment voulez-vous que je sache les noms des individus qui doivent être jugés demain, je n'ai pas encore reçu la liste du comité ; et la décade prochaine aucun prévenu ne sera mis en jugement qu'il ne soit porté sur cette liste. Il est arrivé quelquefois, dans l'après-dîner, que Fouquier faisait changer les noms des jurés, et disait : Dorénavant vous ne les convoquerez pas avant de me le dire.

Fouquier. Il y a eu des décades où le tribunal a jugé bien au-delà de deux cents à deux cent cinquante individus. (Violens murmures.)

Le gouvernement disait que cela n'allait pas assez vite, et il devait établir quatre tribunaux révolutionnaires, ambulans, suivis de la guillotine.

Les listes dont a parlé le témoin, ce sont les listes de la commission populaire qui comprennent quatre cent soixante-dix-huit individus qui furent traduits au tribunal par arrêtés des comités, des 2 et 3 thermidor, et qui me furent remises par ces mêmes comités. Voilà pourquoi j'ai pu dire que je ne mettrais en jugement, la décade suivante, que ceux des prévenus indiqués par le gouvernement. J'ai déjà répondu à ce qui regarde les jurés.

Le témoin a parlé en faveur de Chrétien et de Prieur.

Soixante-troisième témoin. J. Advenier, ex-secrétaire du parquet, actuellement garde-magasin des fourrages. J'inscrivais exactement les pièces envoyées au parquet par les autorités constituées. Lorsque l'exécuteur des jugemens criminels venait demander à Fouquier quel serait le nombre des charrettes pour l'expédition de la journée, Fouquier lui disait : Je n'en sais rien ; vous le verrez par la quantité de condamnés, et vous vous y conformerez. J'ai entendu dire à Renaudin, un jour qu'il sortait du cabinet de Fouquier, avant l'audience : Ce sont des bougres qui seront bien travaillés. Prieur et Renaudin interpellaient avec indécence et brusquaient les accusés ; ils leur disaient : Bah ! bah ! vous nous en imposez ; nous savons le contraire.

Dans l'affaire de l'intendant de Rouen, il y avait trente à quarante accusés. Après quelques débats, les jurés se retirèrent dans leur chambre : on leur remit un grand tas de papiers. Ils revinrent au bout d'une demi-heure. Tous furent condamnés. Cela arrivait souvent de cette manière.

J'ai vu Vouland, Vadier, Amar, Collot-d'Herbois, entrer avant l'audience dans le cabinet de Fouquier ; mais j'ignore si c'était au sujet de l'affaire de Danton ou de celle de Pamiers. On fermait les portes du cabinet lorsque des personnages importans y entraient. Cette porte était presque toujours ouverte, on passait continuellement dans cette chambre.

Je copiais au parquet des actes d'accusation : les noms propres des accusés y étaient, mais souvent les prénoms, âge et qualités y manquaient, ce qui faisait des lacunes.

Fouquier. Vous voyez, citoyens jurés, qu'on inscrivait sur les registres ce qui était au parquet. Les députés qui faisaient des rapports à la Convention me les apportaient; Vouland m'a apporté les pièces de la Dubarry. Javoque, Amar, et quelques autres sont aussi venus dans mon cabinet, à diverses époques et dans différentes circonstances. Vadier y est venu deux fois pour l'affaire de Pamiers. Collot est venu une fois ici en déposition, mais il n'est pas monté dans mon cabinet.

Lors de l'arrestation des soixante-treize députés, deux furent envoyés à la Conciergerie, Rabaut Pommiers, et Bayeul. L'arrêté me fut envoyé avec les pièces. Bayeul fut mis à l'écart. Les pièces furent trouvées entre les mains d'un juge, qui l'avait interrogé. Il en écrivit à la Convention. Je fus mandé par le comité : j'ignorais ce qui s'était passé, et le comité reconnut que je n'avais eu aucune part à cet interrogatoire.

Renaudin. Je nie les propos qui me sont imputés : j'ai quelquefois été au parquet, dans une espèce de greffe, pour demander une permission, à l'effet de pouvoir donner du linge à des malheureux prisonniers.

Prieur. On empoisonne tout ce que j'ai dit. Je persiste à nier le propos que m'a fait tenir le témoin.

Soixante-quatrième témoin. F. Simonet, huissier du tribunal. Fouquier, dans le bureau des huissiers, se livrait souvent à des emportemens. Quelquefois le soir, il faisait changer la liste des jurés. Lors de la loi du 22 prairial, j'ai entendu dire à Fouquier qu'il avait des ordres du comité d'exterminer tous les conspirateurs. Je voyais presque tous les jours, sur les dix heures du matin, une quantité de charrettes dans les cours du palais, mais j'ignore par l'ordre de qui elles étaient là.

Le 9 thermidor, vers les deux heures après midi, j'ai entendu Hanriot dire à la place Baudoyer : Il faut désarmer la gendarmerie. Je revins ici à trois heures ; Fouquier sortait ; il demanda si on était parti pour l'exécution. Je le prévins qu'on battait la générale dans la rue Saint-Antoine. Je lui représentai qu'il pourrait y avoir du danger, dans ces circonstances, de faire sortir les condamnés et de les conduire au supplice (à la barrière de Vincennes). Il me répondit qu'il fallait que la justice eût son cours.

Fouquier. Si j'ai tenu le propos qu'on vient d'articuler, j'ai entendu parler de ceux qui conspiraient contre le peuple et contre la République. Le 9 thermidor, à trois heures, j'ignorais ce qui se passait à Paris : Robespierre, à cette heure là, n'était pas encore arrêté, et la générale n'avait pas encore été battue dans ce quartier-ci.

Audience du 24 germinal.

Soixante-cinquième témoin. Augustin-Joseph Boucher, ex-huissier, actuellement commis-greffier du tribunal. Le soir on faisait afficher une affaire, et le lendemain on en faisait passer une autre, et on disait que les jurés ne convenaient pas pour cette affaire.

Un jour, quatorze accusés étaient en jugement dans la salle Égalité, six ou sept furent acquittés ; Fouquier me demanda quel était le jugement qui avait été rendu ; je lui répondis que six à sept avaient été acquittés : Foutre, me dit-il, quels sont ces bougres de jurés-là ? donnez-moi la liste de leurs noms.

Je reçus de Fouquier un ordre d'extraire la citoyenne Chatenoy et la duchesse de Biron ; je les amenai à la Conciergerie ; je lui représentai qu'il y avait deux duchesses de Biron : C'est bon, me dit-il, laisse-les, elles y monteront toutes deux. Je les avais amenées à neuf heures du soir, elles furent exécutées le lendemain.

Fouquier se plaignait de ce que nous n'allions pas assez vite ; vous n'êtes point au pas, me disait-il, il m'en faut deux cents à deux cent cinquante cette décade.

Dans une grande fournée on ne permit pas à plusieurs accusés de se défendre. Pendant que les jurés étaient dans la chambre, Naulin dit à Dumas : On ne laisse pas parler les accusés, c'est une infamie, on ne peut y tenir, ce n'est plus un tribunal, c'est une boucherie. J'attribue l'incarcération de Naulin aux propos qu'il a tenus à Dumas. J'ajoute que des accusés ont paru en jugement le même jour qu'ils avaient reçu leur acte d'accusation. Le témoin, en terminant, a rendu justice à la probité, à la sensibilité de Deliége, de Maire, de Harny, et surtout de Ganney.

Fouquier a dit qu'une affaire avait pu être changée à cause de la maladie d'un accusé. Il a nié les propos, et s'en est référé pour le reste à ses précédentes réponses.

Soixante-sixième témoin. Charles-Nicolas Tavernier, *huissier du tribunal depuis sa création jusqu'au 9 thermidor, actuellement commis-greffier du même tribunal*, a dit : Il est à ma connaissance qu'à l'époque de la loi du 22 priarial Fouquier fit donner l'ordre par Advenier, aux huissiers de ce tribunal, de prendre les noms, âge, lieu de naissance, qualités des détenus; que sur le refus des huissiers d'obéir, motivé sur ce que cette opération ne regardait nullement leur ministère, Fouquier leur fit injonction de faire cette besogne; cette injonction fut affichée au bureau, et y resta jusqu'au 9 thermidor.

Il est à ma connaissance que, lorsqu'on convoquait certaines colonnes de jurés, Fouquier avait soin de donner les noms de trois ou quatre, pris dans une autre colonne; ceux-ci étaient appelés solides. J'ai remarqué que de ce nombre se trouvent Trinchard, Dix-Août, Brochet, Prieur, Châtelet et Girard; que le jury était composé en partie de certains artistes qui, au lieu de prendre des notes, s'amusaient à faire des têtes. J'ai remarqué plus particulièrement Châtelet. A l'égard de Prieur, pendant que le président faisait décliner les noms et qualités des accusés, il substituait le nom d'une liqueur, comme anisette de Bordeaux, liqueur de madame Amphoux, etc., à celui de marquis, comte, marquise, comtesse, etc., et c'était pendant qu'il siégeait. Je me rappelle encore qu'étant un jour dans le cabinet de Dumas il lui fut remis une lettre du ci-devant comte de Fleury. Dumas, après en avoir pris lecture, la remit à l'accusé Fouquier, en lui disant : Tiens, en voilà un de pressé ; Fouquier remonta à son parquet, et de suite il me remit l'ordre d'extraire le ci-devant comte de Fleury ; je l'amenai, et il fut placé à l'instant au rang des accusés sans avoir reçu d'acte d'accusation. Il fut jugé et exécuté le même jour comme assassin. (Voyez les déclarations de Gésirés et de Gaubertier.)

Le président au témoin. L'audience était-elle ouverte, lorsqu'on vous remit l'ordre d'extraire Fleury ?

Le témoin. Je déclare qu'alors l'audience était ouverte, et que Fleury n'est arrivé au tribunal que vers les onze heures et demie du matin.

Le président. Fouquier était-il dans le cabinet de Dumas lorsque cette lettre lui fut remise ?

Le témoin. Non. Fouquier passait devant la chambre de Dumas ; la porte était ouverte ; il remit la lettre à Fouquier, en lui disant : Tiens, en voilà un qui est pressé.

La marquise de Feuquières fut mise en jugement. Il manquait à Fouquier une pièce essentielle au procès ; il chargea un huissier d'aller à Chatoux, tant pour retirer cette pièce de dessous les scellés apposés chez la marquise de Feuquières, que pour assigner les témoins nécessaires dans cette affaire. La personne chargée de cette opération fut obligée d'aller à Saint-Germain-en-Laye, prévenir les autorités constituées pour lever les scellés, ainsi qu'à Versailles, vers les mêmes autorités qui avaient croisé ces scellés. Cette opération ne fut faite que le lendemain fort tard. Les témoins ne purent être assignés, attendu qu'ils étaient, en qualité d'officiers municipaux, en mission pour les subsistances de la commune ; eh bien ! la marquise de Feuquières fut mise en jugement, et jugée sans avoir eu les pièces à conviction et sans témoins. Le porteur de cette pièce arriva à la place de la Révolution, au moment que l'on démontait la fatale machine qui venait de trancher la tête à la marquise de Feuquières.

Fouquier nous disait souvent que nous n'étions pas au pas, et, en parlant des accusés, qu'il fallait qu'il en passât deux à trois cents par décade.

Fouquier. Il est arrivé plusieurs fois que des jurés manquaient ; on en prenait dans la colonne suivante ; mais je n'ai connu ni forts, ni faibles. La femme Feuquières a été jugée sur des pièces. La levée des scellés ne me regarde pas.

Le témoin. Ils ont été levés par ordre de Fouquier, qui me donna cet ordre le soir.

Cambon. J'observe à Fouquier qu'il pouvait y avoir des pièces justificatives sous ces scellés.

Fouquier. Des pièces ont été produites et des témoins ont été entendus. Je n'ai aucune connaissance de cette levée de scellés. Un décret m'ordonnait de rechercher les complices de la conspiration de l'étranger, disséminés dans les prisons : le comte de Fleury était complice de Batz. Par réquisitoire verbal il a été adjoint aux quatre autres, et j'observe qu'il n'a pas été jugé sur sa lettre. D'après le réquisitoire verbal de Liendon, je signai l'ordre d'extraction.

Ardenne. Il fallait un jugement d'extraction et non un simple ordre de Fouquier.

Fouquier. D'après la loi du..., le tribunal révolutionnaire n'était pas assujetti à cette règle.

Renaudin, *Dix-Août* ont déclaré qu'ils n'avaient siégé qu'à leur tour. Girard a dit qu'il avait été quatre mois sans siéger ; qu'il avait cru qu'on l'avait renvoyé. Prieur a exposé qu'il n'avait fait des caricatures des accusés qu'avant le 22 prairial, et que dans un même procès il avait écrit jusqu'à quatre-vingts rôles. Châtelet a nié avoir dessiné des têtes à l'audience.

Le témoin Tavernier a ajouté que Topinot Lebrun faisait aussi des caricatures.

Trinchard a dit qu'il ignorait s'il y avait eu des combinaisons pour le tirage des jurés.

Soixante-septième témoin. T. Martel, représentant du peuple. J'ai vu Fouquier professer des principes de justice et d'humanité : j'ai eu des relations avec lui, pour sauver la vie à des innocens.

Avant le 9 thermidor, il me dit qu'il fallait nous liguer contre le despotisme de Robespierre, pour sauver nos têtes, et que Robespierre l'avait menacé s'il n'allait pas plus vite en besogne. Foucault a défendu sept à huit citoyens de Cussey, qui avaient été traduits à ce tribunal; il leur envoyait à manger à la Conciergerie. J'ai peu vu Sellier : il ne m'a jamais rien dit contre l'humanité; mais il m'a déclaré, avant le 9 thermidor, qu'il n'entendait plus rien au gouvernement.

Soixante-huitième témoin. J.-G. Tripier, commis des huissiers, et, depuis le mois de thermidor, huissier du tribunal. Au 22 prairial, a-t-il dit, je fus chargé de me transporter dans les maisons d'arrêt, pour y faire la recherche des détenus, examiner leurs écrous, en prendre les noms, âge, lieu de domicile et qualités, les inscrire sur des notes que je remettais au parquet, et qui étaient portées sur un registre. Je crois que c'était sur ce regitre qu'on prenait les noms pour les actes d'accusation.

Château, huissier, me chargea de me rendre à Chatoux, pour extraire de dessous les scellés une lettre, etc., de la marquise de Feuquières, et faire assigner des témoins. Je ne pus me procurer copie de cette lettre qu'à trois heures du soir: les trois témoins étaient absens. A mon retour à sept heures du soir, à la place de la Révolution, je vis défaire la guillotine, et j'appris là qu'on venait de guillotiner la marquise de Feuquières. Puisqu'elle était morte, je me retirai chez moi, et le lendemain, à huit heures du matin, je remis copie de la lettre à Château, qui la remit à l'accusateur public.

Fouquier. Je n'ai pas chargé le témoin d'aller à Chatoux.

Château. A neuf heures du soir, Fouquier me donna l'ordre d'aller à Chatoux.

Fouquier. On voudrait me rendre responsable de toutes les négligences; on a pu oublier cet ordre; j'aurais dû mettre l'heure à laquelle je délivrai cet ordre, et m'en faire donner récépissé.

Le président. Vous n'auriez pas dû mettre en jugement cette femme sans avoir cette lettre et sans avoir fait venir les trois témoins.

Fouquier. Je demande la représentation des pièces pour répondre.

Ardenne, substitut. Les voici. La femme Feuquières était accusée d'avoir calomnié les officiers municipaux de Chatoux, dans une lettre adressée à la municipalité en 1791; d'avoir distribué de l'argent à des ouvriers, et il arriva que le mai planté à la porte du maire fut abattu. Il existe dans le dossier un procès-verbal dressé en 1791, et des pièces qui ne constatent aucun délit contre-révolutionnaire; et j'observe que cette femme a été jugée sans témoins, et qu'elle n'a pas signé le verbal. Cette affaire fut présentée deux fois à l'audience : elle fut remise la première fois, faute de comparution des témoins. La seconde fois ils ne parurent pas davantage.

Fouquier. Si des débats qui ont eu lieu, si des aveux de cette femme, la conviction des jurés a été formée, il n'y a plus de délit.

Ardenne, substitut. Avez-vous observé aux jurés, pendant les débats, que vous attendiez des pièces et des témoins dans l'affaire de la femme Feuquières?

Fouquier. Si on attaque le procès, je ne puis plus répondre.

Ardenne. On ne fait pas ici la révision des procès; mais on vous observe que vous auriez dû vous procurer et présenter les pièces à charge et à décharge, et produire des témoins désignés, à l'effet d'établir les débats entre l'accusée et le témoin. On vous dit donc que vous avez prévariqué dans vos fonctions, en ne représentant pas cette lettre, etc. Si le crime doit être puni, on doit tâcher de découvrir l'innocence par tous les moyens possibles. Je vous dis que votre précipitation est un crime.

Fouquier. Cette femme a été traduite au tribunal; les débats se sont engagés; elle a avoué, il n'y a plus de débats. On fait ici le procès au tribunal, comme si un tribunal révolutionnaire était un tribunal ordinaire! on devrait se reporter aux époques des lois révolutionnaires.

Ardenne. Quelque impérieuses que fussent alors les circonstances, quelque sévères que fussent ces lois, vous ne deviez pas ajouter à leur cruauté ; vous deviez plutôt porter votre tête sur l'échafaud. (Vifs applaudissemens.)

Fouquier. Vous me rendez responsable des jugemens.

Ardenne. Non, mais je vous accuse d'avoir transformé des faits ordinaires en délits contre-révolutionnaires, et d'avoir été au moins l'un des principaux agens des anciens comités de gouvernement. D'ailleurs vous n'ignoriez pas le décret d'amnistie rendu postérieurement à ces faits.

Soixante-neuvième témoin. N. Monnet, huissier au tribunal jusqu'au 28 frimaire. J'ai connaissance de la précipitation avec laquelle les jugemens se rendaient journellement dans le tribunal révolutionnaire qui existait avant le 9 thermidor. D'après une décision portant que la mère *Theot* ou *Theos* serait mise en jugement avec ses coaccusés, déjà les significations étaient prêtes ; mais Fouquier vint nous prévenir que cette affaire n'aurait pas lieu. On nous fournit une autre liste et on nous remit un acte d'accusation dressé contre d'autres accusés, et nous fûmes obligés de le signifier sur les onze heures du soir. Aux convocations de jurés, Fouquier en ajoutait souvent deux ou trois, et disait : Vous convoquerez ceux-là : Renaudin, Châtelet, Gravier étaient souvent ainsi convoqués.

Je me rappelle de m'être rendu aux prisons de la Force par ordre de Fouquier pour en extraire Dangé, Marino, Soulès et Froidure ; mais j'observe que lorsque je partis l'audience était commencée.

Fouquier. Le témoin se trompe sur le fait de Catherine Theos ; elle avait bien été traduite ; il fut même question de la mettre en jugement, mais il n'y a pas eu d'acte d'accusation dressé contre elle. Je fus mandé à ce sujet au comité de salut public, à une heure du matin. Robespierre y était ; il y eut une querelle très-vive entre les membres des comités ; on ne voulut pas qu'elle fût mise en jugement ; c'est, je crois, ce qui a occasionné la division entre les comités, et ce qui a amené la journée du 9 thermidor : on me demanda les pièces de cette affaire pour faire un second rapport. Je dois rappeler qu'une foule d'arrestations avaient eu lieu ; que ceux qui avaient fréquenté Catherine Theos, ceux qui avaient demeuré ou qui demeurèrent dans sa maison, ou qui avaient eu des relations avec elle, au nombre de plus de cinquante, se trouvaient compromis dans cette affaire ; mais le tribunal n'en a fait arrêter aucun.

Le président, au témoin. Êtes-vous bien sûr d'avoir vu l'acte d'accusation de Catherine Theos ?

Le témoin. Je n'en suis pas bien certain : mais cependant je me souviens d'y avoir vu Dom Gerle, chartreux, ex-constituant, et beaucoup d'autres.

Fouquier. Il est impossible que cette affaire ait été indiquée ; il a peut-être existé des listes des noms de ces prévenus ; il est même possible qu'il y ait eu un projet d'acte d'accusation ; mais je ne l'ai pas signé.

Soixante-dixième témoin. A.-M. Devilliers, femme de P.-F. Morisan, buvetier du tribunal. Fouquier ne s'est jamais jacté des condamnés, à la buvette ; il soulageait les malheureux détenus ; il se plaignait d'être obligé de remplir les fonctions de son état. Fouquier venait seul à la buvette ; quelquefois après le dîner, et après les jugemens, les jurés venaient le joindre dans une chambre dont les portes n'étaient pas fermées. Ma domestique a trouvé dans la petite chambre du fond un papier qui appartenait, je crois, à Fabricius ; je n'ai pas voulu le voir : c'est la domestique qui me l'a dit ; elle savait lire ; il a été brûlé. C'était après le 9 thermidor, et Fouquier était déjà arrêté.

Fouquier. Tous les amis de Paris allaient dans cette chambre : cet écrit a été rédigé par Fabricius contre moi. Je demande à ce témoin si on ne lui a pas tenu des propos à ce sujet, et si on ne l'a pas menacé.

Le témoin. Je déclare que non. J'ajoute que Prieur ne buvait pas de vin ; Villate ne prenait que du lait ; Trinchard, du café ou du chocolat, les autres jurés ne buvaient le matin qu'un carafon, et le soir une bouteille de vin. Je n'ai jamais vu Lohier à la buvette. Lorsque le garçon portait un bouillon à la chambre des jurés, il sortait aussitôt. Je n'ai pas connaissance qu'il soit entré des étrangers dans cette chambre pendant les délibérations. Ganney ôtait la clef de la porte qui est dans l'escalier pour n'être pas entendu, et Fouquier me l'ordonnait.

Chrétien. Il y a des latrines dans cet escalier ; il y montait souvent du monde ; mais personne n'entrait dans notre chambre.

Soixante et onzième témoin. A.-M.-N.-S. Morizan fille. J'ai vu plusieurs prisonniers, entre autres Pépin des Grouettes, venir manger à la buvette ; ils étaient accompagnés de gendarmes ; mais je n'ai jamais vu Fouquier manger avec eux. C'est le tribunal qui payait la dépense faite par les détenus. Je n'ai pas entendu Fouquier parler des condamnés et de ceux qui étaient à condamner ; mais je lui ai entendu dire qu'il aimerait mieux labourer la terre que d'être accusateur public du tribunal, et que s'il le pouvait il donnerait sa démission, surtout depuis le 22 prairial.

J'ai vu un écrit dans la chambre du fond ; on m'a dit qu'il appartenait à Paris ; j'ignore qui l'a pris et l'a porté à Paris. Paris était venu déjeuner dans cette chambre avec quatre à cinq personnes : quelques jours après un citoyen qui demanda Paris le lui a remis ; il était signé ; mais je ne connais pas les signatures : ce papier n'a pas été brûlé. Paris disait que, s'il fallait une corde pour pendre Fouquier, il la donnerait ; c'est à mon père qu'il a tenu ce propos. Je n'ai pas connaissance que les jurés s'enivrassent. Je n'ai vu qu'une ou deux fois Fouquier dîner avec les jurés après les jugemens. Je n'ai jamais vu Fouquier entrer dans la chambre des jurés. Le 9 thermidor j'allai à six heures du soir au cabinet de Fouquier ; il y était ; il vint chez nous à neuf heures et demie ; il y resta jusque vers minuit. Vers une heure du matin il alla avec Malharme au comité de salut public ; il revint à trois heures et se coucha.

Ardenne. Je vous observe que votre mère a dit que le papier trouvé dans la chambre du fond avait été brûlé.

Morizan la mère. La domestique m'avait dit que le papier avait traîné trois ou quatre jours sur la cheminée de la chambre ; qu'il était contre Fouquier, parce qu'il régnait de l'animosité entre

Paris et Fouquier. Je n'ai pas voulu voir ce papier ; j'ai recommandé qu'on le rendît à celui qui le demanderait ; j'ai dit à la domestique de le brûler ou de le déchirer ; je crois qu'elle l'a brûlé.

Ardenne. J'observe qu'il y a contradiction entre les deux témoins.

Soixante-douzième témoin P.-F. Morizan père, buvetier du tribunal. Le 9 thermidor, vers les trois heures, Fouquier me demanda ce qu'il y avait ; je lui dis qu'on battait la générale ; il me répondit qu'il resterait à son poste. J'ignore si ce jour-là il a ordonné l'exécution des jugemens de ce jour. Je me rendis au corps-de-garde de ma section ; je rentrai chez moi à huit heures du soir, et Fouquier était encore à son poste.

L'accusé Fouquier venait seul à une heure et demie déjeuner à la buvette : j'ignore s'il s'entrenait là avec les jurés des affaires du tribunal ; mais il ne se jactait pas du nombre des condamnés. Je ne l'ai jamais vu ivre.

Le président au témoin. Avez-vous vu un papier trouvé dans une de vos chambres ?

Le témoin. Je n'en ai aucune connaissance.

La femme Morizan. On ne le lui a pas montré, c'était pour moi un secret.

Fouquier. Ce jour là je siégeais dans la salle Égalité. Dumas fut arrêté à deux heures, dans le tribunal où il siégeait aussi. L'audience fut levée à deux heures et demie. Je sortis du Palais sur les trois heures. Je vis alors le témoin ; mais je priai le président de lui demander s'il n'a pas entendu dire à Paris qu'il prendrait une corde pour me pendre.

Le témoin. Je n'ai aucune connaissance de ce propos.

Le président. Votre fille a dit tout à l'heure que c'était à vous à qui ce propos avait été tenu.

Le témoin. Je déclare que je ne l'ai pas entendu.

La fille Morizan. Oui, je dis que c'est à mon père que ce propos a été tenu.

Soixante-treizième témoin. L. Toutin, huissier-priseur et se-

crétaire du parquet du tribunal. Je fus d'abord chargé de recevoir les pièces qui étaient envoyées par les autorités constituées; je les inscrivais sur un registre. J'étais aussi chargé de la correspondance avec la commission des revenus des domaines nationaux. D'abord Fouquier dressait seul, ou son substitut, les actes d'accusation; ensuite Lelièvre en fut chargé. Je dressais ceux des accusés qui devaient être jugés dans la salle de l'Égalité. Arrivèrent les amalgames; on me remettait les pièces, et je réunissais quelquefois sept à huit affaires, mais on observait alors exactement les formes de l'instruction.

Je dois rendre justice à l'accusé Fouquier; il était attaché à ses fonctions; il recevait avec humanité les réclamations qui lui étaient faites; il donnait avec facilité des permissions pour voir les prisonniers avant le 22 prairial. Mais à cette époque Fouquier redoubla d'activité; on nous fit mettre dans le même acte d'accusation vingt à vingt-cinq affaires, et surtout celles qui regardaient les prêtres et les nobles; mais je dois observer que n'étant pas grand criminaliste je n'étais chargé que des procès où il y avait des pièces matérielles; et, lorsqu'il n'y avait pas matière à dresser un acte, je les mettais de côté; mais j'ignore si ces pièces ont été représentées dans d'autres affaires.

J'inscrivais aussi sur un registre l'argent, les assignats, les bijoux, etc.

Je déclare que je n'ai aucune connaissance des conciliabules qu'on prétend avoir été tenus dans le cabinet avec Fouquier et des jurés; il y en venait à la vérité quelquefois avant l'audience, mais plus souvent après, et les portes de ce cabinet étaient presque toujours ouvertes. Lorsque Vouland, Vadier, Amar et d'autres députés y venaient, on fermait quelquefois les portes. Deux mois avant le 9 thermidor, les pièces des procédures des cultivateurs ont été mises à l'écart. Fouquier sollicitait une loi en faveur de ces infortunés, qui étaient au nombre d'environ deux mille, et plus de douze cents dont on a écarté les procès ont été mis en liberté après le 9 thermidor.

Le lendemain ou le surlendemain du décret qui a suspendu le

tribunal, le 28 frimaire, les extraits des jugemens ont été enlevés d'une chambre du parquet; j'appris que c'était Paris qui les avait fait transporter dans le greffe. Leblois me dit d'en parler à Paris; celui-ci me dit qu'il existait des jugemens en blanc, et qu'il était important de vérifier ces extraits qu'il avait enlevés avec l'autorisation de Leblois, accusateur public; mais je n'ai nulle connaissance que Paris ait enlevé du parquet quatre-vingts cotes de procès.

Fouquier. Il entrait dans mon plan d'écarter les cultivateurs, et je les écartais.

Le président à Fouquier. Vous avez chargé le témoin de comprendre principalement dans les actes d'accusation les nobles et les prêtres?

Fouquier. Depuis la loi du 22 prairial, j'ai recommandé d'écarter les cultivateurs. Je ne désavoue pas ce point; j'ai dit plusieurs fois au témoin de mettre plus ou moins d'individus en jugement.

Audience du 25 germinal.

A l'ouverture de l'audience, outre les accusés déjà mis en jugement, neuf autres ont été amenés et leur ont été adjoints comme complices, pour être jugés conjointement avec les premiers. Voici les noms des neuf derniers.

P.-J. Boyenval, âgé de vingt-six ans, né à Saint-Omer, tailleur d'habits, lieutenant d'infanterie légère de la ci-devant légion batave, rue des Poulies, n. 59;

J.-B.-T. Beausire, âgé de trente-trois ans et demi, né à Paris, rentier à Choisi-sur-Seine;

P.-G. Benoît, âgé de quarante-quatre ans, né à Vouzon-sur-Meuse, département des Vosges, employé à la ci-devant cour des Aides de Paris, et depuis, commissaire du conseil exécutif, rue Caumartin, n. 10;

M.-E.-J. Lanne, âgé de trente-deux ans, né à Saint-Paul, département du Pas-de-Calais, homme de loi, adjoint à la commission des administrations civiles, police et tribunaux, place des Piques;

J. Verney, âgé de vingt-huit ans, né à Crest-Volant, district de Cluse, département du Mont-Blanc, ex-perruquier, ex-porte-clefs du Luxembourg, et ex-concierge de Saint-Lazare, rue Geoffroy-Langevin, n. 311;

J. Guyard, âgé de quarante-trois ans, né à Calardon, département d'Eure-et-Loire, ex-employé aux fermes, ex-inspecteur de police, ex-concierge des prisons de Saint-Joseph à Lyon, ex-concierge du Luxembourg, grenetier à Paris ;

F. Dupaumier, âgé de trente-cinq ans et demi, né à Paris, bijoutier, ex-membre du comité révolutionnaire de la section des Droits-de-l'Homme, et administrateur de police jusqu'au 9 thermidor, rue de la Verrerie ;

A.-M.-J. Hermann, âgé de trente-six ans, né à Saint-Paul, département du Pas-de-Calais, substitut de l'avocat-général du ci-devant grand-conseil d'Artois, juge du tribunal du district d'Arras, président du tribunal criminel du même département, président du tribunal révolutionnaire depuis le mois de brumaire jusqu'en germinal de l'an II, ensuite commissaire de l'administration civile, police et tribunaux, domicilié à Arras, et à Paris, place des Piques ,

J.-L. Valagnos, âgé de vingt-neuf ans, né à Paris, peintre en bâtimens, membre du comité révolutionnaire de la section de Chalier, actuellement des Thermes, condamné à douze années de fers, pour abus de fonctions en sa qualité de commissaire de l'habillement et équipement des volontaires de la première réquisition, détenu à Bicêtre.

Le greffier a ensuite donné lecture des deux actes d'accusation suivans.

Acte d'accusation.

Antoine Judicis, accusateur public du tribunal révolutionnaire, établi à Paris, par décret de la Convention nationale, du 10 mars 1793, vieux style, l'an IIe de la République française, sans aucun recours au tribunal de cassation, expose qu'ayant fait assigner en témoins, dans l'affaire de Fouquier et ses complices, les nommés Boyenval, Beausire, Benoît, Lanne, Verney, Guyard, Dupaumier, les aveux des susnommés, leurs tergiversations, les charges résultantes des débats, avec les autres citoyens aussi entendus en témoins dans ce procès, ont engagé le citoyen Cambon, son substitut, à décerner différens mandats d'arrêt contre les susnommés, à la suite desquels ils ont subi interrogatoire pardevant l'un des juges du tribunal.

Qu'examen fait, tant desdits interrogatoires que des autres pièces et actes de la procédure, il en résulte 1º que, quoique les dénonciations et les déclarations faites, tant aux comités de salut public, de sûreté générale, qu'à la commission des administrations civiles, police et tribunaux, et à l'accusateur public du tribunal révolutionnaire, ayant assuré qu'il avait existé, dans le mois de messidor de l'an II, dans différentes maisons d'arrêt de Paris, une conspiration dont le but était d'égorger les comités de salut public et de sûreté générale, la Convention nationale, le tribunal révolutionnaire, les Jacobins, la gendarmerie nationale, etc.; les susnommés ont néanmoins déclaré, tant dans leurs interrogatoires que dans leurs dépositions, que jamais il n'avait existé de conspiration, ce qui fait présumer que plus de trois cents hommes détenus dans ces prisons ont péri victimes innocentes d'une conspiration qui n'eut jamais la moindre réalité.

2º D'après les réponses et aveux des accusés, il paraît que Marie-Joseph-Emmanuel Lanne, adjoint à la commission des administrations civiles, police et tribunaux, s'est transporté dans différentes maisons d'arrêt de Paris, pour chercher et suborner quelques prisonniers, et les engager à faire des listes des différens détenus, sous prétexte d'une conspiration; que, pour mieux réussir dans ses projets, il flagornait les détenus qu'il voulait faire entrer dans ses vues, en leur disant qu'il ne s'agissait que d'un simple transférement à Vincennes, soit en ordonnant qu'ils fussent mieux traités que les autres détenus, soit enfin en leur accordant une plus grande liberté ou une nourriture meilleure et plus abondante; que non content des listes que faisaient les détenus, connus dans le temps sous le nom de moutons, il s'est permis d'ajouter de sa main le nom de certains prisonniers sur les mandats d'extraction délivrés par Fouquier, et d'effacer le nom de ceux qui y étaient précédemment ; et, ce qui prouve sa parfaite intelligence avec Fouquier, c'est que les prisonniers ajoutés par Lanne ont été mis en jugement avec les autres et condamnés avec eux ; qu'enfin c'est lui qui fournissait à Fouquier les noms des personnes qu'il fallait faire assigner en témoins dans ces prétendues conspirations, malgré qu'il ait déclaré dans les débats que, dans ses rapports au comité de salut public, il n'avait jamais été question de conspiration au Luxembourg, et qu'il ne croyait pas qu'il y en eût jamais existé aucune.

5º Que Joseph Verney, ci-devant porte-clefs au Luxembourg, paraît être l'un de ceux qui ont le plus favorisé les projets populicides de Fouquier et complices ; qu'il paraît que c'était lui qui administrait à Lanne les détenus qu'il croyait le plus disposés à entrer dans ses vues ; que, lorsqu'ils ne voulaient pas seconder ses desseins et affirmer qu'il existait au Luxembourg une conspiration, il les menaçait de les faire déclarer eux-mêmes conspirateurs ; qu'il a lui-même signé des listes de proscription, qu'il a remises à Fouquier et aux autres autorités constituées, dans lesquelles il déclarait qu'il avait réellement existé une conspiration au Luxembourg, quoique depuis il eût constamment soutenu que jamais il n'y avait eu le plus petit trouble dans cette maison, dont tous les détenus avaient toujours été calmes et paisibles ; que ce qui prouve que ces prétendues conspirations n'avaient été imaginées par les anciens comités de gouvernement, par l'ancienne commission des administrations civiles, police et tribunaux, et par Fouquier, que pour avoir un prétexte de faire égorger des citoyens, c'est qu'après que Boyenval et Beausire eurent fait une liste de cent quarante-cinq à cent quarante-sept personnes, Verney leur dit que l'administration civile, police et tribunaux, non plus que les comités de salut public et de sûreté générale, ne seraient pas contens, attendu qu'ils avaient espéré que cette liste comprendrait deux cent cinquante ou trois cents individus ; c'est sans doute dans cette idée que Verney avait annoncé trois ou quatre jours auparavant, en faisant tapage, que pour la décade il y en aurait plus de trois cents de moins à payer.

4° Pierre-Joseph Boyenval, ci-devant tailleur d'habits, et lieutenant d'infanterie légère dans la ci-devant légion batave, paraît être entré parfaitement dans les vues des auteurs de la dépopulation imaginée par les anciens comités de gouvernement. Il était avec eux en correspondance très-active; il faisait également des listes de proscription, et, quoiqu'il eût déclaré au tribunal que jamais il n'avait existé de conspiration au Luxembourg, on lui a néanmoins reproché d'avoir été, lors du jugement de ces prétendues conspirations, un des plus acharnés contre les accusés qui ne pouvaient pas dire un mot, sans que Boyenval ne se levât de la manière la plus scandaleuse pour leur répondre.

Il n'attendait jamais qu'on l'interrogeât, il était toujours debout; aussi disait-il, en parlant de ses anciens camarades de chambre : Pour celui-là, nous le ferons bientôt guillotiner; c'est pour la première fournée, ainsi que Fossé et son beau-père; c'est moi qui suis chargé de cela par le comité de salut public; je vous les mènerai bon train. Nous en laissons quelques-uns comme cela, pour amorcer les autres, et nous les ramasserons ensuite en pelote. Aussi Fouquier comptait-il plus particulièrement sur lui que sur les autres; il le faisait entrer dans son cabinet mystérieusement avant l'audience, et lui commandait de déposer comme il savait.

5° Pierre-Guillaume Benoît, ci-devant agent du pouvoir exécutif, paraît avoir été également un des auteurs des listes de proscription du Luxembourg. Il a été aussi un des témoins entendus lors du jugement des prétendues conspirations, qu'il assure aujourd'hui n'avoir jamais existé. Les anciens comités de gouvernement étaient si contens des services qu'il leur avait rendus au Luxembourg, qu'ils le firent transférer à la maison des Carmes, pour moutonner les malheureux détenus dans cette maison. Son arrivée aux Carmes fut signalée par une liste de prétendus conspirateurs, qui furent mis en jugement et condamnés; et ce qui démontre la parfaite intelligence de Benoît avec les anciens comités de gouvernement est sa correspondance très-active avec eux ; et quoiqu'il ne remplît aucune fonction publique, au moins en apparence, puisqu'il était détenu, il n'en cachetait pas moins les lettres qu'il leur envoyait avec un sceau à l'empreinte de la République, avec la légende : *Commissaire national*.

6º Jean Guyard, ancien concierge de la maison du Luxembourg, paraît avoir été un des agens de la faction populicide par sa cruauté envers les détenus, et par les mauvais traitemens qu'il leur faisait subir ; il cherchait à les soulever et à les porter à la révolte pour avoir le prétexte de les dénoncer comme conspirateurs ; aussi faisait-il si peu de cas de la vie des citoyens, qu'ayant un jour confondu le nom d'un prévenu qu'on venait chercher avec celui d'un autre détenu, il répondit : Que m'importe que ce soit celui-là ou un autre, pourvu que j'aie mon nombre ; ajoutant : Qu'il passe aujourd'hui ou demain, cela n'est-il pas égal? Et, tandis qu'il traitait les prisonniers avec la plus grande rigueur, les faiseurs de listes au Luxembourg, et ceux qui avaient l'habitude d'être assignés en témoins de ces prétendues conspirations, avaient la liberté de se promener sur une galerie particulière, et de descendre quand bon leur semblait aux guichets et au greffe.

7º Que Jean-Baptiste-Toussaint Beausire, vivant de son bien, paraît avoir également trempé dans cette conspiration, puisqu'il convient avoir écrit les listes des différentes personnes détenues avec lui au Luxembourg, et qui ont été jugées et condamnées comme auteurs et complices d'une conspiration qu'il prétend aujourd'hui n'avoir jamais existé, quoiqu'il ait été assigné en témoin lors du jugement des prétendus conspirateurs de la maison du Luxembourg ; qu'il paraît également avoir été d'une parfaite intelligence avec Boyenval dans tout ce qu'il faisait et dans tout ce qu'il disait, et qu'il l'appuyait de son témoignage, lorsqu'il assurait être chargé avec lui, par le comité de salut public, de faire mettre en jugement ceux qu'ils voulaient.

8º Enfin François Dupaumier, administrateur de police, paraît avoir été l'inventeur de la prétendue conspiration de Bicêtre.

Non content d'inspirer la terreur la plus grande aux détenus et de les traiter avec la plus grande cruauté, il les menaçait encore à chaque instant de les envoyer à Fouquier, et ses menaces étaient le plus souvent suivies d'exécution; il faisait également des listes de proscription, et tous ceux qu'il a envoyés au tribunal révolutionnaire ont été guillotinés; il employait pour cela quelques témoins affidés, pris dans le nombre des autres détenus, et les faisait traiter avec plus de douceur; il leur faisait donner une meilleure nourriture, et il poussa l'effronterie jusqu'à faire mettre dans une chambre particulière, sur la porte de laquelle il fit placer l'inscription portant : *Chambre des amis de la patrie*, deux scélérats déjà condamnés à vingt ans de fers, pour crime de faux témoignages, et que l'on administrait toujours à Fouquier, comme témoins de ces prétendues conspirations.

D'après l'exposé ci-dessus, et en vertu des pouvoirs à lui accordés, par l'article 22 du titre IV, de la loi du 8 nivose dernier, l'accusateur public a dressé le présent acte d'accusation, contre Marie-Joseph-Emmanuel Lanne, Joseph Verney, Pierre-Joseph Boyenval, Pierre-Guillaume Benoît, Jean Guyard, Jean-Baptiste-Toussaint Beausire et François Dupaumier, pour fait de complicité avec Antoine-Quentin Fouquier-Tinville, et avoir comme lui secondé et favorisé les projets et complots liberticides et populicides des ennemis du peuple et de la République, et avoir eux-mêmes conspiré, soit comme auteurs ou complices contre la sûreté intérieure de l'état et du peuple français.

Pour quoi l'accusateur public requiert qu'il lui soit donné acte de l'accusation par lui intentée contre lesdits Lanne, Verney, Boyenval, Benoît, Guyard, Beausire et Dupaumier; comme aussi qu'à sa diligence, et par huissier porteur de l'ordonnance à intervenir, les susnommés soient pris et appréhendés au corps, écroués sur les registres de la maison d'arrêt de la Conciergerie, où ils sont détenus, pour y rester comme en maison de justice, et mis en jugement avec ledit Fouquier et ses complices, pour être jugés conjointement avec eux.

Fait au cabinet de l'accusateur public, soussigné, à Paris, le

18 germinal, l'an III de la république française, une et indivisible. *Signé* Judicis.

Le tribunal, faisant droit sur le réquisitoire de l'accusateur public, lui donne acte de l'accusation par lui portée contre les nommés Lanne, Verney, Boyenval, Benoît, Guyard, Beausire et Dupaumier, en complicité de Fouquier-Tinville, dit qu'il y a lieu de présenter aux jurés ledit acte d'accusation de complicité; ordonne qu'à la diligence du requérant, et par un huissier porteur de la présente ordonnance, lesdits prévenus seront écroués sur les registres de la Conciergerie, où ils sont détenus, pour y rester comme en maison de justice, et mis en jugement avec ledit Fouquier, et complices, pour être jugés conjointement avec eux.

Fait et jugé au tribunal, le 18 germinal, l'an III de la République.

Signés Agier, Bertrand d'Aubagne, Pissis, Godeau, Mazerat, Devinat, Debregeas, Favart, Josse, *greffier.*

Acte d'accusation notifié le 24 germinal, l'an III.

Antoine Judicis, accusateur public près le tribunal révolutionnaire, etc.

Expose qu'ayant fait assigner le citoyen Hermann, ci-devant membre de la commission des administrations civiles, police et tribunaux, en témoignage dans l'affaire de Fouquier et de ses complices, le citoyen Cambon, son substitut, aurait à l'audience lancé un mandat d'arrêt contre ledit Hermann, comme complice dudit Fouquier; qu'examen fait, tant de la déposition dudit Hermann, que des débats auxquels il a donné lieu, il en résulte qu'Amans-Martial-Joseph Hermann, ci-devant commissaire des administrations civiles, police et tribunaux, a été un des principaux agens des anciens comités de gouvernement pour l'exécution du système de dépopulation imaginé par Robespierre pour pouvoir parvenir plus sûrement à la dictature après laquelle il soupirait; que déjà en sa qualité de président du tribunal révolutionnaire, et lors de l'affaire de Danton, Camille Desmoulins et autres, Hermann avait donné des preuves de son entier dévouement à ces comités, puisque, pour servir les mouvemens de leur haine contre ces accusés, il avait, avec Fouquier, fait le tirage des jurés, et que le jour de leur condamnation ils entrèrent dans leur chambre pour les déterminer sans doute à voter contre eux ; que Hermann, après avoir vociféré contre les accusés tout ce que la passion peut inventer de plus affreux, montra aux jurés une lettre qu'il dit de tenir l'étranger, adressée à Danton, et que cette lettre les avait déterminés à voter pour la mort ; que cette condamnation lui parut sans doute si extraordinaire, qu'il n'osa pas la prononcer en présence des accusés, et qu'il envoya à la Conciergerie un commis greffier pour leur en faire la lecture.

Ces différentes prévarications furent récompensées par Robespierre : le lendemain du jugement, Hermann obtint la place de commissaire des administrations civiles, police et tribunaux, pour que dans ce nouveau poste il fût plus à portée de servir leur vengeance et leurs passions. L'occasion ne s'en présenta que trop tôt. Jean-Louis Valagnos, peintre en bâtimens, condamné à douze années de fers par jugement du mois de frimaire de l'an II, pour avoir abusé de sa qualité de membre du comité révolutionnaire, et envoyé à Bicêtre jusqu'au moment de l'exécution de son jugement, imagina que quelques condamnés comme lui aux fers, et qu'on allait faire conduire incessamment au lieu de leur destination, avaient formé le complot de s'échapper dans leur route. Il en fit la dénonce par écrit au comité de surveillance de la section de Chalier ; et, comme ce comité ne répondit pas assez vite, il lui en écrivit une seconde le 2 prairial de l'an II, dans laquelle il lui marque qu'il vient d'apprendre toutes les mesures que les scélérats qu'il avait dénoncés devaient prendre pour s'échapper en route, et les suites funestes qui pouvait en résulter, si on négligeait de les prévenir. Il leur déclara qu'une troupe de scélérats, avec lesquels ils correspondaient au-dehors, devaient se trouver sur la route, et que la révolte devait être complète, et qu'il indiquerait des témoins pour attester ces faits.

Cette lettre fut transmise par le comité révolutionnaire de la section de Chalier, au comité de salut public, et Robespierre et

Barrère l'envoyèrent le 19 prairial au commissaire des administrations civiles, police et tribunaux, qui la transmit le 23 à l'administration de police et à la commission de la marine et des colonies.

Les rapports journaliers du concierge de Bicêtre annonçaient que tout était tranquille dans cette maison ; qu'il n'y avait rien de contraire au bon ordre ; et comme il ne s'agissait dans la dénonce de Valagnos que de complot d'évasion en route, en supposant que le complot eût réellement existé, il ne serait devenu criminel qu'au temps qu'il aurait été suivi de quelques tentatives pour son exécution, et, pour le déjouer, il suffisait de faire escorter les condamnés par une forces suffisante.

Mais ce n'était pas là le but des décemvirs ; ils avaient marqué dans leurs lettres au commissaire des administrations civiles, police et tribunaux, de prendre, sur l'avis de Valagnos, les mesures convenables.

D'après cet avis, le commissaire se transporta à Bicêtre, et de là au comité de salut public, et là il fut sans doute convenu de transformer ce projet d'évasion en route en une conspiration horrible, qui ne tendait pas moins qu'à égorger la représentation nationale, le tribunal révolutionnaire, la gendarmerie nationale, les Jacobins, etc. D'après ce plan, un arrêté du comité de salut public, du 25 prairial, traduisit seize individus au tribunal révolutionnaire, chargea l'accusateur public de les faire juger sous le plus bref délai, et autorisa au surplus la commission des administrations civiles, police et tribunaux à traduire au tribunal révolutionnaire tous autres individus détenus dans la maison de Bicêtre qui seraient prévenus d'avoir pris part au complot.

Cette autorisation mendiée par Hermann ne fut pas inutile en ses mains ; il en fit part à Fouquier et l'engagea à aller avec lui ou Lanne, son adjoint, faire la recherche des complices.

Fouquier se rendit à cette invitation ; et, le lendemain 26, il envoya à Lanne l'état des prévenus trouvé dans son opération le même jour à Bicêtre, avec invitation de lui faire passer le lendemain, à dix ou onze heures au plus tard, toutes les pièces de cette affaire, et notamment les arrêtés ; mais déjà avant la réception des pièces, et le même jour, 26 prairial, l'acte d'accusation était dressé et ordonnancé contre trente-sept individus, et l'on ne verra pas sans frémir que Fouquier avait imaginé de les accuser d'avoir voulu s'emparer de la force armée, forcer les portes de la maison de Bicêtre, se porter aux comités de salut public et de sûreté générale, en poignarder les membres, leur arracher le cœur, le griller et le manger.

Les accusés mis en jugement le 28 prairial furent condamnés le même jour à la peine de mort : le bon accueil fait à Valagnos et aux autres détenus indiqués par lui comme témoins pour déposer dans cette affaire, les bons traitemens que la commission des administrations avait ordonnés en leur faveur ; le privilége dont ils jouissaient d'être logés comme de bons républicains, dans une chambre qu'on avait fait préparer pour eux, et sur la porte de laquelle on avait placé une inscription portant : *Chambre des Amis de la patrie*, engagèrent les détenus à déclarer qu'il existait encore des complices dans la maison de Bicêtre, que la précipitation avec laquelle on avait traduit les précédens au tribunal ne leur avait pas donné le temps de les dénoncer tous ; et ils en donnèrent une liste de trente et un, en déclarant qu'il y en avait beaucoup d'autres, mais qu'ils avaient été transférés à la maison Lazare. Cette déclaration fut recueillie par Dumontier et Dupaumier, qui décidèrent qu'il fallait envoyer cette pièce en original de suite à l'administration de police.

Le lendemain 7, cette liste fut envoyée à Fouquier, qui le même jour dressa contre eux son acte d'accusation : il en ajouta cinq autres, dont Osselin était du nombre, et y accola deux volontaires qui n'étaient pas de Bicêtre, et qui étaient prévenus d'avoir par des propos contre-révolutionnaires provoqué le rétablissement de la royauté. Cet acte d'accusation, qui n'est qu'une copie de celui du 27 prairial, fut ordonnancé le même jour 9 messidor, et le lendemain ces individus mis en jugement. Les détenus à Bicêtre furent condamnés à la peine de mort, au nombre de trente-six, les deux volontaires furent acquittés.

Les anciens comités de gouvernement n'avaient imaginé cette

prétendue conspiration de Bicêtre que pour tâter l'esprit public et s'assurer des moyens de pouvoir exécuter de plus vastes complots; aussi peu de temps après rendit-on cette conspiration commune à toutes les maisons d'arrêt de Paris. Ce fut Hermann qui, après s'être assuré de la bonne disposition de certains individus connus dans les maisons d'arrêt sous le nom de *moutons*, les excita à faire des listes de proscription ; et, lorsqu'il en fut nanti, il alla avec Lanne, son adjoint, au comité de salut public, dénoncer cette prétendue conspiration. Quoique, d'après les rapports journaliers du concierge, la maison d'arrêt du Luxembourg fût des plus paisibles, ils obtinrent, le 17 messidor, un arrêté en vertu duquel cent cinquante-cinq individus détenus dans cette maison furent traduits au tribunal sous prétexte de conspiration ; cet arrêté fut pris dans la nuit du 17 au 18, et le 18 au matin il fut envoyé à la commission. Le même jour, 18, Hermann écrivit à la Commune de Paris, à Hanriot, au comité de gouvernement, au tribunal, à l'administration de police, et en reçut réponse le même jour 18. Le transférement des détenus fut effectué le même jour 18; les gradins furent dressés et arrangés pour juger en masse les cent cinquante-cinq individus ; mais, par un arrêté du comité de salut public, ils furent divisés en trois fournées, jugés, condamnés et exécutés les 19, 21 et 22 du même mois de messidor.

Hermann passa du Luxembourg aux autres maisons d'arrêt de Paris : il abusa de l'arrêté du comité de salut public, pour engager les moutons de ces différentes maisons à lui donner des listes de proscription; il les engageait à déclarer qu'il y avait dans ces maisons des complots de conspiration ; et, lorsqu'ils lui disaient qu'ils n'en connaissaient pas, il leur communiquait un ordre des comités de salut public et de sûreté générale, qui lui enjoignait de rechercher les ennemis du peuple et de la révolution, dans les maisons d'arrêt. Il s'informait de la conduite des nobles et des prêtres dans ces maisons, leur présentait différentes listes de ces nobles et de ces prêtres, et les requérait de donner leur opinion par écrit sur le compte de ces individus ; après quoi il en allait référer avec les anciens comités de gouvernement, et c'est au moyen des rapports faux et mensongers qu'il allait leur faire que plus de quatre cents individus ont péri victimes d'une conspiration qui n'a jamais existé.

Et, attendu que Valagnos paraît avoir été un des premiers instigateurs de ces listes de proscription, le citoyen Cambon a décerné un mandat d'arrêt contre lui.

D'après l'exposé ci-dessus et en vertu des pouvoirs à lui accordés par l'article 22 du titre IV, de la loi du 8 nivose dernier, l'accusateur public a dressé le présent acte d'accusation contre Amans-Martial-Joseph Hermann, et Jean-Louis Valagnos, pour faits de complicité avec Antoine-Quentin Fouquier-Tinville, et avoir comme lui secondé et favorisé les projets et complots liberticides et populicides des ennemis du peuple et de la République, et avoir eux-mêmes conspiré, soit comme auteurs ou complices contre la sûreté intérieure de l'état et du peuple français.

Pour quoi l'accusateur public requiert qu'il lui soit donné acte de l'accusation par lui intentée contre lesdits Hermann et Valagnos, comme aussi, qu'à sa diligence et par huissier porteur de l'ordonnance à intervenir, les susnommés seront pris et appréhendés au corps, et écroués sur les registres de la maison de la Conciergerie où ils sont détenus, pour y rester comme en maison de justice et mis en jugement avec ledit Fouquier et ses complices, pour être jugés conjointement avec eux.

Fait au cabinet de l'accusateur public, soussigné, à Paris, le 23 germinal, l'an troisième de la république française une et indivisible. *Signé* Judicis.

Le tribunal, faisant droit sur le réquisitoire de l'accusateur public, lui donne acte de l'accusation par lui portée contre les nommés Hermann et Valagnos, en complicité de Fouquier-Tinville et autres, dit qu'il y a lieu de présenter aux jurés ledit acte d'accusation de complicité, etc., etc.

Fait et jugé au tribunal, le 23 germinal, troisième année républicaine.

Signé, Agier, Mazerat, Debregeas, Favard, Pissis, Godeau, Josse, *greffier*.

Cambon, substitut, a pris la parole et a dit : Citoyens jurés, a-t-il existé dans les différentes maisons d'arrêt de Paris quelque conspiration attentatoire à la sûreté de la Convention nationale, à la vie des représentans du peuple, à celle des membres de différentes autorités constituées et de plusieurs citoyens? Cette question a fait le premier sujet de nos précédentes séances. J'oserai dire que jusqu'ici les débats ont graduellement fixé votre opinion sur la négative, et cependant différentes conspirations imaginées par la faction Robespierre, adoptées, accréditées par ses vils agens, auront servi de prétexte juridique pour victimer près de quatre cents détenus dans différentes maisons d'arrêt de Paris.

Mais surtout quelles trames odieuses, quels moyens atroces, quelles perfides machinations n'a-t-on pas conçus, n'a-t-on pas même mis en usage pour justifier ces noirs attentats?

L'intrigue, l'ambition, la bassesse, l'immoralité, en un mot tous les vices se sont réunis à la voix des conjurés, et l'on a vu paraître ces fatales listes de proscription, sur lesquelles on inscrivait les victimes innocentes qui furent traînées à l'échafaud.

Ce sont les principaux auteurs ou agens de ce délit que je trouve aujourd'hui lieu de vous dénoncer.

J'accuse Hermann, Lanne, Valagnos, Dupaumier, Boyenval, Verney, Benoît, Beausire et Guyard.

Hermann présida le tribunal révolutionnaire; il mérita si bien de la faction Robespierre, qu'elle le nomma, pour prix de ses services, commissaire des administrations civiles, police et tribunaux. C'est dans ce poste important que, de concert avec Lanne, son adjoint, il signala toutes les soi-disantes conspirations sur lesquelles les conjurés basèrent leurs projets populicides. Lanne créait et relatait dans ses verbaux toutes les faussetés que son imagination atroce lui suggérait, et Hermann les certifiait. Hermann adressait à la faction et à ses agens les opérations de Lanne, malgré qu'il eût devers lui la preuve matérielle du contraire. Hermann et Lanne agissaient de concert pour faire rédiger par certains détenus les listes de proscription qui désignèrent tant de victimes. Ils indiquaient pour témoins les rédacteurs de ces listes; et ceux-ci pour prix de leurs services, de l'ordre d'Hermann et de Lanne, étaient traités avec prédilection; on leur faisait surtout administrer une meilleure nourriture.

A certaines époques, Hermann et Lanne, à la compagnie de Fouquier, leur consort, visitèrent les maisons d'arrêt, et notamment celle de Bicêtre : ils firent comparaître devant eux une classe d'hommes déjà flétris par la justice, et se firent dénoncer un projet d'évasion vraiment conçu par des condamnés aux fers; mais ils métamorphosèrent aussitôt ce projet en une atroce conspiration, au moyen de laquelle Fouquier supposant que les conjurés voulaient arracher le cœur des membres du comité de gouvernement, le griller et le manger, ils sacrifièrent de concert nombre de victimes. Ces mêmes hommes, déjà condamnés pour crime de faux témoignages, furent juridiquement administrés en témoins, et les soi-disant conspirateurs furent immolés.

Par ses écrits, par sa correspondance avec les commissions populaires, par ses intimes liaisons avec Hermann et Lanne; par ses intelligences, soit avec le comité de gouvernement, soit avec Fouquier, Valagnos, un de ces mêmes hommes déjà flétris par la justice, a pris la plus grande part aux atrocités pratiquées; aussi recevait-il des uns et des autres l'accueil le plus favorable.

Dupaumier, en sa qualité d'administrateur de police, vint s'associer à ces projets populicides; on le réserva pour exercer dans Bicêtre les plus grandes cruautés envers les détenus; il les menaçait tous du *tribunal Fouquier*; il dressait lui-même les listes de proscription; il endoctrinait les témoins déjà choisis parmi les scélérats qui se trouvaient condamnés aux fers; pour encourager leur zèle, il imagina de leur faire donner une chambre particulière, sur la porte de laquelle il osa prodiguer cette inscription : *Chambre des amis de la patrie*.

Parmi les acteurs destinés à figurer dans la maison d'arrêt du Luxembourg, Boyenval, sous les auspices de la même agence

Hermann et consorts, r[...]eait les listes de proscription ; il agissait, disait-il, au nom des comités de gouvernement, avec lesquels il ne cessait de correspondre. Il avait, quoique détenu, la liberté de sortir à toute heure du jour ou de la nuit ; il menaçait les détenus de les adresser à Fouquier ; il jouissait d'une chambre qui lui était particulièrement destinée. Il fut toujours administré pour témoin contre les accusés qu'il avait lui-même dénoncés. Il s'élevait contre eux avec l'audace la plus effrénée. Boyenval était sans doute celui sur lequel Fouquier avait le plus à compter, puisque avant l'audience il le faisait appeler dans son cabinet, pour lui recommander de déposer comme il savait.

Verney, porte-clefs du Luxembourg, faisait écrire par un détenu les listes de proscription qu'il dictait lui-même, en observant qu'il avait ordre de faire porter le nombre des inscrits à trois cents. Il dénonçait à Fouquier tous ceux qui pouvaient lui déplaire ; on l'administrait toujours comme témoin : il ne cessait de correspondre avec les comités du gouvernement.

Benoît pendant sa détention au Luxembourg fut aussi le rédacteur des listes de proscription ; il sut si bien mériter de la faction qu'elle trouva lieu de le faire transférer à la maison d'arrêt des Carmes, pour y continuer ses bons offices. On lui destina dans les différentes maisons d'arrêt une chambre particulière ; sa correspondance avec Fouquier et les comités de gouvernement était marquée du sceau de la République, portant pour légende : *Commissaire national*.

Beausire, sous la dictée de Verney, fut le dénonciateur des soi-disant complices de la conspiration Grammont ; il était reconnu pour être de la plus parfaite intelligence avec Boyenval, dont il certifiait les dires et assertions criminelles.

Guyard, ancien concierge du Luxembourg, traitait les détenus avec la plus grande dureté ; lorsqu'il exécutait les ordres d'extraire, adressés par Fouquier, et qu'on lui représentait qu'il eût à ne pas faire erreur de nom : Qu'importe, disait-il, que celui-ci passe aujourd'hui ou demain ; dans peu, ajoutait-il, dans peu nous aurons vidé les prisons : s'il avait quelques égards à témoigner, c'était aux faiseurs de listes ou aux témoins habituellement administrés qu'il les réservait.

Tels sont, citoyens jurés, les différens délits dont je me propose de vous faire acquérir la preuve.

Je requiers en conséquence la lecture de la loi sur le crime du faux témoignage, et la mise aux débats des accusés.

Ensuite le citoyen Boutroue a dit : Nommé défenseur des juges et des jurés, Lanne, Hermann, Boyenval et Guyard viennent encore de me choisir; mais je crois qu'il y a incompatibilité entre la défense des nouveaux accusés et celle de ceux qui m'ont donné leur confiance. Je prie le citoyen président de vouloir bien demander à Hermann et autres s'ils veulent nommer un autre défenseur que moi.

Le président a donné lecture de l'article de la loi relatif aux défenseurs officieux, et a déclaré que le tribunal a fait son devoir. Il a observé que c'est aux accusés à faire choix de leurs défenseurs, et a ordonné au greffier de prendre les noms des défenseurs choisis par les accusés, à l'effet d'envoyer à l'instant des lettres à ces défenseurs, pour les prévenir qu'ils ont été nommés défenseurs par quelques-uns des accusés mis en jugement.

Soixante-quatorzième témoin. P.-J. Réal a été entendu une seconde fois, ainsi que plusieurs autres témoins, en ses déclarations contre les accusés dont on vient de lire les actes d'accusation dressés contre eux. Il serait fastidieux pour nos lecteurs de relire une seconde fois les faits dont les témoins ont déposé. Nous nous bornerons aux réponses administrées par les accusés à ces mêmes faits.

Benoît, accusé. Je n'étais pas plus instruit que Réal du transfèrement dont il vient de parler. Je n'ai parlé qu'une fois à Wiltcherit, en lui offrant des fleurs. Par mes ronflemens j'incommodais mes camarades d'infortune; ce qui fit que le concierge me donna un cabinet particulier. Lorsqu'un nouveau détenu arrivait, je lui offrais ce que je pouvais par humanité. Je n'ai pas fait de listes de proscription; mais je connais qu'il en a été fait.

J'ai été appelé en témoignage les 19, 21 et 22 messidor, et le 4 thermidor : je crois que j'ai déposé dans l'affaire du jeune Mellet, et que le président ne lui fit d'autres reproches, ainsi qu'au jeune Damas, que de l'aristocratie de leurs pères, et de ce qu'ils étaient de la caste nobiliaire. Je n'ai pas dit, en rayonnant de joie et en revenant du tribunal, que les condamnés étaient exécutés à l'heure même, et que les autres, à l'exception d'un petit nombre, y passeraient tous. Mais j'ai dit que les fenêtres seraient murées, parce que j'en avais vu l'ordre chez le concierge. J'ai dit, en parlant des accusés, que le président m'observa que je ne devais pas parler en faveur des aristocrates, et qu'il m'avait menacé de me faire monter sur les gradins ; mais que Fouquier me dit seulement : On ne te demande pas cela. En venant déposer ici, je montai une fois au cabinet de Fouquier. Je voulais lui demander de me mettre en jugement. Il me dit : Va-t'en.

Boyenval. Le 12 ou 13 messidor, Lanne, accompagné d'un autre, vinrent au Luxembourg ; ils me montrèrent un arrêté du comité de salut public, qui chargeait la commission des administrations civiles, police et tribunaux, de rechercher, dans les diverses prisons de Paris, ceux qui avaient principalement trempé dans les différentes factions et conjurations que la Convention nationale avait anéanties, et dont elle avait puni les chefs ; ceux qui dans les prisons étaient les affidés, les agens de ces factions et conjurations, et qui devaient être les acteurs des scènes tant de fois projetées pour le massacre des patriotes et la ruine de la liberté, pour en faire un rapport au comité de salut public dans un court délai. Lanne me montra une liste d'environ quatre-vingt-dix personnes marquées de croix rouges, et me dit de lui indiquer ceux que je connaissais, et de lui faire une liste de deux cent cinquante à trois cents. Verney dit que Beausire l'aiderait. Le lendemain Verney, Beausire et moi, nous nous rendîmes dans le greffe ; il nous demanda des renseignemens. Verney me présenta du papier et me proposa d'écrire des noms ; je lui observai que je ne le pouvais pas ; il nous dit qu'il n'y avait aucun danger, que c'était pour un transférement; nous le croyions. Verney prit le registre, dicta des noms, et Beausire les écrivit. Verney demanda combien il y en avait sur cette liste ; on les compta, il s'y en trouva cent quarante-cinq ou cent quarante-sept. La commission, dit Verney, ne sera pas contente, car elle en a demandé trois cents. Nous n'avons signé ni cette liste ni aucune dénonciation. Benoît ne parlait jamais au tribunal en faveur des accusés.

Beausire. J'ai remarqué que les têtes des Grammont étaient exaltées ; mais je ne les ai pas dénoncés. Dans un mémoire, Benoît s'est vanté d'avoir fait cette dénonciation ; je n'ai pas rédigé de listes, j'en ai écrit une, comme je l'ai imprimé, sous la dictée de Verney. Boyenval me cita aussi beaucoup de noms ; Verney, en me dictant les noms, disait qu'ils avaient des écrous abominables, qu'ils étaient déjà sur la liste de la commission, et que c'était pour un simple transférement.

Cambon, substitut, a présenté la liste à Boyenval, où se trouvent intercallées les trois femmes Levi. Verney a prétendu que cette liste avait été faite par Lanne, qui avait interrogé plusieurs détenus. Il a nié d'avoir dit en revenant du tribunal : *J'ai confondu les accusés.* Il a prétendu que personne ne lui avait demandé de liste ; mais il est convenu avoir signé une liste dans le cabinet de Fouquier, écrite par Fouquier lui-même, telle que nous l'avons imprimée dans le cours de ce procès.

Beausire a reconnu que c'était les mêmes noms qu'il avait écrits, excepté les deux derniers.

Cambon a fait remarquer que dans cette liste se trouve le jeune Mellet, et qu'on lit dans l'acte d'accusation : J. Mesnard Mellet, né à Brives-la-Gaillarde, âgé de dix-sept ans, arrêté à Paris, et qu'aucun délit particulier ne lui est imputé dans cet acte.

Fouquier. La masse de l'acte d'accusation porte sur des délits relatifs aux conspirations, et le reste sur la complicité. A l'égard du jeune Mellet, il était dénoncé, c'est l'affaire des jurés.

Guyard. Je n'étais pas présent lorsque les listes ont été faites.

Lanne. J'ai été au Luxembourg avec un commis de la commission des administrations civiles, police et tribunaux ; Verney me dit qu'il y avait des conspirateurs à dénoncer ; il me donna sept à huit noms et non soixante ; il m'ajouta qu'il y avait des détenus à la chambre des patriotes qui me donneraient des renseignemens, et me les indiqua. Je lui dis que j'étais pressé, que je les engageais à réfléchir à ce qu'ils devaient faire, et à me dire ce que leur conscience leur dicterait pour l'intérêt de la patrie. Verney m'apporta le lendemain une liste de cent cinquante-cinq individus. Je descendis avec lui chez Hermann ; il tenait cette liste à la main ; j'en fis un rapport au comité de salut public.

Verney. J'ai porté trois lettres à Lanne, mais je n'ai pas porté de liste chez Hermann.

Hermann. Verney m'avait dit qu'il y avait au Luxembourg des rassemblemens, et qu'il indiquerait ceux qui avaient à faire des déclarations ; un rapport à ce sujet fut fait au comité de salut public.

Ardenne. Je vais donner lecture aux citoyens jurés de ce rapport ; le voici : « *Rapport de la commission des administrations civiles, police et tribunaux du 3 messidor, sur les conspirations des prisons.*

» C'est une chose démontrée et trop notoire pour qu'elle ait besoin de développemens, que toutes les factions qui ont été successivement terrassées avaient dans les diverses prisons de Paris leurs relations, leurs affidés, leurs agens dans l'intérieur de ces prisons, les acteurs pour le dehors, dans les scènes projetées pour ensanglanter Paris et détruire la liberté.

» La commission chargée de la surveillance générale des prisons ne peut s'empêcher de voir que tous les scélérats qui ont trempé particulièrement dans ces projets liberticides, dans ces conspirations particulières, existent encore dans les prisons ; et y font une bande à part, qui rend la surveillance très-laborieuse et une cause habituelle de désordre, une source continuelle de tentatives d'évasion, un assemblage journalier d'êtres dont l'existence se consume en imprécations contre la liberté et ses défenseurs.

» Il serait possible de connaître ceux qui, dans chaque prison, servaient et devaient servir les diverses factions, les diverses conjurations, qui, dans ce moment même, ne peuvent contenir leur rage, ni s'empêcher de se prononcer tout ce qu'ils sont.

« Il faudrait peut-être purger en un instant les prisons, et dé-
» blayer le sol de la liberté de ces immondices, de ces rebuts de
» l'humanité ; justice serait faite, et il serait plus facile d'établir
» l'ordre dans les prisons. »

» La commission demande à être autorisée à faire ces recherches, pour en donner ensuite le résultat au comité de salut public. En conséquence elle vous propose l'arrêté suivant :

» 7 messidor, an II de la république une et indivisible.

» Le comité de salut public charge la commission des administrations civiles, police et tribunaux de rechercher dans les prisons de Paris ceux qui ont particulièrement trempé dans les diverses factions, dans les diverses conjurations que la Convention nationale a anéanties, et dont elle a puni les chefs ; ceux qui, dans les prisons, étaient les affidés, les agens de ces factions et conjurations, et qui devaient être les auteurs des scènes tant de fois projetées pour le massacre des patriotes et la ruine de la liberté, pour en faire son rapport au comité dans le plus court délai.

» La charge, en outre, de prendre, de concert avec l'administration de police, tous les moyens d'établir l'ordre dans les prisons. *Signé* HERMANN.

» Approuvé. — *Signé* ROBESPIERRE, BILLAUD-VARENNES, B. BARRÈRE. »

Ici Ardenne, substitut de l'accusateur public, a tonné avec énergie contre les moyens employés par Hermann pour découvrir, dans les prisons, de prétendues conjurations ou conspirations (car ces expressions sont synonymes); conspirations qui n'ont jamais existé que dans les têtes des décemvirs et de leurs agens : il l'a accusé d'avoir proposé aux comités de gouvernement de déblayer les prisons pour dépopuler la France, et faire nommer Robespierre dictateur.

Le président à Hermann. Vous avez signé ce rapport ; vous avez proposé au comité de salut public cet arrêté. Vous saviez cependant, par les rapports journaliers du mouvement des prisons, que tout y était calme et tranquille. Je vous invite à répondre à ces faits.

Hermann. Il faut se reporter aux circonstances ; ces feuilles étaient des rapports d'un usage journalier ; mais, par d'autres rapports faits à la police et aux comités de gouvernement, on apprenait qu'il s'agissait dans les prisons de complots extraordinaires. Les délibérations étaient animées : on y parlait un langage particulier. J'ai pu, dans mon rapport, employer des expressions impropres qui se ressentaient du lieu où je l'ai rédigé ; c'était une mesure générale prise alors par les comités ; si les fonctionnaires publics sont complices des comités, je n'ai plus rien à répondre.

Ardenne. Si les comités, lorsqu'il ne s'agissait nullement de conspirations, ont pris ces mesures horribles, c'est que vous les leur avez présentées.

Hermann. On avait découvert la conspiration de Dillon ; on n'avait puni que les chefs ; il restait les complices, du moins on le croyait alors d'après les dénonciations.

Ardenne. Aviez-vous des pièces pour venir à l'appui de ces mesures ? Ignorait-on donc qu'il existait alors des scélérats, des délateurs infâmes qui cherchaient à faire couler des torrens de sang, à dépopuler la France, à avilir le nom français, et qui ont déshonoré la révolution ?

Les accusés ont nié les autres faits.

Audience du 26 germinal.

Soixante-quinzième témoin. J. Jobert, marchand de vin, déjà entendu. (Voyez sa déclaration, t. 34.) Les accusés ont nié les faits qui leur sont imputés. Beausire a dit qu'il n'avait pas parlé des femmes Lévi, qu'il n'avait eu aucune relation avec elles, attendu qu'un gros mur les séparait de lui ; et Jobert est convenu que Beausire s'était toujours bien comporté au Luxembourg.

Réal, en parlant des faiseurs de listes, a dit que lorsque le mitrailleur de Lyon, l'histrion Collot-d'Herbois eut connaissance de celle de cent cinquante-cinq individus du Luxembourg, qu'on proposait de juger en masse, s'écria : Que vous restera-t-il donc lorsque vous aurez démoralisé le supplice ? Saint-Just la déchira : les morceaux doivent être dans les comités.

Soixante-seizième témoin. Deschamps, économe provisoire de Bicêtre, déjà entendu. (Voyez sa déclaration, ainsi que celles de Valagnos et de Dupaumier : ces deux derniers sont actuellement au nombre des accusés.) Dupaumier a avoué qu'ayant appris qu'il existait à Bicêtre un projet d'évasion ; que les détenus cachaient des limes, pour cet effet, dans leur fondement, crut devoir les chercher dans cet endroit. C'était dégoûtant, a-t-il dit, pour un magistrat du peuple ; mais j'ai dû le faire pour l'intérêt de ce même peuple. (Murmures et improbations.) Dupaumier est également convenu qu'en parcourant la maison de Bicêtre il entra dans la chambre de Valagnos, où étaient les témoins qui avaient déposé dans l'affaire de Bicêtre ; que le 7 messidor, en retournant dans cette chambre, ces témoins lui dirent qu'ils avaient cru faire leur devoir et servir la République ; qu'on lisait au-dessus de cette porte, en dedans et en dehors : *Les Amis de la patrie ;* mais que cette inscription avait été faite six mois avant qu'il fût chargé de l'administration de Bicêtre, et il a affirmé qu'il n'avait jamais maltraité les détenus.

Soixante-dix-septième témoin. Thierriet-Grandpré, chef de division à la commission nationale des administrations civiles, de police et des tribunaux, ayant le département des prisons, déjà entendu en ses déclarations, a dit :

Citoyens jurés, il est maintenant reconnu, mais beaucoup trop tard, que Robespierre a conspiré ; que l'objet de tous ses vœux était le pouvoir suprême ; que, pour y parvenir, sous quelque dénomination que ce fût, tous les moyens lui étaient bons. Celui qu'il regardait comme le plus puissant était un vaste système de dépopulation, qui devait principalement frapper sur les riches, les nobles, les prêtres et les personnes instruites, dont les lumières et l'influence sur l'opinion publique auraient pu contrarier ses projets liberticides. Mais le succès était incertain, s'il ne s'associait des hommes perfides et immoraux, qui, revêtus comme lui du masque du patriotisme, l'aidassent à arracher au peuple français la liberté qu'il avait conquise au prix de tant de sang et de sacrifices en tout genre. Le tribunal révolutionnaire, tout dégagé qu'il était par son institution des formes ordinaires, ne servait pas encore assez rapidement les vues de Robespierre; il parvint par degré à comprimer d'abord la voix des accusés et de leurs défenseurs, ensuite à leur ôter subitement toute espèce de moyen de se faire entendre; mais ce n'était pas assez de la loi féroce du 22 prairial, ce n'était pas assez d'avoir recomposé le tribunal révolutionnaire de loups dévorans disposés à exécuter les arrêts sanguinaires de ce despote abhorré, il fallait encore fournir un aliment journalier à ce tribunal atroce, et pour cela il fallait, à la tête des autorités constituées, des monstres revêtus de la figure humaine, qui aidassent le tyran dans ses affreux projets. Pour les faire réussir, il fallait démoraliser le peuple et l'avilir; il fallait se concerter avec les ennemis du dehors; il fallait être seul maître des prisons, et avoir des concierges dévoués; il fallait incarcérer et envoyer au tribunal révolutionnaire; il fallait influencer la commission populaire, et conjointement avec elle déblayer les prisons; il fallait enfin remédier à la lenteur des décisions de ce nouveau tribunal.

Hermann et Lanne, l'un commissaire, l'autre adjoint de la commission nationale des administrations civiles, de police et des tribunaux, ont parfaitement secondé les vues de l'hypocrite Robespierre, et, sans la glorieuse journée du 9 thermidor, je doute qu'aucun des individus qui m'écoutent en ce moment eût échappé aux poignards de ce trop audacieux conspirateur et de ses bas valets.

Pour prix de l'assassinat commis en la personne de Phelippeaux, Camille Desmoulins et autres députés, dont Hermann, alors président du tribunal révolutionnaire, avait étouffé la voix éloquente et terrible, celui-ci obtint la place de ministre de l'intérieur, qu'il remplit jusqu'à l'anéantissement du conseil exécutif. Ce fut au comité de salut public, et principalement à Robespierre qu'il dut son élévation. Il passa bientôt, ainsi que Lanne, son digne émule, aux fonctions de commissaire des administrations civiles, police et tribunaux ; c'est de ce poste important, où il pouvait rendre tant de services à la chose publique, qu'il abusa pour favoriser servilement les projets populicides des décemvirs, et mettre la France entière et la liberté à deux doigts de sa perte. Il signala son entrée au ministère, et les premières décades de ses fonctions de commissaire des tribunaux, par une conduite et une correspondance qui respiraient les principes de la plus aimable philanthropie, de la justice la plus exacte, de l'ame la plus sensible et de l'humanité la plus touchante; je fus quelque temps dupe de son adroite hypocrisie; mais mes rapports fréquens avec lui relativement à la surveillance des prisons m'eurent bientôt désabusé sur le compte de cet homme de bien, artificieusement masqué, mais dont je sus pénétrer les sentimens et les intentions secrètes. Je le reconnus de bonne heure pour ce qu'il était, et par les détails dans lesquels je vais entrer vous allez voir, citoyens jurés, si je me suis trompé en le regardant comme l'agent le plus actif de la conspiration de Robespierre. J'ai dit que ce dernier voulait qu'on l'aidât à démoraliser le peuple et à l'avilir : vous allez voir si Hermann n'y a pas contribué de tout son pouvoir.

1° Il a commencé par provoquer du comité de salut public un arrêté qui établissait dans toutes les commissions exécutives un mouchard, sous le titre d'inspecteur salarié à raison de 2,400 l. par an, et dont les fonctions étaient de circuler sans cesse de bureau en bureau pour voir si chaque employé, depuis le chef jusqu'à l'expéditionnaire, était à son poste à huit heures précises du matin jusqu'à deux heures, et depuis cinq jusqu'à huit heures du soir ; car le même arrêté enjoignait à tous d'être rendus chaque jour à ces heure différentes, le décadi soir excepté.

Pour jouer ce rôle honorable, Hermann tira du tribunal révolutionnaire un garçon de bureau dont il connaissait la moralité et le courage nécessaire pour les dénonciations. Un commis arrivait-il un quart d'heure plus tard, ou avait-il besoin dans un autre bureau que le sien pour prendre des renseignemens nécessaires, l'inspecteur allait rendre compte, et bientôt on recevait de petits billets qui menaçaient de réformer en cas de récidive. La terreur était répandue dans toutes les ames par la venue perpétuelle de cet espion, et toutes les facultés morales étaient enchaînées.

Nous avons tous gémi sous cet affreux despotisme, jusqu'après la chute de Robespierre, et après l'arrestation d'Hermann, qui n'eut lieu que quelques jours ensuite.

Robespierre guillotiné, Hermann et Lanne incarcérés, leur méprisable agent vint encore dans nos bureaux pour nous inspecter; il était huit heures un quart du matin; j'étais à mon poste, mais debout. La vue de cet odieux personnage m'enflamme de colère; je cours à lui, et je l'aurais jeté par les fenêtres s'il ne m'eût échappé par une prompte fuite.

Il est inutile, citoyens jurés, de vous faire sentir quel était l'objet de cette mesure. Hermann voulait trouver des raisons pour congédier ceux qui n'auraient pas servilement obéi, et vous savez tous qu'un fonctionnaire congédié était incarcéré, qu'un homme incarcéré était traduit au tribunal révolutionnaire, sous un prétexte quelconque, et qu'un homme traduit à ce tribunal était bientôt guillotiné. Aussi chacun fut-il exact à son poste; mais le travail en allait-il mieux? c'est sur quoi je n'ai pas besoin de m'expliquer.

2º Un second moyen imaginé par Hermann pour dégoûter les bons travailleurs et les hommes instruits fut de diminuer de son chef et de sa seule autorité les traitemens que le renchérissement déjà excessif des denrées aurait dû l'engager à porter au *maximum*. Plusieurs chefs, du nombre desquels j'étais, avaient un traitement de 5,000 livres; Hermann nous réduisit à 4,000 livres et voulait niveler les appointemens des chefs, des sous-chefs, et des rédacteurs de correspondance. Cependant il s'en tint à une réduction générale et proportionnée. Je n'ai pas besoin de caractériser ce trait ; il décèle assez l'intention de forcer à la retraite des hommes purs et instruits pour faire place à ce qu'il appelait les vrais sans-culottes, et des pères de famille de la classe indigente.

3° Hermann, abusant d'un arrêté du comité de salut public qu'il avait sollicité et obtenu, et qui défendait au public l'entrée dans les bureaux avant midi, fit afficher à la porte de la commission un réglement écrit de sa main, et que je dépose entre celles de l'accusateur public. Ce réglement défend, entre autres choses, au concierge de laisser entrer des femmes qui, par leur mise et leurs manières, n'annonceraient pas être de la classe respectable du peuple.

Le portier, qui crut que cette défense ne portait que sur de petites maîtresses ou des femmes dont la toilette insulterait à la misère du peuple, laissa entrer plusieurs personnes mises d'une manière très-simple ; mais, Hermann ou son cerbère s'en étant aperçu, le portier fut mandé, et menacé d'être chassé s'il n'exécutait pas plus à la lettre les ordres qu'il avait reçus.

La citoyenne Happe, marchande lingère, avait besoin de venir à la commission pour y prendre une ordonnance sur la trésorerie nationale. Je la prévins, chez moi, de venir le lendemain, de ne point mettre de ruban ni de bonnet monté, mais de se revêtir de ce qu'elle avait de plus mauvais et de moins propre, si elle voulait entrer à la comptabilité. Elle suivit mes conseils ; elle se présenta à la porte, sans chapeau, sans rubans, vêtue d'un déshabillé blanc, à moitié sale. Vaine tentative ; le portier, connaissant mieux ses instructions, la refuse ; elle insiste, il la rebute, et lui fait une scène scandaleuse.

On vint m'instruire du fait ; je descendis ; je vis cette citoyenne aux prises, ne pouvant obtenir la permission de monter, et pleurant de dépit et d'inquiétude sur le sort de cette ordonnance, qu'on ne devait lui remettre qu'en déchargeant le registre. Je pris sur moi tous les dangers ; je l'invitai de me suivre, et elle monta avec moi. Il est de notoriété qu'il fallait être couvert de haillons pour être regardé comme faisant partie de la classe respectable du peuple, et pour obtenir le droit de monter dans les bureaux d'Hermann. Je laisse à juger à quel avilissement il voulait réduire les commis et le public qui avait besoin d'eux.

4° Dans la correspondance qui m'est personnelle, et qui était relative aux prisonniers, Hermann rayait toutes les phrases où je provoquais, soit auprès des comités, soit auprès des administrations ou des tribunaux, les mesures de justice et d'humanité que les détenus avaient droit d'attendre; ces mots sacrés étaient absolument proscrits, et plusieurs de mes collègues attesteront ce fait dont ils ont souvent gémi avec moi. J'ai voulu cent fois donner ma démission à cette époque, mais j'ai toujours été retenu par la crainte de la prison et de la guillotine, et encore par l'espoir de lutter de mon mieux contre ces affreux principes.

J'ai dit qu'il fallait se concerter avec les ennemis du dehors.

Voici à cet égard un fait qui donnera la mesure de patriotisme d'Hermann.

Le président du tribunal et l'agent national du district de Saint-Briez, département de la Moselle, avaient été destitués : il s'agissait de les remplacer. Hermann, qui savait que la plupart des sociétés populaires étaient composées des créatures de Robespierre, se servait de ces sociétés pour placer ou déplacer, dans les administrations, tous ceux qui pouvaient servir ou contrarier ses desseins. Il écrivit à la société de Briez, qui, sur sa demande, procéda à l'élection de deux citoyens, pour remplir la place de président et d'agent national de ce district. Le choix de la société tomba sur les citoyens Houdin, le Blanc, qui furent mis en fonctions par un arrêté du comité de salut public; en date du 25 messidor, pris sur la proposition d'Hermann. L'arrêté fut transmis au directoire du district le 28 du même mois; mais le commissaire national près le tribunal du district, indigné de la nomination de deux hommes notoirement reconnus comme contre-révolutionnaires, réclama et apprit à la commission que, lors de l'invasion du district par les troupes de Brunswick, le Blanc était maire de la commune de Briez; qu'il fut souple et docile au moindre signe du général étranger, et leva avec célérité les contributions qu'il exigeait; Que Houdin était aussi alors procureur-syndic du district, qu'il mit la même activité à presser les contingens et à donner les ordres de fournir les subsistances à sa magesté brunswikoise; que ce rôle n'avait pas été passager, ni l'effet d'une terreur soudaine, mais que l'un et l'autre l'avaient joué avec persévérance.

Un pareil avis n'aurait pas été négligé par un véritable patriote : il aurait été un trait de lumière pour tout autre administrateur qu'Hermann; et, si ce dernier n'eût été d'accord avec le comité de salut public, pour mettre à la tête des administrations des hommes d'intelligence avec nos ennemis extérieurs, il se serait hâté d'avertir le gouvernement, et de l'engager à rectifier le choix de la société populaire de Briez; mais, au lieu de se conduire de la sorte, le commissaire Hermann, entre les mains duquel tomba la lettre du commissaire national, me la renvoya avec ces trois mots écrits de sa main : *Rien à faire*.

Ces expressions augmentèrent la défiance que m'avait déjà inspirée Hermann : je recherchai les pièces de cette affaire : j'en examinai l'ensemble; et, révolté de voir les intérêts de mon pays ainsi sacrifiés par ceux qui devaient le servir, je passai sur-le-champ dans le cabinet d'Hermann : je lui demandai s'il avait bien lu cette affaire, et s'il ne croyait pas convenable de faire passer au comité de salut public l'avertissement patriotique donné par le commissaire national. Il me répondit froidement que cet avertissement n'était d'aucun poids, et que les détails donnés par un individu ne pouvaient être mis en opposition avec les motifs qui avaient déterminé le choix d'une société populaire composée d'un grand nombre d'individus, et qu'il fallait s'en tenir là. J'insistai fortement : je lui représentai que la loi du 7 septembre précédent avait déclaré traîtres à la patrie, et mis hors de la loi, les Français qui auraient accepté ou accepteraient des fonctions publiques dans les parties du territoire envahi par l'ennemi; que les deux membres qui avaient été indiqués pour remplir les fonctions importantes, loin d'y être conservés, paraissaient être dans l'application de cette loi rigoureuse. Il persista; mais je ne voulus jamais consentir à garder le silence, et je le menaçai d'aller moi-même, la lettre du commissaire national à la main, ouvrir les yeux du comité de salut public. Comme nous étions alors au 12 thermidor, que Robespierre était abattu, et que Hermann manquait de son plus ferme appui, il céda à mes sollicitations, et consentit enfin à signer la lettre que je lui proposai, mais qui demeura sans effet.

J'ai dit qu'il fallait être seul maître des prisons consacrées aux prévenus de contre-révolution.

L'administration des prisons de la Conciergerie, du Plessis et de l'hospice du ci-devant Évêché, avait été attribuée, par un arrêté du comité de salut public, au ci-devant ministre de l'intérieur. J'étais depuis long-temps chargé, au nom du ministre, de tous les détails, et de la surveillance qui en était la suite. Je visitais souvent les détenus : je leur portais toutes les consolations qui pouvaient dépendre de moi ; je veillais à ce que les concierges eussent pour eux tous les égards et tous les procédés que la justice et l'humanité exigent, et je crois pouvoir assurer que ma présence était un bonheur pour eux.

Hermann me retira bientôt les pouvoirs qui m'avaient été donnés, et se réserva à lui seul l'administration de ces prisons. On vit bientôt les concierges de Pélagie, de la Force et du Luxembourg, destitués. Hermann renvoie, sans aucun motif, l'économe, l'officier de santé et le portier de l'hospice du ci-devant Évêché, pour y placer des hommes uniquement dévoués à lui et au tribunal révolutionnaire. On traîna à ce tribunal le sensible Benoît, concierge du Luxembourg, et on le voua, par l'organe du comité de gouvernement et des journaux, à une mort certaine; mais j'eus le courage de venir, le 2 prairial, déposer en sa faveur, et je l'arrachai des mains de ses assassins.

Un décret du 8 ventose porte que les citoyens traduits au tribunal révolutionnaire, et honorablement acquittés par lui, seront libres de reprendre les fonctions publiques auxquelles ils avaient été appelés. Acquitté le 2 prairial, Benoît réclama le 7 du même mois. L'hypocrite Hermann signa le 11 une lettre que je lui proposai, portant injonction à l'administration de police de rétablir ce concierge dans ses fonctions ; mais cette lettre qui n'était consentie que pour la forme, et pour ne pas paraître violer la loi, ne produisit d'autres effets que de faire expulser, dans les vingt-quatre heures, les enfans de Benoît qui étaient restés au Luxembourg, et il eut ordre de retirer tous ses effets dans le même délai. La place qui lui était due fut conservée à l'accusé Guadet, et tout le monde ne sait que trop l'utilité dont il fut à Hermann pour organiser les prétendues conspirations du Luxembourg.

J'ai dit qu'il fallait incarcérer de toutes parts et envoyer au tribunal révolutionnaire.

Hermann avait trois grands moyens à cet effet : 1º il reçut du comité de salut public le droit d'interroger toutes les personnes qu'il lui plairait de faire venir à son cabinet. Il usa constamment de ce droit. Les heures de notre travail furent absolument changées, les jours même en devinrent beaucoup plus rares, et la foule des personnes qu'il interrogeait journellement le rendit inabordable. Ce n'était plus un commissaire d'administration civile, chargé de surveiller les autorités constituées et les tribunaux, c'était réellement un juge prononçant sur la liberté et la vie des citoyens de tous les départemens, dont il envoyait les interrogatoires ainsi que les personnes au comité de gouvernement.

2º Le droit d'interroger ne produisant pas d'effets assez rapides, Hermann obtint bientôt du comité le droit de lancer des mandats d'arrêt. Les prisons furent bientôt peuplées de personnes envoyées par ordre de ce commissaire : il ne s'agissait plus que de pouvoir les traduire au tribunal révolutionnaire.

3º Ce droit ne fut pas long-temps sollicité par Hermann ; plusieurs arrêtés du comité de salut public le lui conférèrent, et il en usa bientôt ainsi que Lanne, son adjoint, pour traduire de toutes les prisons au tribunal révolutionnaire des individus par centaines. On sait avec quelle rapidité coula le sang des nombreuses victimes qui y furent immolées.

J'ai dit qu'il fallait influencer la commission populaire, et conjointement avec elle déblayer les prisons.

On peut se convaincre de l'ascendant, de l'autorité même d'Hermann sur la commission populaire. J'invite l'accusateur public à faire aux citoyens jurés la lecture d'une lettre de cette commission en réponse aux reproches de négligence et de désobéissance qui lui avaient été faits par Hermann. Vous y verrez que, sensibles à l'amertume de ces reproches, les membres de la commission populaire entrent dans la plus éclatante justification, en prouvant à Hermann qu'ils ont déjà prononcé sur plus de quatre ou cinq cents affaires; qu'ils sont en mesure, au moyen de quelques renseignemens; car, disent-ils, il faut bien en prendre puisqu'on ne nous envoie que des listes insignifiantes et sans pièces, de donner leur décision sur deux à trois cents affaires par décade : et ils ajoutent cette phrase significative : Au surplus nous avons le plus grand intérêt que nos décisions soient exécutées avec la même célérité que nous les rendons. L'accusateur public vous fera sans doute remarquer, citoyens jurés, que cette lettre a pour date le 14 messidor, et que c'est le 18 que cent cinquante-huit détenus au Luxembourg furent traduits à la fois au tribunal révolutionnaire, et envoyés à l'échafaud les 19, 21 et 22 du même mois, parce qu'on ne put pas les placer tous sur les gradins.

Enfin j'ai dit qu'il fallait remédier à la lenteur des décisions de cette commission déjà trop sanguinaire.

Vous avez déjà vu, citoyens jurés, comment Hermann et Lanne ont aidé Robespierre et ses agens féroces au déblaiement des prisons.

Je vous ai développé dans une première déclaration le système de dépopulation établi par eux et par Fouquier-Tinville, dans la maison de force de Bicêtre : je vous ai dit comment, sur une lettre d'un condamné aux fers, qui annonçait un projet d'évasion en route de la part des détenus devant former la chaîne, on avait basé une prétendue conspiration tendante à assassiner la Convention nationale, et notamment les membres des comités de salut public et de sûreté générale, leur arracher le cœur, le griller et le manger. Je vous ai démontré que cette lettre avait servi à provoquer un arrêté du comité de salut public, en date du 25 prairial, qui ordonne la traduction, au tribunal révolutionnaire, de seize individus, et autorise, au surplus, la commission des administrations civiles, de police et des tribunaux, à traduire tous ceux qui auraient pu prendre part au complot.

J'ai mis sous les yeux de l'accusateur public la liste des trente-trois prétendus conspirateurs, tracée le lendemain, 26 prairial, de la plume de Fouquier-Tinville, en présence de Lanne, qui s'était transporté avec lui à Bicêtre à cet effet. J'ai déposé la lettre d'envoi de cette liste à la commission, le même jour, 26, à dix heures et demie du soir, par Fouquier qui recommande qu'on lui envoie, le lendemain, à dix heures au plus tard, les pièces de cette affaire, et notamment les arrêtés. J'ai remis l'arrêté de la commission, déjà pris le 26, et qui traduisait au tribunal révolutionnaire des conspirateurs dont les noms étaient en blanc; mais qui, pour être remplis, n'attendaient que la liste fatale, qui parvint à onze heures du soir. Vous savez avec quelle promptitude cet arrêté transmis le 27 reçut son exécution, puisque le 28 une foule d'individus furent jugés et condamnés sans avoir pu se faire entendre. N'ayant plus les pièces sous les yeux, je ne peux entrer dans d'autres développemens à cet égard; mais je m'en réfère à ceux que j'ai déjà donnés, et qui ne vous seront sûrement pas échappés.

Quant au massacre des détenus du Luxembourg, vous avez également vu, citoyens jurés, de quelle manière il a été provoqué par Hermann. Je vous ai dit qu'un arrêté du comité de salut public, en date du 17 messidor, qu'il avait provoqué, et qui ordonnait à la commission civile de rendre compte chaque jour à l'accusateur public du tribunal révolutionnaire de la conduite des détenus, était parvenu le 18 dans les bureaux. Je vous ai dit qu'à la vue de cet arrêté, qui était tombé dans mes mains malgré Hermann, je lui avais proposé une circulaire à tous les concierges des maisons d'arrêt, pour leur enjoindre de rendre, tous les matins à huit heures, un compte par écrit, exact et détaillé, de la conduite des détenus. Cette mesure me paraissait importante pour assurer la responsabilité de la commission, et la mettre à couvert de tout reproche.

Vous vous rappelez la surprise et la colère d'Hermann en voyant cet arrêté dans mes mains et en entendant ma proposition. Il déchira les trente-six circulaires que j'avais fait expédier (car il y avait trente-six grandes maisons d'arrêt connues, qui contenaient alors plus de huit mille personnes); défendit qu'on me communiquât désormais les arrêtés relatifs aux prisons, et se chargea du soin de se faire rendre compte personnellement par les concierges.

Les pièces dont je vous ai déjà fait lecture, et qui sont en ce moment entre les mains de l'accusateur public, vous ont convaincu, ainsi que moi, que c'est sur une lettre du concierge Guyard, transmise le 18 à l'administration de police, qu'Hermann avait échafaudé la prétendue conspiration du Luxembourg. Vous vous rappelez que cette lettre ne parle que d'une visite faite le même jour dans cette maison, par Lanne, et des inquiétudes qu'elle pourrait donner aux détenus si on ne les transférait promptement.

Vous vous rappelez que c'est le même jour 18 qu'Hermann reçut cette lettre; que c'est le même jour qu'il la transforma en un système de conspiration horrible, et qu'il écrivit au comité de salut public une lettre qui peignait tous les détenus comme autant de cannibales prêts à se jeter sur la Convention nationale, et les comités de gouvernement;

Que c'est le même jour 18 qu'il prit avec Hanriot et Lescot-Fleuriot toutes les mesures nécessaires pour que ces nombreuses victimes ne pussent leur échapper;

Que c'est encore le 18 qu'il se concerta avec Fouquier pour le transférement, du Luxembourg à la Conciergerie, de cent cinquante-cinq détenus;

Que le même jour 18 l'acte d'accusation était dressé contre cent cinquante-huit;

Que le même jour 18 les gradins furent disposés pour recevoir cette masse prodigieuse d'accusés qui devaient être jugés en une seule audience; et qu'enfin ce fut le 19 que, par ordre verbal du comité de salut public, ces malheureux furent divisés en trois fournées, dont soixante périrent le même jour, et le reste les 21 et 22 du même mois.

Il est inutile de vous rappeler ici que les feuilles journalières du concierge, pendant tout le cours de ce mois désastreux, annoncent constamment la plus grande tranquillité dans la maison d'arrêt du Luxembourg. Elles sont sous les yeux de l'accusateur public, ainsi que toutes les pièces matérielles à l'appui de ma déclaration, qui ne m'a été dictée que par une haine profonde, non pour les accusés, car je n'ai jamais haï personne, mais pour l'affreux système de dépopulation dont ils ont été à mon su les instrumens et les complices.

Les accusés Hermann et Lanne ont expliqué ou nié les faits qui leur sont reprochés.

Soixante-dix-huitième témoin. P.-C.-M.-J. Le Roux, veuve Maillé. Lorsque je fus conduite à la maison d'arrêt de Saint-Lazare, mon fils, âgé de seize ans, et qui n'avait pas été arrêté, voulut m'y accompagner. Le 5 thermidor, on vint enlever la première fournée des prisonniers, qui furent condamnés à mort à ce tribunal.

Le 6, mon fils y fut aussi traduit : le président lui demanda quel était son âge. Il répondit qu'il n'avait que seize ans. Le président lui répliqua qu'il en avait bien quatre-vingts pour le crime. (Frémissemens d'horreur.) J'ai entendu dire que la citoyenne Maillet a péri pour moi le 6 thermidor, dans ce tribunal.

Ardenne. Je trouve dans le jugement de ce jour L.-E.-G. Maillet, âgée de quarante-huit ans.

Le témoin. J'ai encore appris qu'on interrogea ici la citoyenne Maillet sur des faits qui pouvaient me regarder, et qu'on lui dit après son jugement : Ce n'est pas vous qu'on voulait juger ; mais c'est autant de fait ; autant vaut-il aujourd'hui que demain.

Je fus apportée à la Conciergerie la nuit du 8 au 9 thermidor : en entrant dans cette salle, et voyant les fatals gradins où mon fils avait péri, je tombai évanouie. Le peuple indigné, voyant le triste état où j'étais, me fit sortir de l'audience.

J'ai appris que le 9 thermidor je fus mise sur la liste, comme convaincue de la prétendue conspiration de Saint-Lazare.

Ardenne. Le nom de la citoyenne Maillé est sur la liste des questions; mais il a été effacé, et il ne se trouve pas dans le jugement.

Lohyer. Je siégeais ce jour-là : le peuple était calme. Ce n'est pas le peuple qui a fait retirer la citoyenne Maillé; mais je dis qu'il était étonnant qu'on mît en jugement une femme évanouie; j'en fis l'observation à Harny et à Sellier, et il fut ordonné qu'elle serait reconduite dans sa prison.

Le témoin. C'est au peuple que je dois de n'avoir pas été jugée; et je restai toute la journée couchée sur des chaises dans la salle des témoins, sans connaissance.

Le président. Le nom de la citoyenne Maillé se trouve dans l'acte d'accusation.

Ardenne au témoin. Avez-vous la preuve que votre fils n'avait que seize ans?

Le témoin. Voici son extrait de naissance : il est né en 1777, le 25 août, et le 6 thermidor il a été condamné à mort, pour la prétendue conspiration de Saint-Lazare; et tout son délit était d'avoir jeté un hareng pourri au nez d'un garçon traiteur, qui le lui avait servi. (Mouvemens d'indignation.)

On m'a dit que cette conspiration avait été inventée par Jobert-le-Belge, et par Pépin Desgrouettes. Levasseur, rue des Cordeliers, et Boucher, marchand épicier, rue du faubourg Montmartre, m'ont déclaré avoir entendu dire à Pépin Desgrouettes qu'il avait droit de vie et de mort à Saint-Lazare. (Frémissemens d'horreur.)

Fouquier. Si le jeune Maillé est compris dans l'acte d'accusation, c'est qu'il a été traduit par arrêté du comité de salut public.

Ardenne. J'observe à Fouquier qu'il ne se trouve dans le dossier aucun arrêté du comité de salut public, et aucune date dans cet acte d'accusation.

Fouquier. Il doit s'y trouver une liste, sur laquelle est écrit : « A renvoyer à l'accusateur public : » elle est signée de trois membres du comité.

Ardenne. Il n'y en existe pas.

Fouquier. On a soustrait des pièces ; cela étant, je n'ai plus rien à dire.

Audience du 27 germinal.

Soixante-dix-neuvième témoin. Louis Baraguay-d'Hilliers, général de brigade des armées de la République, précédemment employé à l'armée du Rhin, a dit :

Citoyens jurés, appelé en témoignage il y a quelques jours dans le procès de Fouquier, je n'ai fait que vous dérouler un coin du tableau que j'ai à vous offrir. Les faits seront ici les mêmes, mais ils seront plus précisés, plus circonstanciés, et vous feront mieux connaître les vrais coupables. Ce développement m'intéresse d'autant plus qu'ayant pendant dix mois habité la même chambre que les accusés Beausire et Boyenval, mon nom, par l'effet de cette co-habitation, a été calomnieusement mêlé parmi ceux de faiseurs de listes de la maison d'arrêt du Luxembourg, dans un ouvrage devenu célèbre par sa publicité et les circonstances ; dans le premier volume de l'almanach des prisons.

L'auteur, trompé d'abord par des récits infidèles, s'est à la vérité rétracté lorsqu'il a été mieux instruit sur ma moralité ; mais le trait empoisonné n'en a pas moins frappé les esprits crédules de quelques citoyens, et je saisis avidement cette circonstance de faire ici proclamer une seconde fois mon innocence dans des débats publics, qui la manifesteront davantage encore que le jugement rendu en ma faveur, le 1er. frimaire de cette année, dans la chambre du conseil de ce tribunal.

Comme citoyen, comme militaire, mon honneur outragé par la calomnie soupire depuis long-temps après ce moment ; car je n'ai été ni dénonciateur, ni témoin, mais bien accusé et acquitté, je ne sais encore par quel coup inouï de la fortune.

Je ne répéterai point ce que j'ai déjà dit lors de ma première audition des fréquens rapprochemens qui ont existé entre Fouquier et Boyenval ; les accusés les ont réciproquement expliqués, mais voici des faits qui me sont personnels.

Le 12 ou 13 messidor, le porte-clefs Vernet me fit descendre chez le concierge, sous prétexte de me faire interroger par la commission populaire.

J'y descendis ravi de joie, muni de tous les certificats de ma conduite, parce que la commission populaire formait alors toute l'espérance des détenus, et que j'ai cru cet interrogatoire un pas fait vers la liberté dont j'étais privé depuis plus d'une année.

Mais quel fut mon étonnement de voir Vernet et Guyard, concierge, entrer et s'enfermer avec moi dans une petite chambre voisine du greffe, où je trouvai deux particuliers qui m'étaient inconnus.

L'un d'eux, que je reconnais de figure sur ces gradins, Lanne, m'exhiba un arrêté du comité de salut public et de sûreté générale réunis, qui l'autorisait à rechercher dans la maison d'arrêt du Luxembourg les complices des Grammont, Dillon et autres, déjà frappés du glaive de la loi.

Je répondis que, n'ayant eu connaissance de la conspiration de Dillon que par les journaux, il faudrait que j'inventasse des noms pour désigner des coupables ; que quant à celle des Grammont, n'ayant rien su que par Beausire, je m'en référai à la déclaration orale et écrite que j'avais faite à cette époque au tribunal révolutionnaire.

Lanne me répondit, avec humeur et brusquerie, qu'il y avait deux cents complices de ces trames dans la prison ; je persistai dans ma première réponse ; alors tirant une grande demi-feuille de papier de sa poche, sur laquelle une soixantaine de noms étaient écrits et accolés à des croix rouges, il me somma, d'un ton menaçant, de lui dire quels des porteurs de ces noms fréquentaient Dillon. Je me nommai le premier ; je répondis par oui, et par non sur les autres, ensuite je me retirai.

Vernet en me reconduisant me gronda de la sécheresse et de la laconicité de mes réponses, et, quoiqu'il dût bien voir que j'étais trop honnête homme pour me prêter à de pareilles menées, il m'engagea à lui donner des avis lorsque je découvrirais quelque chose.

Je rentrai dans la prison, honteux du rôle infâme auquel on avait voulu m'employer, et je soulageai mon cœur en racontant ce qui venait de se passer à un ancien militaire nommé Courcy, mon compagnon d'infortune.

Le lendemain Beausire et Boyenval, deux compagnons de chambre que le hasard m'avait donnés depuis l'origine de mon incarcération, m'apprirent mystérieusement qu'il existait une vaste conspiration dans l'intérieur de la prison, à la tête de laquelle étaient huit citoyens de la commune d'Orléans, détenus au rez-de-chaussée ; que les ramifications de cette trame étaient immenses ; que les nobles et les prêtres étaient du complot au-dedans de la prison ; que leurs femmes vendaient au-dehors des boîtes à l'effigie de Capet, qui étaient le signe de ralliement ; que l'explosion devait être prochaine contre les patriotes ; que l'allumeur des réverbères de la maison et un marmiton étaient les porteurs des correspondances ; que Vernet savait tout cela, et qu'il ne différait de resserrer davantage les principaux chefs que pour découvrir plus parfaitement les fils de l'intrigue.

Beausire et Boyenval me dirent encore qu'ils avaient le matin, de concert avec Vernet, sur les registres de la prison, rédigé une liste nombreuse de ces conspirateurs, qui devait avoir été portée à deux heures, par Vernet, au comité de salut public et à la commission ; que Julien, Meunier, Vauchelet, etc., etc., avaient été interrogés par des commissaires de la commission, etc. Je leur racontai alors ce qui m'était arrivé la veille avec Lanne, relativement aux recherches faites sur les complices de Dillon et Grammont, et leur demandai quels étaient les noms qui étaient sur cette liste, par eux rédigée, et si le mien n'y était pas. Beausire me dit qu'il y en avait trop pour qu'il se ressouvînt de tous, mais que sûrement je n'y étais pas. Boyenval ajouta que ce n'était pas tout, qu'il y en aurait bien d'autres ; que la prison était remplie de f..., aristocrates qui ne méritaient que la guillotine. Peu de momens après je me couchai ; je ne dormis pas ; j'étais trop agité, et, me reportant vers le passé, je me rappelai que Boyenval avait depuis environ trois semaines négligé absolument le travail qui le faisait vivre ; qu'il avait été interrogé à trois ou quatre reprises, par la commission populaire, chez le concierge ; qu'il avait même été conduit une fois au Louvre ; qu'il avait fait rayer une feuille de papier par un nommé Fossé, en me disant, lorsque je lui en demandai l'emploi, qu'elle était destinée à faire du bon ; qu'il n'était occupé, depuis qu'il avait quitté son travail qu'à rôder dans les chambres, à fureter partout, à s'enquérir des noms, des professions et des opinions des détenus ; qu'il avait de fréquentes conférences avec Vernet, et qu'enfin Beausire et lui avaient le privilége presque exclusif, dont ils se servaient tous les jours, de franchir le guichet qui séparait le haut de la prison du rez-de-chaussée.

Le lendemain, tourmenté d'inquiétude sur mon compte et sur celui de quelques amis, je questionnai de nouveau Beausire et Boyenval sur les noms inscrits par eux sur cette fatale liste. J'appris d'eux que la commission m'y avait fait écrire d'abord, puis, que leurs soins officieux m'en avaient fait effacer ; que Lanne avait été indigné de la manière dont je lui avais répondu, et que sans eux on m'aurait traité comme un complice, mais que je pouvais être tranquille. Depuis cette époque jusqu'au 18 messidor, l'inquiétude, les alarmes furent leur partage, la bombe devait éclater, le transférement des coupables devait avoir lieu chaque soir ; ils passèrent une nuit presque entière debout à attendre les voitures ; enfin dans la nuit du 18 au 19 je fus enlevé du Luxembourg avec cent cinquante-huit autres individus.

J'ai déjà dit au tribunal la manière dont se tenait l'audience. Accusé de complicité avec Ronsin, Hébert, Vincent et autres, je fus acquitté, moi huitième, contre tout espoir et toute vraisemblance, dans la dernière fournée, et aussitôt réintégré, comme suspect, dans le Luxembourg. Peu de temps après, vingt-deux détenus furent encore traduits au tribunal révolutionnaire : j'ai la conviction morale, au défaut de la certitude physique, que Boyenval avait encore désigné ces malheureux. Il fut appelé en témoignage, et ils furent tous condamnés.

Je l'ai entendu se vanter que, de ceux-ci comme des autres, il n'y en avait pas eu un qu'il n'eût confondu, et que l'accusateur public avait loué hautement son courage, son civisme et son zèle en plein tribunal.

A son retour, il répéta qu'il avait causé avec Fouquier-Tinville, et paraissait si content de sa journée, qu'il tint les propos les plus atroces et les plus effrénés. Ce fut alors que je communiquai à Julien, Meunier et Vauchelet, qui m'avaient paru des hommes sages et modérés, l'effroi que me causait le délire farouche de Boyenval; et par crainte pour nous-mêmes, autant que par humanité, nous nous concertâmes pour tâcher, s'il était possible, de l'empêcher de verser du sang au gré de ses fantaisies ou des haines qu'on lui suggérait.

Le lendemain, je crois que ce fut le 4 thermidor, il fut mandé chez le concierge, seul; et en remontant il dit dans sa chambre, en ma présence, qu'il venait de quitter deux administrateurs de police, deux membres de la commission des administrations civiles, police et tribunaux, et les représentans du peuple, Robespierre et Carnot, qui avaient beaucoup loué son zèle à surveiller les conspirations, et son courage à confondre les conspirateurs; qu'ils lui avaient dit qu'on s'occupait, au comité, de rendre la liberté aux vrais patriotes; qu'il fallait qu'il en donnât la liste, qu'ils sortiraient; mais que lui resterait, parce qu'il était aussi utile à la chose publique là qu'aux frontières; qu'il fallait s'occuper surtout à démasquer les faux patriotes; qu'il devait être tranquille sur son sort; qu'après qu'on se serait servi de lui, on lui donnerait une bonne place avec de bons appointemens, parce qu'on savait bien qu'il n'avait rien; et, pour se rendre digne de la confiance qu'on avait en lui, il fallait qu'il imitât le bon patriote qui était aux Carmes, et qui, là, faisait de bonne besogne. Il ajouta que, s'étant plaint de la mauvaise qualité de la nourriture donnée aux tables communes, les représentans avaient fait apporter de la liqueur qu'ils avaient bue avec lui, avaient ordonné au concierge de lui fournir tout ce qu'il demanderait, mais en secret, et de faire traduire sur-le-champ au tribunal révolutionnaire quiconque oserait lui tenir un mauvais propos, etc.

Le lendemain, nouvelle visite de la part de Boyenval, chez le concierge. En remontant il était plus sombre; et, après s'être fait long-temps inviter, il conta encore dans sa chambre qu'il venait de quitter les deux administrateurs, Faro et Grépin, lesquels lui avaient demandé pour le lendemain une liste de deux cents détenus, qu'ils prétendaient être les complices d'une vaste conspiration ourdie dans le bas de la prison, et qu'ils lui avaient enjoint de se concerter pour cela avec Macé, Cayeux et Cardas, administrateurs de police, détenus alors, et qui étaient dans le secret; qu'il devait se méfier surtout de ses co-chambristes, parce qu'ils n'étaient bons à rien. Cet ordre frappa tous les auditeurs de stupeur et d'effroi : tous s'accordèrent pour présenter cette proposition à Boyenval comme un piége tendu à son patriotisme ardent, mais peu éclairé. Julien l'effraya sur les suites et sur l'espèce de ses coopérateurs. Enfin on lui arracha la promesse qu'il n'exécuterait point cet ordre affreux avant d'en avoir averti les comités de gouvernement. Il promit d'écrire dès le soir même; néanmoins il descendit chez Cayeux, et ne rentra même que fort tard.

Quand il fut parti, je dois le dire ici pour l'honneur de la vérité, l'accusé Beausire partageait notre effroi, et manifestait les mêmes sentimens qui nous animaient, et là on résolut, non-seulement de forcer Boyenval à dénoncer aux comités de gouvernement les ordres homicides qui lui avaient été donnés par Faro et Grépin, mais encore d'en avertir différens représentans du peuple.

Un nommé Temery l'écrivit secrètement à Amar et à Merlino;

et Julien, qui connaissait Robert Lindet, lui transmit tous ces détails.

Boyenval différa d'écrire, ainsi qu'il l'avait promis; mais enfin, le 6 thermidor, il se détermina à écrire au comité de salut public et de sûreté générale les détails de la visite de Faro et de Grépin, et je l'obligeai de le faire sous ma dictée, pour que j'en fusse plus assuré. Lui-même voulut remettre ces lettres au concierge ; j'ignore s'il les a remises; j'ignore ce qu'elles sont devenues. Le fait est que le 9 thermidor est arrivé pour sauver la France et les détenus, et que je n'ai pas eu connaissance que la liste des deux cents, demandée à Boyenval par Faro et Grépin, ait été rédigée. Cependant il courut dans la prison, après cette célèbre époque, des listes diverses dont l'opinion publique accusa les témoins d'être les auteurs.

Je n'en ai vu aucune : je n'ai point su qu'on en eût rédigé aucune autre que celle des cent cinquante-six, vers le 15 messidor, par Beausire, Boyenval et Verney, et celle de vingt-deux, vers le 3 thermidor, par Boyenval ; mais le docteur Seiffert pourra vous donner, à ce sujet, des détails plus étendus. Il est une observation que je dois vous faire, citoyens jurés ; je viens de vous dire qu'après la visite de Faro et de Grépin, vers le 3 thermidor, les chambristes de Boyenval le déterminèrent à dénoncer les ordres de ces administrateurs de police aux comités de gouvernement. Cette confiance dans des hommes qui les composaient ne doit pas vous étonner, si vous voulez vous reporter à l'époque dont je parle ; et vous verrez que notre respect pour eux était encore l'effet de notre ignorance et l'erreur du plus pur civisme. Dans notre vaste cachot, les crimes de ces comités, qui ont couvert la France de meurtres et d'orphelins, nous étaient alors inconnus ; car, sous le régime austère de la tyrannie, on nous préparait lentement à la mort, par la privation absolue de toute espèce de relation au-dehors. Ni lettres de nos familles, ni journaux, ne pouvaient franchir le seuil du guichet ; des barrières, des gardes, nous ôtaient la faculté même de communiquer par signes ; et nos seules distractions étaient le son lugubre de la trompette de la mort, qui, à cause du voisinage de la gendarmerie à cheval, retentissait tous les jours, à une heure fixe, et les beuglemens d'un crieur qui venait brailler sous nos fenêtres le titre du journal du soir, et la liste des gagnans du jour à la » loterie de la sainte guillotine. »

Il est un fait qui m'est personnel, et que je dois encore rectifier, citoyens jurés : je l'ai appris par la feuille imprimée des *Débats*.

Le témoin Réal vous a dit, le 16, que le 9 thermidor il devait y avoir un rassemblement dans ma chambre, s'il y avait du mouvement pendant la nuit; que je devais le commander, et que Guyard était instruit.

Cette dernière circonstance pouvant laisser sur moi quelque louche et quelque soupçon de complicité ou de connivence avec l'accusé Guyard, je prie donc le président d'interpeller ce dernier sur le fait dont il est question, puisque Réal est absent.

Guyard, sur l'interpellation du président, a répondu que jamais il n'avait eu connaissance de l'ombre d'un pareil projet, et qu'il eût été insensé, puisque tous les guichets étaient fermés.

Lanne a répondu qu'en effet il avait, en vertu de l'arrêté du comité de salut public du 7, interrogé plusieurs détenus du Luxembourg; qu'il ne se rappelait pas d'avoir dit au témoin qu'il y avait dans la prison deux cents complices de Dillon; qu'il ne se rappelait pas la liste également citée et marquée de croix rouges, mais qu'il devait à la vérité de déclarer que le témoin n'avait fourni aucun renseignement à ses recherches.

Boyenval a répondu n'avoir jamais fait de listes, et avoir déjà expliqué ces faits au tribunal : il a, à ce sujet, répété une partie de la déclaration; a accusé Verney d'avoir tout fait, de l'avoir induit en erreur, et a reproché au témoin de mettre de la haine et de l'acharnement dans sa déclaration.

Beausire a répété aussi une partie de sa déclaration, relativement à la confection des listes; a accusé Verney d'avoir dit que la commission ne serait pas contente, parce qu'elle s'attendait à trois cents noms, et de l'avoir ensuite, à plusieurs reprises, effrayé par l'exemple de la traduction du témoin au tribunal, pour n'avoir pas répondu comme il fallait à la commission, lors de son interrogatoire.

Verney a déclaré qu'il n'avait pas reparlé au témoin depuis le jour de son interrogatoire, le 13 messidor; que Lanne avait ordonné que le témoin fût mis sur la liste, parce que ses réponses le lui avaient rendu suspect; mais que d'ailleurs il n'avait jamais fait de listes pour personne.

De grands débats se sont ensuite élevés entre le témoin et l'accusé Scellier, sur la manière dont il avait présidé l'audience le 22 messidor. Le témoin a cité plusieurs faits nouveaux à l'appui de ceux énoncés dans sa première déposition, et a accusé les juges et jurés de ce jour, d'être des assassins publics, puisque en trois heures de temps ils avaient jugé quarante-neuf accusés.

Quatre-vingtième témoin. J.-L. Benoît, ex-concierge du Luxembourg, actuellement cultivateur. Je déclare que je n'ai jamais connu de conspiration au Luxembourg; les Grammont n'étaient que des têtes exaltées. Verney avait été placé au Luxembourg par la police : il était regardé comme un mouton, mais j'ignore s'il a fait des listes : je fus incarcéré le 5 floréal. Lorsque je parus ici en jugement, Naulin, substitut, dans son plaidoyer parla en ma faveur.

Audience du 28 germinal.

Quatre-vingt-unième témoin. F.-N. Meunier, adjudant-général, déjà entendu. Voyez sa déclaration.

Quatre-vingt-deuxième témoin. L. Robelin, gardien de Bicêtre. En arrivant à Bicêtre, Dupaumier me dit, je suis petit, mais je me ferai autant craindre que si j'étais grand. Il vit deux jeunes détenus qui se passaient du feu pour piper par les fenêtres de leurs cabanons; il les fit mettre pour cela au pain et à l'eau pendant huit jours. Bessade dit un jour à un détenu qui était logé au-dessous de lui : Dupaumier est un grinche, ce qui est un terme d'argot qui signifie voleur. Ce détenu rapporta à Dupaumier le propos de Bessade. Ce délateur parlait à Bessade par le tuyau des latrines. Dupaumier mit la tête dans la lunette de ces latrines pour mieux entendre; alors le délateur cria à Bessade : Ne m'as-tu pas dit que Dupaumier était un grinche? Oui, répondit Bessade? N'as-tu pas été en canton, ajouta le dénonciateur, c'est-à-dire en prison. Oui, continua Bessade. Aussitôt Dupaumier, qui avait tout entendu, descendit dans le cabanon de Bessade, et lui dit : Quel âge as-tu? Je n'ai pas encore seize ans, lui répondit Bessade. Tu es bien heureux, lui dit Dupaumier; je t'aurais envoyé à Fouquier, et ta tête y aurait sauté.

Dupaumier fit charger ce malheureux jeune homme de cinquante livres de fers qu'il a portées pendant trente jours : il était détenu pour délit de police : il n'était pas même jugé. Lorsque Dupaumier apprit par le journal la révolution du 9 thermidor, il n'eut rien de plus pressé que de faire déchaîner Bessade, qui est mort il y a quinze jours.

Dupaumier nie ces faits et a vanté son humanité.

Quatre-vingt-troisième témoin. P. Doucet, marchand de vin, déjà entendu. Voyez sa déclaration.

Bauchelet, négociant. Je déclare qu'ayant déjà été entendu j'ai dit de Boyenval, mis au rang des accusés, ce que je pouvais en savoir; qu'au surplus il est à ma connaissance que Boyenval fut appelé en témoignage, au tribunal révolutionnaire, le 19 messidor : qu'à son retour il se vanta d'avoir à lui seul confondu les accusés; que Fouquier avait beaucoup vanté son zèle, et qu'on l'avait engagé à continuer de déjouer les conspirateurs; qu'il dit à moi déclarant, un jour qu'il se trouva avec moi chez le concierge, que Fouquier désirait avoir la liste de nouveaux conjurés qui se trouvaient dans le Luxembourg; qu'il était chargé de la faire; que moi, déclarant, j'eus le courage de lui dire que cela ne le regardait pas, qu'il ne lui appartenait pas de se rendre juge de ses compagnons d'infortune; que je me retirai en disant à autre détenu: Voilà une intrigue atroce, un système de proscription : Verney et Boyenval inventent des conspirations, elles n'existent que dans leur tête; que le général d'Hillier, Meunier, Julien et moi, se concertèrent pour dénoncer les horreurs qui se passaient. Nous écrivîmes à différens représentans du peuple, et notamment à Merlinot, pour les prévenir de ce qui se passait, et surtout d'une proposition qui avait été faite à Boyenval, et dont celui-ci ne nous fit l'aveu qu'avec beaucoup de peine. Cette proposition tendait à dresser, dans les vingt-quatre heures, une liste de deux cents détenus pour les traduire en jugement. Et qui intimait de pareils ordres? Des administrateurs de police de la commune conspiratrice. Nous employâmes alors tous les moyens possibles auprès de Boyenval pour le détourner d'obéir à des proscripteurs aussi vils, aussi ineptes que scélérats.

Boyenval balança quelques instans, mais il eut une nouvelle conférence chez le concierge, où les agens de la tyrannie, pour le déterminer davantage, lui montrèrent deux particuliers, en lui disant : Connais-tu ces deux citoyens? Non. Eh bien, voici Robespierre, voici Carnot. Cela acheva de le fanatiser. Mes amis et moi ayant résolu de poursuivre notre carrière et de déjouer le système de proscription, dussions-nous y perdre la vie, nous employâmes un dernier moyen sur l'esprit de Boyenval; ce fut de lui faire peur pour lui-même. Nous l'engageâmes en conséquence de faire part au comité de salut public de toutes les conférences qu'il avait eues avec les administrateurs de police (car l'apparition de Robespierre et de Carnot au Luxembourg n'était qu'un conte inventé par les proscripteurs); de parler surtout de la proposition à lui faite de dresser une liste de deux cents, pour la fabrication de laquelle on lui avait recommandé de s'adjoindre Macé, Cailleux et Cordas : du moins d'après ce qu'il dit, Boyenval hésita à écrire cette lettre, mais le général d'Hillier lui fit la copie. Boyenval la transcrivit, la porta chez le concierge. J'ignore si réellement elle partit pour sa destination ; mais je sais très-bien que toutes celles que mes amis et moi écrivîmes furent remises aux administrateurs de police qui en avaient donné l'ordre. Tout ceci se passait vers le 3 ou le 4 thermidor; Boyenval continuait toujours à descendre chez le concierge; il devenait de plus en plus fanatique et impatient de remplir la tâche qu'on lui avait imposée ; enfin le 9 thermidor arriva, et mit fin à tant d'anxiétés ; à l'égard de la fabrication des listes qui a conduit tant de détenus en jugement, je n'avais pu que former des soupçons, et je n'ai connu la manière dont elles ont été formées que par le mémoire de Beausire. L'impartialité me fait un devoir de déclarer, relativement à Beausire, que je l'ai vu nombre de fois faire à Boyenval les plus violens reproches sur sa conduite. Au surplus il est à la connaissance de beaucoup de détenus que Boyenval disait qu'il ménageait Beausire ; que Fouquier ne l'aimait pas, et qu'il serait guillotiné. Le déclarant ajoute que Benoît a toujours passé dans la prison pour un mouchard qui se vantait d'avoir l'oreille et de Fouquier, et des comités, et de l'administration, etc. Que deux heures ne suffiraient pas pour dire tous les mauvais propos, bavardages et jactances de ce Benoît. Il a seulement cité ce fait : Le déclarant était président de la section de Brutus, à l'époque où la commune conspiratrice prétendit qu'il existait à Évreux des rassemblemens de contre-révolutionnaires qui arrêtaient les subsistances destinées pour Paris ; qu'Andrevon, ainsi que trois autres, furent nommés commissaires par la section, pour aller reconnaître la vérité ; que pour ce fait, Andrevon fut incarcéré au Luxembourg ; que Benoît, le voyant dans une chambre, dit aux citoyens qui la composaient : Ne voyez pas cet homme, c'est un fédéraliste dont j'ai donné la liste, et qui sera bientôt guillotiné.

Que pour Verney, il ne doute pas qu'il n'ait pris la plus grande part aux horreurs qui se sont passées : son air silencieux et sombre portait partout l'épouvante ; et rarement il entrait dans une chambre sans que la mort n'y précédât ses pas ; que ce Verney l'appela un jour, pour être interrogé par la commission populaire ; qu'il se trouvait chez le concierge un individu qu'on lui a dit depuis se nommer Lanne, qui lui demanda s'il connaissait les complices de Grammont, Dillon et autres ; que sur sa réponse négative, et surtout d'après la retenue de ses réponses, cet individu, qu'il croit toujours être Lanne, lui dit : N'aie pas peur; si tu en connaissais, tu pourrais en donner la note, et elle serait déchirée; qu'il remonta dans sa chambre, en affirmant qu'il ne connaissait rien; qu'il présume que c'est cette conduite qui l'a fait placer sur la liste de ceux qui devaient être jugés le 8 thermidor, et dont Fouquier demandait avec instance les pièces le 7.

Benoît. J'avoue avoir tenu le propos relatif à Andrevon, mais je nie formellement les autres allégations.

Fouquier. Je ne pouvais empêcher les jactances de Benoît et de beaucoup d'autres.

Quatre-vingt-cinquième témoin. Jacques Cordas, brodeur, ex-administrateur de police. Incarcéré le 26 germinal, je fus placé au rez-de-chaussée du Luxembourg. Benoît vint se vanter d'avoir dénoncé la conspiration des prisons. Il nous montra une petite croisée par où il prétendait l'avoir découverte. En revenant du tribunal il disait qu'il avait obtenu de Fouquier de n'être pas lié, et il ajoutait qu'il avait gagné beaucoup d'argent en faisant des dénonciations.

Le premier jour de thermidor, Boyenval vint dans notre chambre: il nous dit qu'il avait des conférences avec l'administration de police, et qu'il y allait; qu'ayant fait des dénonciations, il était trop connu; qu'il cherchait de bons sans-culottes, pour l'aider dans ses opérations; que la conspiration s'étendait partout; que tout passerait au tribunal révolutionnaire, jusqu'au concierge.

Que cependant on laisserait un noyau de cette conspiration; que les détenus d'Orléans y avaient trempé: que c'était par erreur que les Américains avaient été mis en jugement à leur place.

Truchon, que toute l'Europe connaît, demeurait avec les Orléans: je lui fis part de la conversation que Boyenval avait tenue à Macé et à moi. Truchon me dit que c'était une calomnie. Nous étions détenus pour une mise en liberté qui nous avait été extorquée. Je fis ma déclaration le 9 thermidor.

Boyenval. Le 2 thermidor, Faro, Viltcherit, administrateurs de police, me dirent : Nous avons ici trois anciens collègues : ils nous ont donné des renseignemens sur les conciliabules et les orgies qui se pratiquaient chez les Lévi; vois-les. Je leur représentai que je ne connaissais pas de conspiration au rez-de-chaussée. Ce fut alors qu'ils me dirent : Voilà Carnot, voilà Robespierre. Le premier me dit : J'ai appris qu'il existait dans le bas une conspiration de trois cents individus, découvre-la, tu serviras ainsi ta patrie.

Robespierre me recommanda de voir les trois anciens administrateurs de police, et de leur faire entendre que, s'ils donnaient des renseignemens, ils auraient leur liberté. Je rencontrai Cailleux, il me dit : Nous avons parlé à Faro des orgies de Lévi.

Je n'ai pas tenu les propos qui me sont imputés.

Le témoin. Je persiste à dire que Boyenval nous a invités à dénoncer la conspiration.

Benoît. J'ai dit que j'avais dénoncé le complot des Grammont, que j'avais dépensé beaucoup d'argent pour les voitures, et que Fouquier avait défendu en général de nous attacher.

Quatre-vingt-sixième témoin. M.-J. *Cailleux, rubannier, ex-administrateur de police,* a confirmé la précédente déclaration, et a dit qu'étant sorti le 7 thermidor quelques jours après il fit aussi sa déclaration à la police.

Quatre-vingt-septième témoin. P. *Tirrien, gardien de Bicêtre,* a confirmé la déposition de Robelin, relativement à Dupaumier.

Quatre-vingt-huitième témoin. J.-F. *Derugi, avocat au ci-devant conseil d'Arras,* a reproché à Guyard d'avoir enlevé les effets de l'ex-duc de Gesvres, aussitôt qu'il fut guillotiné; de s'être concerté avec Viltcherit et la pourvoyeuse du Luxembourg, qui donnait de mauvaise nourriture aux détenus, à l'effet d'occasionner un soulèvement.

Guyard a répondu qu'il avait enlevé, par ordre, pour plus de deux millions et demi d'effets, d'argent et d'assignats, qu'il avait remis aux comités de gouvernement.

Quatre-vingt-neuvième témoin. J.-G. *Schaiffer, médecin,* a déclaré que, s'il a existé des conspirations, c'était plutôt contre les prisons que contre les comités et la Convention nationale ; que Benoît disait qu'il était convaincu de la conspiration de Dillon et Grammont, que lorsque lui, déposant, fut mis en jugement, Naulin prit sa défense. Benoît a répondu qu'il avait dit et qu'il répétait qu'il avait conviction de cette conspiration.

Audience du 29 germinal.

Quatre-vingt-dixième témoin. A. Sezille, défenseur officieux. Je déclare que j'ai toujours été révolté de la conduite infâme que tenaient Fouquier et quelques juges, et nombre de jurés et autres, au tribunal révolutionnaire.

En germinal de l'an II, je fus chargé de défendre le citoyen Thomassin, curé. Fouquier ayant, de sa seule autorité, interdit toute correspondance et entrevue entre les prévenus et les défenseurs, ceux-ci n'avaient la liberté de les voir qu'un quart d'heure avant la mise en jugement.

A la chambre dite des accusés, dans laquelle il se trouvait souvent plus de vingt et vingt-cinq prévenus, Thomassin, ne pouvant me voir ni moi l'entretenir sur son affaire, avait été conseillé de m'adresser un mémoire instructif, avec les pièces justificatives à sa décharge, sous le couvert de Fouquier ; ce dont il m'instruisit en m'écrivant de passer au parquet de l'accusateur public, pour retirer les pièces qu'il lui avait adressées. Sur la demande que je fis à Fouquier de ces pièces, j'éprouvai de sa part les reproches les plus durs d'avoir reçu une lettre d'un prévenu, avec des menaces et un refus formel de me remettre les pièces que lui avait adressées Thomassin, qui, par l'effet de l'humeur de Fouquier contre cet accusé, fut mis en jugement le lendemain, et défendu par moi sans pièces.

Deuxième fait. Vers la fin de floréal, le citoyen Fréteau, ex-constituant, fut mis en jugement, et je fus chargé de sa défense. Je le défendis : Fréteau fut acquitté à la majorité d'une seule voix donnée en sa faveur par le brave *Jourdeuil*, l'un des jurés ; mais par ce jugement d'acquit il fut dit que Fréteau serait envoyé dans son département, et détenu comme suspect jusqu'à la paix.

Malgré mes vives et pressantes sollicitations auprès de Fouquier pour obtenir l'expédition du jugement d'acquit rendu en faveur de Fréteau, dont la femme était près d'accoucher, je ne pus jamais parvenir à décider Fouquier à remettre les pièces au greffe, pour qu'on me délivrât expédition du jugement d'acquit, et faire transférer Fréteau à Melun. J'éprouvai de la part de Fouquier un refus formel, et des menaces dont je pouvais craindre les suites, puisque l'honnête Jourdeuil, pour avoir voté en faveur de Fréteau, fut arrêté quelques jours après, par un mandat d'arrêt décerné par Fouquier, qui eut l'impudence de me dire : Tu ne l'auras pas, ton Fréteau; tu ne l'auras pas. Effectivement, après le décret du 22 prairial, Fréteau fut de nouveau mis en jugement avec trente ou quarante autres, dont les faits lui étaient étrangers; et on viola à son égard cette mesure observée dans tous les gouvernemens, *non bis in idem*; et, sans témoins comme sans pièces, il fut condamné avec tous ceux mis en jugement avec lui, d'une voix unanime, à perdre la vie. Peu de jours après, sa veuve accoucha de deux enfans.

Troisième fait. Fouquier, après avoir fait disparaître les ci-devant nobles et prêtres, ainsi que les ex-constituans, dont il avait juré la perte, en voulait aussi aux défenseurs officieux; le premier qui lui tomba sous la main fut Chauveau-de-la-Garde, qu'il fit arrêter à Chartres, quoique la conduite de ce défenseur fût aussi irréprochable que ses mœurs étaient pures. Fouquier, qui voulait le perdre, exigea que Lelièvre, son premier secrétaire, fît contre Chauveau un acte d'accusation; mais Lelièvre, cette fois plus juste que Fouquier, quoique pressé plusieurs fois par ce dernier d'y travailler, refusa de le faire, parce qu'il ne voyait pas, disait-il, dans les pièces que Fouquier lui avait remises, de matières suffisantes à bâtir acte d'accusation. Je tiens ce fait de Lelièvre, qui, s'il est appelé en témoignage, ne pourra en disconvenir.

Je déclare en outre que la plupart des jurés mis en jugement, tels que Dix-Août, Trinchard, Prieur, Chrétien, Brochet et Ganet, passaient pour être les jurés solides dont se servait Fouquier dans les grandes affaires, et pour faire ce qu'appelait Fouquier : feux de file; que j'ai effectivement remarqué que les ci-dessus nommés étaient toujours portés à condamner les prévenus, et s'opposaient à la lecture des pièces qui militaient en leur faveur, en coupant la parole aux défenseurs, sous prétexte qu'ils devaient lire eux-mêmes les pièces dans leur chambre, ce qu'ils ne faisaient presque jamais.

J'ajoute que, s'il est des juges de l'ancien tribunal qui se soient écartés des règles de la justice, il est aussi d'autres prévenus qui se sont acquittés de leur devoir, notamment le citoyen Naulin, tant comme substitut de l'accusateur public que comme vice-président, qui toujours dans ses résumés, faits avec sagesse et impartialité, n'omettait jamais de dire ce qui était à la décharge des accusés.

Les citoyens Maire, Sellier et Harny m'ont paru marcher sur les traces de Naulin; au moins est-ce mon opinion sur le compte de ces trois prévenus.

Fouquier a nié les faits, a dit que l'affaire de Fréteau ne le regardait pas; que la seconde fois il était traduit pour un autre délit; qu'il ne se rappelait pas d'avoir refusé l'expédition du jugement d'acquit de Fréteau; que Jourdeuil avait été arrêté par le comité de sûreté générale; que c'était Payan qui avait fait arrêter Chauveau-de-la-Garde, parce qu'il s'était avisé, dans une affiche bleue, d'exprimer un sentiment contraire aux maximes de Marat, mais qu'il n'y a pas eu d'acte d'accusation dressé contre Chauveau-de-la-Garde.

Trinchard. Si on regarde comme solides ceux qui ont alors servi la patrie, je suis solide et je dois être regardé comme coupable.

Chrétien. J'ai jugé dans l'affaire de Marie-Antoinette et dans celle de Marat, et au 22 prairial j'ai été renvoyé du tribunal.

Prieur. J'ai jugé selon mon opinion, et je n'en dois compte à personne.

Leroy, dit *Dix-Août*, *marquis de Montflabert*. J'ai jugé en mon ame et conscience, ma tête est prête.

Renaudin. A cette époque tout le monde aurait voté comme nous. (Violens murmures.) Je sais bien que l'auditoire est différemment composé de ce qu'il était alors, et que l'opinion publique est bien changée. (Oui, oui, s'écrie-t-on de toutes parts.)

Cambon. Comment les ex-jurés pourront-ils se justifier d'avoir condamné trente, quarante, cinquante, soixante personnes en une demi-heure; en s'adressant à eux : Vous êtes en jugement depuis un mois : eh bien! je vous le demande, citoyens jurés, étiez-vous en état de prononcer sur les accusés? Non, répondent les jurés.

Renaudin. Ce n'est pas la même chose, nous jugions d'après la loi du 22 prairial.

Chrétien. On met de l'acharnement dans cette affaire, nous sommes prêts.

Cambon. Chrétien m'accuse; j'aurai le courage de poursuivre le crime. (Vifs applaudissemens.)

Fouquier. Je sais qu'il y a un bureau ouvert dans chaque section pour recevoir contre nous des dépositions.

Le président. J'invite les accusés à la méditation, et à s'en rapporter à la justice du tribunal.

Fouquier. Je demande la même chose pour l'auditoire.

Quatre-vingt-onzième témoin. P. *Giraud*, *député à la Convention*, a parlé de la justice et de l'humanité de Foucault.

Il a déposé sur le bureau les certificats de trois communes en faveur de cet accusé.

Quatre-vingt-douzième témoin. A.-M.-L. *Thomas*, *veuve de Maigret de Serilly*. Le 21 floréal, mon mari et moi, et vingt autres personnes avons été ici condamnés à mort.

Il était dit dans l'acte d'accusation que mon mari et moi étions complices des conspirations du 28 février, du 20 juin et du 10 août. On se borna à demander nos noms, nos âges et nos qualités; tels furent les débats qui eurent lieu dans notre jugement. Dumas coupait la parole aux accusés ; aucun ne fut entendu.

Je n'ai conservé la vie que parce que je déclarai que j'étais enceinte, et que les chirurgiens l'attestèrent.

J'ai vu là mon mari ; j'y vois aujourd'hui ses assassins et ses bourreaux.

Voici mon extrait mortuaire, il est du 21 floréal, jour de notre jugement à mort ; il m'a été délivré par la police administrative de Paris.

Ardenne. Je désire que Fouquier me dise pourquoi la citoyenne Serilly se trouve inscrite sur les registres des décès de la munipalité de Paris.

Fouquier. Je l'ignore ; c'étaient les huissiers qui constataient les exécutions.

Quatre-vingt-treizième témoin. N. Rebrillard, employé à la commission des mouvemens des armées de terre, a dit : Depuis les premiers jours du règne de la terreur et de la mort, l'accusé Chrétien a tyrannisé la section Lepelletier ; il y opprimait et vexait les citoyens ; il nous menaçait de la fureur du peuple, et surtout du faubourg Antoine.

Un jour il sortit deux pistolets de ses poches, les plaça sur la tribune, et continua ses motions incendiaires. Un autre jour, dans l'assemblée générale, il frappa de son sabre un citoyen. Il retirait dans sa tabagie des bandits, des coupe-jarrets, des sicaires et des scélérats de toute espèce ; de là ils se transportaient sur le boulevard, ils insultaient les passans et surtout les citoyens et les citoyennes qui allaient au spectacle. Les habitués de cette tabagie étaient Ronsin, Mazuel, Maillard, Brutus, canonniers de l'armée révolutionnaire, etc. ; lorsqu'on en avait besoin pour une expédition on les prenait là.

La nuit du 9 au 10 thermidor, Chrétien a resté aux Jacobins jusqu'à neuf heures du soir ; il passa le reste de la nuit chez lui à tenir des conciliabules, à exciter ses affidés. Il envoyait des émissaires à la Commune, aux Jacobins ; il se disait l'ami et le missionnaire de Fouquier ; il se fit donner des pouvoirs pour aller, disait-il, mettre au pas, dans son département, des aristocrates qui voulaient le dénoncer; il était en même temps membre du comité révolutionnaire de sa section et juré du tribunal. La permanence de ce comité se tenait dans sa tabagie. Je l'ai entendu parler à sa section d'envoyer à la guillotine. Un tel, disait-il, est un scélérat, il ira à la guillotine. Je crois que Destournelles est un de ceux qu'il a qualifiés de scélérats, et ceux qu'il qualifiait ainsi étaient bien sûr le lendemain d'être incarcérés; environ cinquante personnes de ma section ont été arrêtées. J'observe que Chrétien était le levier principal et l'agent le plus actif du comité révolutionnaire; que rien ne se faisait que par lui et dans sa tabagie, et que les principales arrestations lui sont attribuées.

Après le 9 thermidor, il fut arrêté en assemblée générale que les sections iraient féliciter la Convention sur un rapport fait au nom des trois comités de gouvernement. Chrétien s'élança à la tribune comme un furieux, vociféra avec violence, et mit à bout, à la fin de la séance, à force de menaces et d'injures contre l'orateur, le président, les secrétaires et tous les bons citoyens qu'il traitait de scélérats, de chouans, de vendéens, de royalistes, de faire rapporter l'arrêté et d'en faire prendre un autre, de faire lire l'adresse de l'immoral Audouin, et d'aller féliciter les Jacobins. Cet arrêté fut exécuté, et tous les affidés de Chrétien allèrent en masse aux Jacobins; mais nous dénonçâmes Chrétien à la Convention.

Chrétien. Il est possible que j'aie menacé du peuple ma section; elle jouissait d'une mauvaise réputation; le peuple voulut la raser; je m'y suis toujours opposé. Les grenadiers des Filles-Saint-Thomas m'ont assassiné; je n'en ai fait arrêter aucun. (Murmures.) Le témoin est venu, avec la jeunesse de Fréron, briser mes meubles. Il n'y avait rien dans mes pistolets; j'ai demandé moi-même à aller à l'Abbaye, pour le coup de sabre dont on vient de parler. Celui à qui j'ai voulu le porter a été censuré, et moi je ne l'ai jamais été. Quant à l'arrêté de la section tendant à aller féliciter la Convention, c'était au sujet du discours de Robert Lindet; je dis qu'il ne fallait pas que les sections allassent continuellement flagorner la Convention; que cela ne ferait que lui faire perdre son temps. Mon café est un lieu public, je ne pouvais empêcher aux citoyens d'y venir ; et, cependant, on a poussé l'infamie juqu'à dire dans les journaux que, pour être admis dans mon café, il fallait avoir septembrisé, et avoir encore sur ses culottes du sang des victimes des 2 et 3 septembre. J'ai été chargé de mettre à exécution plusieurs mandats d'arrêt des comités de gouvernement ; mais ce n'est pas moi qui ai fait les arrestations dans mon département, c'est un autre Chrétien. Je n'ai rien à me reprocher, j'ai trente sept ans de vertu. (Violens murmures.)

Pour justifier sa conduite plusieurs fois Scellier avait, dans le cours des débats, invoqué la loi infâme du 22 prairial, notamment l'article XIII ; s'il existe des preuves, soit matérielles, soit morales, indépendamment de la preuve testimoniale, il ne sera point entendu de témoins, à moins que cette formalité ne paraisse nécessaire, soit pour découvrir des complices, soit pour d'autres considérations majeures d'intérêt public.

Et l'article XVI. « La loi donne pour défenseurs aux patriotes calomniés des jurés patriotes : elle n'en accorde point aux conspirateurs. »

Mais Ardenne a opposé à Scellier trois discours, dont deux signés Scellier, et un autre sans signature, aux citoyens jurés, sans date. Le premier, également sans date, à des individus acquittés.

Pour faire connaître les principes de Scellier, nous les placerons ici.

« Citoyens, la loi, toujours fixe dans ses résultats, a dit. Les conspirateurs n'ont pas besoin de défenseurs, et encore moins les innocens, parce que les jurés sont leurs défenseurs naturels. Vous venez de jouir de ce principe salutaire puisque leurs lumières et leur conscience ont su vous distinguer d'entre les coupables. Retournez au milieu de vos amis, et dites-leur que le tribunal, vengeur du peuple, n'est institué que pour punir le crime et protéger la vertu. »

Second discours.

« Citoyens jurés, la Convention nationale, justement effrayée des forfaits innombrables du gouvernement britannique, et appréhendant que les intérêts du peuple français n'en soient plus long-temps compromis, vient de décréter qu'il n'y aurait plus que des combats à mort entre nos armées et celles de ces féroces insulaires, et qu'on ne ferait plus de prisonniers de guerre. N'est-ce pas, de sa part, annoncer qu'elle veut terrasser tous les crimes du même coup : c'est au tribunal révolutionnaire, qui doit être considéré comme le poste avancé de la révolution, qu'il appartient de donner à ce décret salutaire la latitude la plus étendue ; c'est sur lui que toute la République tient les yeux fixés ; c'est de son courage et de sa fermeté qu'elle attend l'anéantissement de tous les conspirateurs qui s'agitent en tous sens pour lui déchirer le sein. Citoyens jurés, il ne faut, pour combler l'espoir et la confiance du peuple, à cet égard, qu'une persévérance constante dans les principes d'intégrité qui vous ont distingués jusqu'à ce jour. En vous rappelant les faits principaux de ce procès, vous allez vous convaincre, sans doute, si, parmi les accusés présens, il s'en trouve d'innocens, ou si tous, au contraire, n'ont pas encouru la sévérité des lois. Signé SCELLIER. »

Troisième discours.

« Citoyens jurés, depuis que vous avez mis la justice et la probité à l'ordre du jour ; que le gouvernement révolutionnaire s'exécute avec exactitude ; que nos phalanges se couvrent de gloire ; que tous les complots des ennemis intérieurs sont déjoués par la surveillance infatigable des patriotes, et que l'attitude fière et courageuse du peuple français annonce la chute de tous les tyrans du monde ; les tyrans, dans les convulsions de leur agonie, ont mis de leur côté tous les crimes à l'ordre du jour. Les droits de l'humanité n'ont plus rien de sacré pour eux ; c'est à force d'or et de forfaits qu'ils veulent entraîner avec eux dans la tombe les libérateurs de notre patrie ; c'est par des assassinats que les lâches veulent anéantir la vertu. Il y a peu d'instans que deux de nos courageux montagnards ont manqué devenir les victimes de leur rage forcenée ; mais qu'ils tremblent, les monstres ! tous leurs projets avorteront. Le peuple est là, et sans cesse il protégera ses amis et ses défenseurs.

Quant à vous, citoyens jurés, ne perdez pas un instant votre sévère intégrité ; et souvenez-vous que, pour le triomple complet de la liberté, il faut poursuivre à outrance, et sans relâche, tous ses ennemis dans quelque classe qu'ils se trouvent. D'après ces considérations, le tribunal vous présente les questions suivantes. »

Signé SCELLIER.

Scellier a répondu que les discours qu'on vient de lire étaient des extraits des résumés de Dumas, et qu'il les avait recueillis pour les lui opposer un jour. *Si non è vero, bene trovato.*

Quatre-vingt-quatorzième témoin. J.-B. Félix Duclos, ancien militaire, député de Saint-Marc. Le 8 thermidor, je fus traduit au tribunal révolutionnaire avec vingt-quatre autres détenus, à Saint-Lazare, pour cause de conspiration de prisons. Gagnant, de la section du faubourg Montmartre, Roche, Coquery, Maniny et Pépin Desgrouettes, aussi détenus à Saint-Lazare, vinrent déposer à l'audience. Pépin déclara qu'à Saint-Lazare il existait peu de patriotes ; qu'il y avait beaucoup de gens qui n'aimaient pas la révolution, et il assura qu'il ne voyait pas de patriotes au tribunal. Coquery et Maniny attestèrent qu'une conspiration existait à Saint-Lazare, et déposèrent contre presque tous les accusés. Dhervilly, épicier de Paris, ayant avancé un fait pour sa justification, et s'étant servi de cette comparaison : Ce que je dis est aussi vrai, qu'il est peut-être vrai que dans deux heures je ne serai plus, Leroy, marquis de Montflabert, dit Dix-Août, s'écria : Il faut donc que l'accusé se trouve bien coupable, puisqu'il présume son jugement ; par cela même, en mon ame et conscience, je le déclare convaincu, et je le condamne.

Maniny et Coquery, qui étaient à la dévotion des égorgeurs, dirent que j'étais un royaliste : je fus néanmoins acquitté, par hasard, avec Pramprain de Rouen.

Leroy, dit Dix-Août, a nié le propos.

Quatre vingt-quinzième témoin. J. M. Boucher, épicier, rue du Faubourg-Montmartre, a dit : Je n'ai d'autre connaissance que la conspiration de Saint-Lazare, car j'ai la conviction qu'il en a existé une dans cette maison : il est vrai que la conspiration dont je vais parler n'est pas la conspiration ridicule où l'on avait imaginé de faire faire des lettres de change à un vieillard pour engager un compagnon serrurier à scier un barreau (il n'y en avait pas) pour faire sortir par la croisée des femmes paralytiques, des octogénaires et des enfans. Cette conspiration était trop absurde pour y croire. Quand on saura qu'il était aussi aisé aux détenus de sortir de Saint-Lazare, s'ils avaient eu l'intention de conspirer, comme il est aisé au public qui m'entend de sortir de ce sanctuaire. Nous avions à la porte du préau une porte qui donnait dans la cour principale, où il n'y avait qu'un seul gardien. Nous étions huit cents ; nous pouvions aisément nous servir des clefs dont il était porteur, et par ce moyen sortir ; mais la conspiration dont je veux entretenir le tribunal est celle imaginée contre les détenus ; si l'on voulait douter de celle-ci, je dirais : Lisez sur les murs de cette salle ; elle est écrite en caractères de sang ; qu'on suive la trace du sang innocent de soixante-douze victimes qui ont été sacrifiées ici par elle, pour elle, à cette même place.

Les auteurs de cette conspiration sont : Maniny, Verney, Coquery, Robert-le-Belge, Pépin Desgrouettes, Roger, le Pêcheux, Robinet, Horace-Molin. Pour établir au tribunal comment cette conspiration a existé, il faut nécessairement me reporter au jour où j'ai eu cette connaissance, et que l'auditoire sache combien elle m'a coûté. C'était le 7 thermidor ; on avait annoncé le matin les chariots pour venir chercher ce qu'on appelait la troisième fournée : j'avais pris tous les renseignemens que je croyais nécessaires pour savoir si j'avais personnellement à craindre, ou si ces craintes pouvaient tomber sur mes affections particulières ; tout me paraissait tranquillisant ; cependant un pressentiment affreux semblait m'indiquer le malheur qui me menaçait. Poursuivi par cette idée; je cours au-devant de la liste fatale; à l'entrée du corridor on m'approche, je me présente : une main me repousse; on me dit: Ce n'est pas toi, c'est ton frère. Heureusement, car s'il y eût été, on se fût saisi de lui sur-le-champ, et il ne m'eût plus été permis de recevoir ses derniers adieux. Je fus le chercher; je le trouvai au préau à cinq heures du soir. C'est moi qui fus l'organe de ses bourreaux. Ce dur ministère rempli, nous remontâmes dans notre chambre, nous nous enfermâmes pendant qu'on rassemblait le reste des victimes; là il me tint le discours suivant : Donne-moi du papier et des crayons; quand je saurai ce soir les prétextes de mon assassinat, je prendrai les notes que je croirai nécessaires à ma défense, défense que je crois parfaitement inutile; mais que je dois faire; je me dois à mon pays, à moi-même et à ma famille, à qui mon existence est un besoin nécessaire. Tu conçois bien que, si je ne me défendais pas, je deviendrais par là le complice des bourreaux qui vont m'assassiner; pour toi, tu peux être tranquille, tu sortiras de cette maison; ce tribunal de sang ne peut plus se soutenir; ces juges qui assassinent soixante personnes en une heure; ces jurés qui, en sortant de l'audience, ne pourraient pas prononcer le nom de leurs victimes, ces hommes, si cette expression peut leur convenir, ces hommes, qui font couler des flots de sang, doivent nécessairement être submergés par le sang. Adieu, mon ami, embrasse-moi, demain, demain ton frère aura vécu. Ne nous occupons plus de moi; je vais cesser de souffrir, occupons-nous de ce qui peut être utile à ta conservation, et à faire triompher notre innocence. Il me fit la déclaration suivante : Tu sais que les citoyens Saint-Romans demeurent avec Maniny; ils ont eu occasion de lui rendre quelques services, et c'est à cela qu'ils doivent leur existence : Maniny leur dit, il y a quelques jours, lors de son transférement: Aujourd'hui je serai transféré au Plessis. Le concierge de cette maison-ci sera changé; un coup terrible va fondre sur cette maison, c'est moi qui ai tout préparé : vous étiez sur la liste, Jobert vous y avait fait mettre, parce qu'il vous avait vu aller dans la chambre de l'abbé de Maillé. Je vous en ai fait ôter ; évitez de voir Blanchard (Blanchard a été guillotiné le 8 thermidor) ; évitez les sociétés. En sortant de cette maison je laisse l'espionnage à Jobert qui a huit personnes sous lui ; profitez des avis que je vous donne ; conduisez-vous prudemment, et par là vous pourrez éviter le malheur qui vous menace.

Verney est présumé complice puisqu'il est le concierge indiqué par Manini, et si l'on en voulait douter on en trouverait la preuve dans les propos qu'il a tenus. Je lui ai entendu dire dans le préau : Je les ai foutus au pas au Luxembourg, je les foutrai de même au pas ici. La citoyenne Desfossés, qui était grosse, représenta à Verney qu'elle ne pouvait manger d'alimens salés ; elle lui demanda des légumes comme on en donnait aux autres détenus ; il lui répondit : Il faut bien que tu en manges ; tu n'as pas si long-temps à en manger. Verney parlait ainsi, le 6 thermidor, à la femme Desfossés ; elle fut guillotinée le 8. Verney a dit au citoyen Travanet : La guillotine n'allait pas mal au Luxembourg, elle ne va pas mal dans cette maison-ci depuis que j'y suis ; je porte bonheur à la maison.

Coquery est présumé complice ; c'est lui qui devait scier le barreau de fer pour faciliter l'évasion. Il est bon qu'on sache que les fenêtres ne sont point grillées : c'est lui qui allait dans les corridors chercher les noms et les numéros des chambres, des personnes que l'on devait victimer. Jobert est présumé complice, puisqu'il a fait afficher partout Paris qu'il avait fait ôter de dessus la liste la citoyenne Lassollet, et la citoyenne Duplain, sa mère ; le citoyen Montron, la citoyenne Franctau, femme de Fleury, et que, d'un autre côté, Manini a déclaré que Jobert avait fait mettre sur la liste les deux citoyens de Saint-Romans. Pépin Desgrouettes est présumé complice, puisqu'il faisait des listes ; qu'il était le grand témoigneur du tribunal révolutionnaire ; qu'il a dit, dans la chambre du citoyen Vallée, en présence de sa femme et d'autres personnes, entre autres le nommé Lers, qui le lui a reproché dans les corridors depuis le 9 thermidor, et Pépin est convenu qu'il avait dit à la citoyenne Vallée : Je vous protége, vous, votre mari, votre frère ; il ne vous arrivera rien :

j'ai, au tribunal révolutionnaire, le droit de vie et de mort.

Roger la Loupe est présumé complice ; il travaillait à la fabrication des listes avec Manini et Coquery, et il est venu depuis au tribunal révolutionnaire, le 8 thermidor. Le Pécheux provoquait à la révolte, il nous disait un jour : Vous êtes des aristocrates ; on vous fait manger de la merluche et des harengs pourris ; vous ne vous plaignez pas : il faut que ce soit nous autres sans-culottes qui fassions du bruit ; vous mériteriez d'être bûchés, et ces mêmes hommes sont venus déposer devant les accusés, et ont fait guillotiner un enfant pour n'avoir pas voulu manger un de ces harengs pourris : c'est le jeune Maillé.

Robinet était secrétaire-général de la conspiration : lors de l'événement du 10 thermidor, sa conduite lui attira quelques reproches qui nécessitaient son transférement pour sa propre sûreté. Dans sa fuite précipitée il oublia dans le tiroir de sa table des listes écrites de sa main, qui ont été trouvées par le citoyen Henri, qui a pris sa chambre, et qui est garçon de ferme chez le citoyen Vallée. On a trouvé jointes à ces listes des déclarations signées Horace Molin, autre présumé complice. Ces déclarations tendaient à faire arrêter la citoyenne Glatigny, le citoyen Lonchamps, un directeur du tabac, qui avaient obtenu leur liberté. Le 9 thermidor, ils voulaient les faire réincarcérer et traduire au tribunal révolutionnaire. Ces déclarations lui ont été représentées publiquement ; il les a reconnues pour être de sa main. Molin a de plus témoigné au tribunal le 8 thermidor. Le lendemain, lorsqu'on lui demandait des nouvelles d'un dévoiement qu'il avait depuis quelques jours, il répondait : Cela va beaucoup mieux ; depuis que j'ai été au tribunal révolutionnaire, je m'y suis empli de vin : j'ai rapporté des saucissons dans mes culottes, pour me dédommager de l'abstinence que vous faites ici.

Verney a opposé à cette déclaration une dénégation formelle.

Lanne est convenu avoir été à Saint-Lazare d'après un procès-verbal qui lui fut remis par la police.

Quatre-vingt-seizième témoin. J.-Joseph-Gui-Henri Travanet. J'ai été détenu au Luxembourg et à Saint-Lazare. Le 8 ou le 9 thermidor, Verney me dit dans le corridor de Saint-Lazare : Celui qui demeurait avec toi au Luxembourg n'a pas été aussi heureux que toi ; il a été guillotiné. Le Luxembourg a bien fourni, et ici cela va déjà bien. Je porte bonheur à cette maison-ci.

Verney. J'ai tenu ce propos au sujet des lumières.

Quatre-vingt-dix-septième témoin. M. Mont aut Dumenil, commandant de la gendarmerie des tribunaux. Le 9 thermidor, j'eus connaissance, à trois heures du soir, de ce qui se passait alors. Je fus arrêté à quatre et demie par ordre de Payan. A onze heures je trouvai Fouquier au Palais : il me dit qu'il resterait à son poste, quoi qu'il arrivât. Je ne lui ai jamais entendu tenir, dans son cabinet, les propos qu'on lui impute. Naulin parlait avec humanité aux accusés. Hermann invitait le public à les respecter. Je crois que c'est vers les quatre heures que la révolution du 9 thermidor fut connue au tribunal.

Quatre-vingt-dix-huitième témoin, C.-L. Perney, juge au tribunal du deuxième arrondissement de Paris. Machet-Vely avait un procès avec Viguier : Coffinhal fit arrêter le premier, et voulait que le second gagnât sa cause. Il nous menaça. Notre tribunal subit une épuration de la part d'Hermann, sous la désignation de Coffinhal. Je fus arrêté. Maniny et deux autres dont je ne me rappelle pas les noms, lorsqu'ils revenaient de déposer au tribunal, étaient fiers, insolens, et avaient la tête échauffée : ils passaient pour des faiseurs de listes de proscriptions.

J'ajoute qu'après le 22 prairial j'ai assisté une fois à l'audience de ce tribunal ; j'ai été révolté de la manière dont elle se tenait. On ne permettait pas aux accusés de se défendre ; et, quoiqu'il y eût un grand nombre d'accusés et beaucoup de pièces à lire et à examiner, les jurés rentraient environ dix minutes après.

Quatre-vingt dix-neuvième témoin. N. Tirard, ex-huissier du tribunal révolutionnaire. A la première séance où l'infâme loi du 22 prairial fut exécutée, les jurés ne se retirèrent pas dans leur chambre ; on ne fit pas descendre les accusés de dessus les gradins ; et les jurés, sans quitter leur siége, les condamnèrent à mort.

Fouquier me donna ordre d'aller chercher un nommé Gamache à la Bourbe. J'observai à Fouquier que les prénoms portés sur le mandat, indiquaient que ce n'était pas le Gamache qu'il demandait : C'est égal, me dit-il, amène toujours. Il fut mis en jugement le lendemain. Par les questions qu'on lui fit, on s'aperçut que ce n'était pas le Gamache dont il s'agissait : il fut mis hors des débats.

Je trouvai aussitôt à la Conciergerie le Gamache qu'on cherchait ; il fut mis à l'instant en jugement, et jugé, ainsi que le premier Gamache, avec les autres.

Il a été vérifié que dans l'acte d'accusation et dans le jugement du 27 germinal, était porté C.-H. Gamache, âgé de cinquante-ans, né à Bourges, cultivateur, ex-noble. Ce jugement est signé Coffinhal, Harny et Deliége.

L'autre individu, qui, sur le réquisitoire verbal de Lieudon, a été mis en jugement, s'appelait D.-E.-M. Gamache, né et demeurant à Paris, ex-comte, ex-guidon de la gendarmerie de France.

Villate, a continué le témoin, se déclarait toujours convaincu : je ne l'ai jamais vu acquitter un accusé. Il avait un cure-dent à la bouche ; il ne restait pas quatre minutes à la chambre des jurés ; il se promenait dans les couloirs. Il vint un jour à notre bureau ; il monta sur un fauteuil pour voir par-dessus la cloison les malheureuses victimes qu'il allait dévouer à la mort.

Villate. Ces allégations sont fausses.

Centième témoin. Perdrix a déclaré qu'il avait appris, en sortant de prison, que Lanne se servait de son cabriolet pour aller avec Hermann dans les maisons d'arrêt chercher des listes, et que le premier les faisait copier dans les bureaux, et qu'on avait remarqué que les mêmes noms des jurés portés sur les listes étaient imprimés le lendemain dans les journaux.

Lanne, a ajouté le témoin, ayant éprouvé quelques difficultés pour avoir mon cabriolet, répondit : Il appartient à un guillotiné. On l'assura que je n'avais pas encore été guillotiné. N'importe, dit-il, s'il ne l'a pas été, il ne tardera pas à l'être.

Lanne. J'ignorais à qui appartenait le cabriolet. Je n'ai pas tenu ce propos.

Audience du 30 germinal.

Debregeas a remplacé Guillard, juge. Attendu l'absence de deux jurés, l'audience a été levée.

Audience du 1ᵉʳ floréal.

Bovigres et Duprat, jurés, déclarent que n'ayant pas été prévenus de la permanence du tribunal, qu'étant absens, ils n'ont reçu hier que très-tard leur exposé. D'après cet exposé, l'amende a été rabattue.

Cent et unième témoin. F.-J. Levasseur, traiteur. Gagnant, Royer-la-Loupe, Molin sont venus ici en témoignage. Pépin, en revenant un jour du tribunal où il avait aussi déposé, dit qu'il avait droit de vie et de mort à Saint-Lazare. Pépin Desgrouettes se disputait avec les autres pour savoir ceux qu'on mettrait sur les listes; ils disaient qu'il fallait d'abord y mettre les prêtres, les nobles, les riches et les savans. Jobert, le belge, disait qu'on ne savait pas conduire la loi révolutionnaire; que s'il était le maître il ferait guillotiner mille individus par jour, et que s'il pouvait retourner dans la Belgique il en ferait guillotiner deux mille. Maniny et Coquery ont inventé la conspiration. J'ai vu une liste de cinquante-trois prisonniers sur laquelle mon nom était inscrit. J'ai remis à Verney un paquet de hardes qui m'avait coûté 1,050 livres, pour le faire passer à mes parens : ils ne l'ont pas reçu.

Verney. Je ne connais ni le témoin ni le paquet. Attendu les dénonciations graves faites pendant les débats contre Pépin Desgrouettes, Cambon a décerné contre lui un mandat d'arrêt comme complice de Fouquier.

Cent deuxième témoin. R.-L.-M. Vieillard, juge du tribunal de cassation. Trois jours après l'acquittement de Fréteau, j'allai chez Prieur; il me dit qu'il avait voté sa mort; que sous huit jours il y passerait; qu'il avait été de la révision de la constitution. Quand nous trouvons la lettre à côté du nom, me dit-il, nous n'examinons pas.

Prieur. Je n'ai pas tenu ces propos ; je ne siégeais pas dans la première affaire de Freteau.

Cent troisième témoin. J. Deschamps, député à la Convention, a parlé en faveur de Foucault.

Cent quatrième témoin. Étienne Masson, ex-greffier, et depuis juge au tribunal révolutionnaire, jusqu'au 22 prairial an II, actuellement employé au comité de salut public. J'ai remarqué en germinal la même colonne de jurés pour les grandes affaires ; les jurés étaient des forts et solides. J'ai entendu Voulland dire un jour de ce même mois : Il n'en échappera pas un ; c'est Dumas qui préside, il saura leur couper la parole.

J'ai vu Amar, Vadier, Voulland, Jagot, surtout les trois premiers, visiter souvent l'accusateur public, et lui recommander de mettre en jugement tels ou tels qu'ils désignaient. Je ne doute pas que le tribunal n'ait été influencé d'une manière terrible par les susnommés.

Je regarde comme les plus intrépides chefs de file Renaudin Dix-Août, Trinchard, Châtelet, Gérard, Villate et Prieur.

J'ai entendu Châtelet et Prieur dire : Il importe peu que les accusés soient convaincus des faits qu'on leur reproche, si d'ailleurs ils ont été nobles, prêtres, si enfin ils ne sont pas bons républicains, c'est un moyen de s'en débarrasser. J'ai entendu rapporter le propos suivant de Villate : Il est quatre heures, les accusés sont doublement convaincus, ils conspirent contre mon ventre.

Je regarde Harny, Naulin et Maire comme de braves gens, ennemis du sang, très-humains, et jaloux de remplir leurs devoirs : les accusés ont nié.

Cent cinquième témoin. J.-L. Joly, huissier du tribunal criminel du département. Le 8 thermidor, vers les sept heures du soir, Fouquier me dit que le tribunal du département n'était pas au pas ; que lui, Fouquier, mettrait cent accusés en jugement. Le 11 thermidor, Fouquier m'a encore dit, en présence de Perquin :

Le peuple doit être content ; la guillotine marche, elle marchera, et cela ira encore mieux.

Fouquier. C'était plus de cent, car il en a passé cent onze ; mais c'étaient les membres de la commune rebelle. Je nie ces propos.

Cent sixième témoin. J.-G. Gravier, concierge de la commission des administrations civile, police et tribunaux, a confirmé des faits déjà connus, et a déclaré que Hermann lui ordonna de faire sortir onze personnes qui demeuraient dans l'hôtel ci-devant dit de la Chancellerie, et qu'il n'y resta qu'une femme nommée Vialat, qui dénonçait les citoyens, et qui l'a fait incarcérer. Hermann, ajoute le témoin, mettait une grande différence entre les personnes mises proprement et les sans-culottes ; il m'était défendu de laisser entrer les premiers : je conseillais aux hommes de ne se présenter qu'avec des habits malpropres et en guenilles, et aux femmes de s'habiller en cuisinières. J'ai eu ordre de ne pas laisser entrer une lingère habillée en blanc, etc. Voici un extrait textuel de cette consigne, signée Hermann, le 2 floréal :

« L'entrée des bureaux et de la maison ne sera permise qu'aux femmes qui, par leur mise et leur manière d'être, annoncent être de la classe respectable du peuple. »

J'ajoute que Lebas entrait à la maison des administrations civiles presque tous les jours, par le jardin dont il avait la clé : je crois qu'il allait chez Lanne.

Lanne. Il est venu deux ou trois fois chez moi.

Hermann. Je déclare que Lebas ne venait pas chez moi. J'avoue que j'ai donné la consigne de ne laisser entrer à la maison des administrations civiles que des personnes habillées en sans-culottes, et surtout les femmes du peuple. Je voulais éviter la séduction. Je devais de préférence recevoir les sans-culottes qui ne savaient ni lire, ni écrire ; les autres pouvaient m'adresser leurs mémoires.

Cent septième témoin. A.-L.-M.-C. Saint-Pern, veuve Cornuillière. Le 1er thermidor j'ai paru ici en jugement avec mon grand-père, mon père, ma mère, mon frère, mon mari et plusieurs autres accusés. Mon frère, âgé de dix-sept ans, contre lequel il n'y avait aucun acte d'accusation, a été condamné à mort pour mon père, âgé de cinquante-cinq ans, qui, depuis le 9 thermidor, a recouvré sa liberté. Mon mari et nous n'avions pas reçu d'acte d'accusation; mon mari ne voulut pas monter sans l'avoir reçu. On nous en apporta un, dans lequel il était dit que nous avions assassiné le peuple le 10 août.

Ici Ardenne a donné lecture des pièces du procès, d'où il résulte que dans l'acte d'accusation il n'y a que Saint-Pern et sa femme, Bertrand J.-M. Saint-Pern; le fils n'est pas compris dans l'acte d'accusation, ni dans les griefs de l'acte; on lit Saint-Pern et sa femme; on lit aussi par renvoi Cornuilhier, gendre de Saint-Pern, et sa femme, ex-marquis, complices de Magon-Labalue, l'un des assassins du peuple. Le fils n'est pas compris dans les griefs. La déclaration du jury porte : J.-B. Saint-Pern, âgé de dix-sept ans, ex-noble, sans état, né à Rennes.

Ardenne. Les juges et les jurés devaient s'apercevoir que le fils, âgé de dix-sept ans, n'avait pas pour femme sa mère, âgée de quarante-huit ans : le tribunal a condamné le fils pour le père. (Frémissemens d'horreur.)

Le témoin. Mon père n'était pas à Paris le 10 août : il fut prouvé qu'il était incarcéré à Saint-Malo. Mon frère n'y était pas non plus; il montra un certificat de résidence depuis le 1er juillet 1792, de la commune de Meslé, où il demeurait; il produisit également son extrait de baptême, et, lorsqu'il fut arrêté, il n'y avait que trois jours qu'il était à Paris.

Le témoin à Fouquier. Pourquoi Fouquier n'a-t-il pas mis en jugement ceux qui étaient dénommés dans l'acte d'accusation, par exemple Boucher, Custines, Thomas ? Ce dernier n'a pas été mis en jugement. Il est sorti le 9 thermidor, quoique les questions soumises au jury portent qu'il a été condamné à mort.

Un citoyen de l'auditoire s'écrie : Je connais Thomas, je vais le chercher; dans un quart d'heure il sera ici.

Ardenne. La question soumise aux jurés est affirmative, excepté pour la veuve Benoît.

Le témoin. Je déclare que le tribunal qui nous a condamnés à mort refusa la parole à mon mari et à mon frère. Lorsque nous étions dans la chambre des accusés à attendre notre jugement, mon frère, qui ne croyait pas mourir, me promettait de prendre soin de mes enfans. J'ajoute que c'est Chrétien qui m'a arrêtée le 28 germinal ; j'étais grosse de sept mois. Il ne voulut pas me permettre de rester chez moi sous la garde d'un gendarme.

Je déclare que Renaudin, Châtelet et Prieur siégèrent lors de notre jugement ; je me suis rappelée de ces noms, parce que mon mari, allant au supplice, me remit ses cheveux dans le paquet qui contenait la liste des jurés qui nous fut signifiée. (Ici se passe une scène déchirante ; l'auditoire fond en larmes.) J'offre de représenter cette liste ; elle est chez moi.

Un citoyen va la chercher : un instant après Ardenne en donne lecture, et il demeure pour constant que les trois ex-jurés susnommés ont siégé dans cette affaire malheureuse..

Ducret. Lorsque ce jeune homme déclara qu'il n'avait que dix-sept ans, Dumas dit : Citoyens jurés, vous voyez que dans ce moment il conspire, car il a plus de dix-sept ans. On ne lui permit pas de montrer son extrait de baptême.

On a observé à Chrétien qu'il était alors juré du tribunal, et qu'il faisait en même temps des arrestations comme membre du comité révolutionnaire de sa section. Il a répondu qu'il n'avait agi qu'en vertu des ordres des comités de gouvernement, et qu'il ne siégeait pas dans les affaires de ceux qu'il avait arrêtés.

Ardenne. Les juges qui ont siégé le 1ᵉʳ thermidor, sont Harny, Lohier et Dumas.

Fouquier. Je n'ai pas siégé.

Lohier. L'acte d'accusation ne me regarde pas.

Harny. Après le 22 prairial, les juges étaient ici comme des bûches.

Les ex-jurés ont répondu qu'ils n'avaient jugé que des accusés présens.

Debregeas, juge, leur a observé qu'ils avaient cependant condamné à mort Thomas qui était absent.

Fouquier. Je crois que Thomas n'est pas monté au tribunal.

Ardenne. Il est condamné ; et l'huissier ne pouvait-il pas l'envoyer à l'échafaud ?

Cent huitième témoin. D. Huel, gendarme. J'étais assis sur les gradins, à côté du jeune Saint-Pern, le jour qu'il fut condamné à mort. Je l'avais rassuré à cause de son âge ; il me serrait la main ; il demanda au président de lire son extrait de baptême pour prouver qu'il n'avait que dix-sept ans, et que le 10 août il n'était pas à Paris. Le président lui coupa la parole, en disant qu'il n'avait pas besoin de ses certificats. Je vis, par le propos du président et par un geste expressif d'un juré en cheveux ronds, que ce malheureux jeune homme était perdu. Je retirais ma main ; il me dit : Je suis innocent, je ne crains rien ; mais ta main n'est pas ferme. Dumas le fit changer de place.

Cent neuvième témoin. L.-P. Dufourni, âgé de cinquante-cinq ans, architecte, actuellement sans fonctions. Lors de l'affaire de Danton, j'étais libre, je fis des déclarations ; aujourd'hui que je suis détenu, je ne crois pas devoir en faire.

Le président. Je vous invite à déclarer ce que vous savez.

Le témoin. Je n'ai aucune connaissance des faits portés en l'acte d'accusation.

Fouquier a reçu une lettre de Ronsin, alors détenu, par laquelle il lui demandait de n'être pas confronté avec Biron, alors en jugement. Ronsin avouait qu'il y avait dans les papiers de Biron des lettres qui pouvaient le perdre. Ronsin n'a point été appelé lors du jugement de Biron. Fouquier a reconnu l'existence de cette lettre : je lui ai remis à l'audience, et en exécution de l'ordonnance du tribunal, la note indicative de ce fait que j'ai paraphée, ainsi que treize autres. J'ignore où elles sont.

Dans l'affaire de Danton, Camille Desmoulins, etc., affaire ridiculement et méchamment accrochée à celle de Fabre d'Églantines, Chabot et autres, et plus encore à celle de l'infortuné Lulhier, je fus assigné pour déclarer sur d'Églantines : je fus écarté. On ne voulait dans cette affaire que des témoins à mort. Ce fut en vain que Lulhier me demanda pour défenseur officieux : il ne lui en fut point accordé. Ce fut en vain que je demandai à être entendu dans sa cause comme témoin. Ce fut inutilement que j'en écrivis à Fouquier et au président : je fus retenu, pendant les trois jours des débats, dans la salle des témoins.

J'étais informé que, dans la colonne des jurés de Danton, sept à huit allaient tous les jours chez Robespierre, et que quatre à cinq hésitaient entre le crime atroce d'assassiner l'innocent, et le danger honorable d'être eux-mêmes assassinés.

Je vis Dumas circuire et obséder juges et jurés, jusque dans le tribunal. J'observai tout ce qui se passa autour de moi dans la salle des témoins : là je vis Nicolas et Arthur exercer leur calomnie contre Danton, Desmoulins et Phelippeaux, tantôt avec ménagement, comme Arthur vis-à-vis de moi, pour écarter les témoins qui manifesteraient d'autres opinions que la leur ; tantôt, avec adresse, pour diriger les témoins susceptibles d'influence; tantôt avec l'animosité des méchans contre les innocens.

J'ai vu plusieurs membres du comité de sûreté générale, non-seulement scandaliser par leur présence, mais assiéger le tribunal ; j'y ai vu entre autres David, Amar, Voulland et Vadier ; ils entraient, ils sortaient, ils s'agitaient, ils communiquaient avec Fouquier dans les couloirs, ils correspondaient avec la Convention, et c'est à cette époque qu'elle fut trompée, et que le décret de la mise hors des débats fut porté le 15.

C'était alors qu'on organisait un fantôme de conspiration au Luxembourg, pour en rendre Danton le complice et l'objet, et pour perdre jusqu'à la femme de Desmoulins; c'est alors que David me dit avec frénésie : Eh bien ! nous les tenons enfin ces scélérats Danton, Camille et Phelippeaux, ils n'échapperont pas cette fois. On vient de découvrir une conspiration au Luxembourg pour dégager Danton et assassiner les membres du comité de salut public. David pouvait être trompé ; je lui répondis : Il se peut qu'il y ait des conspirations dans les prisons, mais y a-t-il des preuves que Danton qui est ici depuis trois jours y ait coopéré? Ce n'est pas pour cet objet qu'il est arrêté ; et a-t-on des preuves sur les délits précédemment imputés à Danton? David me quitta brusquement, et il était surpris de ce que je demandais des preuves.

Amar écrivait, dressait des actes en public, assisté par Voulland, dans la salle des témoins. Ils étaient troublés; ils me saluèrent; je les fixai. Vadier m'aborda et me dit aussi : Nous les tenons, ces coquins, ils ne s'en tireront pas; je lui dis : Y a-t-il des preuves contre Danton? il s'écria avec emportement et me quitta; et l'on sait que le soir, aux Jacobins, Couthon, Robespierre, Vadier, etc., coalisés avec Arthur et autres conjurés, m'ayant attendu, Vadier me dénonça comme lui ayant paru douter qu'il y eût des preuves contre Danton; que Vadier posa le principe atroce que l'on ne pouvait pas avoir de doute, lorsque les comités et la Convention accusaient; que les preuves étaient dans le rapport de Saint-Just. On sait que Robespierre développa aussi cette doctrine tyrannique, et que je fus arrêté la nuit suivante.

Fouquier. J'ignore si Nicolas et Arthur ont cherché à influencer les témoins; les messages d'Amar me sont étrangers. Dans la lettre que Ronsin m'écrivit lors de l'affaire de *Biron*, il s'agissait de savoir si Ronsin serait entendu comme témoin. Biron ne le demanda pas, il ne fut pas entendu. J'ai joint sa lettre au procès : c'était Fleuriot Lescot qui siégeait alors.

J'ai déjà dit que, dans l'affaire de Danton, Amar et Voulland me remirent, dans le corridor, le décret du 15 germinal. Je n'ai pas vu Vadier.

Dufourni a parlé en faveur de Maire et de Laporte; il a dit qu'ils étaient patriotes sans reproche.

Cent-dixième témoin. P. Dusser, commissaire de police de la section du Temple. Le 9 messidor j'étais à l'audience où le maréchal de Mouchi et sa femme furent mis en jugement; Fouquier et Naulin siégeaient. Le maréchal fut interrogé, mais sa femme ne le fut pas. On en fit l'observation au président. Fouquier dit : L'affaire est la même; cela est inutile : elle fut condamnée sans avoir été entendue.

Fouquier. Je n'ai jamais refusé la parole à aucun des accusés.

Naulin. J'ai fait toutes les interrogations et questions qui résultèrent de l'acte d'accusation.

Le témoin a rendu justice au patriotisme de Ganney et de Beausire.

Cent onzième témoin. P. Thomas, né à Soissons, marchand de toile. Le 30 messidor je fus traduit à la Conciergerie avec Magon de la Balue : je conduisais ce respectable vieillard : il fut ravi de revoir sa famille, et d'embrasser ses enfans. Il leur disait : Nous périrons, mais nous mourrons du moins innocens. Je reçus mon acte d'accusation à neuf heures du soir : il portait que j'avais fait évader un prisonnier à Port-Malo, et je n'y avais jamais été. Je ne fus pas conduit au tribunal ; mais j'ai été mis dans les journaux comme guillotiné. Il y avait deux Thomas : un à Saint-Lazare, qui était du département de l'Aube, et qui, je crois, a été acquitté, et moi. En rentrant au Luxembourg, je me plaignis à Guyard de cette méprise, il me dit : Vas-t'en, je te ferai guillotiner.

J'observe que le jeune Saint-Pern était accusé de s'être trouvé au château des Tuileries, le 10 août, et d'être un chevalier du poignard, et il était prouvé que ce malheureux enfant, était à ces deux époques, dans le pays chartrain. Il jouissait du calme de l'innocence : il s'endormit le soir, et ne se réveilla le lendemain qu'à sept heures du matin.

Fouquier. On m'apporta des pièces qui prouvaient que Thomas n'était pas celui qu'on cherchait : je le fis reconduire au Luxembourg.

Guyard. Je nie le propos qui m'est attribué par le témoin.

Audience du soir.

Cent douzième témoin. Didier Jourdeuil, greffier en chef du tribunal du troisième arrondissement, juré au tribunal révolutionnaire depuis le mois de mars 1793, jusqu'au 22 prairial, ex-adjoint du ministre de la guerre. Le 27 floréal Fréteau fut mis en jugement la première fois : il manquait deux ou trois jurés. Je siégeai par ordre dans cette affaire : Fréteau était accusé d'avoir occasionné à Veau-le-Ménil un rassemblement qui avait produit du trouble. Cinq ou six témoins firent l'éloge du civisme et du patriotisme de Fréteau. Les jurés qui siégèrent alors étaient Châtelet, et, je crois, Ganney, Trey et Auvray. Il y eut de violens débats dans la chambre du conseil, à cet égard : quelques-uns des jurés prétendirent que Fréteau était un conspirateur, un contre-révolutionnaire ; que pendant l'assemblée constituante il n'avait jamais été de l'avis de Robespierre. On envoya chercher le *Moniteur*, où nous reconnûmes que Fréteau s'était bien conduit lors de l'acceptation de la constitution. Gérard, actuellement accusé, me dit que j'étais bien difficile à persuader : Tu ne sais donc pas, m'ajouta-t-il, que Fréteau a 60,000 livres de rente ? Gérard faisait plus de bruit que tous les jurés. Didier, autre juré, poussa l'indécence jusqu'au point de me menacer du courroux de Robespierre, en me disant : Robespierre va te faire un beau train, lorsqu'il saura que tu as acquitté Fréteau. Peu m'importe, dis-je. Didier me répliqua : Eh bien! nous verrons.

Je fus dénoncé, arrêté le lendemain à dix heures du matin, et mis au secret pendant trois mois. Mon mandat d'arrêt était signé de Robespierre et de Barrère. Je fus mis en liberté au 9 thermidor.

En sortant de prison, j'ai vu dans les ouvrages de Villate les motifs de mon arrestation.

Je me rappelle que Châtelet parla aussi avec beaucoup de chaleur contre Fréteau : il mettait au bout des noms de ceux qu'il voulait condamner une F. ; ce qui, je crois, signifiait foutu.

J'ai connaissance que Renaudin était bien reçu chez Robespierre : il est entré plusieurs fois aux Jacobins avec Robespierre, et il allait au bois de Boulogne avec lui. Lohier, Brochet, Pigeot, se sont bien conduits, ainsi que Chrétien : on disait que Ganney était un imbécile.

Gérard. Je ne connaissais Fréteau qu'indirectement ; je ne pouvais donc pas dire qu'il avait 60,000 livres de rente.

Châtelet. J'ignore ce que veut dire le témoin, car j'ai voté comme lui dans cette affaire. J'ai peut-être fait sur ma liste un trait de plume qui ressemblait à un f.

Renaudin. Par occasion, en revenant du bois de Boulogne, je trouvai Robespierre aux Champs-Elysées; je l'ai accompagné deux ou trois fois jusqu'aux Jacobins.

Le témoin. Je dois déclarer que Naulin, qui faisait les fonctions de substitut, se comporta bien dans l'affaire de Fréteau, ainsi que Brochet et Benoît Trey.

Cent treizième témoin. C.-N. *Laplace*, secrétaire au parquet du tribunal criminel du département de Paris. Avant le 22 du mois de prairial dernier, j'entrai dans le cabinet de Fouquier : il était fort en colère; il disait à un citoyen que je crus être attaché au tribunal : Vous ne savez ce que vous faites; vous ne voyez donc pas où j'en veux venir : je veux qu'on se passe de témoins; et sept à huit jours après mon ami m'apporta le journal du soir où était la loi du 22 prairial.

Fouquier. C'est en syncopant une phrase qu'on envenime tout. Je nie ce propos.

Cent quatorzième témoin. Claude-Emmanuel *Dobsen*, ex-président, à différentes époques, du tribunal révolutionnaire, a dit : Avant le 22 prairial, Dumas cabalait pour se faire nommer accusateur public. Fouquier s'était toujours bien conduit, comme il l'avait fait au tribunal du 17 août.

Je prévins Tinville des menées de Dumas : huit jours après, Dumas fut nommé président; et à peu près à la même époque Hermann fut nommé ministre de l'intérieur. Dès cet instant il y eut une relation intime entre Fouquier, Dumas et Coffinhal. Je me plaignis à Dumas de la sévérité de ses résumés.

Depuis le 22 prairial jusqu'au 22 thermidor, n'étant plus attaché au tribunal révolutionnaire, il m'arrivait quelquefois de passer au palais, et d'entrer à cette audience, où j'ai vu que les débats se bornaient à demander aux accusés leurs nom, âge, domicile, et ce qu'ils faisaient avant et depuis la révolution : c'étaient là tous les débats. J'ai vu plusieurs fois dans les cours du Palais-de-Justice, avant l'audience, les charrettes préparées pour conduire les condamnés au supplice.

Lors des protestations des membres qui composaient la chambre des vacations du parlement de Paris, Sallier, conseiller à la seconde chambre des enquêtes de ce même parlement, écrivit une lettre en forme d'adhésion à ces protestations. Par arrêté du comité de salut public, tous les signataires de ces protestations furent arrêtés, excepté Sallier fils.

A l'époque de l'instruction de ce procès, un huissier, la liste mortuaire à la main, appela dans les prisons Sallier et autres. Sallier père s'y trouva et répondit à l'appel. Sallier fils depuis deux ans était absent. On opposa à Sallier père la lettre de Sallier fils, dont je viens de parler. Il affirma qu'elle n'était pas de lui, mais de son fils; n'importe, il fut mis impitoyablement en jugement. L'arrêté du comité de salut public, en vertu duquel les signataires de ces protestations étaient traduits au tribunal révolutionnaire, ne portait que contre les membres du parlement qui avaient protesté contre les décrets. Sallier père, qui était président à la cour des aides, ne pouvait avoir signé ces protestations, puisqu'il n'était pas membre du parlement de Paris. En vain ce respectable vieillard dit que la lettre qui lui était représentée n'était pas de lui, mais de son fils; en vain il observa que les prénoms de son fils étaient différens des siens; en vain argua-t-il qu'il ne pouvait avoir écrit cette lettre, qu'il était étranger au parlement; vainement demanda-t-il la confrontation de cette lettre; inutilement demanda-t-il à prouver qu'elle n'était pas de lui : malgré toutes ces réclamations qui eussent dû le faire retirer des débats ou plutôt empêcher qu'il ne fût mis en jugement, puisque déjà dans ses interrogatoires il avait donné tous ces renseignemens et toutes ces explications, il fut condamné à mort et traîné au supplice.

Ardenne. Ce matin, nous avons eu la douleur de voir que le fils avait été condamné par le tribunal, pour le père ; ce soir, nous voyons que c'est le père qui a été condamné pour le fils.

Fouquier. J'observe aux citoyens jurés que Dobsen a signé

l'acte d'accusation dressé contre moi, et que par cette raison je me dispenserai de lui faire adresser aucune interpellation.

Dobsen. Lorsqu'un accusateur public présente aux juges un acte d'accusation pour être ordonnancé, ils sont obligés de le décréter.

Je vais parler de Molé-de-Champlatreux, président au ci-devant parlement de Paris. Il n'avait pas signé les protestations dont j'ai parlé : il n'était pas compris dans l'arrêté du comité de salut public; mais on prétendit que le nom de Molé était sur l'enveloppe du paquet qui contenait ces protestations.

Molé fut réclamé par tous les bons citoyens de sa section : Molé fut mis en jugement, je crois, le 18 messidor, et Molé fut condamné à mort et exécuté. (Nouveaux frémissemens d'horreur.)

Je rends justice à Naulin. Scellier jusqu'au 22 prairial s'était bien conduit, mais il a dit depuis à Devaux et à Duquesne que j'étais un modéré en révolution, et que je ne tarderais pas à être guillotiné.

Scellier. Je ne nie pas ce propos, mais je demande que ces deux hommes soient entendus.

Dobsen. Harny est un homme estimable, Maire est un homme juste.

Deliége depuis le 22 thermidor a présidé une audience du soir dans un état hors de raison. Les jurés qui siégeaient dans cette affaire s'en sont plaints à moi, et m'ont dit qu'ils avaient eu besoin de l'entraver dans la marche déraisonnable qu'il tenait : je lui en fis des reproches.

Je déclare que je n'ai jamais donné de signatures en blanc.

Ici Ardenne a fait lecture des pièces du procès de Sallier. Dans un interrogatoire subi le 29 germinal, on lit : Henry-Guy Sallier, né à Roche-Ambrieux, président de la cour des Aides, rue du Grand-Chantier, interrogé... a répondu qu'il n'a pas adhéré aux protestations du parlement; qu'il ne connaît pas cette lettre d'adhésion; qu'elle est de son fils, etc.

Elle est datée de Roche-Ambrieux, en 1790.

Dans l'arrêté du comité de salut public, sont compris le Pelletier-de-Rosambo, Sallier, etc.; dans l'acte d'accusation, dans le jugement, dans les questions, se trouve Henry-Guy Sallier, âgé de soixante ans, né à Roche-Ambrieux, ex-noble, ci-devant président de la cour des Aides.

Ce jugement est du 1er floréal, signé Coffinhal, Maire et Deliége. Liendon était substitut. Les jurés qui ont siégé dans cette affaire sont Didier, Auvray, Laporte, Brochet, Trinchard, Prieur.

Fouquier. J'invite les citoyens jurés à se rappeler que le nom de Sallier est compris dans l'arrêté de traduction.

Ardenne. Oui, mais ceux qui y sont compris y sont dénommés et qualifiés présidens ou conseillers du parlement de Paris.

Comment, d'après cet arrêté, Fouquier a-t-il pu mettre en jugement un président de la cour des Aides, comme prévenu de protestations faites en 1790, par des membres du parlement de Paris?

Fouquier. Je n'étais pas juge de la validité de l'acte d'accusation : je ne réponds pas des jugemens. C'était aux débats que le fait devait être vérifié, et que Sallier devait prouver qu'il n'était pas l'auteur de cette lettre.

Ardenne a ensuite lu la lettre de Guy-Marie Sallier fils, et il a observé à Fouquier qu'il a commis un faux, en traduisant un président de la cour des Aides, pour un membre du parlement.

Fouquier a encore répondu qu'on le rendait responsable des débats; qu'on aurait plus tôt fait de le juger; qu'il n'avait plus rien à dire, et qu'il était prêt.

Deliége et Maire ont dit que le jugement était en règle, et qu'ils ne se rappelaient pas si Sallier avait fait des réclamations contre cette lettre.

Trinchard, Prieur, Brochet, ont allégué qu'ils ignoraient ce qui avait pu déterminer leur conviction, attendu qu'il y a quinze mois qu'ils ont prononcé sur cette affaire.

Debregeas, juge. Il fallait d'abord que les jurés se convainquissent de l'identité de la personne, pour former leur conviction : il fallait avoir constaté l'identité de l'individu, pour être convaincu du fait qui lui était imputé.

Trinchard. Un juré révolutionnaire n'est pas un juré ordinaire. Les jurés d'alors n'étaient pas des hommes de loi : c'était de bons sans-culottes, c'étaient des hommes purs, des hommes de la nature. (Violens murmures.)

Debregeas. Si Trinchard était jugé pour être un juré révolutionnaire, et qu'il ne le fût pas, que dirait-il?

Trinchard. Si je suis coupable, les jurés prononceront, et ils prononceront bien.

Fouquier. Je rappelle aux citoyens jurés que, dans l'acte d'accusation dressé contre Molé-de-Champlatreux et dans les questions, il s'agit de correspondances et intelligences avec les ennemis.

Ardenne. Ces mots sont ajoutés dans l'acte d'accusation par une autre main, et ils sont écrits avec une autre encre.

Cent quinzième témoin. P.-N. Vergne, ex-greffier du tribunal de paix de la section Lepelletier, a déclaré que Chrétien était un bon patriote, qu'il n'avait aucun reproche à lui faire.

Chrétien a observé que ce n'est pas lui, Chrétien, qui avait fait guillotiner les grenadiers des Filles-Saint-Thomas, puisque dans ce temps-là il était au Havre-de-Grace.

Cent seizième témoin. Charles-Julien de Carentan, professeur de l'Université de Paris, ex-secrétaire-général de l'ancien comité de sûreté générale, prisonnier depuis dix-sept mois. J'ai vu arriver Renaudin à la Conciergerie. Après la mort de Robespierre il était très-abattu. On voulut le maltraiter, je m'y opposai. Le lendemain il nous dit : Comment peut-on me savoir mauvais gré d'avoir été juré? Je n'étais que la hache et l'instrument dont on se servait; je crois qu'on ne peut faire le procès à une hache. Je lui observai qu'une hache était un instrument absolument passif, mais que l'homme avait une volonté; il me répondit qu'il avait été forcé d'accepter la place de juré, et que, s'il n'avait pas été docile à ce qu'on exigeait de lui, il aurait été arrêté comme suspect et ensuite guillotiné. Je lui répliquai que cette excuse était de nature à ce que s'en contenterait qui voudrait.

On apportait à neuf heures du soir les actes d'accusation aux prévenus, et on disait que c'étaient des billets d'enterrement.

Je sais que Fouquier, avant le mois de pluviose, venait au comité de salut public demander des pièces, et je lui ai entendu dire qu'il ne traduisait pas en jugement sans pièces. Il y eut un différent entre Barrère et moi au sujet des pièces de Custine; Fouquier ne les eut que le lendemain.

Fouquier. Les Jacobins, les Cordeliers et tous ceux qui étaient dans les salles des comités me disaient : Mets donc Custine en jugement ; je leur répondis que je ne le pouvais sans pièces.

Renaudin. J'ai dit que nous étions les machines, les instrumens de la loi, et que les jurés étaient obligés de prononcer.

Le témoin. Je dois déclarer que, lorsque Renaudin me tint ce propos, il était troublé.

Villate. Je prie le témoin de s'expliquer sur un propos dont Senard m'a gratifié.

Le témoin. J'ai entendu dire à Aubry que Villate lui avait tenu le propos suivant : Dans les temps de révolution tous ceux qui sont traduits au tribunal doivent être condamnés.

Cent dix-septième témoin. André Contat, ci-devant employé au tribunal, actuellement écrivain public. Il est arrivé qu'on a descendu pour être mis à exécution un acte d'accusation qui n'était pas ordonnancé : les huissiers l'ont rejeté. Le 9 thermidor, à trois heures et demie, nous informâmes Fouquier des mouvemens qu'il y avait dans Paris, en lui représentant qu'il était prudent de retarder l'exécution des condamnés à mort. Fouquier dit à l'exécuteur : Va ton train ; il faut que la justice ait son cours.

J'ai aussi vu un acte d'accusation où il y avait une feuille de blanc.

Fouquier. Je n'ai pas porté cet acte d'accusation au bureau des huissiers. L'acte en blanc dont parle le témoin était peut-être une copie. Je m'en réfère pour le reste à mes précédentes réponses.

Cent dix-huitième témoin. Rodolphe Joanni, ingénieur employé au dépôt général de la guerre, interpellé de déclarer s'il avait connaissance que Fouquier soit allé dîner avec des jurés à Choisy, a répondu qu'il l'avait entendu dire.

Fouquier a affirmé qu'il n'avait jamais été à Choisy.

Cent dix-neuvième témoin. Pierre-Urbain Desgaigniers, rentier, ex-huissier du tribunal révolutionnaire.

Cent vingtième témoin. Pierre-Urbain Desgaigniers, ex-huissier du tribunal révolutionnaire, actuellement rentier. Fouquier nous a souvent envoyé chercher, pendant l'audience, des prisonniers pour être mis à l'instant en jugement. J'ai vu fort souvent Villate, lorsqu'il siégeait dans une affaire, ne pas monter avec ses collègues à la chambre des délibérations, mais courir dans les différentes salles du tribunal, en attendant que les autres jurés rentrassent à l'audience, pour y faire leur délibération.

Le 9 thermidor, à dix heures et demie, Fouquier était à la buvette : il alla au comité de salut public à minuit : je l'accompagnai jusqu'au Carrousel.

Gaillard, défenseur officieux. Je demande au témoin si, lorsqu'il portait aux accusés leur acte d'accusation, il ne leur disait pas : *Voilà le Journal du soir ?*

Le témoin. Non, je n'ai porté des actes d'accusation aux accusés qu'au commencement de l'établissement du tribunal.

Fouquier. C'était par réquisitoires verbaux que le témoin allait chercher des détenus.

Villate. Je montais toujours à la chambre des jurés, mais il a pu arriver que quelquefois je sois sorti avant mes collègues.

Cent vingt et unième témoin. J.-B. Moudou, cocher des commissaires des administrations civiles, police et tribunaux. Interpellé par le président, s'il a connaissance du fait relatif au cabriolet de Perdrix, a dit qu'un jour Lanne lui avait demandé à qui appartenait ce cabriolet, qu'il voulait s'en servir pour faire des visites dans les prisons; que lui déclarant répondit qu'il l'ignorait; que Gravier lui observa qu'il appartenait à Perdrix, et que Lanne dit en plaisantant : Il appartient peut-être à quelqu'un qui n'a pas de tête, je vais m'en servir en attendant. Je mis un cheval à ce cabriolet, a ajouté le témoin, et je conduisis Lanne.

Cent vingt-deuxième témoin. J.-B. Martin, ex-domestique du ci-devant duc de Brancas Serest. J'ai été arrêté par Dupaumier et conduit à Picpus, où au milieu de l'hiver il m'a fait déshabiller tout nu, et m'a enlevé tout ce qui était à sa convenance, surtout trois pièces d'or d'Espagne, et trois petites pièces d'argent. Au bout de huit mois de captivité, en sortant, j'ai demandé mes effets : ils n'avaient pas été déposés à la mairie, et ils ne m'ont pas été remis.

Dupaumier. J'ai remis ces pièces dans un tiroir, à la police : elles se sont trouvées égarées. Je n'en tirai pas de reçu, parce que, entre nous autres administrateurs, ce n'était pas l'usage.

Le témoin. Le procès-verbal de mon arrestation a disparu avec mes pièces d'or et d'argent, et j'ai des témoins que, six semaines après qu'elles me furent enlevées, Dupaumier les avait encore dans ses poches, donc il n'en avait pas fait le dépôt.

Grandpré. Par un arrêté du comité de salut public du 27 floréal, on a dépouillé de leurs effets tous les détenus : on en a enlevé au Luxembourg pour plus de 900,000 livres : pour environ 1,200,000 livres à Saint-Lazare, etc.; mais tout était remis à la police, qui donnait des récépissés.

Un des témoins. Lorsque la commission volante vint dépouiller les prisonniers à Saint-Lazare, on fit des paquets de ce qui appartenait à chaque détenu ; mais heureusement que le 9 thermidor arriva ; tout a été rendu.

Audience du 2 floréal, au matin.

Cent vingt-troisième témoin. J.-A. Goureau, déjà entendu, a déclaré que sa femme étant un jour au cabinet de l'accusateur public, quatre jurés y entrèrent et dirent à Fouquier qu'ils venaient de juger à mort un grand nombre d'individus ; que Fouquier leur demanda ce qu'ils avaient fait : Ma foi nous n'en savons rien, répondirent-ils ; mais si tu es curieux de le savoir, tu peux courir après eux, car les charrettes les emmènent.

Ma femme, a ajouté le témoin, sollicitait Fouquier : elle était désolée. Fouquier lui dit : Tu peux te consoler ; ton mari sera guillotiné, ton père déporté ; tu peux faire des républicains avec qui tu voudras.

Fouquier. Ces propos sont extravagans : je les nie formellement.

Cent vingt-troisième témoin. Pierre-Antoine Antonelle, ex-maire d'Arles. J'ai été juré au tribunal révolutionnaire jusqu'au mois de ventose : à cette époque il me paraît qu'on donnait, pendant les débats, le temps de former les convictions. J'ai été enfermé au Luxembourg, je n'y ai vu aucune liste. Je ne fréquentais pas ceux qui les faisaient ; je n'ai connaissance de ce qui s'y passait que par la voix publique.

Le témoin interpellé a dit : Naulin mettait beaucoup de scrupule et de raison dans l'exercice de ses fonctions ; j'ai toujours eu bonne opinion de ses principes et de son cœur. Je n'ai jamais vu Fouquier influencer les jurés ; il ne venait jamais à la chambre des jurés. Deliége m'a paru patriote ; il avait peut-être une impétuosité et un zèle de tempérament. Maire m'a paru bon, probe, et pur ; Scellier jouissait de l'estime de ceux qui le connaissaient ; Chrétien était bon, excellent patriote, courageux et franc ; Trinchard était très-bon républicain et très-dévoué à la chose publique ; j'ai connu Brochet sous de bons rapports ; parmi les jurés il y en avait quelques-uns qui avaient des manières impérieuses ; et qui s'étonnaient de ce qu'on ne votait pas aussitôt comme eux ; mais Brochet n'est pas de ce nombre. J'ai peu connu Dix-Août. Prieur était très-bon. Trey était un brave homme : je ne puis rien dire sur la sensibilité humaine de Gérard ; mais je n'ai jamais cru les jurés capables de corruption. Loyer jouissait aussi d'une bonne réputation ; Ganney était fort sensible ; Benoît en allant aux Carmes paraissait croire qu'il allait au tribunal : je lui donnai un verre d'eau-de-vie.

Cent vingt-quatrième témoin. Antoine Bayeux, musicien. J'ai appris que Boyenval avait dit à la veuve Gout, qui demeure au bureau des voitures, rue de Vaugirard : J'ai fait guillotiner ton mari ; si tu ne m'accordes pas tes faveurs je te ferai aussi guillotiner.

Derugi, témoin déjà entendu. Je déclare avoir entendu dire que ce propos avait été tenu par Boyenval.

Bayeux a rapporté les mauvais traitemens qu'il avait essuyés au Luxembourg, de la part de Verney et de Guyard ; et Bayeux est le vieillard dont Réal a parlé dans sa déposition contre Guyard.

Jean-Baptiste-Samson Gomel, employé. Je déclare qu'ayant été arrêté pendant près de onze mois je n'ai pu avoir une connaissance bien intime des faits contenus aux actes d'accusation, je dois seulement, pour rendre hommage à la vérité, la déclaration d'un fait matériel.

Peu de jours après l'assassinat des ci-devant fermiers-généraux, je sortais du réfectoire avec le citoyen Douet, ex-fermier-général, mon compagnon d'infortune, lorsqu'il me témoigna l'étonnement de n'avoir point suivi au supplice ses malheureux collègues. Je cherchai à le distraire de ces idées en lui démontrant que sa cause n'était pas la même, mais les faits qui se passaient sous ses yeux détruisaient facilement tout ce que je pouvais lui dire. Je me séparai de lui, et peu d'instans après un gendarme vint le chercher. Son âge m'inspirait trop de respect pour ne pas avoir l'ame froissée par la douleur : j'évitai le dernier adieu. Aussitôt son départ je fus au greffe ; j'y trouvai le citoyen Blanchard, notre concierge à Picpus, fondant en larmes, en me disant qu'il allait donner sa démission ; qu'il n'était pas fait pour occuper une pareille place, que cela le rendait malade. Effectivement on n'est jamais venu chercher un détenu pour le traîner au tribunal révolutionnaire qu'il n'ait eu la fièvre pendant quatre jours. Je me plais à rendre ce témoignage public à son cœur et à ses vertus, d'autant plus qu'à cette époque les maisons d'arrêt étaient administrées et régies par des hommes dont une partie a été déjà frappée du glaive de la loi, et l'autre vouée à l'ignominie et à l'opprobre ; et j'observe de plus qu'à cette époque il fut, avec quelques autres concierges des maisons d'arrêt, incarcéré à la Force.

Entré dans le greffe, j'examinai l'ordre de translation du

malheureux Douet; j'y vis avec horreur cette note marginale écrite, à ce qu'il m'a paru, de la main de Fouquier : « Fais apporter les effets, parce qu'ils ne retourneront plus. » J'observe que le pluriel est employé, parce que l'ordre portait les noms de Douet et Mercier, tous deux ex-fermiers-généraux, et presque octogénaires. Je frissonnai d'horreur, ainsi que le concierge Blanchard, à la vue d'un ordre aussi féroce. Je rentrai dans une chambre, disant à plusieurs de mes camarades que nous étions tous perdus et que nous y passerions tous, parce que l'on ne jugeait plus, et je leur fis voir l'ordre original.

Parmi les accusés, j'aperçois Dupaumier, ex-administrateur de police : je dois dire au tribunal ce que j'ai vu et éprouvé de son administration. Il n'est pas de vexations et de tourmens que cet accusé n'ait fait éprouver aux détenus : quelquefois il s'est présenté dans un état d'ivresse, et notamment un jour accompagné de Benoît, ex-administrateur de police. Tous les détenus se disaient, à cette époque, et le répétaient même au concierge : Ils auront beau faire, ils n'auront jamais ici le prétexte d'une conspiration.

Cambon, *substitut*, a interpellé Fouquier sur ce fait. Fouquier a dit qu'il ne savait ce que voulait dire le témoin, et qu'il s'en référait à la défense qu'il opposera lorsqu'on lui représentera la pièce.

Le témoin a interpellé le citoyen Grandpré, chef de bureau de la compagnie administrative de police, présent à l'audience, de représenter la pièce qui justifie sa déclaration, et qui doit être déposée dans ses bureaux, attendu la suppression de la maison d'arrêt de Picpus.

Le citoyen Grandpré, après avoir satisfait à la demande du témoin, a remis sous les yeux du substitut la pièce justificative de cette déclaration.

Cambon a interpellé Fouquier de répondre, et de donner les motifs qui ont pu le déterminer à mettre une pareille note.

Fouquier a répondu : J'ai donné cet ordre, parce que, les accusés traduits au tribunal révolutionnaire n'ayant que les lits fort mauvais de la maison, je voulais venir au secours de l'humanité souffrante.

Le témoin a observé que cet ordre est le seul sur lequel on rencontre une note de cette nature, et il a terminé sa déclaration en annonçant au tribunal que Douet avait le malheur d'avoir environ 400,000 livres de rente, et beaucoup d'argent comptant; et a observé de plus que, contre tout usage, le gendarme est entré dans l'intérieur de la maison jusque dans la chambre de Douet, sur lequel l'on trouva environ 200,000 livres en assignats, et 500,000 livres en effets au porteur sur l'étranger, et que l'on trouva cousus dans la ceinture de sa culotte. J'ajoute, a dit le témoin, que plusieurs fois Dupaumier est venu ivre à Picpus, et qu'il maltraitait les détenus.

Cent vingt-sixième témoin. A. Bridel, négociant, a confirmé l'état d'ivresse de Dupaumier lorsqu'il allait à Picpus, et les cruautés qu'il exerçait envers les détenus, notamment envers le citoyen Lachapelle, concierge de la maison d'arrêt de la Folie-Renaud, qui manquait de tout, et qui mourut à Picpus, le soixante et onzième jour de sa maladie.

Cent vingt-septième témoin. J.-A. Hedouin, né à Reims, en 1739, *lieutenant-vétéran.* Je parle contre Fouquier-Tinville, en sa qualité d'accusateur public.

Le 27 janvier (vieux style), la Convention me renvoya au pouvoir exécutif, pour faire droit à la loi du 12 septembre 1791, qui me fait L. C. Pasche s'y refusa; et la loi du 14 frimaire, sur le gouvernement révolutionnaire, commettait L'a-P. pour faire obéir le P.-ex. aux ordres de la Convention. Je remis cet ordre, tiré des archives de la Convention, à Fouquier, en réclamant l'exécution de la loi qui lui était confiée : il l'éluda, voilà son délit. Il fut muet à toutes mes lettres; et le représentant du peuple, Armonville, a avoué qu'il lui fit part de ma détention à Reims, et qu'il l'approuva. Cet aveu précieux date de prairial, an II, et mon arrestation n'était fondée que sur une lettre, ou controuvée, ou prise chez un accusé sur qui Fouquier-Tinville avait la hautemain, et sur laquelle Armonville engage sa responsabilité.

Par le procès-verbal de mon arrestation, du 27 germinal, j'étais dénoncé au tribunal révolutionnaire, et alors, dénoncé, traduit et condamné sans être entendu, était la même chose. J'arrive à la belle action.

J'étais, contre les lois même révolutionnaires, confondu avec les repris de justice, en la prison de la Belle-Tour, lorsque les *Carriers* des Ardennes y envoyèrent en dépôt treize membres innocens du département, qui furent tous transférés sur les mêmes charrettes à Paris. Le seul Drion, notaire à Autry, fut écarté du jugement, et, sans être acquitté (parce qu'il n'y avait pas matière), il revint miraculeusement au pays, et voici comment. Le jour de la translation, son frère, ex-procureur (et si honnête homme qu'il est notable par l'épuration de la municipalité de Reims, par Albert), prit la poste, et agit si puissamment et utilement auprès de Fouquier, que son frère aîné ne parut pas sur la fatale banquette, et fut exempt de la charrette qui conduisit les douze plus vertueux patriotes des Ardennes à la guillotine, en laissant inconsolables plus de six veuves, et vingt orphelins privés de leurs pères.

Fouquier. Ce n'était pas à moi à faire exécuter les lois. Je n'ai jamais vu Armonville : je n'en ai même jamais entendu parler, excepté depuis que son bonnet rouge a fait du bruit. Je n'ai pas fait arrêter le témoin. Quant à ce qui regarde Drillon, il faut l'entendre.

Cent vingt-huitième témoin. J. Barel, cordonnier. Venance Dougados, capucin, poète, fut traduit à la Conciergerie : il me chargea de présenter à Fouquier un manuscrit qui contenait son voyage de Perpignan à Paris, et de lui demander la permission de le faire imprimer.

Fouquier, après l'avoir ouvert, me dit : Si tu le fais imprimer, je te ferai guillotiner. Il était sept heures du matin, et Fouquier était déjà ivre. Il y a huit jours que j'ai livré cet ouvrage à l'impression.

Fouquier. Je n'ai jamais été ivre. (On rit.) Je nie ce propos.

Cent vingt-neuvième témoin. F.-S. Loizerolles, âgé de vingt-deux ans, a dit :

Citoyens, vous avez tous appris avec douleur les affreuses journées des 5, 6 et 7 thermidor, où l'on vint chercher à la maison de Saint-Lazare tant de malheureuses victimes pour les traîner à l'échafaud. Vous connaissez ce système de conspirations imaginaires, inventé par de véritables conspirateurs. Eh bien! ce fut le 7 thermidor, jour où la terreur et la mort planaient encore sur la France, que mon père a cessé de vivre pour moi, malgré qu'il n'ait péri que le lendemain. Je vais vous donner des éclaircissemens sur sa fin héroïque, et j'espère que vous les entendrez avec quelque intérêt. Le 7 thermidor, vers les quatre heures du soir, on appelle Loizerolles dans les corridors; moi, frappé depuis plusieurs jours d'un secret pressentiment qui m'annonçait que mon tour arriverait ce jour-là, je ne doute point un moment que ce cri de mort ne s'adresse à moi? je cours dans la chambre de mon père pour lui faire mes derniers adieux; qu'aperçois-je en y entrant? un guichetier qui lui signifie l'ordre de descendre au greffe : aussitôt je me hâte d'aller avertir ma mère. Elle arrive : déjà mon père allait être pour toujours arraché de nos bras; elle l'embrasse avec le cri du désespoir; mon père entre dans le guichet; je fais rentrer ma mère jusqu'au milieu du corridor pour lui sauver le tableau de nos déchirans adieux. Il n'y avait plus qu'une porte à traverser; alors, il me dit ces paroles, qui donnent la mesure de son caractère : Mon ami, console ta mère de ma mort; vis pour elle; ils pourront m'égorger, mais jamais m'avilir. Mes larmes, ma douleur m'empêchaient de lui répondre. Je voulais l'embrasser pour la dernière fois, quand un guichetier, insultant d'une manière barbare à mes pleurs, me repousse loin de mon père, ferme la porte sur moi en proférant ces mots atroces : Tu fais l'enfant, demain sera ton tour. Mon père arrive donc à la Conciergerie avec ses trente compagnons d'infortune. A peine y est-il entré qu'on lui signifie l'acte d'accusation; mais, quelle est sa surprise en l'ouvrant, il voit mon nom à la place du sien. C'est alors que mon père conçoit le généreux projet de sacrifier sa vie pour me la conserver. Il communique son dessein à Boucher, secrétaire de Bailly, désigné comme lui sur la fatale liste. Boucher admire son héroïsme, mais il lui dit en même temps : Vous allez vous perdre, et vous ne le sauverez point. Je tiens tous ces détails intéressans du citoyen Pranville, auquel mon père fit aussi part de sa résolution : j'aurai l'occasion d'en parler tout à l'heure.

Le 8 thermidor, mon père paraît à l'audience avec ses trente compagnons d'infortune; on lit l'acte d'accusation; on prononce le nom de Loizerolles fils; qu'aperçoit-on alors? un vieillard vénérable, couvert de cheveux blancs, qui se présente à ses juges, que dis-je, à ses bourreaux. Je demanderai donc aujourd'hui pourquoi l'accusateur public ne le fit point retirer des débats? Comment le tribunal a pu confondre un vieillard de soixante-deux ans avec un jeune homme de vingt-deux? En m'assassinant comme complice des conspirations imaginaires, l'apparence des formes légales n'aurait point été violée, mais elle l'a été d'une manière bien criminelle à l'égard de mon père, puisqu'il n'y avait contre lui ni acte d'accusation, ni questions aux jurés.

Mon père alla donc dans l'après-midi du 8 expier sur l'échafaud soixante-deux ans de vertus; il allait mourir pour son fils, et son fils l'ignorait. Il y avait trois mois qu'il n'était plus. L'heureuse révolution du 9 thermidor avait fait sortir de la maison de Saint-Lazare plus de quatre cents prisonniers. Bercés depuis long-temps de l'espérance illusoire de notre élargissement, ma mère et moi n'osions presque plus nous y livrer. Compagne de ma longue infortune, j'essayais en vain de la consoler; sa santé dépérissait de jour en jour, et nous n'avions d'autre sentiment que celui de la douleur. Enfin, le 6 brumaire arrive, on annonce dans la maison les représentans du peuple, Bourdon de l'Oise et Legendre; on nous avait flattés tant de fois de la visite de nos libérateurs, que j'en reçus la nouvelle avec une sorte d'indifférence. Cependant ma mère et moi sommes appelés, nous paraissons devant nos juges; ils nous interrogent avec cet intérêt touchant qu'inspirent des malheureux : notre innocence est reconnue, nous sommes mis en liberté; mais que cette liberté fut cruellement achetée! qu'elle m'eût été précieuse si j'avais pu la cruellement achetée! qu'elle m'eût été précieuse si j'avais pu la partager avec mon père! Ce ne fut que plusieurs jours après notre élargissement, que, passant rue Saint-Antoine, j'y rencontrai le citoyen Pranville, ci-devant curé de Champigny. Il est bon d'observer que ce citoyen traduit à la Conciergerie, deux mois avant mon père, y attendait la mort, et que c'est à la journée du 9 thermidor qu'il doit son existence et sa liberté.

Le citoyen Pranville, que j'avais vu souvent à Saint-Lazare, me dit : Embrassez-moi, nous sommes deux malheureux échappés du naufrage, mon cher ami; savez-vous qui vous a sauvé la vie? Non, lui répliquai-je, expliquez-moi cette énigme. C'est votre père, reprit-il, voici ses dernières paroles :

« Ces gens-là sont si bêtes, ils vont si vite en besogne, qu'ils n'ont pas le temps de regarder derrière eux; il ne leur faut que des têtes; peu leur importe lesquelles, pourvu qu'ils aient leur compte; au surplus, je ne fais pas de tort à mon fils, tout le bien est à sa mère. Si, au milieu de ce tourbillon d'orages, il arrive un jour serein, mon fils est jeune, il en profitera, je persiste dans ma résolution. »

Je ne comprenais point comment ce dévouement sublime avait été possible. Le lendemain, j'en eus la preuve incontestable. Je traversais le pont de l'Hôtel-Dieu, un mouvement involontaire de curiosité, mêlé d'horreur, me fait jeter les yeux sur un mur couvert d'affiches; enfin je me vois condamné à mort, et je sais pour la première fois que, si j'existe encore, c'est au prix d'une vie que j'aurais voulu racheter de la mienne.

J'arrache l'arrêt de ma mort avec la permission d'une patrouille; je le porte chez le citoyen Berlier, membre du comité de législation; ce député m'autorise à me faire délivrer, au greffe du tribunal, la copie figurée de mon procès; c'est le citoyen Paris qui m'en a remis les pièces.

D'après un examen sévère du comité de législation, sur le rapport du citoyen Potier, la Convention nationale nous a restitué nos biens, et a fait cesser, par son décret du 14 pluviose, l'atrocité monstrueuse sous laquelle nous gémissions. Je n'ai su qu'après ma liberté que je la devais au généreux sacrifice de mon père ; je ne puis en parler sans verser des larmes de reconnaissance et d'admiration.

La déclaration du jeune Loizerolles a été d'un intérêt si grand et si pathétique, et les débats qui l'ont suivie ont tellement affecté les esprits, déchiré les cœurs, et rempli les ames de pitié, de douleur et de consternation, que l'auditoire fondant en larmes et ne pouvant plus tenir à une scène aussi déchirante, que le tribunal lui-même, accablé du récit de tant d'horreurs, le président s'est hâté de fermer les débats sur cette affaire épouvantable, qui a rappelé le triste et affligeant souvenir de plusieurs assassinats de ce genre, et d'une foule d'autres commis sur des victimes immolées au crime et par le crime, au nom du peuple de Robespierre.

Coffinhal, Foucault, Barbier, étaient juges dans cette affaire.

Les jurés étaient Leroy, dit Dix-Août, Laviron, Trey, Despréaux, Pigeot, etc. (1).

(1) Ici le journaliste interrompt son analyse pour insérer la pièce de vers que nous mettons en note. Nous avons cru devoir la conserver, afin de montrer dans quel esprit écrivait l'historien du procès de Fouquier-Tinville. Il fait précéder sa citation des réflexions suivantes :

« Nos lecteurs ne liront pas avec indifférence des vers qui expriment le tableau touchant de la mort tragique et glorieuse de Loizerolles; ils sont adressés à son fils. Les voici :

« De mon silence, ami, ne soyez plus surpris;
Du fond de ma retraite entendez donc mes cris.
Je vais en frémissant transmettre à la mémoire
De l'auteur de vos jours l'inconcevable histoire,
Pénétrer un instant dans ces sombres cachots
Où le crime amassa tant de forfaits nouveaux :
Trop heureux de payer ce tribut à sa cendre !...
Mais cessons de parler ; c'est lui qu'il faut entendre.

» Depuis quatorze mois compagnon de mon sort,
O mon fils ! disait-il, quand viendra donc la mort ?
Quand ne verrai-je plus cette terre exécrable
Où l'innocent périt ainsi que le coupable ;
Où le peuple, abusé par de vils scélérats,
Contemple en paix le cours de leurs assassinats ?
Tu vois que chaque jour, sous le nom de justice,
Nos amis les plus chers sont traînés au supplice.
Mon cher fils ! j'ai besoin d'un si noble destin;
Si ce jour désiré pouvait être demain !...

Cent trentième témoin. C.-H. Pranville, secrétaire de la gendarmerie des tribunaux, a confirmé plusieurs des faits consignés dans la précédente déclaration ; ce qui a encore renouvelé la scène

Il dit, le lendemain la cohorte infernale
Se présente et déroule une liste fatale :
Le nom de Loizerolle est prononcé : soudain
S'offre à lui le porteur de cet ordre inhumain ;
Et lorsqu'en le lisant, cet écrit effroyable
Lui dit que c'est son fils que le sort rend coupable,
A l'instant il conçoit, ô trait prodigieux !
De s'immoler pour lui le dessein glorieux.
Le fils, aux cris confus de la troupe effrénée,
Croyant dans son effroi que son heure est sonnée,
Court auprès de son père, et dans son désespoir
Pour la dernière fois il veut encor le voir.
Le père à son aspect sent redoubler son zèle :
Ce n'est pas toi, mon fils, que leur fureur appelle,
C'est ton père aujourd'hui qui reçoit son arrêt ;
Si mon sang leur suffit, ma mort est un bienfait.
Puis d'un air triomphant s'apprêtant à descendre,
Voici les derniers mots que sa voix fit entendre :
Embrasse-moi, mon fils ; adieu je vais mourir :
Ils pourront m'égorger, mais jamais m'avilir.
Le fils à ce spectacle est glacé d'épouvante :
Il se traîne en tremblant vers sa mère mourante ;
Et les monstres, roulant leurs sanguinaires yeux,
Achèvent en riant leur ministère affreux.
Au tribunal de sang le héros va paraître,
Le front calme et serein, tel enfin qu'il doit être ;
Le chef des assassins les connaissant tous deux,
Soulève alors vers lui ses regards curieux ;
Et lorsqu'au lieu du fils il aperçoit le père,
Il garde en se jouant son sanglant caractère,
Et du registre à peine effaçant cette erreur,
Le traître avec plaisir comble son déshonneur.
Cependant l'innocent a gagné la victoire :
Il vole à l'échafaud, ou plutôt à la gloire.
De l'amitié d'un père éternel monument !
Ah ! qu'un fils doit pleurer un pareil dévouement !
O toi que j'ai connu, Loiserolle, ô grand homme !
Qu'avec plus de respect à ton trépas je nomme ;
Chère ombre, appaise-toi, va, ton nom révéré
Sera pour l'avenir un nom toujours sacré.
Tu triomphes enfin ; le ciel, dans sa vengeance,
Vient d'enchaîner le crime aux pieds de l'innocence.
» Et moi, si, pour ces vers, un poignard assassin
S'aiguisait en secret pour me percer le sein,
Qu'avec plaisir j'irais dans la nuit éternelle !
Pour m'apprendre à mourir tu serais mon modèle. » L.......

déchirante dont nous venons de parler, et qui a interrompu sa déclaration.

Cent trente et unième témoin. J.-B. Darmaing, natif de Pamiers, département de l'Ariége, actuellement domicilié à Paris, et secrétaire de la Convention nationale au comité de législation, âgé de 26 ans, a dit :

Un représentant du peuple, membre de l'ancien comité de sûreté générale, Vadier, avait juré la perte de quatorze habitans du département de l'Ariége ; Fouquier, étant accusateur public, seconda les vues atroces de ce représentant, et il employa jusqu'à l'adresse pour assouvir les vengeances de ce dernier, soit en supposant des noms, soit en cachant les pièces justificatives de l'innocence des accusés, soit en violant tous les décrets pour intercepter leur défense, soit en retardant leur jugement jusqu'au lendemain de la loi du 22 prairial, afin de les faire périr plus sûrement. Les noms des victimes sont d'une part, Cazès, Voizard, Dardigna et Dysseire, habitans de Montaut; d'autre part, Palmade de Fraxine, Larrue frères, Rigail frères, Monsirbent frères, Castel, Darmaing, ci-devant avocat du roi, et Darmaing, homme de loi (ce dernier est mon père). Voici les faits et les pièces qui établissent mes assertions.

Mon père et les neuf autres malheureux habitans de Pamiers et compagnons de son infortune avaient été traduits à Paris par les intrigues du fils du représentant Vadier, qui avait juré leur perte. Ce fils, après avoir inutilement épuisé toutes ses sollicitations auprès du représentant Chaudron-Rousseau, qui rejeta ses sollicitations faute de pièces, parvint à surprendre la religion des représentans Milhaud et Soubrany, délégués dans un autre département, sur des motifs supposés; il suppose en effet que mon père et autres étaient salariés par la liste civile, et qu'ils étaient sortis de prison par l'or et l'intrigue, tandis que n'ayant été arrêtés que par des actes arbitraires des commissaires civils, qui ont mis le trouble dans le département de l'Ariége, ils avaient été postérieurement élargis, en vertu de l'avis favorable des autorités constituées, par arrêté du représentant du peuple délégué.

Mon père et neuf autres avaient donc été traduits à Paris, lorsque le représentant qui voulait leur mort écrivit un billet à Fouquier pour qu'il empêchât que les commissions populaires ne s'emparassent de ses victimes à titre de suspects, crainte qu'ils n'échappassent par un jugement anticipé de ces commissions. (Ce sont ses expressions.) Fouquier fut exact à se conformer à cette recommandation, et, le 11 germinal, les prévenus furent traduits à la Conciergerie. On leur fit subir un premier interrogatoire, qui ne contient que leurs noms et prénoms; mais le 16 germinal Fouquier reçut une lettre du même représentant, qui l'engageait à ne mettre en jugement les accusés qu'après l'arrivée des pièces à charge, qu'on lui annonçait, et Fouquier laissa là ses poursuites. S'il les eût fait juger alors, il eût fallu au moins confronter les témoins, et les prévenus eussent été acquittés; or, c'est ce qu'on ne voulait pas. Fouquier continua à recevoir des lettres du même représentant, où on lui annonçait toujours des preuves à charges, où on lui peignait l'existence des accusés comme une calamité publique, où perçaient enfin tous les caractères de la haine et de la vengeance, et où le représentant Vadier excitait surtout le zèle, l'activité et l'adresse de Fouquier, pour le débarrasser de ses victimes. Fouquier ne chercha qu'à répondre aux vues du représentant Vadier.

Il employa son zèle jusqu'à charger le comité révolutionnaire de Pamiers, composé des agens du représentant qu'il influençait à sa guise, d'envoyer les preuves à charge contre les prévenus, malgré que toutes les lois fussent contraires à cette démarche. Cela résulte d'une lettre du comité révolutionnaire de Pamiers, en date du 8 floréal, à celui de Foix, auquel le dernier envoie des preuves à décharge qui lui étaient adressées, attendu que d'après les ordres de Fouquier il doit envoyer les preuves à charge.

Toutes les preuves à charge qu'on avait recueillies ne pouvaient cependant servir en entier les projets du représentant. On ne pouvait en effet se dissimuler la monstruosité et l'illégalité de la procédure à charge, recueillie par le comité de Pamiers, sans mandat ni autorité, dans un temps où les témoins devaient être confrontés aux accusés ; d'autre part on remarque dans cette procédure tous les vices de la partialité, et surtout l'esprit de vengeance; car, outre qu'on n'avait entendu que des témoins à charge, on y voit les prévenus auteurs de prétendus mouvemens contre-révolutionnaires, survenus à Pamiers pendant la révolution, tandis que la plupart avaient quitté cette ville dès son principe; ce qui résultait de leur interrogatoire du 11 germinal, tandis qu'un décret du 18 août 1790 prouvait la fausseté des imputations faites aux prévenus, pour les faits antérieurs à cette époque, et tandis qu'un décret d'amnistie du 15 septembre 1791 avait anéanti tous les délits antérieurs.

Ce n'était donc que par adresse qu'on pouvait faire périr les victimes, et Fouquier y employa celle qui lui avait été recommandée par le représentant Vadier, dont j'ai parlé.

Malgré qu'il eut, le 29 floréal, toutes les pièces contre les accusés, il suspendit leur jugement jusqu'après la loi du 22 prairial. Il leur fit signifier l'acte d'accusation pour le lendemain 23 ; il viola toutes les lois des 28 août 1790 et 15 septembre 1791, en accusant les prévenus contre le vœu de ces lois, et ne négligea rien pour cacher les pièces justificatives de leur innocence; il avait en main plusieurs actes qui établissaient le civisme des accusés; un arrêté même du comité révolutionnaire de Pamiers, du 5 germinal, déclarait qu'il n'y avait rien à statuer sur Larrue cadet, attendu qu'il avait quitté Pamiers dès le principe de la révolution, pour se retirer à Foix.

Il existait jusqu'à des certificats qui établissaient que ce Larrue avait toujours manifesté, à Foix, une opinion fortement prononcée pour le républicanisme; j'avais moi-même remis un arrêté du comité révolutionnaire de Pamiers, qui avait précédé celui alors en place, et deux autres arrêtés de la commune et comité de Foix, qui établissaient que mon père était poursuivi par des ennemis puissans, et que sa conduite avait toujours été des plus civiques, et qu'il venait d'en donner des preuves des plus fortes, en offrant à sa patrie un de ses fils, âgé de seize ans ; tout cela fut mis de côté par Fouquier.

Il accuse Larrue cadet, et tous ceux qui avaient quitté Pamiers dès l'origine de la révolution d'avoir été les auteurs des prétendus mouvemens qui avaient existé dans cette ville, pendant le temps qu'ils n'y étaient pas. Il cache toute la monstruosité de la procédure faite à Pamiers; et, relativement à mon père, il porte l'adresse plus loin; la procédure faite par le comité de Pamiers ne le chargeait point, elle ne chargeait que Darmaing, maire de Pamiers, cependant innocent; et, sous tous les rapports, mon père, qui avait quitté Pamiers en octobre 1790, ne pouvait qu'être acquitté, même dans le sens de ses ennemis; alors Fouquier ne craignit point de lui supposer la qualité de maire, malgré que son interrogatoire, ses certificats, et l'arrêté même du comité de Pamiers, du 5 germinal, prouvassent que jamais il n'avait été maire; et ce fut par cette substitution de noms qu'il parvint à le faire périr le 25.

Bien plus, et postérieurement à la mort de mon père, il fit traduire à Paris le véritable maire, sur les sollicitations du représentant qui le dirigeait; mais mon oncle, pour lequel mon père a été condamné, a été depuis reconnu innocent et renvoyé dans sa patrie, parce que le 9 thermidor amena le règne de la justice.

Je dois ajouter ici quelque chose sur ce qui s'est passé le jour du jugement de mon père; mon père avait comparu devant ses juges, ou pour mieux dire, devant ses bourreaux, avec la fermeté qui accompagne l'innocence. Il s'écriait toujours qu'il n'était pas maire, et que ce n'était pas lui qu'on accusait.

Coffinhal, fatigué de ses cris, lui demanda : Quoi! tu n'es pas véritablement le maire.

Non, répond mon père; et il énonce les pièces qui le constatent.

Ces scélérats, s'écrie Coffinhal en l'interrompant, voudraient faire croire qu'il est jour en plein midi.

Mon père fait retentir sa plainte. L'accusateur public la traite de rébellion, et les malheureux furent mis hors des débats.

Larrue cadet n'avait cependant pas été même interrogé. Citoyens, dit-il en s'en allant, je vois que vous êtes pénétrés de mon innocence, puisque vous ne m'avez rien reproché.... Il se retire; le jugement à mort lui est lu dans les prisons, et, enchaîné sur la fatale charrette, il périt comme les autres, sans avoir été entendu.

Voici quelques autres faits relatifs à Cazès, Dardigna, Tysseire et Voizard, habitans de Montaut.

Le fils du représentant Vadier, qui avait juré la perte de ces malheureux, retint à Narbonne, le 11 nivose, en qualité d'officier militaire, l'interrogatoire d'un déserteur sans greffier ni témoins. Il fait dire à ce déserteur, avoir ouï dire qu'il avait existé une nouvelle Vendée dans le département de l'Ariége, et que Cazès et autres en étaient les auteurs.

Cette Vendée était imaginaire. Néanmoins sur cet ouï dire, le fils du représentant fait dénoncer les malheureux Cazès et autres au président du comité de sûreté générale, qui était son père.

Cazès et ses trois co-accusés furent de suite traduits à Paris.

Rien ne fut trouvé sous leurs scellés; et une lettre de celui qui les leva, en date du 5 ventose, le constate.

Le représentant que j'ai désigné fit alors commettre le comité révolutionnaire de Pamiers, pour recueillir des preuves à charge contre ses victimes.

Une procédure très-insignifiante fut le résultat.

Cela résulte d'une lettre du comité révolutionnaire de Pamiers, en date du 18 messidor, qui attribue le silence des témoins à la vénération qu'inspiraient au peuple les accusés, et le délit de ceux-ci à leur tranquillité chez eux pendant des mouvemens imaginaires.

On peut même d'autant moins se méprendre sur l'esprit qui animait le comité de Pamiers, qu'il demande dans sa lettre qu'on lance des mandats d'arrêt contre des témoins qui n'ont pas voulu parler, disant que, comme prévenus, ils méritent la peine de mort.

Rien n'existait ainsi contre les accusés; cependant le représentant qui les poursuivait les avait recommandés à l'adresse de Fouquier; il lui écrivit, le 28 messidor, qu'il y en avait assez pour légitimer la condamnation de ses victimes, et Fouquier se rendit digne des vues du représentant.

Comme on n'attribuait qu'inertie aux prévenus, il crut nécessaire de leur donner une qualité de fonctionnaires publics ; en conséquence Cazès fut accusé comme juge de paix, tandis qu'il n'était pas juge de paix, et les trois autres comme procureur de la commune, greffier du juge de paix, et commandant de la garde nationale.

Fouquier cacha aussi, par la même adresse, tout ce qui était à la décharge des accusés, et il fit plus. Les quatre malheureux qui devaient périr n'avaient point subi un seul interrogatoire ; ils allaient se mettre à table, le 28 messidor, ne se doutant de rien, lorsque Fouquier les envoya chercher vers deux heures. Les malheureux se rendent au tribunal ; à quatre heures ils n'étaient plus ; je tiens ce dernier fait du citoyen Montané, juge du tribunal du deuxième arrondissement de Paris.

Ainsi, par l'adresse de Fouquier, le représentant Vadier parvint à assouvir toutes ses vengeances.

J'ai dénoncé Vadier père et fils, et le comité révolutionnaire de Pamiers.

Ardenne a fait ensuite lecture de plusieurs pièces, dont voici quelques fragmens.

1° *D'une lettre écrite de la main de Vadier.*

« Il existe dans la maison d'arrêt des Carmes, dix contre-révolutionnaires de Pamiers, envoyés par les représentans du peuple Milhaud et Soubrany. Les pièces matérielles de conviction doivent arriver incessamment. Il y a déjà quelque chose d'envoyé par la société populaire de Pamiers, que le citoyen Vadier a fait passer au citoyen Fouquier-Tinville. Il s'agit d'éviter qu'avant l'arrivée de ces pièces ces contre-révolutionnaires ne puissent échapper par un jugement anticipé des nouvelles commissions populaires. (Suivent les noms et qualités de ces accusés.) L'accusateur public voudra bien réclamer ces détenus, si les commissions voulaient s'en emparer à titre de suspects. »

2° *D'une lettre de Vadier à Fouquier-Tinville, du 4 prairial.*

« Je t'envoie, citoyen, les pièces que j'ai reçues contre les dix contre-révolutionnaires de Pamiers, que tu as fait conduire à la Conciergerie, d'après ma note. Tu m'as dit avoir quelques pièces à leur charge; tu verras qu'indépendamment de celles que je t'envoie la société populaire nous en annonce encore de plus concluantes, si celles-ci ne suffisent point..... Je te recommande vivement cette affaire; je t'engage à la conduire à fin avec le zèle, l'activité et le discernement qui te caractérisent; je sais qu'il suffit de t'indiquer des ennemis de ton pays..... pour être assuré de ton courage et de ton adresse. »

3° *D'une lettre de Vadier à Fouquier, du 7 prairial.*

« Je t'envoie, citoyen, un cahier de déclarations de témoins reçues par le comité révolutionnaire de Pamiers contre les dix scélérats.... Je pense que les instructions jointes aux pièces que tu as déjà reçues suffiront pour légitimer leur condamnation; dans le cas contraire, il serait encore facile d'ajouter des preuves supplémentaires; mais j'ai lieu de croire que ceci suffira. »

4° *D'une autre, du 22 prairial. — Vadier à son ami Fouquier-Tinville.*

« Il m'est impossible, mon cher Fouquier, de me rendre au tribunal demain matin, comme tu le désires..... Je t'ai transmis tout ce que nous avions relativement aux dix scélérats qu'on doit juger; j'ignore si ces preuves seront bastantes; je t'avais dit qu'on s'en procurerait de nouvelles s'il en était besoin....., il n'en est pas un seul sur les dix qui ne soit l'ennemi forcené de la révolution.... et, je le répète, ce serait une calamité publique s'il pouvait en échapper un seul au glaive de la loi. »

Fouquier. J'ai toujours ignoré les motifs de vengeance qui ont pu faire agir Vadier; je n'ai eu de relation avec ce représentant que par lettres; c'est lui qui m'a écrit le premier. Je n'ai eu aucune liaison, aucune intimité particulière avec Vadier. J'ai dressé les actes d'accusation d'après les pièces; je n'en ai jamais soustrait, je ne me suis pas laissé influencer.

Lorsqu'on fit l'inventaire de mes papiers après mon arrestation, Clauzel me dit qu'il soupçonnait Vadier d'avoir fait traduire au tribunal révolutionnaire Darmaing et autres; je lui dis qu'il y avait dans les pièces des lettres de lui, Vadier, adressées à moi; on les retira, ce qui prouve que j'ignorais les motifs secrets des vengeances et des haines de Vadier. Je lui écrivis le 22 prairial au matin; je le prévenais que les accusés de Montaut et de Pamiers seraient mis en jugement le lendemain, et je l'invitais à se rendre au tribunal pour y être entendu comme témoin. Si on me représentait cette lettre, elle répondrait à toutes les inductions qu'on pourrait tirer contre moi; j'ajoute que je n'ai eu connaissance de la loi du 22 prairial, que le soir même par le Journal du soir.

Ardenne a observé à Fouquier que les projets de loi sont connus avant qu'ils soient discutés à la Convention ; que celui de la loi du 22 prairial était connu de Vadier et de Fouquier.

Fouquier a prétendu que le comité de sûreté générale, dont Vadier était président, ignorait entièrement le projet de cette loi; ce qui mit de la division entre les deux comités. Car l'article XVIII du projet de cette loi portait d'abord que le tribunal ne pourrait mettre aucun prévenu en liberté, sans l'ordre du comité de sûreté générale; le comité de salut public demanda qu'on mît : « De l'agrément des deux comités ; » et la fin de cet article fut ainsi adoptée : « Aucun prévenu ne pourra être mis hors de jugement avant que la décision de la chambre du conseil n'ait été communiquée aux comités de salut public et de sûreté générale, qui l'examineront. »

Alors Grandpré a communiqué au tribunal le mandat d'extraction de Douet et de Mercier, fermiers-généraux; il est ainsi conçu :

« Le gardien de la maison d'arrêt de Picpus et de toute autre où les ci-après nommés peuvent être détenus remettra à la gendarmerie et à l'huissier du tribunal les nommés Douet et Mercier, ex-fermiers-généraux, prévenus, pour être traduits au tribunal révolutionnaire.

Fait à Paris, le 23 floréal de l'an deuxième.

Signé, A.-Q. FOUQUIER.

Dans le mandat on lit Doué et non Douet. Le mot Mercier est effacé, et au lieu de fermiers-généraux on a mis fermier-général. Mercier fut trouvé à la Force; le protocole de ce mandat est imprimé, il est rempli et raturé de la main de Fouquier, et en marge est écrit, aussi de la main de Fouquier, ce qui suit : «Faire apporter leurs effets, attendu qu'ils ne retourneront plus.»

Fouquier s'en est référé à ses précédentes réponses.

Dobsen a saisi cette occasion pour parler de la première mise en jugement des fermiers-généraux, qui eut lieu le 10 floréal, au nombre de trente-deux. Ils étaient traduits au tribunal par décret de la Convention nationale du 16 du même mois.

Sellier et moi, a dit Dobsen, avons interrogé les trente-deux fermiers-généraux; ils avaient été extraits de la maison d'arrêt, dite l'Hôtel-des-Fermes, où ils couchaient sur la terre. Après leurs interrogatoires, je représentai à Fouquier que Clément-François de Laage-Bellefaye, Étienne, René Aignaut-Sanlot, Etienne, Marie de la Haute, n'étaient qu'adjoints aux fermiers-généraux; que conséquemment ils n'étaient pas compris dans le décret : ma réclamation fut sans effet. J'allai à l'instant trouver Dupin, député; je lui présentai un certificat qui prouvait que Bellefaye, Sanlot et de la Haute n'avaient jamais eu aucune espèce d'intérêt dans les baux de Laurent David, Salzard et Manger; nous nous transportâmes au comité de sureté générale, qui aussitôt fit un rapport à ce sujet à la Convention nationale, qui rendit à l'instant un décret qui mit hors des débats Bellefaye, Sanlot et de la Haute. Le voici : «Extrait du procès-verbal de la Convention nationale du 19 jour de floréal, l'an IIe.

» La Convention nationale, après avoir entendu le rapport des comités de sûreté générale, des finances et examens des comptes, réunis à la commission.

» Déclare que les adjoints des fermiers-généraux qui seront

en état de justifier, par un certificat signé des citoyens reviseurs, qu'ils n'ont eu aucune espèce d'intérêt dans les baux de David, Salzard et Manger, n'ont pu être compris dans la loi du 16 floréal, qui renvoie les ci-devant fermiers-généraux au tribunal révolutionnaire; décrète en conséquence que les citoyens de la Haute, Bellefaye et Sanlot, adjoints, seront mis à l'instant hors des débats, et réintégrés en la maison d'arrêt où ils étaient détenus. Le présent sera sur-le-champ notifié au tribunal révolutionnaire par un huissier de service auprès de la Convention, etc.

Nous observerons qu'il était temps que le décret arrivât, car les débats furent fermés un instant après, et vingt-neuf fermiers-généraux furent condamnés à mort comme convaincus d'être auteurs ou complices d'un complot qui a existé contre le peuple français, tendant à favoriser le succès des ennemis de la France, notamment en exerçant toutes espèces d'exactions et de concussions sur le peuple français, en mettant au tabac de l'eau et des ingrédiens nuisibles à la santé des citoyens qui en faisaient usage, en prenant 6 et 10 pour cent, tant pour l'intérêt de leur cautionnement que pour la mise des fonds nécessaires à leur exploitation, tandis que la loi ne leur en accordait que quatre; en tenant dans leurs mains des fonds provenant des bénéfices qui devaient être versés dans le trésor public, en pillant le peuple et le trésor national pour enlever à la nation des sommes immenses et nécessaires à la guerre contre les despotes coalisés et les fournir à ces derniers.

Au nombre des condamnés était le savant Lavoisier, député suppléant à l'assemblée constituante, directeur-général des poudres et salpêtres à l'Arsenal, qui eut pour successeur Dufourny.

Dobsen. Quelques-uns des fermiers-généraux n'étaient pas au nombre des accusés, entre autres Verdun; j'en demandai le motif à Fouquier; il me répondit que Robespierre ne l'avait pas voulu.

Fouquier. Un arrêté des comités ou le décret portait que tous les fermiers-généraux qui étaient à l'Hôtel-des-Fermes, seraient traduits au tribunal révolutionnaire : Bellefaye, Sanlot et de la

Haute y étaient; il fut prouvé qu'ils n'étaient qu'adjoints à la ferme; ils furent mis hors des débats. Quant à Verdun, il n'a pas été traduit, parce que, de tous temps, ayant répandu ses largesses dans le sein des pauvres, sa commune le réclama vivement et fit parvenir un arrêté qui était un chef-d'œuvre d'humanité.

Nous devons observer qu'il a été prouvé à l'audience du matin du 5 floréal que le décret du 16 ne fut enregistré que le 18 au tribunal; que cependant l'acte d'accusation a été dressé le 16, même jour du décret, qui ne fut collationné que le 17; que le jugement de la condamnation des fermiers-généraux, le 19, n'est accompagné d'aucune déclaration du jury; qu'elle est en blanc; que conséquemment il n'y a pas eu de jugement. Nous développerons ce fait en son lieu et place.

Coffinhal, Foucault, Denizot étaient juges dans cette affaire, Liendon substitut.

Les jurés étaient Dix-Aout, Thoumen, Auvray, Klispis, Desboisseaux, Gravier, Renaudin, Gemond, Divèze, Ganney.

Grandpré. Le 25 floréal, il y eut une seconde fournée de fermiers-généraux, composée de d'Arlincourt, père, âgé de soixante-treize ans, dont le fils avait péri le 19; de Mercier et de Douet. Pendant les débats il fut question de Diétrick, maire de Strasbourg; Douet n'avait aucune connaissance de ce fait; il dit que peut-être sa femme pourrait l'expliquer. Elle était détenue à la Force; on l'envoya chercher : elle fut entendue comme témoin, et ensuite, par réquisitoire verbal, mise au rang des accusés. Ici Ardenne a fait lecture du procès-verbal d'audience du 25; il porte : « Attendu qu'il n'y a aucun témoin assigné à la requête de l'accusateur public, le débat s'instruit sur la lecture par lui faite de différentes pièces qui donnent lieu à différentes interpellations aux accusés; attendu encore qu'il résulte des pièces lues par l'accusateur public que Douet, l'un des accusés, non content des dilapidations et vexations qu'il exerçait sur le peuple comme fermier-général, entretenait encore une correspondance criminelle avec les ennemis extérieurs de la République, dans laquelle correspondance il paraît que sa femme avait la plus grande part, 'accusateur public requiert, et le tribunal ordonne que mandat d'arrêt sera à l'instant décerné contre la femme Douet, pour être ensuite statué à son égard ce qu'il appartiendra. »

La femme Douet, amenée au tribunal, est interrogée sur ses noms, âge, etc. L'accusateur public requiert, et le tribunal ordonne, qu'attendu qu'il résulte de l'instruction du procès que la femme Douet a entretenu des intelligences et correspondances avec plusieurs ennemis extérieurs de la République, notamment avec les infâmes Diétrick et Duchâtelet, il sera donné acte à l'accusateur public de l'accusation par lui à l'instant portée contre ladite femme Douet, et ordonne qu'elle sera à l'instant classée au nombre des autres co-accusés, pour être jugée avec eux par un seul et même jugement.

Dans l'acte d'accusation inséré dans le jugement, on lit en marge : « L'ordonnance du tribunal de ce jourd'hui, qui donne acte à l'accusateur public..... contre M.-C. Batailhé-Francès, femme Douet, prévenue d'avoir entretenu des intelligences et correspondances avec les ennemis intérieurs et extérieurs de la République, notamment avec Diétrick et Duchâtelet, déjà frappés du glaive de la loi, ainsi qu'il résulte des lettres saisies dans leur domicile. »

Dans le dossier ne se trouvent point ces lettres ; mais on y trouve une copie légale du testament de M.-C. Batailhé-Francès, âgée de soixante ans, née à Strasbourg, femme de J.-C. Douet. Il y est dit : « L'amitié qui m'unit depuis mon enfance avec madame Duchâtelet me donne le droit de la prier d'accepter, comme un faible témoignage de mes sentimens pour elle, les fauteuils de satin que j'ai brodés.

» Je prie mon cher fils Diétrick de recevoir, comme le gage de la tendre amitié que je lui porte, une bague où est le portrait de sa mère, ma tendre amie.

» Je laisse à ma bonne chère fille Diétrick, que j'aime tendrement, une bague d'émeraude, entourée de diamans.

» Je n'ai rien à offrir à M. de Malesherbes qui soit digne de lui ; je le prie de recevoir l'assurance que tous les témoignages que j'ai reçus de son amitié, et les preuves d'intérêt qu'il m'a donnés sont profondément gravés dans mon cœur, et que le plus sincère attachement y est joint à la vénération qu'il inspire.

» On trouvera dans le tiroir de mon bureau un paquet cacheté, à son adresse, qui lui sera remis.

(Suivent les legs faits à plusieurs personnes et à ses domestiques.)

Fait à Paris, le 22 janvier 1793.

» *Signé* MARIE-CLAUDE BATAILHÉ-FRANCÈS DOUET. »

Serait-ce donc un pareil testament qui aurait fait périr la citoyenne Douet, si avantageusement connue par ses largesses et ses libéralités envers l'humanité souffrante?

Les juges qui ont siégé dans cette affaire sont, Coffinhal, Deliége, Maire ; Lieudon, substitut.

Les jurés sont, Gravier, Trinchard, Auvray, Fauvel, Bernard, Meyer, Prieur, Lambat, Duplay, Vivient, Desboisseaux.

Cent trente-deuxième témoin. Didier Thirion, représentant du peuple. Le 15 germinal j'assistai au procès de Camille Desmoulins, Danton et autres. J'entendis Danton et Chabot demander que le tribunal fît entendre des témoins. Ils avaient ce droit ; le décret qui les traduisait au tribunal n'avait été rendu qu'autant qu'ils pourraient faire valoir tous leurs moyens de défense. Danton demanda des commissaires pour recevoir les déclarations des accusés, en observant qu'ils avaient des déclarations importantes à faire ; car moi, dit Danton, je dévoilerai la dictature qui se montre entièrement à découvert. Le tribunal ne fit aucun droit sur leurs réclamations. Les débats s'ouvrirent ; Danton commença. Au milieu de sa défense, Hermann, qui présidait, lui dit : Tu es fatigué, cède la parole à un autre ; je te la redonnerai lorsque tu seras reposé.

Danton voulait continuer ; le président insista ; la parole fut ôtée à Danton, et elle ne lui fut plus rendue.

A quatre heures on annonça le décret de la Convention ; il portait que le tribunal révolutionnaire continuerait l'instruction relative à la conjuration de Lacroix, Danton, Chabot et autres ;

que le président emploierait tous les moyens que la loi lui donnait pour faire respecter son autorité et celle du tribunal, et pour réprimer toute tentative de la part des accusés, pour troubler la tranquillité publique et entraver la marche de la justice, et que tout prévenu de conspiration qui résisterait ou insulterait à la justice nationale, serait mis hors des débats et jugé sur-le-champ. J'atteste qu'il n'y a eu de la part des accusés ni révolte, ni insulte envers personne.

Westermann voulut parler; le président lui dit qu'il divaguait et qu'il perdait son temps; Westermann lui observa qu'il ne pouvait mieux l'employer qu'à défendre ses jours.

On a dit que c'était Fouquier qui avait écrit aux comités que les accusés étaient en révolte; ce qui surprit la religion de la Convention, qui rendit ce décret. Les accusés ne furent plus entendus. Le lendemain je revins au tribunal; on me dit : Les accusés sont hors des débats, et les jurés ont déclaré qu'ils étaient suffisamment instruits.

Quelque temps après je me rendis encore au tribunal révolutionnaire. Il est bon d'observer que Phelippeaux avait été condamné comme auteur et fauteur d'une conspiration au Mans. Dix de ses prétendus complices étaient en jugement sur les gradins. Les mêmes jurés qui en leur ame et conscience avaient déclaré que la conspiration de Phelippeaux avait existé au Mans déclarèrent qu'il n'était pas constant qu'elle eût existé : ils furent acquittés.

Dans son résumé, Naulin parla en leur faveur. Ce fut au sujet de cet acquittement que Nicolas me dit que la conduite des jurés n'avait pas le sens commun; que par politique il aurait fallu en guillotiner au moins un.

Hermann. J'ai déjà dit que deux lettres furent écrites à cette occasion, l'une au comité de salut public, et l'autre à la Convention nationale : je n'ai aucune connaissance des déclarations que prétendaient faire les accusés; mais je puis affirmer que Danton a eu plusieurs fois la parole.

Le témoin. Danton n'avait pas encore répondu au tiers des

chefs d'accusation qui lui étaient imputés. Il n'avait pas encore parlé de l'affaire de la Belgique. Les arrêtés pris dans cette affaire avaient été signés de six de ses collègues ; mais on craignait Danton. On me traite, dit-il, de conspirateur ; eh bien ! moi je dis qu'il est beau de conspirer contre un gouvernement qui lui-même conspire.

Hermann. Je ne connaissais nullement l'affaire de la Belgique. Les accusés n'ont pas été mis hors des débats ; mais aux termes de la loi, le quatrième jour j'ai demandé aux jurés s'ils étaient suffisamment instruits pour donner leur déclaration ; ils répondirent affirmativement.

Paris. La parole fut ôtée à Danton, comme on vient de le dire. Hermann et Fouquier entrèrent dans la chambre des délibérations, et dirent aux jurés de se déclarer instruits.

Fouquier. Paris était l'ami de Danton, c'est la mort de Danton qu'on veut venger.

Hermann. Je ne connais pas la lettre adressée de l'étranger à Danton, et dont on dit qu'il est fait mention dans la déclaration écrite de Topinot-Lebrun, mais je persiste à dire que nous ne sommes entrés dans la chambre des jurés qu'avant l'audience, et non pendant leur délibération.

Daubigny. J'affirme que la parole a été ôtée à Danton.

Hermann. Je le nie ; d'ailleurs cette affaire était un procès extraordinaire et politique. (Violens murmures. Il n'y a pas de procès politique, s'écrie l'auditoire.)

Paris. Je le répète, Danton ne fut pas entendu non plus que les autres accusés ; on craignait même les témoins à charge ; un seul fut produit, encore parla-t-il à la décharge de Danton. Il n'était pas aisé de trouver des témoins pour déposer contre de pareils hommes.

Thirion. Si les accusés n'ont pas été entendus c'est la faute des chefs du tribunal. Il était de notoriété publique que les accusés n'avaient pas été en rébellion, les chefs du tribunal devaient donc détromper la Convention. J'ajoute que le lendemain je vis ici qu'il y avait des intelligences entre des membres des comités et les chefs du tribunal d'alors.

Hermann et Fouquier ont fait les mêmes réponses qui, pendant le cours des débats, ont été plusieurs fois par eux administrées.

Thirion, interpellé par Fouquier, a répondu : Amar, Vouland, David de l'Aube, et David, peintre, étaient ici avec moi le 15 ; Vadier y resta jusqu'à la fin ; mais j'ignore si Vadier a rendu compte le lendemain de cette affaire à la Convention.

Paris. Les jurés qui ont siégé dans l'affaire de Danton, Camille Desmoulins et autres, sont Renaudin, Trinchard, Dix-Août, Ganney, Topinot-Lebrun, etc.

Renaudin. Nous étions rassemblés dans la chambre du conseil. Hermann et Fouquier y entrèrent et nous dirent : Ne vous impatientez pas, si nous ne montons pas sur nos siéges, c'est que nous attendons des nouvelles de la Convention.

Debregeas, juge. J'observe à Hermann qu'il a violé la loi, en ne prononçant pas le jugement en présence des accusés.

Hermann. J'en conviens ; mais nous craignions les mouvemens qui s'étaient manifestés dans cette enceinte.

Debregeas. Il n'y avait pas de mouvement à craindre, car l'auditoire avait témoigné hautement son mécontentement de ce que le tribunal ne voulait pas entendre les accusés.

Cent trente-troisième témoin. J.-R. Gommer, député. Lorsque dans la nuit du 9 au 10 mars 1793 la Convention décréta l'établissement du tribunal révolutionnaire, elle décréta en même temps que le tribunal ne traduirait en jugement que sur des actes d'accusation qui lui seraient fournis par la Convention ; elle nomma à cet effet une commission de six membres ; j'en fus du nombre. Cette commission n'ayant reçu aucune pièce du ministre de la justice, ne put produire aucun acte. Fouquier et les membres de ce tribunal venaient continuellement nous persécuter pour avoir des victimes ; il voulait que nous allassions plus vite. L'un d'eux me tint un propos qui me fit frémir d'horreur ; il me dit : Il nous faut du sang ; le peuple veut du sang. Ce propos infâme et atroce n'est jamais sorti de mon esprit, et la figure de cet homme est tellement restée gravée dans mon esprit, que, toutes les fois que je l'ai rencontré, il m'a inspiré la même horreur ; et cet homme c'est Foucault.

Foucault. Je n'ai pas tenu ce propos. J'ai dit qu'on se plaignait de ce que nous n'étions pas en activité, qu'on nous pressait : j'ai dit que le peuple demandait justice.

Le témoin. J'affirme que Foucault a dit : Il faut du sang, le peuple demande du sang.

Fouquier. En avril le tribunal n'était pas encore en activité ; nous allâmes à la commission des Six une ou deux fois avec Foucault. Je me rappelle qu'il y eut une discussion très-vive.

Audience du soir.

Cent trente-quatrième témoin. M. Brasseur, gendarme. Lorsque le général Miaksinsky fut condamné à mort, trois de mes camarades et moi fûmes chargés de le garder ; il nous pria de remettre à sa femme, qui était dans la misère, sa montre, sa chaîne, ses breloques d'or, ses épaulettes et un portefeuille en maroquin rouge qui contenait 17 livres. Il nous donna ces 17 livres pour récompense. Tous ces effets furent remis à Fouquier, excepté cette petite somme. Dans ce temps les prisonniers étaient rapiotés. Le lendemain Fouquier me trouva à la porte des commodités ; il me traita de drôle, d'ivrogne, de scélérat ; il voulut me faire mettre en prison. Adenet, mon capitaine, s'y refusa, parce qu'il vit que j'étais à jeun. Fouquier me menaça de me traduire au tribunal ; je lui dis : Je n'ai pas peur, je m'y défendrai ; il me répliqua : Eh bien nous verrons, je te couperai la parole.

Fouquier. Tous ces effets ont été remis à la veuve Miacksinsky, en présence de Roujet et de Drouet, députés. Je n'ai pas tenu ces propos.

Cent trente-cinquième témoin. G. Gonchon, dessinateur. Au mois de floréal de l'année dernière, à mon retour de Lyon, où j'avais été envoyé en qualité de commissaire national, je rencontrai Prieur au café de Flore, à Paris. On y parlait de Lyon ; je dis que cette ville infortunée était composée de vrais républicains, et que la résistance qui eut lieu dans cette cité le 17 mai était une véritable résistance à l'oppression, puisque des scélérats, des brigands avaient excité le peuple à détruire les manufactures, à piller les magasins, etc. Je dis à l'accusé Prieur, l'ami intime de Robespierre : Dites-lui que les Lyonnais sont Français, qu'ils chérissent leur patrie, qu'ils détestent l'anarchie et le despotisme; que s'ils sont forcés de combattre les ennemis de leur pays, ils le feront avec courage, et sauront périr plutôt que de devenir esclaves.

Tu as la tête chaude, me répondit Prieur : Cela peut être, lui répliquai-je, mais la Convention est trompée sur le compte des Lyonnais. Il me parut que Prieur était fanatisé par Robespierre; mais l'accusé Prieur m'ajouta que le comité de salut public avait donné l'ordre à Dubois-Crancé de faire le siége de cette ville; il me dit qu'un jour la charrue sillonnerait le sol où est située cette ville.

Je fus arrêté et incarcéré à Saint-Lazare pendant quatorze mois. Là j'ai vu Manini, Coquery, Jaubert le Belge, faiseur de listes de proscription. Verney, concierge, était fort dur et féroce.

Avant le 9 thermidor, tous les effets que les citoyens envoyaient étaient retenus chez Verney, parce qu'on croyait que tous les prisonniers seraient guillotinés, et que ce serait autant de gagné. J'ai été interrogé par Fournerot.

Je crois que Pépin Desgrouettes est tombé machinalement dans l'affaire des listes; il a cherché à me flatter; on est venu le chercher pour témoigner au tribunal; il se croyait alors perdu. Il me dit en revenant qu'il avait embrassé Fouquier.

Pendant ces entrefaites, Jaubert survint; il lui dit, en ma présence, j'ai remis à Fouquier la liste en question; il en a été fort content.

Prieur. A l'époque où j'ai vu le témoin au café de Flore, la Convention nationale avait décrété que Lyon serait rasé; mais je n'ai pas dit que la charrue y passerait.

Gonchon. J'affirme que Prieur me l'a dit.

Verney. Je n'ai pas retenu les effets des prisonniers.

Gonchon. Je persiste : une salle était remplie de ces paquets.

Verney. Ils appartenaient à des condamnés.

Gonchon. Verney était vendu aux comités de gouvernement, et Fouquier était l'instrument de ces comités. Un jour on vint chercher pour le tribunal un camarade de chambre d'un détenu; Verney ferma à clef cette chambre ; le détenu qui restait demanda le soir à Verney de lui ouvrir la porte de cette chambre, pour se coucher ; Verney lui dit : Couches où tu pourras, que m'importe, tu dois être guillotiné demain.

Levasseur. Verney, le 9 thermidor, refusa de recevoir Robespierre jeune, sous prétexte qu'il n'avait point de place, tandis qu'il y avait au moins quarante chambres de vacantes, et Robespierre jeune fut conduit à la municipalité rebelle de Paris.

Verney. J'ai refusé de recevoir Robespierre parce que je n'avais pas de chambre de secret.

Levasseur. Il y avait au moins six chambres de secret vacantes.

Un juge. Je demande à Verney s'il avait des ordres de la municipalité rebelle de Paris de ne pas recevoir les individus qu'on lui enverrait, autres que ceux arrêtés par mandats décernés par cette même municipalité.

Verney. J'en ai reçu une demi-heure après qu'on eut présenté Robespierre à Saint-Lazare.

Gonchon. Brigaland, ex-concierge, voyait encore Verney; il vint le voir à dix heures du matin, et dit : Ils sont perdus ; Robespierre est ici : Non, lui répondit Verney, j'ai ordre de la commune de ne recevoir personne.

Verney. Je demande que Saint-Charles, qui a amené Robespierre jeune, soit entendu ; il attestera que je n'ai pas tenu ce propos.

Un juge. Guyard a dû recevoir de pareils ordres au Luxembourg.

Cent trente-sixième témoin. N. Tripier jeune a répété ce qui a été dit d'un détenu qui avait témoigné à la Conciergerie ses regrets à un condamné.

Cent trente-septième témoin. P. Retz, négociant. J'ai entendu dire à Fouquier, en parlant de la femme Vilmin, mise en jugement, que ce serait une tête de moins.

Grassin et sa femme, accusés par un curé d'être des aristocrates, quoiqu'il n'y eût pas d'autres charges, ont été guillotinés.

La femme Saint-Servant étant tombée de dessus les gradins, parce qu'elle avait le corps et la langue paralysés, Fouquier dit : ce n'est pas la langue, c'est la tête qu'il nous faut.

Paré, ministre de l'intérieur, avait remis à Fouquier 12,000 livres pour l'hospice de l'Évêché, il ne m'a remis que 10,000 livres.

Fouquier. Le témoin a été économe à l'hospice de l'Évêché. Je n'ai pas tenu les propos qu'il m'impute. J'ai pu dire qu'une personne qui avait les bras et les jambes paralysés pouvait avoir la tête saine; quant à Grassin et à sa femme, il faut voir les pièces; à l'égard des 12,000 livres, mon compte est prêt. J'observe que le témoin avait un ami qui communiquait avec les femmes de l'hospice; voilà tout ce que j'ai à dire.

Le témoin. J'affirme que la femme Saint-Servant avait la tête paralysée.

Fouquier. Je nie le fait.

Cambon, substitut. Fouquier vient de vous dire qu'il n'avait jamais mis en jugement des personnes paralytiques.

Je vais démontrer qu'il a mis non-seulement des paralytiques, mais encore un homme sourd, aveugle et en enfance.

Durand-Pierre Puy-Deverine, né à Paris, âgé de soixante-neuf ans et demi, ex-noble, ex-maître des comptes, a été guillotiné, le 9 thermidor, comme complice de la conspiration du Luxembourg. Une déclaration légale reçue, le 29 nivose, l'an IIIe, chez Pointard, juge de Paix de la section des Droits de l'Homme, atteste ce fait : elle est signée de dix-sept témoins comparans, qui ont dit et déclaré qu'ils ont parfaitement connaissance que le citoyen Durand-Pierre Puy-Deverine était sourd et aveugle depuis trois ans environ, et qu'on était obligé même de le faire manger, et dans un état approchant de l'enfance, oubliant les trois quarts des choses les plus urgentes à la vie; qu'il était attaqué d'une descente, et que depuis un an il laissait tout aller sous lui, que, dans cet état il était impossible de le quitter un instant; que lorsqu'il fut conduit en prison, il était absolument dans le même état, et que, dans son état de démence où il était ce jour-là, il ignorait où on le transférait, ajoutant de plus, le citoyen Laurent, gardien, l'un des déclarans, que l'on eut toutes les peines du monde à pouvoir lui faire entendre ce dont il s'agissait à son égard, et le citoyen Baudelot, l'un des comparans, alors cocher du tribunal, nous a déclaré que lorsqu'on fut obligé de le descendre de la voiture, le 8 thermidor, en le transférant du Luxembourg à la Conciergerie, c'est ce que purent faire trois gendarmes, et lui déclarant, de le descendre de sa voiture, et qu'on fut obligé sur-le-champ de le changer, ayant tout lâché sous lui : suivent les signatures.

Cambon a fait lecture d'une foule de déclarations qui attestent les mêmes faits.

Nous nous contenterons de mettre sous les yeux de nos lecteurs un extrait de l'attestation de Geoffroy, médecin de la section de l'Homme Armé, qui certifie que le citoyen Puy-Deverine, demeurant rue des Francs-Bourgeois, section de l'Homme Armé, depuis trois ans environ, à la suite de différentes atteintes d'apoplexie, avait d'abord perdu la vue, par le transport de l'humeur qui s'était jetée sur ses yeux, y avait donné naissance à des cataractes, au point qu'il était obligé de se faire conduire; que depuis ce temps sa tête s'était affaiblie de plus en plus, et que la dernière année de sa vie il était tombé en enfance; enfin, que tous ses organes avaient tellement été frappés et altérés, qu'il ne pouvait retenir ses urines, et que souvent ses selles échappaient involontairement; qu'ayant soin depuis bien des années de sa santé il a vu ce triste état augmenter tous les jours, en sorte qu'au moment de sa détention ce citoyen était complétement en enfance et dans un état de décrépitude tant pour le physique que pour le moral.

Fait à Millenpart, ce 24 nivose, l'an IIIe.

Nous devons faire remarquer que, dans le procès-verbal d'audience, on lit : Pierre-Durand Guy-Deverine, au lieu de Durand-Pierre Puy-Deverine; que, dans les questions soumises au jury, on lit : Pierre-Durand Puy-Deverine, et au dessous, Marie-Marguerite Barcos, au lieu de Barckaus, femme de Guy ou Puy-Deverine, âgée de cinquante-cinq ans, née à Paris, y demeurant est rayée ; et en marge est écrit, de la main de Dumas: « réintégrée et jugée. »

Dans la déclaration du jury, insérée dans le jugement, on trouve seulement l'un des prénoms du citoyen Puy-Deverine ; celui de *Durand*, sans autre désignation ni qualification, et ni ces prénoms ni le nom de sa femme ne s'y trouvent. Le nom *Durand* est au numéro 24 qui est le dernier.

Plus bas, on lit : « Sont convaincus de s'être déclarés ennemis du peuple, savoir : Charpentier, Valot, *Durand*, la femme *Durand*, etc., d'où il résulte qu'il n'y a eu aucun jugement contre Puy-Deverine et sa femme.

Fouquier. On aurait dû alors présenter ces certificats. Je ne puis être responsable de tout ; j'ignore d'ailleurs si ce jour-là je siégeais. Ils n'étaient pas accusés de conspiration ; ils étaient traduits par le comité ; cet aveugle ne m'a pas paru dans l'enfance ; il a en outre fait des aveux à l'audience.

Cambon. Dans le procès-verbal d'audience on trouve Dumas, Maire et Félix, juges. Fouquier, accusateur public : les jurés étaient Specht, Magnien, Potherel, Masson, Deveze, Buttin, Gauthier, Fenaux et Laurent.

Ardenne. Dans l'acte d'accusation du 8 thermidor, Puy-Deverine et sa femme sont prévenus d'avoir fréquenté ceux de leur caste au mépris des sans-culottes, et d'avoir conservé des pièces fleurdelisées, etc.

Un témoin. J'affirme que, lorsque l'ex-duc de Gesvres fut mis en jugement et condamné à ce tribunal, il était pareillement dans un état de démence.

L'Huillier, gendarme, a attesté que lorsqu'il transféra à la commission populaire, au Louvre, Puy-Deverine et sa femme, le premier était sourd, aveugle et en enfance.

Trinchard, a dit le témoin, demanda à Puy-Deverine s'il était noble. Il ne l'entendait pas. Trinchard lui demanda pourquoi, ensuite, il avait conservé des médailles sur lesquelles était la figure de Capet. Ne pouvant répondre, son épouse dit que c'était des jetons à jouer, renfermés dans une bourse.

Trinchard répliqua : Les gens de votre caste sont toujours attachés à la royauté ; vous êtes coupable d'avoir laissé ces jetons à votre mari.

Ceci nous rappelle les étiquettes en émail de vins de Bordeaux, de Champagne, de Bourgogne, trouvées chez un homme riche, et que des juges ignorans ou plutôt pervers du tribuna d'alors traitèrent de signes de ralliement, pour la chimère du fédéralisme ; comme ils prétendaient méchamment que des croix et des chapelets étaient des signes de ralliement de la Vendée ; ce qui fit périr une foule de religieuses et d'autres citoyens.

Trinchard a répondu qu'il avait fait ce que son devoir et les lois lui ordonnaient, et qu'il croyait qu'outre les jetons il s'agissait de correspondances.

Jaubert. Trinchard m'a dit : Nous ne cherchons pas des innocens, mais des coupables.

Trinchard. Je nie ce propos.

L'Huillier. La femme Dupuy-Deverine me dit à la Conciergerie : Vous prétendiez, lors de notre interrogatoire à la commission, que nous serions mis en liberté, nous voilà cependant condamnés ; il n'y avait néanmoins contre nous que ce que vous avez entendu qui nous a été reproché à la commission populaire ; mon camarade Froment attestera ce fait. La femme Puy-Deverine donnait tous ses soins à son mari infirme. Ainsi la probité, la vertu et la piété conjugale ont encore une fois été assassinées par le crime.

Ardenne a ensuite instruit les jurés que Jean-François Perès, conseiller au ci-devant parlement de Toulouse, et membre de la dernière chambre des vacations de ce parlement, malgré les attestations de la commune de Toulouse, du 17 novembre 1750, portant que non-seulement Perès ne s'opposa jamais à la transcription, sur les registres du tribunal dont il était membre, d'aucun des décrets qui lui ont été adressés ; que d'après ses principes publiquement connus à Toulouse, il eût refusé de se compter à l'avis des protestations des 25 et 27 septembre, et qu'il eût fortement insisté à ce qu'il fût procédé à leur enregistrement pur et simple, sans aucune modification : nonobstant une foule d'attestations de civisme et de patriotisme; malgré un certificat de la municipalité de Toulouse, du 19 prairial, qui atteste que le citoyen Perès, ex-conseiller du parlement de Toulouse, a toujours été considéré comme bon citoyen, qu'il a montré être l'ami de la révolution, tant par les protestations qu'il a consignées sur les registres de la commune, au mois de septembre 1790, contre les arrêtés de la chambre des vacations, que par sa vie privée et politique depuis cette époque; malgré un décret de la Convention nationale, du 30 novembre 1790, sanctionné par le roi, portant que Maniban, membre de cette chambre des vacations, et Perès seraient mis en liberté, attendu qu'ils n'avaient pas participé aux susdits arrêtés ; ce qui fut exécuté.

Sans aucun égard à toutes ces attestations, Perès fut exécuté, le 8 messidor, avec vingt-deux membres du ci-devant parlement de Toulouse. Perès ne fut compris ni dans l'acte d'accusation, ni dans les questions soumises au jury, ni dans les jugemens. Les membres de cette chambre des vacations se retirèrent en Espagne, qui alors n'était pas en guerre avec la France ; ils rentrèrent dans leur domicile, en faveur d'un décret d'amnistie; ils justifièrent de leur retour ; on n'exerça aucune poursuite contre eux; mais, en novembre 1793, ils furent arrêtés et traduits au tribunal criminel du département de Haute-Garonne. Là, ils excipèrent du décret d'amnistie ; ce tribunal en informa la Convention.

Le 17 prairial, Capelle, accusateur public près le tribunal criminel du département de Haute-Garonne, écrivit à Fouquier que déjà il avait fait partir à deux différentes reprises vingt-six membres du ci-devant parlement de Toulouse, qu'il en faisait partir le lendemain ou le surlendemain dix-sept autres, un substitut du ci-devant procureur-général et un greffier, ajoutant qu'il lui en resterait encore quatre, étendus dans leur lit malades; qu'il était impossible de les traduire dans l'état où ils étaient; qu'il y en avait même deux qui ne pourraient peut-être pas partir du tout; qu'ils n'avaient pas quitté leur lit depuis 1788 ; qu'ils lui avaient fait remettre des mémoires avec prières de les transmettre à Fouquier, à qui il les a envoyés; qu'il n'a pu se procurer aucun renseignement positif sur le compte de tous ces individus; que les registres qui contenaient leurs délibérations, et qu'ils appelaient les registres secrets, avaient été enlevés.

Tripier, témoin déjà entendu, a déclaré que, le jour que Legris, commis-greffier, signifia, à la Conciergerie, le jugement de mort aux membres de la troisième fournée du ci-devant parlement de Toulouse, Perès, qui déjà avait les cheveux coupés, observa à Legris qu'il n'y était pas compris : mais que Legris fit semblant de tourner le feuillet, et lui dit : Vous y êtes. Legris a été guillotiné, le 1er thermidor, pour autre fait.

Les juges, dans cette affaire, étaient Dumas, Harny. Le nom de Sellier est effacé. Les jurés étaient Laporte, Pigeot, Leroi, Dix-Août, etc. Ce Harny, Laporte et Dix-Août ont répondu qu'ils ne se souvenaient pas même du nom de Perès.

Fouquier a tout rejeté sur Liendon qui siégeait, et a dit qu'il en avait informé la Convention par une lettre que voici :

« Paris, 22 messidor, l'an II, etc.

» Citoyen président, Jean-François Peresse, ex-conseiller au ci-devant parlement de Toulouse, n'avait point été compris dans l'acte d'accusation comme indiqué pour avoir protesté contre les protestations mêmes : mais dans le cours des débats il a été reconnu et constaté que cette protestation avait été faite tardivement, et d'ailleurs que ce Peresse (c'est ainsi que Fouquier écrit le nom de Perès) s'était montré dans tous les temps l'ennemi de la révolution : en conséquence, on l'a fait monter, et il a été jugé à mort et exécuté comme les autres, le 18 messidor. Il convient de vous observer qu'il a été avoué dans les débats que Peresse avait continué à siéger postérieurement aux protestations des 25 et 27 septembre dernier, et que ce n'est que d'après le décret du 8 octobre qui les traduisait à la haute cour nationale, et long-temps après que Peresse a cherché à se justifier, conduite bien différente de celle des deux membres de ce même parlement, dont les noms ne mourront pas, qui ont protesté de la manière la plus positive. N'ayant pas vérifié la liste des condamnés, j'ignorais que Peresse eût été jugé, d'autant mieux que je n'ai pas siégé ce jour-là. *Signé*, A. Q. FOUQUIER. »

Ardenne a observé à Fouquier qu'il en avait imposé à la Convention, en lui donnant de faux renseignemens, et a donné lecture des preuves de civisme de Perès, et des certificats en sa faveur, qui avaient été remis à Fouquier, et que nous avons rapportés plus haut. Fouquier a répondu que c'était Liendon qui lui avait dit tout cela.

Ardenne a ajouté que presque tous les conseillers du ci-devant parlement de Toulouse n'étaient pas à cette époque membres de la chambre des vacations, et que plusieurs étaient dans leurs terres depuis 1788; qu'il n'y avait dans le dossier du procès aucune pièce à charge contre eux, tandis qu'il y en avait une foule à décharge, et qu'aucun de ces membres n'avait signé les arrêtés en question.

Beaulieu, artiste du théâtre du Palais, présenté par Naulin, a déposé en sa faveur de plusieurs traits d'humanité, qui constatent que Naulin a sauvé la vie à plusieurs personnes.

Beaulieu a cité particulièrement l'amalgame dans lequel était la femme Brochan, qui doit la vie à Naulin; c'est dans ce même jugement, a dit Beaulieu, que le plus vertueux des hommes fut assassiné, et j'en accuse Gérard. Bézard n'avait d'autre chef d'accusation que d'être prévenu d'avoir entretenu des correspondances avec les ennemis de la patrie, et de leur avoir fait passer des fonds. Eh bien! il fut constant et prouvé aux débats que ce prétendu délit n'était qu'une simple opération de commerce et de change, tel que depuis plus de trente ans la maison du citoyen Hue, connue sous le nom de Bézard père et fils, à Montpellier, a toujours fait, ainsi que les lois l'autorisaient.

Il n'était question que de 14,000 livres, encore n'était-ce pas

Bézard qui avait fait l'opération, mais bien le citoyen Hue, qui, à cette époque, effrayé du terrorisme, sachant que Bézard était arrêté, se sauva de sa maison pour échapper aux assassins, et il fit bien.

Enfin, citoyens jurés, ce délit reproché à Bézard, et commis par Hue, était si peu criminel, que le citoyen Hue est rentré au sein de sa maison, de ses amis, qu'il y jouit en paix de l'estime de ses concitoyens; cependant Bézard fut égorgé! Ce qui prouve que Gérard avait intérêt de le perdre, c'est que, dans le cours des débats l'innocence de Bézard étant démontrée d'une manière lumineuse, Gérard lui dit : Au surplus tu es connu dans ta section pour un mauvais citoyen, pour un aristocrate. (Gérard était de la même section.)

Bézard répondit avec cette candeur qui n'appartient qu'à l'innocence : J'ai fait tout le bien que j'ai pu faire, et j'ai toujours donné plus qu'on ne m'a demandé, ce qu'il prouva; mais Gérard ne voulait pas laisser échapper sa victime; il lui dit : Tu as un frère commandant dans la garde nationale, qui est connu pour un déterminé aristocrate!

Je n'ai point de frère portant mon nom, répondit avec douceur le malheureux Bézard! Alors Gérard, entrant en fureur et frappant sur la table, lui dit, en se servant de l'exemple de la fable du loup et de l'agneau : Eh bien! si ce n'est pas toi, ni ton frère, c'est au moins ton père!

(A cet instant de la déposition de Beaulieu, tous les spectateurs ont poussé un cri d'horreur.)

Puis, s'adressant à Gérard, Beaulieu lui a dit : Vous ne pouvez nier aucun de ces faits, ils doivent être présens à votre mémoire, votre châtiment commence, car, par un hasard particulier, vous vous trouvez assis à la même place, et précisément à la même place où vous avez égorgé le meilleur de mes amis; l'homme qui n'avait d'autre crime que d'avoir de la fortune, et qui l'employait à soulager tous les malheureux qui l'entouraient.

Gérard n'a pu détruire les reproches de Beaulieu, qu'en disant aux jurés de remarquer que Bézard était son ami, et que sa déposition était suspecte.

Fouquier a déclaré au tribunal que les comités de gouvernement lui avaient forcé la main pour mettre Bézard en jugement.

Beaulieu, interpellé par différens accusés, a parlé à charge et à décharge sur chacun d'eux. Renaudin et Fouquier, qui se trouvaient inculpés, ont particulièrement attesté au tribunal qu'ils ne connaissaient pas un meilleur citoyen, et une ame plus probe que celle de Beaulieu, et qu'il n'avait aucun intérêt de ne pas dire la vérité.

Beaulieu a terminé sa déposition en disant : J'étais si convaincu de l'innocence de l'homme que je connaissais depuis douze ans, que pendant que les jurés étaient aux opinions, ayant consulté le président, l'accusateur public, les juges, tous me dirent : Ton ami est sauvé ; cet homme ne devait pas même être mis en jugement. Je commis une imprudence que je me reprocherai toute ma vie : j'écrivis du tribunal à l'épouse et à l'infortunée fille de Bézard : Calmez vos douleurs, essuyez vos larmes, dans une demi-heure je vous reconduirai mon ami dans vos bras : les jurés rentrent, Bézard essuie le feu de file. Je dis donc que Gérard a influencé ce jugement, et je l'accuse de l'assassinat de Bézard.

Nous prévenons nos lecteurs que nous terminons ici les déclarations des témoins entendus dans le cours de cette longue procédure, dont les audiences, depuis le 1er floréal jusqu'au jugement, ont duré environ douze heures par jour. Nous regrettons de ne pouvoir exposer, dans ce moment, ce qui concerne les délits matériels relatifs aux femmes enceintes ; les jugemens en blanc, les déclarations contre Héron, un des grands arrestateurs de l'ancien comité de sûreté générale, les nombreuses dépositions de témoins à décharge, les résumés de l'accusateur public et du président, les défenses générales des accusés, les plaidoyers des défenseurs officieux, etc. Il faudrait encore près de quarante numéros pour achever cette tâche, que nous interrompons à regret, que peut-être nous donnerons un jour, parce que c'est une des pièces les plus essentielles à l'histoire des crimes de notre siècle et que nous avons eu le courage d'entreprendre pour en inspirer toute l'horreur. Nous nous occuperons de cette rédaction dans un voyage que nous sommes obligés de faire.

Nous sommes instruits qu'on réimprime cet ouvrage, en petit format, à Paris et à Rouen, in-8°; nous nous proposons aussi de donner la même collection en petit format; elle sera plus complète et contiendra des détails curieux, des développemens et des notes que le temps et les bornes de cette feuille ne nous ont pas permis d'y insérer. Nous dirons seulement, quant à présent, que cent quatre-vingt-seize témoins à charge, et deux cent vingt-trois à décharge (total quatre cent dix-neuf) ont été entendus dans ce procès.

Les débats ont été fermés le 12 floréal à deux heures après midi.

A 5 heures du soir, Cambon, substitut de l'accusateur public, a fait son résumé.

A sept heures et demie, Fouquier a été entendu dans sa défense générale jusqu'à dix heures.

Du 13.

A neuf heures du matin, Fouquier a continué à être entendu jusqu'à onze heures.

Naulin, Hermann, ont été également entendus.

La séance a été levée à deux heures.

Du 13 floréal, au soir.

Leroi de Montflabert, dit Dix-Août, Lanne, Sellier, Chrétien, Villate, ont été entendus dans leur défense générale.

Du 14, neuf heures du matin.

Brochet, Valagnos, Boyenval, Beausire, Chatelet, Renaudin, Maire, Deliége, Benoît, Foucault, Benoît-Trey, Gérard, Lohier, ont également été entendus.

Du 14 au soir.

Garnier de Launay, Laporte, Trinchard, Dupaumier, ont parlé dans leur défense générale.

Guyard et Verney, aussi accusés, ont déclaré qu'ils s'en référaient à la défense qui sera administrée par leurs défenseurs.

Fouquier-Tinville a dit qu'il manquait un complément à sa défense : les trois déportés et les membres des anciens comités de gouvernement, actuellement incarcérés.

Ce n'est pas moi, a-t-il dit, qui devrais être traduit ici : mais les chefs dont j'ai exécuté les ordres. Je n'ai agi qu'en vertu des lois des 14 frimaire et 23 ventose, lois portées par une Convention investie de tous les pouvoirs ; par l'absence de ses membres, je me trouve le chef d'une conspiration que je n'ai jamais connue ; me voilà en butte à la calomnie, à un peuple toujours avide de trouver des coupables. (Violens murmures.) Il n'y a que des malveillans qui puissent trouver mauvais ce que je dis.

Fouquier a ensuite répondu à plusieurs faits à lui imputés.

Du 15 au matin.

Gaillard de la Ferrières a parlé pour Fouquier.
Cressend, pour Boyenval et Verney.
Villain, pour Benoît et Valagnos.
Boutroue, pour les juges et les jurés en masse.
Gobert, pour Hermann, Lanne et Beausire.

Du 15 floréal au soir.

Cressend a parlé pour Dupaumier.
Quenaud, pour Guyard.
Domangé, pour chacun des ex-juges et des ex-jurés.

Du 16, neuf heures du matin.

Domangé a continué son plaidoyer jusqu'à onze heures.
Leroi de Montflabert, dit Dix-Août, ex-maire de Coulommiers, Fouquier-Tinville, Ganney et Valagnos, tous quatre ac-

cusés, ont encore fait quelques observations pour compléter leur défense : ensuite le tribunal s'est retiré en la chambre du conseil.

A une heure et quart, Cambon, substitut, a requis, et le tribunal a déclaré que les accusés seraient jugés sans désemparer.

Alors le président a fait le résumé de cette affaire avec exactitude, précision et impartialité.

Après les questions, les jurés se sont retirés dans leur chambre pour y délibérer.

Du 17.

A midi les jurés sont rentrés pour faire leur déclaration, ce qui a duré jusqu'à trois heures : le tribunal s'est ensuite retiré dans la chambre du conseil pour y délibérer ; il est rentré à cinq heures, les accusés ont été amenés à l'audience, et le jugement suivant a été rendu,

Vu la déclaration du jury, portant 1° que Fouquier-Tinville est convaincu de manœuvres et complots tendans à favoriser les projets liberticides des ennemis du peuple et de la République, à provoquer la dissolution de la représentation nationale et le renversement du régime républicain, et à exciter l'armement des citoyens les uns contre les autres, notamment en faisant périr sous la forme déguisée d'un jugement une foule innombrable de Français de tout âge et de tout sexe : en imaginant, à cet effet, des projets de conspirations dans les diverses maisons d'arrêt de Paris ; en dressant, en faisant dresser, dans ces différentes maisons, des listes de proscriptions, etc., etc., etc., et d'avoir agi avec de mauvaises intentions ;

2° Que Foucault, Scellier, Garnier Delaunay, Leroi dit Dix-Août, Renaudin, Villate, Prieur, Châtelet, Gérard, Boyenval, Benoît, Lanne, Verney, Dupaumier, Hermann, sont convaincus d'être complices de ces manœuvres et complots, et d'avoir agi avec de mauvaises intentions ; le tribunal les a condamnés à la peine de mort.

3° Que Maire, Harny, Deliége, Naulin, Delaporte, Lohier, Trinchard, Brochet, Chrétien, Ganney, Trey, Guyard, Valagnos, ne sont pas convaincus d'être auteurs, mais qu'ils sont convaincus d'être complices de ces manœuvres et complots ; et attendu qu'ils n'ont pas agi avec de mauvaises intentions, le tribunal les a acquittés.

4º Que Duplay et Beausire ne sont pas convaincus d'être les auteurs ni les complices de ces manœuvres et complots ; le tribunal les a également acquittés.

Tous ceux qui ont été acquittés ont été mis en liberté, excepté Naulin, Lohier, Trinchard, Brochet, Chrétien, Trey, Duplay et Valagnos, qui seront réintégrés dans les prisons où ils étaient précédemment détenus pour autre cause.

— Nous avons trouvé dans le n. XIII du procès de Fouquier Tinville une note que nous croyons devoir reproduire ici.

« Nous répétons avec plaisir, dit le rédacteur, pour la satisfaction du citoyen Meusnier, adjudant-général provisoire, que c'est par erreur que nous avons annoncé dans le compte rendu de la séance du 14 : *qu'attendu l'intelligence de Meusnier avec les faiseurs de listes de proscriptions, un mandat d'arrêt avait été lancé contre lui.* — Le mandat d'arrêt, dans cette séance, a été lancé contre Lanne, d'après la déposition de Meusnier et de Julien contre Lanne et non contre Boyenval. »

EXTRAITS DE LA PROCÉDURE DU COMITÉ RÉVOLUTIONNAIRE DE NANTES.

En voyant l'étendue de cette procédure, nous nous étions décidés à n'en reproduire que la partie dans laquelle figure Carrier, et où les faits importans sont résumés et prouvés. Mais nous avons réfléchi que cette récapitulation ne suffisait pas pour donner une idée complète des horreurs dont avait été souillée la ville de Nantes sous l'influence de ce représentant. En conséquence, et afin de montrer à quels excès peuvent se porter des hommes politiques qui agissent au nom d'une doctrine matérialiste, comme aussi pour faire comprendre à combien juste raison Robespierre voulait la mort de Carrier, nous allons recueillir les plus intéressans témoignages de cette procédure.

— Dans la séance du 28 vendémiaire, Naud l'aîné, devenu accusé, remet au président du tribunal un arrêté conçu en ces termes :

Nantes, le septième jour de la première décade du deuxième mois de l'an II de la république française.

Les véritables braves sans-culottes de Nantes, appelés par les représentans du peuple de la Convention nationale et administrateurs du département, se sont assemblés à quatre heures de l'après-midi, provisoirement dans l'une des chambres de la maison Cottin, pour y établir les commissaires qui avaient été convoqués pour former entre eux une compagnie révolutionnaire. Après l'examen, ils ont été reçus. (Suivent les noms des quarante et un membres qui la composaient.)

Les représentans du peuple français, près l'armée de l'Ouest, approuvent et confirment la formation de la compagnie révolutionnaire, telle qu'elle est organisée : de l'autre part, lui confèrent collecfivement et individuellement à chaque membre le droit de surveillance sur tous les citoyens suspects de Nantes, sur les étrangers qui y rentrent ou qui y résident, sur ceux qui s'y réfugient, sur tous les accapareurs de toutes espèces, sur tous ceux qui chercheront à soustraire ou à recéler frauduleusement les substances, marchandises et denrées de première nécessité, qui auraient déjà commis de pareils délits. Enfin, la dite compagnie veillera sur tous les malveillans et ennemis de la république française; elle sera tenue de les dénoncer au comité de surveillance établi à Nantes, en ce qui les concernera, et aux représentans du peuple, s'il s'agit d'un complot contre la liberté nationale, ou la sûreté générale de la République.

Chaque membre de la compagnie aura le droit de faire arrêter ou d'arrêter tout individu dont il croira prudent de s'assurer, à la charge de le conduire de suite au comité de surveillance. La compagnie surveillera, de plus, tous les conciliabules des ennemis de la Révolution ; elle s'attachera à la découverte de toutes les assemblées appelées *chambres littéraires*; elle dénoncera le tout au comité de surveillance. Les membres de la compagnie arrêteront ou feront arrêter tous les individus qu'ils trouveront assister aux conciliabules ou chambres littéraires. La compagnie exercera la surveillance et les pouvoirs qui lui sont délégués par le présent arrêté, dans toute l'étendue du département de la Loire-Inférieure. La force publique obéira partout aux réquisitions qui lui seront adressées, soit au nom de la compagnie, soit au nom individuel des membres qui la composent. La compagnie, et ses membres en particulier, auront le droit de faire des visites domiciliaires partout où ils le jugeront convenable, dans Nantes et dans l'étendue du département de la Loire-Inférieure. Nul individu ne pourra s'y opposer, et sera tenu, au contraire, d'ouvrir aux membres de la compagnie les portes de tous les lieux et appartemens où ils jugeront convenable de porter leur surveillance et leurs recherches. En cas de refus, les membres de la compagnie demeureront autorisés à faire ouvrir les portes par des gens de l'art, même à les faire enfoncer, s'il y a lieu. En cas de rébellion, ils requerront la force armée, qui sera tenue de leur prêter obéissance et secours. Ceux qui auront opposé rébellion seront saisis sur-le-champ, et punis comme rebelles à l'exercice de l'autorité légitime.

Signé: *Les représentans du peuple, près l'armée de l'Ouest, réunis à Nantes,* FRANCASTEL, CARRIER.

Les représentans du peuple, après avoir reconnu l'exactitude que la compagnie révolutionnaire, dite Marat, a mise à exécuter les ordres à elle donnés, accorde à chaque membre de ladite compagnie 10 livres par jour, pour favoriser les besoins de chaque individu. Le quartier-maître sera tenu de faire le paiement à l'expiration de chaque décade.

Nantes, le 30 brumaire, l'an second, etc.

Signé : *Le représentant du peuple*, CARRIER.

—Joseph-Hervé Labauce, propriétaire rentier à Nantes, et Catherine Vernier, sa femme, sont entendus. Le mari dépose que

Pinard l'a frappé et terrassé, au moment de son arrestation.

L'épouse de Labauce. Heureusement pour nous, le jour de notre arrivée à l'entrepôt (1), nous en fûmes extraits par un membre de la commission militaire, car nous aurions été noyés comme les autres l'ont été la nuit même ; il fit plusieurs questions à ma fille cadette, et parut convaincu de notre innocence, persuadé du moins qu'il n'y avait contre nous que des soupçons légers, il prit le plus vif intérêt à notre malheur, et nous fit transporter sur-le-champ au Bouffay, où nous avons été détenus pendant quarante-six jours. Assignats, numéraire, bijoux, tout nous a été enlevé. Conduits au comité, nous nous plaignions de ces vols. Pinard soutint que nous étions des brigands ; il déclara que c'était injustement que nous réclamions 4,000 livres en assignats et des bijoux, qu'il ne nous avait été pris que 900 livres. Goulin, à ce sujet, adresse la parole à Pinard, en ces termes : Tu ne m'avais pas parlé de ces 4,000 livres. Pinard répond : Nous nous en arrangerons.

On donne lecture d'un ordre signé Goulin, conçu ainsi qu'il suit :

Le nommé Luxeau, dit Lamulonière, reconnu de tout temps par son aristocratie, sa femme et sa fille, tous déguisés en paysans, ont été trouvés dans les marais de la Gibaudière, chez la veuve Alliot, ont été saisis et conduits devant le comité révolutionnaire par le citoyen Pinard.

Ont été trouvés par le même, et cachés dans le même lieu, le nommé Hervé, dit Labauce, et sa fille, déguisés également en paysans.

On recommande les gredins ci-dessus qui, outre le crime de s'être cachés déguisés, sont chargés d'avoir deux fils émigrés.

Ces honnêtes gens sont fatigués, malades, ont besoin des soins les plus délicats, c'est justice de leur expédier billet d'hôpital ; en vérité, en vérité, le comité révolutionnaire ne peut s'empêcher

---

(1) Maison que l'on disait plus particulièrement destinée aux individus condamnés à la noyade et aux fusillades. (*Note des auteurs.*)

de les recommander chaudement à ses frères de la commission militaire et révolutionnaire.

Signé : Grandmaison, Chaux, Goulin.

Je certifie cette recommandation écrite de la main de Goulin, laquelle est déposée en original aux pièces du procès de la famille de Labauce.

Paris, ce 26 vendémiaire, etc.

Signé : Brignon.

Le président à Goulin. Comment justifiez-vous cet arrêté cruel ?

Goulin. Il est de notoriété publique que les Labauce sont de la classe nobiliaire ; qu'ils ont des enfans émigrés ; qu'ils ont entretenu des intelligences avec les brigands, et qu'ils ont été arrêtés les armes à la main : tels ont été les motifs qui m'ont déterminé à les faire conduire à l'entrepôt pour être traités comme ils le méritaient.

Le président à Goulin. Je vous observe que tous les délits par vous reprochés à la famille Labauce sont démentis par les témoins entendus jusqu'ici.

Goulin et *Pinard.* Cette famille avait contre elle l'opinion publique, et rien de plus notoire qu'ils étaient des brigands, et devaient être traités comme tels.

Le président à Labauce. Quelles observations avez-vous à présenter au tribunal relativement aux inculpations des accusés ?

Le témoin Labauce. Lorsque je fus arrêté, j'étais, à la vérité, en grande veste de paysan, mais je n'avais point d'armes ; j'ai deux garçons qui m'ont abandonné, il y a quatre ans, à l'âge de quatorze ans ; ils ont passé à Génève avec des passeports, et depuis ce temps nous n'en avons eu aucune nouvelle. A l'égard de notre moralité avant et depuis la révolution, je puis assurer le tribunal, sans crainte d'être contredit par les témoins, que nous étions des citoyens paisibles, qui n'avions manifesté aucune opinion contraire à la révolution ; nous ne l'avions entravée en aucun genre, et nous étions connus dans les environs pour des hospitaliers amis de l'indigence et de l'humanité qui demandaient à être secourues : il est encore également faux que nous fussions des nobles ; nous n'avons jamais été que des propriétaires exploitant par nous-mêmes nos terres.

Plusieurs témoins invités de s'expliquer attestent à l'unanimité la vérité de cette déclaration.

Bernard Lacaille, gardien de la maison d'arrêt du Bouffau. Dans la nuit affreuse du 24 au 25 frimaire, deux membres de la compagnie Marat, que je ne connais pas, apportent au Bouffay deux paquets de cordes ; vers les neuf heures du soir, ils demandent à enlever cent cinquante-cinq détenus pour les transférer à Belle-Isle, à l'effet d'y construire promptement un fort : vers les dix heures du soir, leur succèdent vingt ou quarante soldats de cette compagnie ; ils renouvellent la demande de cent cinquante-cinq détenus. Je ne puis, leur répondis-je, vous les livrer sans ordre. Aussitôt deux de ces particuliers se rendent, je crois, au comité ; ils m'apportent une liste de cent cinquante-cinq détenus, avec un ordre signé de Goulin et Levêque. Je leur observe que plusieurs des individus portés sur la liste des détenus sont en liberté, ou malades dans les hospices, ou morts.

Les soldats de la compagnie Marat, après avoir bu et mangé, développent leurs paquets de cordes et s'amusent entre eux à se lier, pour connaître ceux qui, en ce genre, seraient les plus habiles, et c'est l'accusé Joly qui remporte le prix. Les portes des chambres des prisonniers s'ouvrent ; on les amène à la geôle ; Joly les attache deux à deux, les mains liées derrière le dos.

Grandmaison entre dans la cour, et fait faire diligence. Goulin fulmine de ce qu'on ne peut compléter la liste de cent cinquante-cinq prisonniers. Je t'en ai envoyé quinze ce soir, me dit-il ; qu'en as-tu fait? Je lui réponds qu'ils ont été logés dans les chambres d'en haut. — Eh bien, qu'on me les fasse descendre. J'obéis. Au lieu de cent cinquante-cinq, Goulin se contente de cent ving-neuf ; mais, ce nombre n'étant pas encore complété, il ordonne de prendre indistinctement les premiers venus, parce que le temps presse ; il jure, il demande où ont été envoyés les autres. Je réponds que, pour causes de maladies, ils ont été transférés. Dépêchons-nous, répète Goulin, la marée baisse; il faut aller prendre les autres à l'hôpital. Au milieu du désordre et de la confusion qu'ils mettent dans leur expédition, cet article est oublié; enfin, à quatre heures du matin ces malheureuses victimes dévouées à la mort partent sous le commandement de Goulin et de Grandmaison. Plusieurs d'entre eux n'avaient pas encore subi de jugement; les autres avaient été condamnés par la commission militaire à quelques années de détention, d'autres à quelques mois, et cependant je crois que tous, sans exception, ont été noyés.

Les accusés Chaux et Goulin interrompent le témoin, et réclament à grands cris la parole; elle leur est accordée.

Goulin. Citoyens juges et jurés, depuis assez longtemps les humiliations, les haines et les murmures grondent sur nos têtes; depuis assez longtemps des soupçons horribles, accrédités par quelques faits, nous livrent journellement à mille morts, et l'auteur de toutes nos angoisses jouit encore de sa liberté.

L'homme qui électrisa nos têtes, guida nos mouvemens, despotisa nos opinions, dirigea nos démarches, contemple paisiblement nos alarmes et notre désespoir. Non, la justice réclame celui qui, nous montrant le gouffre où nous nous jetâmes aveuglément à sa voix, est assez lâche pour nous abandonner sur le bord; il importe à notre cause que Carrier paraisse au tribunal; les juges, le peuple enfin, doivent apprendre que nous ne fûmes que les instrumens passifs, et de ses ordres et de ses fureurs.

Qu'on interpelle tout Nantes, tous vous diront que Carrier seul provoqua, prêcha, commanda toutes les mesures révolutionnaires.

Carrier força le président du tribunal de faire guillotiner, sans jugement, quarante Vendéens, pris les armes à la main; Carrier força la commission militaire de fusiller légalement trois mille brigands qui empoisonnaient la cité.

Carrier donna droit de vie et de mort sur les rebelles à Lambertye et Fouquet, qui abusèrent de leur pouvoir pour immoler jusqu'à des femmes enceintes et des enfans.

Carrier, lors d'une insurrection au Bouffay, et de la menace d'une invasion de l'armée catholique, proposa aux administrations réunies de faire périr les prisonniers en masse.

Carrier commanda de noyer cent quarante-quatre individus, dont le sacrifice importait, croyait-il, au repos de la prison et de la cité. Carrier seul donna enfin cette impulsion terrible, qui jeta hors des bornes des patriotes ardens, mais égarés.

Citoyens jurés, vous dont le maintien calme annonce l'impartialité, vous ne prononcerez pas sur le sort de tant de victimes égarées, sans avoir entendu l'auteur de tous nos maux et de toutes nos fautes. Que Carrier paraisse; qu'il vienne justifier ses malheureux agens, ou qu'il ait la grandeur de s'avouer seul coupable.

Sur le réquisitoire de l'accusateur public, le tribunal ordonne l'envoi de la demande des accusés, signée de Goulin, au comité de sûreté générale, séance tenante.

Le président au même témoin. Ordonnait-on aux prisonniers d'emporter leurs paquets et autres effets à leur usage?

Le témoin Bernard Lacaille. On leur recommandait en effet de faire leurs paquets, et de se charger de tout ce qui leur appartenait; on leur enjoignait spécialement de ne point oublier leurs portefeuilles, parce que, disaient les conducteurs, c'était l'objet le plus précieux, le plus important.

A son tour, Grandmaison est incarcéré au Bouffay; il pleurait; il craignait qu'on ne lui fît un procès pour la noyade. « N'aviez-vous pas, lui dis-je, des ordres de Carrier? — A la vérité, me répond Grandmaison, Carrier nous avait ordonné de conduire les détenus sur des bateaux, mais non pas de les noyer.

Depuis quatre mois j'étais absent de chez moi pour cause de maladie, et je n'y rentrai que la veille de la noyade.

J'accuse Pinard d'avoir soustrait beaucoup d'effets dans les maisons des riches; d'avoir pillé, volé et incendié dans la paroisse de Suffay; d'avoir conduit chez différens membres du comité du bois qui avait appartenu à des émigrés.

La révolte qui a eu lieu au Bouffay était l'ouvrage de cinq à six scélérats, piliers de prison ; les détenus, comme suspects, n'y ont nullement participé.

Le président au témoin. Connais-tu Hubert, le dénonciateur de la conspiration des prisons?

Bernard Lacaille. C'est un voleur de profession, qui servait de témoin au tribunal. Transféré à Sainte-Claire, il fut mis en liberté, et devint l'espion du comité et de Forget.

Le président à Goulin. Dans la nuit du 24 au 25 frimaire, n'avez-vous pas dit que si les quinze individus, par vous envoyés le soir, n'étaient pas suffisans pour compléter le nombre de cent cinquante-cinq prisonniers, il fallait prendre indistinctement les premiers venus?

Goulin. Les quinze particuliers qui furent conduits au Bouffay quelques jours avant le 24 étaient des brigands pris, les armes à la main, dans les marais de Montoire ; ils seraient aujourd'hui des chouans, s'ils n'eussent été arrêtés.

Le président à Goulin. Ces prisonniers, avant d'être noyés, ont-ils été interrogés?

Goulin. Cela n'était pas nécessaire ; la loi voulait qu'ils fussent fusillés.

L'accusateur public de Nantes déclare que les quinze détenus ajoutés sur la liste pour compléter les 129 n'étaient pas des brigands.

Le président à Goulin. Avez-vous ou non ordonné de prendre indistinctement les premiers venus parmi les prisonniers?

Goulin. Je le nie.

Chaux, Grandmaison, Joly et Durassier, interrogés sur ce qui les concernait chacun en particulier dans la déposition du témoin, ont avoué les principaux faits, et nié les autres.

Pierre Fournier, soldat vétéran, lieutenant-colonel temporaire, commandant l'arrondissement du Cours du peuple, est entendu comme témoin.

Pierre Fournier. J'accuse le comité révolutionnaire de Nantes d'avoir calomnié les citoyens de cette commune, d'avoir altéré la confiance de la représentation nationale dans les Nantais, en annonçant et publiant faussement qu'il avait existé une conspiration tendante à massacrer les mandataires du peuple, les autorités constituées et les chefs militaires de la garnison; en faisant battre la générale le 25 brumaire contre tout droit légitime, et à l'insu du commandant temporaire; en faisant braquer des canons sur toutes les places, et en employant tous les moyens de persuader et convaincre le peuple de cet affreux complot, et pour légitimer en quelque sorte les arrestations arbitraires, projet désastreux et mensonger qui a mis tous les citoyens en défiance les uns contre les autres.

Dans la nuit du 2 au 3 frimaire, sur le bruit de l'approche des rebelles, le commandant temporaire m'avait ordonné de tenir mes postes dans l'état de la plus exacte surveillance; à peine avais-je reçu cet ordre important, que je me vis arrêter, sans qu'une mesure extraordinaire fût combinée entre le représentant du peuple et le commandant temporaire, qui n'en fut prévenu que vingt-quatre heures après; cependant les brigands étaient aux portes de Nantes; les postes que je commandais restèrent pendant vingt-quatre heures à découvert, et sans chefs, et ce fut du fond de ma prison qu'il me fallut donner les ordres nécessaires, jusqu'à ce qu'il y fût autrement pourvu.

Il y eut à Nantes quatre-vingt-seize prêtres de noyés, vers la fin de brumaire; quatre se sauvèrent à bord d'une galiote hollandaise; ils furent repris et noyés le lendemain. Ce fait m'a été certifié par le nommé Foucaud, qui était présent à la noyade; il l'a déclaré chez le commandant temporaire, en présence de l'adjoint Duboul et des chefs d'arrondissement, et faisant parade d'une paire de souliers qu'il portait à ses pieds, et dont il avait dépouillé l'un des prêtres noyés.

C'est Goulin, Chaux et Carrier, avec ses acolytes, qui inventèrent la ruse infernale de la conspiration du 22 brumaire, pour faire périr les Nantais. S'ils étaient restés à Nantes, il n'y a point de doute que Carrier ne les eût fait noyer.

Chaux. Je déclare au tribunal et à tout le peuple qui m'entend, que Carrier et ses infâmes bourreaux sont les auteurs de tous les crimes qui ont été commis.

Le témoin Naud, devenu accusé, a fait de nouvelles déclarations relatives aux brigands de la Vendée qui venaient se rendre volontairement et en foule, sur la foi des proclamations qui leur promettaient amnistie ; il annonce qu'il s'est rendu à cet effet chez Carrier, pour savoir ce que l'on ferait de ces brigands ; que Carrier le traita de bougre de gueux, de contre-révolutionnaire qui ne savait pas son métier, et qu'il le forcerait à remplir son devoir, s'il osait s'y refuser ; et ce prétendu devoir, observe Naud, était d'assassiner des gens qui venaient se rendre avec armes et bagages.

Ce fut à cette occasion, ajoute Naud, que les administrations de Nantes s'assemblèrent et se rendirent chez Carrier, pour lui demander l'exécution de la proclamation ; tout le monde craignait de l'aborder, et lorsqu'il s'agissait de lui envoyer une députation, on se jetait, comme dit le proverbe, chat aux jambes.

Jean-Baptiste O'Sullivan, âgé de trente-trois ans, natif d'Angers, maître d'armes, et nommé par Carrier adjudant de la place de Nantes, déclare qu'il a vu mener à l'entrepôt des brigands ; qu'il les a vus embarquer, qu'il y avait des bateaux à soupape ; qu'il a été commandé pour conduire des femmes dans une galiote ; qu'il a été témoin oculaire de noyades de brigands et de femmes ; que toutes ces expéditions se faisaient par les ordres de Carrier qui traitait les citoyens de Nantes de contre-révolutionnaires, et disait qu'il ferait venir cent cinquante mille hommes pour en exterminer tous les habitans.

Le président au témoin. Ne vous êtes-vous pas exercé à saigner les brigands au cou avec un couteau dont la lame était très-étroite ? Ne vous en êtes-vous pas vanté, en disant : « J'avais regardé avec attention comment un boucher s'y prenait, je faisais semblant de causer avec ces brigands ; je leur faisais tourner la tête, comme pour regarder les passans ; je leur passais le couteau dans la gorge, et cela était fini. » (Frémissemens d'horreur.)

Le témoin. J'étais incorporé dans un bataillon de six cents hommes, qui a fait preuve de bravoure contre les brigands, et qui a beaucoup souffert, puisqu'il est réduit à quarante hommes : dans un mouvement d'indignation, j'ai donc pu dire que si je tenais les brigands, je les saignerais avec mon couteau, et ce, pour venger mes frères d'armes et la patrie de toutes les horreurs commises par ces scélérats ; mais je suis incapable d'avoir tenu le propos qui m'est imputé, et encore plus de mettre à exécution la saignée dont on parle, et que je n'ai pu entendre sans frémir moi-même.

Le président au témoin. Je vous observe que vous étiez à dîner dans un jardin de Nantes ; que c'est en cet endroit et dans cette occasion que s'est tenu ce propos ; et qu'il en existe une dénonciation écrite et émanée d'un fonctionnaire public.

Le témoin. Ce propos a été mal saisi, et mal rendu ; je soutiens que les explications par moi données sur ce propos sont absolument conformes à la vérité.

Sur le réquisitoire de l'accusateur public, le tribunal décerne un mandat d'arrêt contre le témoin O'Sullivan.

François-Coron, ex-procureur, soldat de la compagnie Marat, et membre de la commission des trois, instituée par Prieur et Carnot, déclare avoir eu connaissance que sept mille cinq cents brigands ont été fusillés à la carrière de Gigan, et que quatre mille autres ont été noyés. « On m'a de plus assuré, dit le témoin, qu'on avait arraché le fruit à une femme prête d'accoucher ; qu'on l'avait mis au bout d'une baïonnette, et qu'on l'avait jeté à l'eau. J'ajoute que dans la nuit du 24 au 25 frimaire je me suis rendu au Bouffay avec toute la compagnie Marat : que je m'assis à la geôle, et me retirai sur les trois heures du matin ; Goulin était arrivé à dix heures du soir.

» Tandis qu'on liait les prisonniers, continue Coron, je remarquai un grand grenadier qui pleurait ; je lui en demandai la cause, il me répond qu'il est condamné à quinze jours de discipline, et que sans égard pour cette décision, on va l'envoyer aux travaux publics : un autre m'observe que, dépouillé par les brigands de tous ses vêtemens, il se trouvait tout nu ; que, pour couvrir sa nudité, il a eu la faiblesse de prendre un pantalon, et que pour ce vol on va le faire mourir. »

Goulin disait à la tribune de la société de Sainte-Croix, continue le témoin : « Prenez garde de recevoir parmi vous des modérés, de faux patriotes : il ne faut admettre que des révolutionnaires, des patriotes ayant le courage de boire un verre de sang humain. »

Goulin, interpellé, a nié les faits. A l'égard de son arrivée au Bouffay, il a prétendu y avoir paru, non pas à neuf et à dix heures du soir, comme le disait le témoin, mais bien à trois heures du matin, ayant passé le temps précédent à attendre Carrier pour avoir sa dernière détermination.

A l'égard du verre de sang, Goulin a dit qu'on avait empoisonné ses observations, et que dans tous les cas il se faisait gloire de penser comme Marat, qui aurait voulu pouvoir s'abreuver du sang de tous les ennemis de la patrie.

Sophie Bretonville dépose que Perrochaux vint plusieurs fois chez ses parens, sous le prétexte de s'intéresser à l'élargissement de son père, lui promettant sa liberté, si elle voulait consentir à ses propositions malhonnêtes.

» Je le repoussai, dit-elle, avec indignation, et Perrochaux me menaça d'arranger la dénonciation de mon père, quoiqu'elle ne fût rien dans le principe.

» Perrochaux ne rougit pas de renouveler ses propositions à une autre époque où il était venu nous importuner : ma mère s'absente quelques instans, Perrochaux en profite pour éteindre la chandelle et m'insulter ; je m'écrie, ma mère revient, et me délivre des attaques de cet homme.

» Perrochaux me rencontrant un autre jour dans la rue, m'appelle, et me dit qu'il a quelque chose d'intéressant à me communiquer sur la liberté de mon père ; je m'approche dans cette persuasion ; mais aussitôt Perrochaux m'entraîne vers un jardin qui était à peu de distance ; il en ouvre la porte avec précipitation, veut me contraindre d'y entrer avec lui, en me répétant sans cesse que si je veux y consentir, il obtiendra tout pour mon père et ma famille; mais je m'écrie de toutes mes forces, et pour toute réponse je le laisse seul.

» Un autre jour qu'on levait les scellés chez le citoyen Bacot, il se détache de ceux qui l'accompagnent; il vient me visiter, il me trouve toute en pleurs; je gémissais sur la situation de ma mère, qui était dangereusement malade; il me demande la cause de mes pleurs, je lui en fais part, et il me répond : « Tant mieux ; si elle meurt, j'aurai soin de vous ; » et de suite il me réitère ses propositions que je persiste à rejeter.

» Heureusement le comité révolutionnaire fut incarcéré peu de temps après, et j'obtins l'élargissement de mon père du représentant Bô. »

Perrochaux, interpellé, a prétendu que l'humanité seule l'avait conduit chez la famille Bretonville; que la mère lui avait offert la jouissance de sa fille, et qu'il avait rejeté ces offres, en observant à cette citoyenne qu'elle déshonorait la qualité de mère.

La femme Laillet, qui a déjà fait plusieurs déclarations, y ajoute en ce moment; elle rend compte d'une exécution de plusieurs personnes encore fort jeunes.

Six citoyennes, nommées Lametterye, dit le témoin, furent envoyées, avec leur domestique, au Bouffay. Carrier envoie l'ordre pour la destruction de leurs corps. Bernard, concierge, me charge de leur annoncer cet arrêt fatal. Je fais passer ces jeunes personnes dans une chambre, et je leur dis : « Mes amies, votre dernière heure approche; préparez-vous à la mort; à neuf heures vous ne serez plus ; c'est Carrier qui l'ordonne : vous serez toutes conduites dans la même voiture. » La plus jeune d'entre elles, âgée de seize ans, me donne cette bague. (Elle représente ce bijou au tribunal.) Ces infortunées se plaignent de n'avoir pas été entendues, de n'avoir pas été jugées : elles se prosternent la face contre terre; elles adressent leurs prières à l'Être suprême, sont ensuite conduites au supplice, et guillotinées sur la place, sans jugement, ainsi qu'environ trente-sept autres individus, qui attendent le coup fatal pendant plus d'une heure, au pied de la guillotine. Le bourreau, ajoute le témoin, est mort deux ou trois jours après de chagrin d'avoir guillotiné ces femmes.

Lechantre, négociant à Nantes, dépose qu'étant de garde au poste central du Port-au-Vin, dans la nuit du 24 au 25 frimaire, René Naud lui apporta une réquisition sur les deux heures du matin, pour se transporter, avec douze de ses camarades, à l'effet de renforcer le poste du Bouffay. « Arrivé à ce poste, dit-il, j'aperçus alors René Naud; je le nommai par son nom. — F....., me dit-il, je sais mon nom; tu ne dois pas me nommer, je ne suis déjà pas trop à mon aise ici. »

Je vis que j'avais commis une imprudence. Nous escortâmes le dernier détachement de ces victimes jusqu'au corps de garde de la Machine; nous les mîmes à bord de la gabarre, où il y en avait déjà beaucoup.

Lechantre donne plusieurs autres renseignemens sur cette noyade; il termine en disant que Tabouret, témoin assigné, donnerait de plus grands détails sur cet objet.

L'accusé Naud. J'ignore si c'était un ordre dont j'étais porteur, mais je conviens avoir demandé une force armée, et avoir dit au témoin de ne pas me nommer.

Tabouret, voilier à Nantes, déclare qu'étant de garde au même poste il se rendit au Bouffay, où un soldat de la compagnie Marat lui dit qu'on allait transférer les prisonniers à Belle-Isle.

« Ils furent, dit-il, conduits à la gabarre. On nous dit que les prisonniers s'y révoltaient; on nous y fit monter cinq ou six. Il n'y avait pas de révolte. On ferma l'entrée avec des planches qui furent clouées; on cloua de même les panneaux ou sabords. Je voulus sortir, je ne le pus. Je priai Affilé, conducteur de la gabarre, de me mettre à terre. Il me répondit qu'il ferait ce qu'il pourrait. La gabarre fut démarrée, on la fit marcher; je m'assis. On disait tout bas : *A l'île Chaviré.* Avant d'arriver, j'entendis des cris épouvantables; ces malheureux criaient : Sauvez-nous, il est encore temps. Ils s'étaient détachés; ils passaient leurs mains et leurs bras entre les planches, et criaient miséricorde. J'ai vu

Grandmaison avec son sabre abattre les bras de ces victimes. (Ici l'auditoire frémit d'horreur ; des cris d'indignation se font entendre.) J'avais envie de me précipiter dans la Loire en voyant de pareilles atrocités. Ducoux, Crespin et Maurice étaient sur cette gabarre, mais je ne les ai vus porter aucuns coups.

Dix minutes après, j'entends des charpentiers placés dans des batelets frapper la gabarre à grands coups de hache ; la gabarre enfonçait ; nous ne fûmes pas avertis, je me crus perdu ; nous sautâmes dans des batelets qui nous conduisirent à terre. Je vis Goulin sur le port. Affilé m'a dit que l'on avait pratiqué à la gabarre deux petits sabords de dix-huit pouces, qu'on déclouait à coups de hache.

Le président à Goulin. Avez-vous eu connaissance de cette noyade ?

Goulin. J'ai su qu'Affilé et les charpentiers ont été chargés du détail de cette exécution ; c'est le représentant qui m'a donné l'ordre de procurer la gabarre ; Grandmaison, Bolognie et moi nous y sommes trouvés pour surveiller l'exécution, mais j'ignorais qu'il fût question de noyade.

Le président à Bolognie. Vous ne saviez sans doute pas que tous ces préparatifs étaient destinés pour une noyade, vous ne l'avez appris qu'en la voyant s'effectuer sous vos yeux ?

Bolognie. J'ai trop de bonne foi pour tenir un pareil langage ; j'assure au contraire que tous les membres du comité ont été prévenus de cette noyade, la veille du jour qu'elle devait avoir lieu, par Carrier, qui était venu au comité à ce sujet.

Le président à Grandmaison. Avez-vous été informé de cette noyade ; y avez-vous assisté, et coupiez-vous les doigts des malheureux qui voulaient échapper à la noyade ?

Grandmaison. Goulin s'est rendu chez Carrier, mais j'ignore pour quels motifs. Il est faux que j'aie coupé les bras des victimes avec mon sabre ; ce sont des volontaires qui ont commis cette barbarie. Affilé nous a prévenus de la submersion de la gabarre, qui est descendue tout doucement et perpendiculairement.

Le président à Grandmaison. Il vous serait inutile de persister à nier votre acte de cruauté envers les prisonniers, lorsque tous les témoins s'accordent à vous en accuser.

Le témoin Trappe, serrurier, dépose d'une conduite de cinquante-cinq prêtres à l'Entrepôt, par ordre du comité.

« Je vais chez Carrier, dit le témoin, à l'effet de savoir ce que l'on fera de ces détenus, si on leur laissera une infinité de bijoux précieux dont ils sont munis. Je ne trouve pas le représentant ; mais, au moment où j'allais rendre compte de ma mission au comité, je rencontre Carrier, et je lui demande ses ordres sur les prêtres de l'Entrepôt, sur les effets dont ils sont saisis. « Emporte tout, me dit Carrier ; embarque-moi tous ces bougres-là, et que je n'en entende plus parler. » Ces prêtres ont été dépouillés, la noyade s'est faite, et j'ai remis le tout à Richard, qui est demeuré dépositaire d'une grande quantité d'assignats et de bijoux de grand prix.

Carrier, en apprenant que l'expédition était faite, m'en témoigne ses regrets en me disant : « F....., c'était à Lambertye que je réservais cette exécution ; je suis fâché qu'elle ait été faite par d'autres. »

Martin Naudille, ci-devant inspecteur de l'armée de l'Ouest, et à présent régisseur de fourrages, est entendu.

« Étant un jour chez Carrier, à Nantes, dit ce témoin, Lambertye dit à plusieurs généraux qui étaient dans l'appartement de ce représentant, en leur montrant la rivière : *Il y en a déjà passé deux mille huit cents*.

»L'un de ces généraux demande ce que l'on entend par l'indication ; Carrier répond : *Eh bien oui, deux mille huit cents dans la baignoire nationale.* (Ce fait est du mois de nivose.)

»J'ai vu aussi dans le même temps Lambertye et Fouquet conduire environ cinq cents hommes et deux cent cinquante femmes, tous attachés. On me dit qu'on les conduisait à l'eau. »

Affilé le jeune, charpentier marinier, déclare que, dans la nuit du 15 au 16 frimaire, étant de garde au poste de la Sécherie, vers minuit ou une heure, Richard, sergent de la compagnie Marat, vint lui dire qu'on avait besoin de lui pour une expédition secrète, pour une baignade; on fait donc venir une gabarre avec deux barges. Nous travaillons toute la nuit à la préparer, à clouer des planches; l'expédition n'a pas lieu. Le 17, je suis mandé au comité, où étaient, je crois, Chaux, Grandmaison, Goulin et Bachelier; Carrier présidait. Colas, lieutenant de port, Goulin, Bachelier et moi nous passâmes dans un cabinet : on conféra sur les moyens de préparer la gabarre; Carrier et le comité m'ont toujours requis au nom de la loi. (Le témoin dépose ses réquisitions signées de plusieurs membres du comité.)

Peu de temps après le 17, Lambertye et Fouquet amènent les prêtres pendant la nuit; on les fait entrer dans la gabarre, les charpentiers travaillent, et la gabarre est engloutie; il n'y avait dessus cette gabarre que Fouquet, Lambertye, Foucault, Sullivan et Gauthier.

Le comité requiert les bateliers; et moi je requiers les charpentiers.

Le comité m'a payé en trois fois environ 200 liv.; j'ai contribué à trois noyades.

Le président au témoin. Il paraît constant, d'après une déclaration en règle, qu'il y a eu quatre noyades; la première de cinquante-huit personnes; la deuxième de huit cents individus de tout âge et de tout sexe, sur deux bateaux; la troisième, de quatre cents individus de tout âge et de tout sexe; la quatrième, à bord de deux navires, est de trois cents individus, également de tout âge et de tout sexe.

Affilé persiste à soutenir qu'il n'a assisté qu'à trois noyades, notamment à celle du 24 au 25 frimaire.

Crespin, perruquier, négociant en vins, membre de la compagnie Marat, convient d'avoir été commandé pour la noyade de cent vingt-neuf détenus au Bouffay, et avoir assisté à cette expédition. « J'étais, dit-il, sur la gabarre; j'ai vu ces malheureux passer leurs bras et leurs mains à travers les fentes; j'ai vu Grandmaison sabrer ces malheureux; je l'ai vu plonger son sabre dans une des fentes, et j'ai entendu l'un de ces prisonniers s'écrier : Ah! le scélérat, il me perce! Tous, à fond de cale, jetaient les plus grands cris, et disaient : Est-ce donc des républicains qui se conduisent aussi cruellement !

» J'étais un jour sur la place du Bouffay avec Réné Naud; nous vîmes Carrier dans un fiacre, et au pied de la guillotine vingt et quelques individus. Naud s'approche de Carrier, et lui dit : As-tu besoin d'un Marat ?—Oui, f....., j'en ai besoin ; allez chez l'accusateur public et chez les juges, qu'ils viennent sur-le-champ. Les juges s'étant rendus au Bouffay, Phelippes m'envoya chez Carrier lui dire que parmi ceux qu'il voulait qu'on guillotinât sans jugement se trouvaient deux enfans de quatorze ans, et deux autres de treize ans. Carrier s'écrie avec fureur, en se retournant contre sa cheminée : « Sacré mille dieux ! dans quel pays suis-je ?.... tout comme les autres. »

J'ai vu Chaux et Goulin s'entretenir ensemble sur le quai pendant l'embarcation et la noyade des cent vingt-neuf détenus du Bouffay.

Grandmaison répond que les sabrades sur la gabarre avaient été faites par des volontaires ; qu'au surplus il était ivre, et n'avait agi que d'après les ordres de Carrier.

L'un des accusés. De tous les moyens moraux propres à faire juger sainement la conduite du comité révolutionnaire, il n'en est point de plus saillant et qui entraîne à une conviction plus complète que l'examen des gradations éprouvées par ce comité, suivant les diverses impulsions qu'il reçoit des représentans du peuple en mission dans la ville de Nantes.

Patriotes sévères, qui voulez découvrir la vérité, étudiez l'attitude et la marche du comité à telle ou telle époque, et jugez-le.

D'abord, vous le verrez ne marchant qu'avec la loi, n'agissant qu'avec sagesse et fermeté sous Prieur, de la Marne, et autres.

Vous le verrez ensuite inflexible et révolutionnaire avec Hentz et Francastel; vous le verrez enfin ultra-révolutionnaire jusqu'à un excès condamnable sous le bras de fer du farouche Carrier.

Voyons d'abord dans quelles dispositions Carrier arrive à Nantes. Il aborde dans cette ville, horriblement prévenu contre les habitans de cette commune. Cette prévention sourçait même des rapports de ses prédécesseurs.

Carrier se croyant donc à Nantes comme au centre de la Vendée ; Carrier voyant cette ville livrée à tous les abus et à tous les fléaux ; Carrier ne rêve que conspirations, qu'assassinats ; Carrier, fortement pénétré de ce principe que la République ne sera calme et le peuple heureux, que lorsque tous les ennemis de la République ne seront plus ; Carrier provoque, commande à grands cris l'arrestation des gros coquins d'aristocrates et d'accapareurs. (C'est ainsi que Carrier nomma toujours les riches modérés et les égoïstes.) Ses ordres sont accueillis, et bientôt la ville est purgée des hommes suspects qui la trahissaient ou l'affamaient.

Carrier, du caractère le plus bouillant, le plus irascible ; Carrier, malheureusement entouré, à la fin de sa mission, d'hommes atroces et immoraux ; Carrier, ayant sucé leurs principes meurtriers et désastreux, fut poussé à des excès qui eussent été salutaires s'ils eussent été restreints.

Carrier, enfin, ressembla dans l'origine de sa mission à un fleuve majestueux qui ne quitte son lit que pour fertiliser les campagnes ; mais Carrier, une fois influencé par le crime, c'est-à-dire par les scélérats Lambertye et Fouquet, devient un torrent dévastateur qui submerge et les propriétés et les hommes.

Il abusa donc, sans mauvais dessein sans doute, du caractère franc, expansif et impétueux de Goulin. Carrier l'entraîna dans l'abîme, et Goulin, à son tour, y entraîna des collègues que sa moralité et son républicanisme lui rendirent d'autant plus faciles à gagner.

Si Carrier eût terminé sa mission à l'époque où des scélérats et des femmes s'emparèrent de son esprit et de ses sens, sa mémoire serait bénie, tandis qu'ayant étendu ses fureurs jusque sur les patriotes il a emporté leur haine et presque leur mépris.

De ces différentes fluctuations que l'on remarque dans notre conduite avec les divers représentans du peuple, il s'ensuit la conséquence nécessaire que nous n'avons fait qu'obéir aux ordres qui nous étaient intimés par les commissaires de la représentation nationale, que céder aveuglément, ou plutôt respectueusement, aux impulsions qui nous ont été données par l'autorité supérieure, que nous nous sommes toujours conformés aux principes des mandataires du peuple, et n'avons jamais erré tant que nous avons eu de bons guides.

Renet, commandant de bataillon à Nantes. L'Entrepôt faisait partie de mon arrondissement; la commission militaire y jugeait, et l'on fusillait les condamnés aux carrières de Gigand. Il y en a eu trois mille six cents d'exécutés. J'y ai vu trente femmes toutes nues et massacrées.

J'ai vu à l'Entrepôt trois ou quatre cents enfans amoncelés et dans la misère.

Le président au témoin. As-tu eu connaissance de l'affiche prohibitive de toute sollicitation en faveur des détenus?

Le témoin. En voici la teneur :

» Le comité révolutionnaire, investi, désolé par des demandes perpétuelles qui entravent ses travaux, neutralisent ses opérations, arrête que dorénavant il sera sourd à toutes réclamations faites en faveur des détenus, par leurs parens ou alliés.

» Le comité déclare même qu'il regardera comme suspect tout individu qui sollicitera pour son parent. Il prévient en outre que les mandats de délivrance devront, pour être valables, être revêtus de signatures de huit membres au moins.

» Les concierges des diverses maisons d'arrêt tiendront sévèrement la main à l'exécution du présent. Arrêté en comité révolutionnaire, le 24 frimaire. »

» Pour le président, GOULIN, *secrétaire.* »

Goulin observe que, faute de rédaction, on avait omis, après *sollicitera*, ces mots : « Dans la demeure des membres du comité, pour n'en pas faire des antichambres de ministres, » et qu'il les avait écrits de sa main sur plusieurs affiches, notamment sur celle qui était à sa porte.

On fait lecture des pièces suivantes :

Au nom du Peuple français, sur-le-champ.

» D'après les pouvoirs illimités dont nous sommes investis par les représentans du souverain, nous membres du comité de surveillance, requérons les citoyens Maignant et Marin de se transporter chez les individus suspects, d'y saisir toutes armes, munitions et poudres qu'ils y pourront trouver, de s'emparer de leurs personnes, s'ils le jugent convenable, et déposer au Château les armes qu'ils saisiront, ainsi que les individus arrêtés.

» Nantes, le 26 vendémiaire.

Signé : Goulin, Perrochaux, *commissaires*, et Chaux.

» Le comité de surveillance permet aux citoyens Maignant et Marin de requérir la force armée qu'ils jugeront convenable pour une expédition secrète.

» Nantes, le 26 vendémiaire.

» *Signé :* Goulin et Chaux. »

On lit aussi un ordre du même jour, qui invite Forget à donner la liste des détenus dans la maison des Saintes-Claires aux citoyens porteurs du présent.

Mariotte, horloger à Nantes, âgé de vingt ans, dépose des faits suivants : « Ayant été chargé, le 26 pluviose, de me transporter avec plusieurs de mes camarades, à sept lieues de Nantes, pour protéger le convoi des subsistances, nous nous rendîmes près la forêt de Prince, et logeâmes chez une femme nommée Chauvette. Cinq jours après, arriva Pinard vers une heure du matin, qui nous dit que nous étions chez des brigands, qu'il avait déjà tué six femmes, et que la Chauvette serait la septième; il la menaça et crut la rassurer en lui disant : « Console-toi, ton enfant sera expédié avant toi ; c'est Pinard qui te parle, c'est Pinard qui fait la guerre aux femmes. » Je tirai mon sabre, et je dis à Pinard : « Tu ne parviendras à elle qu'après m'avoir marché sur le corps. Tu es un crâne, me répondit Pinard : ignores-tu que cette femme a été servante chez le seigneur du lieu, et qu'il faut qu'elle m'indique où sont cachées 60,000 livres. » Cette femme, tremblante, assura Pinard que ce dépôt avait été enlevé; Pinard fut forcé de se retirer, parce que nous lui déclarâmes qu'il y avait de la force armée dans ce lieu, et qu'elle nous soutiendrait.

Nous partîmes. Arrivés près de la forêt de Prince, nous entendons un homme qui criait au secours dans un taillis; nous accourons; Pinard était là avec deux cavaliers, tenant chacun une pièce de toile. « Les brigands sont ici, nous dit-il. » Nous le laissons en embuscade, et nous entrons dans le bois; nous vîmes deux hommes s'enfuir. En marchant sur des broussailles, je sentis remuer quelque chose; je les soulève avec ma baïonnette; j'aperçois deux enfants; j'en donnai un, âgé de sept ans, à Cedré; l'autre n'avait que cinq ans, je le gardai pour moi. Tous deux pleuraient; deux ou trois femmes nous supplièrent de ne point les tuer. En sortant de ce taillis, je vis Pinard qui massacrait des femmes; j'en vis une succomber sous ses coups,

Que veux-tu faire de cet enfant, me dit-il? des hommes, lui répondis-je. Pinard, écumant de rage, réplique : Ote-toi de là, que je leur brûle la cervelle; je m'y opposai. Dans le même temps, deux volontaires amenèrent un vieillard aveugle : c'était le grand-père de ces deux enfans. Otez-moi la vie, me dit-il, mais conservez-la à mes deux petits enfans. Je lui répondis qu'un de mes camarades et moi nous en étions chargés; il m'en témoigna la plus vive reconnaissance; il pleurait et me serrait les mains. J'ai appris depuis que ce vieillard fut tué. On a assuré que la tante de ces deux enfans avait été remise à l'Éperonnière, que la mère s'était réfugiée à Nantes, et que son mari n'était point un brigand, mais que saisi de frayeur il avait pris le parti de se cacher.

Si la saison n'avait pas été si rigoureuse, j'aurais amené à Paris l'enfant dont je me suis chargé, si intéressant par son âge et ses malheurs, et je vous l'aurais présenté.

Pinard s'écartait de la route pour égorger les femmes et les enfans; tout le monde connaît ses traits monstrueux; il motivait sa férocité sur un arrêté qui, disait-il, ordonnait de ne rien épargner; ainsi des volontaires sans principes, sans mœurs, sans humanité, pillàient, massacraient, égorgeaient hommes, femmes et enfans.

Pinard nie les faits qui lui sont imputés ou donne des réponses évasives qui blessent la pudeur et les bienséances. L'auditoire manifeste son improbation par des murmures réitérés.

Pinard ajoute que le témoin n'a que vingt ans, qu'il devrait être aux frontières; que sa mère est une aristocrate qui a caché des prêtres.

Le jeune Mariotte répond qu'il a fait pendant dix mois la guerre de la Vendée; qu'il est actuellement en réquisition; qu'un de ses frères y est également à Ferney; qu'enfin un autre combat aux frontières d'Espagne; qu'il est faux que sa mère ait recélé des prêtres réfractaires. Il ajoute qu'elle a élevé ses enfans dans les principes de la vertu, de la probité, de l'humanité, de la liberté, de l'égalité. Il exhibe ensuite son congé, ses lettres de réquisition, et la salle retentit d'applaudissemens.

Le président à Pinard. Qu'avez-vous à opposer à ces preuves?

Pinard. Je l'avais entendu dire.

Denis Boivin, âgé de quarante-deux ans, ciseleur, commandant temporaire de la ville de Nantes, général de brigade de la huitième division de l'armée des côtes de Brest. Le 16 frimaire, vers les six heures du matin, le comité m'envoya, par deux hommes (dont un très jeune, aide-de-camp de Lambertye), l'ordre de fusiller les prisonniers.

Je dis à ce jeune homme que cet ordre n'était pas légal, que je ne pouvais l'exécuter, que d'ailleurs il était trop tard. Tant mieux, répond-il, il en fera plus d'effet. Je fis copier cette liste par un adjudant, qui s'aperçut que des individus y étaient portés pour des faits d'ivrognerie. Il vint m'en faire part; je me rendis sur-le-champ chez Goulin, et lui dis que l'ordre du comité n'était pas légal, que je ne le ferais pas exécuter; Goulin voulait qu'il le fût; je prétextai que nous n'avions pas de troupes..... Prends, me dit-il, de la garde nationale..... Crois-tu, répliquai-je, qu'un père tuera son fils, qu'un fils tuera son père; le frère, son frère, sa sœur, son ami? N'importe, reprend Goulin, il faut que cela s'exécute.... Je lui répondis que je n'en ferais rien, et je me retire. A dix heures et demie je fus mandé au département, où j'avais envie de me rendre ; je dis à Minet, président, que j'avais refusé de mettre à exécution l'ordre du comité. Tous les membres du département m'embrassèrent, m'arrosèrent de leurs larmes, et me remirent un arrêté qu'ils venaient de prendre relativement aux actes arbitraires.

A l'époque de la première noyade, Binet m'en fit un rapport qui m'arracha des larmes ; je me rendis chez Carrier, pour lui faire des représentations ; il me répondit : Est-ce que tu oserais t'opposer aux ordres du comité de salut public ? Serais-tu un contre-révolutionnaire ? Je me retirai, et ne pus m'opposer à cet ordre.

MISSION DE MAIGNET DANS LE MIDI. — COMMISSION POPULAIRE D'ORANGE. — INCENDIE DE BÉDOUIN.

La conduite de Maignet dans les départemens de Vaucluse et des Bouches-du-Rhône est un des principaux griefs des thermidoriens contre la faction dite des *Robespierristes*. Dans leur impuissance d'attribuer au chef de ce parti les crimes de Carrier, ceux de Collot-d'Herbois, de Fouché, de Fréron, de Barras, ils insistaient sur les actes de la mission de Maignet. Celui-ci était en effet l'ami de Couthon et de Robespierre, et, dans les pièces qui vont suivre, on ne verra figurer que les noms de leurs partisans les plus dévoués.

Bornés aux documens publiés par Courtois, nous nous contenterons de les transcrire ; toutefois, nous les ferons précéder d'une courte notice sur Maignet, et de quelques explications indispensables.

Maignet (Étienne-Christophe) était né à Ambert (Puy-de-Dôme), en 1758. Il avait été reçu avocat au parlement de Paris en 1782 ; député par ses concitoyens à la Législative et ensuite à la Convention, il se fit remarquer, plutôt par ses votes que par ses discours, parmi les partisans les plus cités de la révolution. En avril 1793, il fut envoyé près l'armée de la Moselle, et de là en Auvergne pour y activer, avec Couthon et Châteauneuf-Randon, la levée extraordinaire destinée au siége de Lyon. Maignet s'arrêta quelques jours dans cette ville, en retournant à Paris, et cela a suffi pour lui faire imputer une partie des excès commis par Collot, Fouché et Javogues, dans le département de Rhône-et-Loire. Mais cette accusation est d'autant plus injuste que Maignet fut rappelé avant que les décrets qui ordonnaient la destruction de Lyon eussent été portés. Ce qui prouve d'ailleurs combien il avait été étranger, même aux sentimens des proconsuls lyonnais, c'est qu'à peine rentré dans la Convention il fut dénoncé par Javogues comme ayant protégé les *muscadins* pendant son séjour à Lyon.

Au commencement de l'année 1794, il fut chargé par le comité de salut public d'une mission extraordinaire pour la purification des départemens de Vaucluse et des Bouches-du-Rhône, livrés alors à la plus déplorable anarchie. Il signala son entrée en fonctions par l'élargissement d'un grand nombre de suspects dont les commissaires, ses prédécesseurs, avaient encombré les prisons de Marseille, et qu'ils avaient désignés pour le tribunal révolutionnaire. A Avignon, il eut à combattre une faction puissante dirigée par Jourdan *coupe-tête*, personnage connu du lecteur, et par le conventionnel Rovère; ces hommes étaient chefs d'une association composée de plus de cinq cents personnes, revêtus de fonctions publiques, pour la plupart, et dont le but était de se faire adjuger à vil prix les propriétés nationales. C'était aux manœuvres de cette association que Rovère devait d'avoir obtenu pour la somme de 80,000 en assignats la terre de Gentilly, d'une valeur de 500,000 fr. au moins en numéraire. Maignet écrivit là-dessus un mémoire qu'il adressa au comité de salut public, et ce fut là la cause de l'acharnement avec lequel il fut poursuivi par Rovère qui, après le 9 thermidor, était devenu, de terroriste furibond, implacable réacteur.

Tout en démasquant les faux patriotes de l'ex-comtat, Maignet avait aussi fait connaître les conspirations royalistes dont cette contrée n'avait cessé d'être le foyer, de là la commission populaire d'Orange. Provoqué ensuite par une lettre de Suchet, alors chef de bataillon, et depuis maréchal de France, à déployer toute la rigueur des lois révolutionnaires contre la ville de Bédouin, centre de tous les complots et de toutes les agitations, Maignet ne voulut rien décider lui-même. Il envoya au comité de salut public la lettre de Suchet ainsi que les différens renseignemens qu'il avait reçus à l'appui. Ce fut d'après les ordres du comité qu'il livra Bédouin aux flammes ; encore y procéda-t-il avec des ménanagemens que ne comportaient pas ses instructions. Il fit faire des sommations aux habitans, et ne se détermina à agir qu'à l'extrémité. Lorsque l'incendie fut allumé, toutes les maisons étaient déménagées, et, par les soins de Suchet et de Maignet qui voulaient un châtiment exemplaire et non pas une dévastation, il n'y eut que six habitations de brûlées. Voici maintenant les pièces réunies par les thermidoriens sur la commission populaire d'Orange et l'incendie de Bédouin.

Lettre de Maignet à Couthon.

Tu verras, mon bon ami, notre brave compatriote le citoyen Lavigne ; il va vous exposer la situation du département de Vaucluse : tu liras le tableau que j'en fais, et tu te diras, toi qui sais bien que je n'aime pas à peindre trop en noir, qu'il est urgent d'y porter de grands remèdes. Il en était un puissant, le premier, le seul que je voulais que vous portassiez vous-même, l'arrestation de Jourdan et de Duprat ; le comité de sûreté générale vient de lancer lui-même le mandat, et je vous assure que par là il a puissamment concouru à sauver le Midi : il n'y a plus qu'une seule chose que je vous demande, c'est de m'autoriser à former un tribunal révolutionnaire ; il est indispensable pour nous de suivre promptement des chefs de fédéralistes qui fourmillent dans nos deux départemens. S'il fallait exécuter, dans ces contrées, votre décret qui ordonne la translation à Paris de tous les conspirateurs, il faudrait une armée pour les conduire, et des vivres sur la route, en forme d'étapes; car il faut vous dire que dans ces deux départemens, je porte à douze ou quinze mille hommes ceux qui ont été arrêtés. Il faudra faire une revue, afin de prendre tous ceux qui doivent payer de leurs têtes leurs crimes; et, comme ce choix ne peut se faire que par le jugement, il faudrait tout amener à Paris; tu vois l'impossibilité, les dangers et les dépenses d'un pareil voyage; d'ailleurs *il faut épouvanter*, et le coup n'est vraiment effrayant qu'autant qu'il est porté sous les yeux de ceux qui ont vécu avec le coupable.

En m'obtenant ce point, maintenant que le comité de sûreté générale a fait le pas que je lui demandais, vous pouvez vous tranquilliser, je vous rendrai bon compte de ce département où il faut tout créer, mœurs, esprit public, probité.

Ton sucre, ton café, ton huile d'olive sont en route; tu recevras le tout sous peu de jours : la citoyenne Ramau te le fera parvenir.

Ne me taxe pas de négligence, mon cher ami, si je ne t'écris pas aussi souvent que je le voudrais ; mais sois bien assuré qu'on ne se fera jamais d'idée de ce qu'est la mission qui m'est confiée. N'importe, j'ai la certitude d'y faire quelque bien ; j'y donnerai du moins la paix et la consolation aux patriotes.

Rappelle-moi au souvenir de ta chère moitié. Une embrassade à ton petit Hippolyte. Tout à toi. — *Signé* MAIGNET.

Avignon, ce 4 floréal, l'an II de la République, etc.

Copie d'une lettre écrite par Maignet au citoyen Payan.

Du 20 germinal.

Je m'adresse avec confiance à toi, citoyen administrateur, pour t'associer au succès de mes travaux : tu connais l'urgence de l'épuration des autorités constituées de ce département ; tu sais combien il est indispensable d'assurer enfin la vengeance du peuple. Mais tu connais la disette des sujets que l'on éprouve ici ; tu sais mieux que moi le peu de ressources que je dois y trouver : s'il y en a, il n'est pas étonnant que moi, étranger à ces contrées, ne connaissant personne, ne pouvant encore m'adresser à aucun citoyen, crainte de persuader que je penche pour un parti plutôt que pour l'autre, je méconnaisse ceux qui peuvent mériter la confiance publique.

La place que tu as occupée, les liaisons qu'elle t'a données dans ce pays-ci, doivent t'avoir fait acquérir sur les individus des renseignemens précieux ; donne-les-moi, indique-moi une douzaine de francs républicains, hommes de mœurs et de probité. Si tu ne les trouve pas dans ce département-ci, cherche-les, soit dans celui de la Drôme, soit dans celui de l'Isère, soit dans tout autre. Je voudrais que les uns fussent propres à entrer dans un tribunal révolutionnaire ; je voudrais même que certains d'entre eux pussent, en cas de besoin, avoir les qualités nécessaires pour devenir agens nationaux.

Tu vois ma confiance. Le franc montagnard appelle de toutes parts du secours pour sauver la chose publique : tu la sers d'une manière utile, en combattant le fédéralisme ; continue ton ouvrage, en me fournissant les moyens de purger notre sol et nos autorités constituées des fédéralistes, des hommes improbes qui les déshonorent.

Le courrier porteur de ma lettre attendra ta réponse. Donne à la réflexion tout ce que demande l'importance du choix : le courrier est à tes ordres.

Payan à Maignet.

Valence, le 22 germinal, l'an II de la République, etc.

Ta lettre, citoyen représentant, me parvient au moment d'un départ imprévu et précipité pour Paris, où je suis appelé par le comité de salut public, en toute diligence. Cette circonstance me prive du temps et de la réflexion qui me seraient nécessaires pour remplir l'objet important pour lequel tu as recours à moi. Je me suis cependant recueilli quelques instans pour être en état de te donner une note, non pas absolument telle qu'elle m'est inspirée par ma conscience et par mes connaissances locales : je n'en ai pas sur les hommes publics, et surtout sur les citoyens probes et purs du département de Vaucluse, autant que tu parais m'en supposer ; c'est là d'ailleurs une matière si délicate qu'un homme honnête et sincèrement dévoué à la République ne donne son opinion qu'en tremblant. Je conçois ta position, j'en partage toutes les peines ; j'apprécie ton caractère vraiment montagnard, la droiture de tes intentions, et c'est là ce qui me rend plus scrupuleux encore dans mes indications ; mais je t'invite spécialement à consulter les bons citoyens désignés à la fin de ma note : tu pourrais appeler momentanément auprès de toi Mariton la Gardette pour toute la partie du district de Carpentras, ci-devant Louvèze; il te servirait bien dans un pays où il n'est pas toujours aisé de voir clair.

La probité et les vertus morales étant à l'ordre du jour, il faut des choix qui répondent à cette attitude républicaine, et je ne vois pas, dans ce premier moment, que dans l'Isère et dans la Drôme il y en ait de ce caractère qui y réunissent l'intelligence, et la volonté ou les moyens de se déplacer.

Si dans ma route il me vient quelque nouvelle idée, je te l'adresserai directement ; je suis jaloux de servir la République et le gouvernement révolutionnaire de tous mes moyens et de toutes mes facultés : c'est dans ce sens que je demanderai, à mon arrivée à Paris, à mon frère, ce qu'il peut savoir sur le district de Louvèze, où il a été administrateur et missionnaire ; c'est dans ce sens que je crois devoir t'adresser la note particulière ci-incluse, au sujet d'un homme qui paraît généralement dénoncé, même pour cause d'infidélité, et qui n'a été placé que par un intermédiaire peu délicat, d'après ce que m'assure le comité de surveillance.

Salut et fraternité. — *Signé* PAYAN.

P. S. Tu trouveras dans les procès-verbaux des deux assemblées tenues à Valence en juin et septembre quelques noms ou indications qui peut-être pourront te servir.

Notes indicatives de citoyens du choix de Payan, jointes à la lettre ci-dessus.

Citoyens actuellement dans le département de Vaucluse, et qu'on peut employer :

Faure, natif de Grignan, district de Montélimar, ex-administrateur du département de la Drôme, juge au tribunal du district de Carpentras, et de service au tribunal criminel d'Avignon ;

Un patriotisme pur, de la probité, des intentions droites et de l'aptitude.

Dandré, administrateur du district de Carpentras ;

Patriote, homme moral, honnête, intelligent et rédacteur.

Juge, de Vauréas, administrateur du district d'Orange ; excellent patriote, bon missionnaire, et surveillant les abus.

Imbert, de Vaqueyras, administrateur du district de Carpentras ; patriote ferme, et de l'aptitude.

Voilà ceux du département que je puis indiquer comme les connaissant personnellement.

En voici quatre autres sur lesquels on m'a donné, dans tous les temps, de bons renseignemens :

Imbert, du Thor, secrétaire de la commune de Carpentras ; patriote, moral, et beaucoup d'aptitude.

Chabrot aîné, notaire, à Boisson, district de Carpentras, idem.

Estève, à Entrevaux, district de Carpentras, idem.

Dans la Drôme, les bons sujets manquent comme à peu près partout, et l'on n'en connaît pas qui pussent ou voulussent se déplacer pour aller surtout dans le département de Vaucluse.

On ne peut indiquer que Meilleret fils, médecin à Étoile, près Valence : l'on ne sait s'il voudrait accepter le poste qu'on pourrait lui confier ; il serait très-bon dans la partie administrative, comme dans un tribunal révolutionnaire.

Je connais beaucoup trois citoyens, patriotes purs, qui sont parfaitement en état de te donner, sur le département de Vaucluse, et principalement sur les districts d'Orange, Avignon et Carpentras, les plus utiles renseignemens :

1° Le citoyen Viot, patriote pur et ferme, membre du directoire du département de la Drôme, résidant à Valence ;

2° Le citoyen Mariton la Gardette, de Crest, chef-lieu de l'un des districts du département de la Drôme, qui, en mai et juin 1793, fut délégué par ce département dans le district de Louvèze, qu'il connaît à fond ; c'est un bon patriote, plein d'intelligence et de probité ;

3° Le citoyen Benet, d'Orange, ci-devant secrétaire de ce district, et maintenant juge militaire près l'armée d'Italie, à Port-la-Montagne ou à Marseille ; il connaît les districts d'Orange et d'Avignon à fond ; c'est un patriote pur et sur lequel on peut compter.

Mais aucun de ces trois citoyens ne quitterait son poste pour en accepter un autre dans le département de Vaucluse.

Pour toutes les communes des districts d'Orange et Carpentras, qui avoisinent les districts de Montélimar et de Nyons, telles que Suze, Bollène, Mornas, Montdragon, Vissa-Tullette, la Palud, Vauréas, etc., tu peux t'adresser avec confiance, pour les instructions dont tu pourrais avoir besoin, au comité de surveillance de Paul-les-Fontaines, ci-devant Saint-Paul-trois-Châteaux, ma patrie, et particulièrement au citoyen Jean-Baptiste Favier, membre de ce comité, patriote incorruptible et qui connaît les hommes.

Notes sur l'établissement du tribunal révolutionnaire demandé par le représentant du peuple Maignet, et que les citoyens Payan ont pensé devoir être établi à Orange.

MOTIFS DE L'ÉTABLISSEMENT.

Neuf ou dix mille prévenus de rébellion à mettre en jugement, l'impossibilité de les transférer à Paris, puisque cette translation exigerait, dans une distance de deux cents lieues, une armée pour escorte ; l'inconvénient de déplacer trente mille citoyens au moins, qui seront appelés en témoignage, et parmi lesquels se trouveront le petit nombre de fonctionnaires publics restés fidèles, et ceux qui ont été régénérés ; la désorganisation politique qui en résulterait.

En second lieu, le tribunal révolutionnaire qui existait à Marseille, pour le département des Bouches-du-Rhône est anéanti par le décret du 27 germinal. Ce tribunal n'avait jugé qu'une partie des prévenus de ce département ; il s'était attaché à frapper les chefs ; il avait particulièrement jugé ceux de Marseille ; mais à Arles, à Tarascon et dans les autres districts des Bouches-du-Rhône, les prisons sont encore remplies ; les rebelles de Tarascon surtout n'ont été saisis et incarcérés qu'en même temps que ceux du département de Vaucluse, avec lesquels ils avaient des rapports beaucoup plus immédiats qu'avec ceux de leur propre département (les Bouches-du-Rhône).

Les mêmes motifs de difficulté dans la translation et d'économie qui font juger le tribunal nécessaire dans le département de Vaucluse doivent le faire autoriser à juger aussi les prévenus du département des Bouches-du-Rhône, qui ne l'ont pas encore été.

Organisation.

Ainsi, on propose au comité les articles suivans :

1° Créer un tribunal révolutionnaire qui siégera à Orange, à l'effet de juger les prévenus de rébellion contre-révolutionnaire du département de Vaucluse, et ceux des Bouches-du-Rhône, qui n'ont pas encore été jugés ;

2° Que ce tribunal soit composé d'un accusateur public et de six juges, qui pourront juger au nombre de. . . .

3° Qu'il soit examiné s'il y aurait quelque inconvénient d'autoriser ce tribunal à se diviser en deux sections, en cas de surcharge de travail ;

4° Que ce tribunal juge révolutionnairement, sans instruction écrite et sans assistance de jurés, mais que les témoins soient entendus, les interrogatoires faits, les pièces à charge lues, l'accusateur public ouï, et le jugement prononcé en présence du prévenu et du public ;

5° Que tous les jugemens soient motivés, qu'ils soient imprimés et affichés ;

6° Nommer pour le composer,

Trichard, Fauvety (1), N. . . . (2), tous trois jurés du tribunal révolutionnaire de Paris, désignés par le citoyen Payan.

Meilleret fils, médecin ; Fonrosa, président du tribunal du district de Die, tous deux de la Drôme, connus par les citoyens Payan.

Crosmarie, secrétaire du district de Rambert ; Rouilhon, fils aîné, de Pont-sur-Allier, tous deux connus du citoyen Couthon, et désignés par lui.

---

(1) C'est ce Fauvety pour lequel Vouland s'est vivement intéressé, comme le témoigne la lettre suivante :

« *Vouland, représentant du peuple, membre du comité de sûreté générale, au citoyen Maximilien Robespierre, son collègue, membre du comité de salut public.*

» Je t'ai remis ce matin, citoyen collègue, une note où j'ai inscrit le nom du citoyen Fauvety, de la ville d'Uzès, département du Gard, avec prière de le comprendre dans la liste des jurés qui doivent être nommés incessamment.

» Voici les titres de mon compatriote, dont je réponds comme je répondrais de toi-même.

» Le citoyen Fauvety était directeur de la poste aux lettres à Uzès, et membre du conseil général de la Commune ; un comité de salut public, établi à Nîmes dans les derniers mouvemens contre-révolutionnaires éprouvés dans cette ville, le destitua de ses fonctions ; l'accusateur public près du tribunal criminel du département du Gard, décrété d'accusation par la Convention nationale, le fit enlever pour un prétendu délit révolutionnaire ; il le jeta dans un cachot, d'où il ne se sauva qu'en sautant d'un second étage, au péril de sa vie.

» Le peuple, pour récompenser les injustes persécutions éprouvées par le citoyen Fauvety, le nomma son représentant pour porter, au 10 août, le vœu de la section des Sans-Culottes d'Uzès : il se trouve dans ce moment à Paris, où les douleurs de la chute qu'il fit pour recouvrer sa liberté l'ont retenu.

» Le citoyen Fauvety connaît parfaitement toutes les manœuvres contre-révolutionnaires pratiquées dans le département du Gard. Je pense, dans mon opinion, qu'il serait très-bien placé auprès du tribunal révolutionnaire, étant bien au fait de toutes les intrigues des fédéralistes du midi. — Salut et fraternité. — Signé VOULAND. (*Note de Courtois.*)

(2) Girard du Jura pourrait être le troisième juré, si les citoyens Payan n'en ont pas indiqué un autre. (*Note de la pièce.*)

Désigner un des sept pour accusateur public. Rouilhon ou Meilleret conviendraient à ces fonctions.

7° Qu'il soit dit que, si par maladie ou par quelque autre événement le tribunal était privé de quelqu'un de ses membres, le représentant du peuple dans les départemens des Bouches-du-Rhône et de Vaucluse sera autorisé à les faire remplacer provisoirement par des patriotes pris hors de ces deux départemens.

L'envoyé à Paris par le représentant du peuple Maignet, à Robespierre, représentant du peuple, membre du comité de salut public.

Le 15 floréal, deuxième année de la république française, etc.

Dans la séance d'avant-hier, citoyen représentant, le comité de salut public a pris connaissance des demandes du représentant Maignet, envoyé dans les Bouches-du-Rhône et Vaucluse, et dont le principal objet est l'établissement momentané d'un tribunal révolutionnaire à Avignon, ou dans quelque lieu voisin. La décision du comité fut ajournée jusqu'à ce que les citoyens Payan (de la Drôme) eussent été entendus à cause de leurs connaissances locales. Je viens de voir les citoyens Payan; ils se rendront au comité, ce soir à dix heures. Ils désirent y voir Robespierre. La prospérité de la République, intéressée à la prompte décision de cette affaire, y réclame aussi sa présence.

Plus d'une fois, citoyen représentant, tes lumières rares, ton énergie et ta mâle éloquence ont sauvé la liberté. J'ai la confiance que, dans cette occasion, tu ne lui refuseras pas ton secours. C'est ce qui m'enhardit, d'après l'avis des citoyens Payan, à te faire passer ce billet, afin de ne rien dérober de tes momens par ma présence et par des paroles.

Salut à l'infatigable Robespierre.

Signé, LAVIGNE, *secrétaire du représentant Maignet.*

Juge, notaire de Valréas, à Payan, agent national de la commune de Paris.

Valréas, 14 floréal an II républicain.

Je suis très-satisfait de ta dernière lettre; elle me met bien à mon aise : il était réservé à un ami comme toi de me tranquilliser. J'ai resté plusieurs jours avec le représentant Maignet à Avignon; je retourne encore auprès de lui, mais pour très-peu de temps. C'est à ton frère que je suis redevable de la connaissance de ce montagnard et de la confiance dont il m'a honoré. Je lui en témoignerai toute ma reconnaissance.

Ce département avait besoin d'un homme comme Maignet; il y opère le plus grand bien, et ne le quittera qu'après avoir mis entièrement l'ordre, surtout à Avignon, qui était divisé par l'esprit de parti, et où Jourdan n'aurait pas dû être placé.

Notre ami Benet d'Orange, qui se trouvait juge militaire, a été nommé receveur du district d'Avignon; il vient de s'y rendre pour occuper cette place.

J'ai été assigné, à la requête de l'accusateur public, comme témoin en débat dans l'affaire de Sabatery, avec Bertrand et quatre autres membres du comité de surveillance, tous bons sans-culottes. Pour le 29 floréal, j'aurai donc le plaisir de t'embrasser et ton frère, et de vous exprimer toute ma sensibilité à l'amitié que vous avez pour moi. C'est le jour que je viens de te désigner, que Sabatery sera mis en jugement, de sorte qu'il est essentiel que tous les jurés soient bien instruits sur le compte de cet homme, pour qu'il n'échappe pas à la vengeance nationale, et j'espère que tu feras tout ce qui sera nécessaire. Je serai bien aise d'avoir une copie de l'acte d'accusation; il n'y a que toi qui puisses me la procurer. Rends-moi encore ce service, auquel j'attache beaucoup de prix. Si Bertrand arrive avant moi, tu auras la bonté de la lui remettre.

Ma sœur Morin, d'Orange, viendra avec moi. Nous arriverons le 25 à l'hôtel de la République, rue de la Jussienne, vis-à-vis les pompiers.

La société populaire de cette commune a pris, à l'égard de ton frère et de toi, une délibération dont je serai porteur.

J'ai envoyé hier un exprès à ton père pour lui annoncer que je vais à Paris, et que le soir de la décade je l'embrasserai ainsi que nos amis; il doit, d'après sa réponse, me charger de quelque paquet.

Tu sais sans doute que le fameux Candeyron est à la citadelle de Montélimar; c'était un grand ami de Sabatery. Lors de sa commission dans cette commune, il se prêta à une contribution de 1,000 écus que Sabatery exigea de Bonnefoy, négociant.

Salut et fraternité. *Signé*, Juge.

Lavigne au bon et brave Couthon.

Paris, le 15 floréal, deuxième année républicaine.

Ton concitoyen, l'envoyé de ton ami Maignet, te rappelle, bon montagnard, la conversation d'hier et les précédentes : il s'agit d'obtenir pour le département de Vaucluse un tribunal révolutionnaire, composé d'étrangers à ce département.

La nécessité de purger la terre de neuf ou dix mille contre-révolutionnaires qui infestaient ce pays, l'impossibilité de transférer à Paris un si grand nombre de coquins (translation qui exigerait une armée pour escorte); l'inconvénient de déplacer trente mille citoyens qui seront appelés en témoignage, et parmi lesquels se trouveront et le petit nombre des fonctionnaires publics restés fidèles, et ceux qui ont été régénérés ; la désorganisation politique qui en résulterait, l'inconvénient de déplacer aussi les registres et minutes de tous les corps constitués, et les papiers détachés ou volans, recueillis depuis la réduction des rebelles ; la nécessité de ranimer l'esprit public par des exemples, sur les lieux témoins des crimes qu'il faut punir ; le salut d'une partie du Midi, qui tient à cette mesure ; la conscience connue de Maignet, qui en fait la demande : tout cela a paru déterminer, en faveur de l'établissement, le comité de salut public et celui de sûreté générale réunis, dans la séance du 11 soir. Il a été seulement trouvé quelque inconvénient à faire siéger le tribunal à

Avignon, à cause du mauvais esprit des habitans. On a désiré entendre, comme Maignet le demande, les citoyens Payan, qui ont des connaissances locales.

J'ai vu les citoyens Payan; ils sont venus au comité de salut public dans la séance du 13 soir, où d'autres affaires ont empêché que celle-là fût traitée; mais les citoyens Payan, qui ont concouru avec Maignet à la recherche des moyens de gagner à la République un pays qui était perdu, qui lui ont fourni un petit conseil de patriotes énergiques, probes et éclairés, ont pensé que l'établissement est nécessaire, et qu'il doit être fait à Orange, commune qui ne participe pas à la corruption d'Avignon. Ils ont pensé que plusieurs membres de ce tribunal pourraient être pris dans la Drôme; ils les connaissent, ils les désigneraient : ceux qui manqueraient pourraient être pris dans d'autres départemens, et même à Paris.

La mesure que Maignet sollicite est urgente; elle doit régénérer une partie de la République, précieuse par son sol et son climat. Le comité a de grandes affaires, mais celle-là aussi est grande : rappelle-la, s'il est possible; je te le demande au nom de la prospérité de la République, seul mobile de ma demande.

J'attends à la porte pour savoir de toi, quand tu te retireras, s'il a été décidé quelque chose.

Salut et amitié au bon Couthon. *Signé*, LAVIGNE.

INSTITUTION DU TRIBUNAL D'ORANGE.

Extrait des registres du comité de salut public de la Convention nationale.

Du 21 floréal, l'an II de la république française.

Le comité de salut public arrête qu'il sera établi à Orange une commission populaire, composée de cinq membres, pour juger les ennemis de la révolution qui seront trouvés dans les pays environnans, et particulièrement dans les départemens de Vaucluse et des Bouches-du-Rhône.

Les membres de cette commission seront les citoyens Fauvety, juré au tribunal révolutionnaire ; Meilleret, du département de la Drôme ; Roman-Fonrosa, président de l'administration du district de Die ; Fernex, juge du tribunal de district de Commune-Affranchie ; Ragot, menuisier, rue d'Auvergne, à Commune-Affranchie.

Le citoyen Maignet, représentant du peuple, est chargé d'installer cette commission sans délai.

Le commissaire des administrations civiles fera exécuter le présent arrêté.

Signés au registre, Robespierre, Collot-d'Herbois, B. Barrère, Billaud-Varenne, Carnot, C.-A. Prieur, R. Lindet, Couthon. — Pour extrait : *signé*, Collot-d'Herbois, Billaud-Varennes, B. Barrère.

Pour copie conforme,
Le commissaire des administrations civiles, police et tribunaux,
Signé, Hermann.

Agricol Moureau à Payan.

Avignon, le 16 prairial an II de la république française.

Je suis arrivé hier ici, mon cher Payan, après quatre jours de course consécutive. J'avais eu soin de cacher le moment de mon arrivée ; cela n'a pas empêché que je n'aie trouvé mon beau-frère à une lieue en avant ; il est vrai qu'il y venait tous les jours.

J'ai vu hier, de quatre lieues, les flammes révolutionnaires qui consumaient l'infâme Bédouin. La contre-révolution y avait éclaté avec toutes ses horreurs et son audace ; on a trouvé les cocardes blanches et les chaperons pour messieurs les consuls. Il y a eu soixante-trois guillotinés ; le reste des habitans a été partagé entre quatre communes environnantes, où ils seront traités comme les ci-devant qu'on a forcés de sortir de Paris. Hier j'ai assisté, sans être aperçu, à l'installation du tribunal populaire à Orange ; les patriotes sont contens, mais leurs ennemis ont la mine alongée. Tu n'as pas d'idée de la joie que la mort de Jourdan a occasionnée ici. Un fait bien positif, c'est que messieurs de la noblesse, et mesdames surtout, étaient pour lui ; la marquise d'Eyragues, avec toutes les femmes de sa cour, disait : « A présent « que M. Jourdan se rapproche des principes, vous verrez « qu'on nous l'enlèvera. » On a trouvé à Marseille une lettre de lui à Rébecqui, dans laquelle ce monstre lui disait que, si on voulait le faire sortir des prisons de Marseille, il viendrait rallier au drapeau des rebelles tous les partisans d'Avignon et de Vaucluse. Cette lettre doit être arrivée à Paris le 10 de ce mois. Son parti, qui est celui de Rovère et de Duprat, et de tous ceux à qui on pouvait reprocher quelque chose au sujet du fédéralisme, n'était pas celui d'Hébert, mais bien positivement celui de l'infâme Danton. On doutait encore du crime de ce perfide ; je dis on doutait, et dans ce cas, je parle de cette clique. Tous mes amis sont venus m'embrasser. Oh ! que j'aurais voulu que quelqu'un fût témoin de l'esprit public qui se manifesta hier ! Le faubourg Saint-Antoine d'Avignon fut beau, fut grand : *A bas la tyrannie! Vive la Montagne!* voilà ses cris répétés. Mon nom ne fut pas prononcé, ce qui me fit plaisir ; mais le peuple est pour la chose, et non pour les mots. J'ai vu avec peine, parmi ceux qui sont venus m'embrasser, quelques personnes que je ne crois pas amies du gouvernement ; mais je dis, dans ce cas, ce que Maximilien disait à Legendre : *Ne crois pas que je sois la dupe de tes discours patriotiques.* Adieu ; je t'écrirai plus à loisir demain. Salut à l'ennemi des traîtres ; qu'il se hâte de les frapper, car ils conspirent sans cesse. Il n'y a pas quinze jours, à ce qu'on m'a assuré, que le marquis de Fouvielle mandait à ses adulateurs de tenir ferme, qu'ils n'auraient pas long-temps à lutter. On a trouvé, sur un prêtre guillotiné à Bédouin, un sauf-conduit de ce traître. Ce fait est positif. Adieu ; salut à ton frère, à Fourcade et à mes amis, qui sont les tiens. *Signé,* Agricol Moureau.

Viot, Faure et Meilleret, qui entrent à l'instant, vous saluent.

Meilleret l'oncle te prie de lui faire passer l'acte d'accusation contre Jourdan.

Ma sœur t'embrasse un million de fois. Oh ! qu'elle a versé de larmes en m'embrassant !

Lettre d'Agricol Moureau à Payan.

Avignon, le 18 prairial, l'an deuxième de la république française.

Je t'ai écrit avant-hier, mon cher Payan, et j'ai omis dans ma lettre bien des détails. Je ne t'ai pas parlé de la mort tragique d'un bon patriote que tu dois connaître, puisqu'il était propriétaire de la métairie nommée le Pontet, où nous étions campés au mois de juillet dernier : ce n'est pas seulement à Paris que l'assassinat des défenseurs de la liberté est à l'ordre du jour ; la veille de mon arrivée, six hommes masqués se présentent à neuf heures et demie du soir à la campagne de ce citoyen, nommé Gras ; ils se saisissent des domestiques, les enferment, conduisent Gras dans une cave, et le fusillent en présence de son jeune enfant, qu'ils forcent de tenir la lampe. On a eu de graves soupçons que les assassins étaient enfermés dans Avignon : le représentant Maignet a fait faire une fouille générale, et il a saisi cette occasion pour faire arrêter tous les ci-devant qui n'auraient pas été zélés patriotes, tous les prêtres de ce genre, tous les parens d'émigrés ou de guillotinés, tous les suspects, toutes les femmes de mauvaises mœurs ; tu penses que le gibier est considérable dans une commune où le perfide modérantisme était à l'ordre du jour, où des scélérats de la trempe de Jourdan accordaient protection ouverte à tous les ennemis de la liberté, pourvu qu'ils les payassent bien. Je te ferai passer son arrêté à ce sujet, dont tu seras satisfait. Il y a eu plus de cinq cents coquins ou coquines arrêtés : un de ces jours on en extraira ce qui pourrait avoir été arrêté injustement.

Bédouin n'est plus ; je crois te l'avoir marqué. T'ai je dit qu'on y avait trouvé les cocardes blanches, les chaperons des consuls, la délibération qui révoquait son vœu d'être réuni à la France !

J'ai appris que Tiran, de l'Isle, l'infâme satellite de Jourdan, homme perdu par ses crimes, de réputation, avant le nouvel ordre de choses, et digne de sa réputation ancienne par ses bassesses et ses forfaits, depuis la révolution, était arrêté à Paris. Il a encore à l'Isle quelques voleurs pour amis, qui craignent, qui s'agitent, pour n'être pas entraînés dans sa chute. A leur tête est son frère. Cette famille a régné jusqu'à ce jour par la terreur. Ils ont fait, malgré les plus vives réclamations de quelques patriotes intrépides, une délibération en sa faveur, qui, en venant de deux cents lieues, pourrait paraître quelque chose. Mais voici, en deux mots, la vie de ce vil conspirateur. Lors de la rébellion des Marseillais, il a été s'affilier à Marseille contre les patriotes de Vaucluse; il a acheté, lui qui n'avait rien, les plus beaux domaines de cette commune; il y est entré, à la tête de ses gendarmes, dans le sein de la Société populaire; et c'est lui qui a saisi les patriotes. Les emplois militaires qui l'ont élevé au grade qu'il occupait, c'est d'avoir été l'adulateur et le satellite du conspirateur Fonvielle.

Je dois te prévenir encore que Jean-Louis Duprat, frère très-digne des deux frères traîtres de ce nom, est parti pour Paris depuis trois jours. Il est connu, depuis 89, par son aristocratie qu'il n'a pas déguisée. Je te le recommande à son arrivée. Les patriotes pensent que Duprat et Tiran devraient être renvoyés par-devant la commission qui siége à Orange. L'économie pour les frais de route des témoins et l'exemple sur les lieux semblent nécessiter cette mesure : c'est mon opinion, c'est celle de Fauvety, qui se trouve ici aujourd'hui, et qui te salue. Communique ma lettre à Maximilien, s'il a le temps d'en faire la lecture. Dis-lui que bientôt cette partie du Midi, si empestée par le papisme, répondra au reste de la République; et que nous serons dignes de la grande et chère famille qui nous a accueillis dans son sein. Je te salue, ainsi que ton frère et Fourcade. Sauve, Fauvety, Meilleret, Viot, ma sœur, te saluent. Adieu. Je t'embrasse, et suis à toi du fond du cœur. *Signé*, AGRICOL MOUREAU.

Il faut bien que je te salue, puisque Moureau m'en offre l'occasion. J'ai reçu ton paquet; je suis sensible à ton attention. La commission est installée : encore quelques jours et tu entendras dire qu'elle est aussi terrible que juste. Il faut qu'elle fasse trembler les malveillans de tout le Midi; qu'elle extermine ceux qui lui tomberont sous la main, et tue les autres d'épouvante. Salut et fraternité. *Signé*, Fauvety.

Lettre d'Agricol Moureau à Payan.

Avignon, le 21 prairial an II de la république française.

Qu'il est doux, mon cher Payan, d'avoir souffert pour la cause du peuple! Qu'il est reconnaissant, quoi qu'en disent ses ennemis! L'embrassement sincère d'un agriculteur, d'un sans-culotte vertueux, me dédommage de mes cinq mois de gêne.

Toutes les sociétés populaires des environs m'ont envoyé des députations pour m'embrasser en leur nom. Ce soir je vais à Beaucaire; je ne voulais pas y paraître, mais il est vrai que l'intérêt de l'agriculture le demande; car sans le jour de demain, que je passerai avec les patriotes de cette commune, ils en perdraient trois pour venir me voir, et dans cet instant la moisson est commencée. Mon ami, je suis confus et non enivré de mon triomphe; j'ai parlé pour ramener les citoyens aux principes, pour qu'ils se déshabituassent de l'homme, et j'ai entendu avec plaisir qu'on me disait qu'on fêtait la chose dans moi, que si je variais ils seraient invariables pour elle, et qu'ils appelleraient sur moi la vengeance publique. Ainsi le peuple est aux principes, et je ferai tous mes efforts pour qu'il ne s'en écarte jamais.

Viot est nommé, par Maignet, accusateur public près la commission séante à Orange; elle va commencer ses opérations.

Maignet est à Marseille depuis deux jours; nous attendons son retour à la fin de la décade.

La fête à l'Être-Suprême a été célébrée hier ici avec toute la pompe possible; tous nos paysans y ont paru, et ont été d'un contentement indicible de voir qu'il y avait encore un Dieu : Oh! le beau décret que celui-là, disaient-ils!

J'ai prononcé à ce sujet un discours de deux pages que je t'enverrai quand il sera imprimé.

La visite domiciliaire qui a eu lieu ces jours derniers a produit une arrestation d'environ cinq cents personnes. Maignet a ordonné au comité de surveillance de faire la triaille, et il s'est réservé de statuer définitivement.

Il est possible que cette mesure ait blessé quelques individus injustement, mais Maignet sondera dans ce cas la plaie.

Je te dis cela parce que j'ai appris qu'on avait arrêté une personne employée au salpêtre, qui était dans le moment sans papiers; mais, dès qu'on a su qu'il était agent de la République, j'ai dit aux commissaires qu'il n'y avait pas un moment à perdre, et de l'élargir à l'instant; mon conseil a été suivi. Je t'avertis de ce fait, afin que, s'il était porté des plaintes au comité de salut public, on fût instruit à temps de la réparation du mal.

Adieu, mon ami; salut à Fourcade, à ton frère, à Sabonadière; rappelle-moi au souvenir de Maximilien.

Je t'embrasse. *Signé*, Agricol Moureau.

Ma sœur, Sauve, Barjavel, Meilleret, te saluent.

Juge, membre du Comité de surveillance, au citoyen Payan, à la commission d'instruction publique, à Paris.

2 messidor an second républicain.

Tu trouveras ci-joint, cher ami, le résultat des renseignemens que j'ai pris relativement au district de Nyons, ensuite de la lettre du 6 prairial. Si tu ne l'as pas reçu plus tôt, c'est que j'ai été très-occupé auprès de Maignet, et que d'ailleurs j'ai voulu prendre tous les moyens possibles pour avoir des notes exactes.

Dans tous les temps, tu me trouveras très-empressé à te fournir les éclaircissemens que tu pourras désirer, soit pour ta propre satisfaction, soit pour la chose publique, à laquelle je ne cesserai d'être entièrement dévoué, ainsi qu'à toi et à ton frère. Ce district ne paraît pas marcher d'une manière parfaitement révolutionnaire; il paraît que l'on tient encore au fanatisme, par l'inexacte observation des fêtes décadaires, et la cessation des travaux les jours des ci-devant dimanches. Il est fort étendu dans la montagne; les chemins en sont escarpés et difficiles. Dix cantons comprenant quatre-vingts communes, dont la plupart reçoivent tard les dépêches, malgré l'établissement des piétons, offrent une population de trente-deux mille cinq cents ames, dont diverses communes, qui n'ont pas encore retranché de leurs dénominations les mots saints qui les infectent, n'ont pas encore balayé tous les ci-devant prêtres.

Les habitans étaient divisés en deux sectes, l'une catholique, l'autre protestante; et ce qui est étrange, c'est que le fanatisme affecte autant cette dernière.

Le chef-lieu du district me paraît absolument mal situé, puisqu'il est à l'extrémité du district; et je ne vois pas de commune qui puisse être préférée à Nyons. Il me paraît qu'à une nouvelle organisation de districts il vaudrait infiniment mieux joindre aux districts de Die, Serres et Carpentras, les communes qui les avoisinent, et former un district de toutes celles environnant Nyons et Valréas : tu sens que cette dernière serait à tous égards beaucoup mieux propre à renfermer les établissemens publics que Nyons, qui est un pays très-serré, manquant de bâtimens. Il nous fallut, dans ce département, tout comme dans celui des Bouches-du-Rhône, un patriote tel que Maignet, pour le faire aller au pas. Il travaille jour et nuit pour l'améliorer; et il emportera, en le quittant, le regret de tous ceux qui le connaissent. Suivant les apparences, il tombera plus de trois mille têtes dans ce département. Les prisons regorgent de fédéralistes et de suspects, et tu sens qu'il est temps, sans doute, de purifier un des plus beaux pays de la République, trop long-temps souillé par la présence d'une horde de scélérats qui conspiraient contre elle.

Rappelle-moi dans le souvenir de ton frère.

Salut et fraternité. *Signé*, Juge.

Lettre d'Agricol Moureau à Payan.

Avignon, le 4 messidor an second de la république française.

Voilà quelques jours écoulés, mon cher Payan, depuis que je ne t'ai pas écrit : rien de bien intéressant à t'apprendre. La commission populaire est en activité, et déjà quelques conspirateurs ont subi la peine due à leurs crimes.

J'ai vu, dans les papiers publics, les dernières agitations des débris de la faction des immoraux. J'avais bien raison de te le dire, que cette faction n'était point détruite; que différer d'en frapper les restes, c'était leur laisser les moyens de se reconstituer. Je le dis encore, si, au reçu de ma lettre, ceux qui s'asseyaient à côté de Danton, et qui partageaient ses opinions contre le gouvernement révolutionnaire, ne sont pas arrêtés et punis, la chose publique est en danger. Vous n'avez pas, vous autres, à Paris, le tableau des choses sous les yeux: La grande majorité est pour le gouvernement révolutionnaire; mais, si la faction des modérantistes avait un instant le dessus, que de partisans elle aurait dans un instant! et alors, je ne puis m'empêcher de le penser, la République serait à deux doigts de sa perte; alors les assassinats des vrais amis de l'égalité et des plus fermes défenseurs du peuple seraient à l'ordre du jour. Il faut qu'on frappe avec éclat tous les avides de domination ou les *apitoyeurs*.

Les choses marchent raides ici, on y est indigné des entraves que les Tallien et consorts voudraient mettre à la marche des choses. Tallien est ici abhorré de tous les patriotes depuis le jour que, président de la Convention, il lui mentit impunément, en disant qu'il venait de recevoir des autorités constituées d'Avignon des pièces qui prouvaient que la conspiration d'Hébert avait une ramification dans Avignon. Sais-tu quelles étaient ces pièces! c'était une lettre d'un ex-chartreux, nommé Trie, créature du conspirateur Rovère, vicaire-général de monseigneur l'évêque de Vaucluse; ce chartreux est dedans, il sera guillotiné; car, pour avoir la place d'un commissaire des guerres, il l'a accusé d'avoir été président de section, ce qui est positivement faux.

Un nommé Larose, dit Ravau, de l'Isle, est parti pour Paris, pour aller porter une attestation du conseil prétendu général de la commune de l'Isle en faveur d'Antoine Tiran. Dix signataires de cette adresse sont venus ici rétracter leur signature. La terreur que cette famille de Tiran avait inspirée est telle qu'il n'y a qu'une poignée de patriotes qui ose hardiment lui reprocher en face ses vols, ses forfaits et les malheurs de leur pays; son règne sera court. Le représentant Maignet doit arriver aujourd'hui. Il me tarde de le voir arriver, pour fermer radicalement les plaies des patriotes. L'épuration des autorités constituées du district et des autres du département fera marcher les choses avec unité. Il y a encore des municipalités qui sont en place et qui avaient fait publier hautement de venir s'inscrire pour marcher contre la Convention. Quand tu liras ma lettre, les membres impurs qui les composent encore, seront à l'ombre.

Un mot sur l'Ardèche. Il n'est que trop vrai que les fédéralistes contre-révolutionnaires y triomphent et que les montagnards y sont persécutés; ton frère le jeune doit t'avoir donné des renseignemens sur cette partie. Il serait à désirer que le représentant égaré, qui avait tant fait de mal, eût été rappelé, comme on me l'annonce. Adieu, mon ami, songe au Midi; qu'on ne dédaigne pas de s'en occuper fortement, car c'est ici que l'intrigue et le modérantisme semblaient avoir placé plus particulièrement leur domicile. Rappelle-nous au souvenir de Maximilien. Dis au comité de salut public que nous soutiendrons vigoureusement le gouvernement révolutionnaire, parce que nous voulons la République et que nous y voyons clair. Les Rovère et sa faction ne veulent pas la République, ils pensent à leurs intérêts, ils aspirent à la domination; et nous, nous voulons la République, avec les vertus, le désintéressement, l'abnégation de soi-même, le stoïcisme, qui en forment les bases solides. Adieu; rappelle-moi au souvenir de ton frère, de Fourcade, et crois que je suis ton ami.   *Signé*, AGRICOL MOUREAU.

L'accusateur public près la commission populaire établie à Orange, au citoyen Payan, agent national près la Commune de Paris.

Orange, le 6 messidor, l'an deuxième de la République, etc.

L'intérêt, cher citoyen, au bien de ces contrées me porte à t'avertir que par ce courrier j'écris au comité de sûreté générale et à Fouquier-Tinville, accusateur public, pour leur demander de renvoyer par-devant la commission populaire établie dans cette commune et Duprat et Tiran. Vois l'accusateur public, et fais en sorte que ce renvoi n'éprouve pas de retard.

Je ne t'avais pas encore appris que le représentant Maignet m'avait chargé de l'honorable fonction d'accuser les conspirateurs par-devant cette commission ; les affaires publiques occupent tous mes instans ; et, chez un républicain, le devoir l'emporte sur le plaisir. Les patriotes de ces contrées comptent sur ton zèle et ton amitié; notre estime t'est acquise depuis long-temps, unissons-nous pour purger la République de tous les traîtres qui ont conspiré contre elle. Adieu. — Salut et fraternité.

Signé, VIOT.

Lettre de Benet à Payan.

Orange, le 9 messidor l'an II de la République, etc.

Je t'envoie ci-joint, mon cher ami, quelques exemplaires des premiers jugemens de la commission ; tu les recevras exactement à l'avenir (1). Je me charge d'autant plus volontiers de cette tâche, qu'ayant été moi-même acteur anti-fédéraliste dans le Midi, tu ne pourras voir qu'avec plaisir tomber les têtes contre-révolutionnaires. Neuf conspirateurs orangeais ont déjà subi la peine due à leur crime ; le peuple a applaudi avec transport à leur chute. Tu connais la position d'Orange ; la guillotine est placée devant la montagne. On dirait que toutes les têtes lui rendent, en tombant, l'hommage qu'elle mérite ; allégorie précieuse pour de vrais amis de la liberté. Les deux Chieze, prêtres, sont au nombre des conspirateurs punis ; cela va, et ça ira. Adieu, mon ami ; rappelle-moi au souvenir de ton frère. Je t'embrasse.   Le greffier de la commission, *signé*, BENET.

Depuis primidi, plus de soixante scélérats ont courbé la tête.

Lettre d'Agricol Moureau à Payan.

Avignon, 9 messidor an II de la république française.

Je suis arrivé hier au soir d'Orange, mon cher Payan, où j'avais passé deux jours ; les choses y vont assez bien ; voici ce

---

(1) Les pièces dont il est question dans cette lettre n'ont pas été imprimées par Courtois.   (*Note des auteurs.*)

qui en est. Meilleret et Roman-Fonrosa sont excellens citoyens; mais, pour juger révolutionnairement, ils ne valent pas Fauvety et les deux autres juges de Commune-Affranchie. Le bien public demanderait donc qu'à leur place on mît deux hommes de la trempe des trois autres. Si Fauvety était malade, ce qui ne tardera pas à arriver, car il est impossible qu'il tienne avec le travail qu'il fait et la peine qu'il est obligé de prendre, il échapperait bien des coupables, et *alors le but du gouvernement serait manqué*, les divisions régneraient encore, et avec elles le trouble; et le germe de la contre-révolution ne serait pas anéanti. Meilleret et Fonrosa sont esclaves des formes; les trois autres ne veulent d'autres formes que la conviction de leur conscience. Les deux juges de Commune-Affranchie sont excellens, et celui qui les a choisis se connaît en hommes. Meilleret et Fonrosa sont de très-vrais patriotes; mais tous les bons patriotes ne sont pas également propres à remplir les fonctions de juges révolutionnaires. Ce que je te dis ne doit pas diminuer l'estime et l'amitié que tu leur portes, mais je crois, en mon ame et conscience, qu'ils pourraient être plus utiles ailleurs que dans la commission. Les renseignemens que je te donne, je les tiens de Viot, Fauvety, Barjavel, Benet, et je ne leur ai pas laissé ignorer que je t'écrirais les craintes qu'ils me témoignaient. Viot doit t'avoir écrit il y a trois jours : c'est moi qui lui ai servi de secrétaire dans cette occasion. Maignet n'est pas encore de retour de Marseille. Je vais travailler à une adresse dans le sens que tu m'en parles. J'avais bien prédit cette insurrection des cendres du perfide Danton; et, si le comité de salut public ne frappe ferme quelque jour, il sera écrasé par ces agens de l'Angleterre, et alors la liberté est perdue.... Si nous avions le moindre échec sur les frontières, tu verrais alors ces agens de Cobourg, qui font des vœux pour nos défaites, s'apitoyer sur nos malheurs qu'ils auraient provoqués, et tenter, pour la troisième fois, de renverser le gouvernement. Les choses vont assez mal dans l'Ardèche; il y a des communes où il n'y a que des aristocrates, et dans lesquelles le coupable est à l'abri des lois et des mandats d'arrêt.

Adieu. Salut à Maximilien. Je t'embrasse de toutes mes forces.

Signé, AGRICOL MOUREAU.

Rappelle-moi au souvenir de ton frère et de Fourcade.

Lettre d'Agricol Moureau à Payan.

Avignon, le 12 messidor l'an deuxième de la république française.

Mon ami, je te fais passer l'adresse que la société populaire de cette commune a faite à la Convention, relativement à la journée du 22 prairial dernier.

Si je croyais que les opposans n'eussent été mus que par cet ombrage naturel aux républicains, je ne l'aurais pas blâmé.

Mais je pense que se méfier, ou feindre de se méfier du gouvernement actuel, c'est agir dans le sens de l'Angleterre.

Avant de faire lire l'adresse je t'invite à la montrer à Maximilien, et de ne la faire remettre au président de la Convention que quand il en aura été prévenu; car il serait très-possible que si Bourdon (de l'Oise), Legendre et Tallien étaient dans ce moment ci dans l'assemblée, avec seulement quelques-uns de leurs partisans, ils surprissent, comme le fit Poultier, quelque décret contre moi.

Si tu pensais qu'il y a des expressions un peu trop fortes, telles que celles-ci : *Qu'attendez-vous de les frapper?* je t'autorise et te prie de les corriger.

Je remercie ton frère et Fourcade de l'envoi qu'ils m'ont fait. Salue-les de ma part. Rien de bien nouveau. Maignet est encore à Marseille. J'irai peut-être sous peu de jours..... Si l'adresse te paraît bonne, tu la feras mettre dans les journaux. Adieu.

Signé AGRICOL MOUREAU.

P. S. La commission populaire marche bien; hier, sur douze accusés, neuf ont été condamnés à mort, deux à la déportation, un à six mois de détention.

Je croyais que, d'après le décret du 22 prairial, il n'y avait plus d'autre peine que la mort pour les coupables de délits contre la révolution.

P. S. Tu remettras le paquet ci-joint au représentant Leblanc, si tu approuves l'adresse ; dans le cas contraire, tu la brûleras.

Adresse de la société populaire d'Avignon à la Convention nationale, soumise avant à Payan et à Robespierre, par Agricol Moureau, qui l'a rédigée.

Avignon, ce 2 messidor an II de la République.

Représentans, une faction perfide voulut, l'année dernière, à peu près à cette époque, perdre la République par le modérantisme : le peuple se leva dans la journée du 31 mai, et vingt-deux conspirateurs tombèrent bientôt après sous le glaive salutaire de la loi. Ceux des complices de Brissot qui échappèrent alors à la mort qu'ils méritaient, ou par la fuite ou le silence, ont-ils depuis osé reparaître ou relever leur front de la poussière ! Eh ! comment se fait-il qu'une nouvelle faction, la faction perfide des indulgens, bien plus dangereuse que la première puisqu'elle était ourdie et conduite par des hommes d'un nom et célèbre et chéri parmi le peuple, n'ait pas été anéantie en entier ! On en connaît les restes ; ceux qui siégeaient à côté de Danton, a dit un d'entre vous, sont ses complices : on en connaît les restes ; ceux qui ont voulu l'arracher à la mort sont ses complices ; ceux qui ne veulent pas du gouvernement révolutionnaire, qui mettent sans cesse des entraves à la marche du gouvernement, qui veulent ajourner la punition des ennemis du peuple, qui craignent l'institution du tribunal révolutionnaire dans les formes décrétées le 22 prairial, sont ses complices, et méritent la mort. Qu'attendez-vous de les frapper ? Croyez-vous que les Anglais seuls aient mis parmi nous l'assassinat à l'ordre du jour ! et ne sont-ils pas eux-mêmes les hommes de l'Angleterre, ceux qui parlent comme les habitans de cette île avilie ! Ceux qui se proclament les défenseurs de l'immoralité peuvent-ils être les amis de la République ? Ceux qui se sont déclarés les seconds de Jourdan, après avoir été ceux de Danton, quand les patriotes dénonçaient de toutes parts sa tyrannie, peuvent-ils être les amis de la vertu et de l'égalité ? n'est-ce pas à Jourdan que se ralliaient tous les voleurs de la France? Jourdan et ses satellites étaient devenus les bourreaux des patriotes; ils accordaient ici une protection ouverte à l'aristocratie, et il était tout naturel qu'ils achetassent ensuite des domaines superbes : ainsi les voleurs et les contre-révolutionnaires de tout genre se sont ligués contre la Convention et le gouvernement. Ils ne veulent pas la République, puisqu'ils sont les protecteurs du crime, puisqu'ils sont les échos de l'Angleterre et de l'Autriche : pourquoi la République tarderait-elle de les exterminer? Oui, il faut que tous les ennemis de notre République soient anéantis; alors la victoire réside sous nos drapeaux, alors l'unité règne dans l'intérieur, alors enfin les fondemens sur lesquels l'égalité est assise sont inébranlables.

Adopté à l'unanimité par la société populaire d'Avignon, dans la séance du 10 messidor.

Signé Agricol Moureau, président; Robinaux; Peiraut, secrétaire.

Fauvety, président de la commission populaire établie à Orange, au citoyen Payan, agent national de la commune de Paris.

Orange, le 19 messidor, l'an II de la république française une et indivisible.

Citoyen camarade, les grandes occupations que j'ai eues depuis mon arrivée en ce pays ne m'ont pas laissé le temps de t'écrire, ainsi qu'à ton frère, auquel tu voudras bien présenter mes excuses, et lui dire que j'ai reçu les divers paquets qu'il m'a adressés.

La commission m'a coûté beaucoup de soins et de veilles pour l'organiser; on manque de sujets qui réunissent au patriotisme les talens nécessaires, et l'exacte probité dont on a besoin dans des affaires importantes. Roman-Fonrosa et moi sommes ce qu'on appelle vulgairement chez nous les bardots de la commission. Il a fallu pendant long-temps tout voir et tout dicter. Enfin, nous avons trouvé un sujet qui peut conduire et surveiller en partie les différens bureaux; quoiqu'il nous manque au moins dix personnes pour que la commission puisse aller selon mes désirs, nous allons pourtant, et nous avons plus fait dans les six premiers jours que n'a fait dans six mois le tribunal révolutionnaire de Nîmes; enfin, la commission a pourtant rendu *cent quatre-vingt-dix-sept* jugemens dans *dix-huit* jours. Hier nous avons condamné quatre faux témoins, surpris en audience; ils ont subi la peine de mort; l'un d'eux a avoué en allant au supplice qu'il était bien jugé et qu'il avait eu tort de déposer à faux pour de l'argent.

Je te promets que nous mettrons dans le diabolique comtat la vertu et la probité à l'ordre du jour. . . . . Ragot, Fernex et moi sommes au pas; Roman-Fonrosa est un excellent sujet, mais formaliste enragé et un peu loin du point révolutionnaire où il le faudrait; Meilleret, mon quatrième collègue, ne vaut rien, absolument rien au poste qu'il occupe il est quelquefois d'avis de sauver des prêtres contre-révolutionnaires; *il lui faut des preuves*, comme aux tribunaux ordinaires de l'ancien régime. Il inculque cette manière de voir et d'agir à Roman; il le tourmente, et tous les deux réunis nous tourmentent à leur tour. Nous avons quelquefois des scènes très-fortes. Meilleret, enfin, est patriote, mais il n'est pas à sa place. Dieu veuille que Ragot, Fernex et moi ne soyons jamais malades! si ce malheur arrivait, la commission ne ferait plus que de l'eau claire; elle serait tout au plus au niveau des tribunaux ordinaires de département. . . . .

Je te salue fraternellement; mes amitiés à ton frère; je l'invite à continuer ses envois. — *Signé* FAUVETY.

N. B. Payan, sensible à ce qu'Agricol Moureau lui avait écrit sur la faiblesse de Roman-Fonrosa, et que lui confirmait Fauvety, crut devoir donner à Roman la leçon suivante. (Le *N. B.* est de Courtois.)

Copie d'une lettre de Payan, l'agent national (1), *à Roman-Fonrosa.*

J'ai été long-temps, mon cher ami, membre du tribunal révolutionnaire (2), et je crois, à ce titre, te devoir quelques observations sur la conduite des juges ou des jurés. Il est bon de t'observer d'abord que les commissions chargées de punir les conspirateurs n'ont absolument aucun rapport avec les tribunaux de l'ancien régime, ni même avec ceux du nouveau. Il ne doit y exister aucunes formes, la conscience du juge est là, et les remplace. Il ne s'agit point de savoir si l'accusé a été interrogé de telle ou telle manière, s'il a été entendu paisiblement et long-temps lors de sa justification, il s'agit de savoir s'il est coupable. En un mot, ces commissions sont des commissions révolutionnaires, c'est-à-dire des tribunaux qui doivent aller au fait, et frapper sans pitié les conspirateurs : elles doivent être aussi des tribunaux *politiques;* elles doivent se rappeler que tous les hommes qui n'ont pas été pour la révolution ont été pour cela même contre elle, puisqu'ils n'ont rien fait pour la patrie. Dans une place de ce genre, la sensibilité individuelle doit cesser ; elle doit prendre un caractère plus grand, plus auguste, elle doit s'étendre à la République. Tout homme qui échappe à la justice nationale est un scélérat qui fera un jour périr des républicains que vous devez sauver. On répète sans cesse aux juges : Prenez garde, sauvez l'innocence ; et moi je leur dis, au nom de la patrie : Tremblez de sauver un coupable.

Dans la position où tu te trouves, je soutiens qu'il est impossible, avec la plus grande sévérité, que tu condamnes jamais un patriote. Le tribunal est entouré d'hommes probes, de citoyens du pays même, et la démarcation est tellement établie entre les amis de l'humanité et les ennemis, que tu ne frapperas jamais

---

(1) Cette lettre, trouvée dans les papiers de Payan, n'est point écrite, mais est corrigée de sa main ; elle est une suite de celle de Fauvety qu'on lit ci-dessus, et a provoqué la réponse qu'on lira ci-après. (*Note de Courtois.*)

(2) Payan avait été juré au tribunal révolutionnaire de Paris.
(*Note de Courtois.*)

que ses ennemis. Je t'en conjure, au nom de la République, au nom de l'amitié que je t'ai vouée, je t'en conjurerais au nom de ton intérêt particulier même, si l'on devait en parler lorsqu'il s'agit de l'intérêt général, laisse des formes étrangères à ta place ; n'aie de l'humanité que pour ta patrie ; marche d'un pas égal avec tes collègues. Fauvety sait l'impulsion qu'il faut donner au tribunal ; il a acquis l'estime et l'amitié de tous les républicains. On applaudit toujours à sa justice, et les aristocrates seuls, dont il détruisait les partisans, lui reprochèrent sa rigueur. Il n'y a pas de milieu ; il faut être totalement révolutionnaire, ou renoncer à la liberté. Les demi-mesures ne sont que des palliatifs qui augmentent sourdement les maux de la République. Tu as une grande mission à remplir : *oublie que la nature te fit homme et sensible*. Rappelle-toi que la patrie t'a fait juge de ses ennemis : elle élèvera un jour sa voix contre toi si tu as épargné un seul conspirateur ; et, dans les commissions populaires, l'humanité individuelle, la modération qui prend le voile de la justice, est un crime. Je n'ai vu dans ces genres de tribunaux que deux sortes d'hommes : les uns qui trahissaient les intérêts de la liberté, et les autres qui voulaient la faire triompher. Tous ceux qui prétendaient être plus sages et plus justes que leurs collègues étaient des conspirateurs adroits, ou des hommes trompés, indignes de la République. Choisis entre l'amour du peuple et sa haine. Si tu n'as pas la force et la fermeté nécessaires pour punir des conspirateurs, la nature ne t'a pas destiné à être libre. Tu sens, mon ami, que ces réflexions me sont inspirées par l'amour de la patrie et par l'estime que j'ai conçue de toi ; elles sont jetées à la hâte sur le papier, mais elles sont bonnes. *Lis-les sans cesse, et surtout avant le jugement des scélérats que vous avez à frapper.* (Ces derniers mots sont raturés.) — Salut et fraternité.

Réponse de Roman-Fonrosa.

Orange, le 30 messidor, l'an II de la république française, etc.

J'ai reçu, citoyen et ami, ta lettre du 20 du courant ; je te remercie bien sincèrement des avis que ton attachement pour moi t'inspire, bien que je croie être à cet égard à l'abri de tout reproche; mais, soit qu'on ait présenté quelque tableau bien éloigné de la vérité, soit que je croie devoir éclairer ton amitié et ta confiance sur ma manière de penser, je t'observe qu'il est dans mon cœur qu'il ne suffit pas de mériter la confiance, qu'il faut encore, dans tous les temps, la justifier. Appelé, par la confiance de mes concitoyens, à diverses fonctions publiques, dès l'aurore de la révolution, je me suis imposé la plus étroite obligation de les remplir avec la plus sévère exactitude, et j'ose dire que, si cette sévérité m'a fait des ennemis, elle a pleinement justifié la confiance dont on m'avait honoré auprès des amis de l'ordre et des lois; honoré de celle du comité de salut public, je ne me suis pas dissimulé qu'elle exigeait de moi encore plus d'exactitude, et je crois, jusqu'à présent, avoir rempli son vœu.

Conformément à son instruction, je me suis bien pénétré que, pour acquérir dans mon ame la conviction des délits des prévenus mis en jugement, je n'avais besoin d'aucune des instructions préparatoires auxquelles les autres tribunaux sont asservis : mais, comme le vertueux Maignet, j'ai cru qu'il fallait faire une différence entre les coupables; distinguer les coupables, c'est-à-dire tous les ci-devant nobles et prêtres, tous les riches, les hommes d'affaires et autres gens instruits, de ceux de la classe des artisans, manouvriers ou journaliers, dont la grande majorité sont illettrés, qui avaient été égarés ou trompés. J'ai cru, sur ces derniers, que, conformément aux vues du représentant Maignet, souvent manifestées, notamment dans son discours lors de l'installation de la commission, et, d'après les instructions politiques qu'a été à même de nous fournir le citoyen Meilleret, mon collègue, qui, bien franchement, avait été nécessité d'acquérir les plus grands renseignemens pour concourir à organiser une partie des corps constitués dans ce département; notre sollicitude nous imposait la plus étroite obligation de rechercher avec le plus grand soin si le prévenu de cette dernière classe n'avait pas été égaré ou trompé; et, j'ose le dire, lorsque dans mon ame j'ai acquis cette conviction, j'ai voté de moindres peines ou l'absolution, sauf toutefois les cas où la conduite du prévenu ne m'a jamais laissé douter de son intention. J'avoue que, pour arriver au but, la tâche est d'autant plus pénible que, d'après les connaissances générales que j'avais de ce département, des insurrections diverses qui, dans ces contrées, avaient nécessité des partis opposés les renseignemens que nous a donnés Meilleret, et ceux que j'ai cherché à acquérir d'ailleurs, il nous faut être sans cesse en garde sur la nature des charges que nous présentent les témoins qu'on nous produit, et trop souvent dictées par des animosités particulières, un esprit de parti, ou quelquefois inspirées par un intérêt particulier; en sorte que, sous ces divers rapports, il ne faut point être surpris que, parmi nous, nos opinions sur cette dernière classe de prévenus varient quelquefois, puisqu'elles dépendent essentiellement de notre manière de saisir ou d'apprécier les déclarations des témoins; et, à cet égard, malgré que je sois occupé trois et quatre heures par jour plus que mes collègues, pour la rédaction des jugemens, nous n'avons cessé, Meilleret et moi, de réclamer une assemblée préalable pour connaître les accusés qu'on mettait en jugement, ainsi que les charges matérielles qu'il y avait contre eux, pour rendre notre opinion plus uniforme. Nous avons réclamé surtout qu'on s'attache à purger les grands coupables, parce que nous espérions que, dans l'instruction de leur procès, nous parviendrions à acquérir des renseignemens favorables à ceux qu'ils avaient induits, égarés ou trompés; mais jusqu'à présent nos tentatives ont été inutiles. Voilà, cher ami, quelle est ma conduite dans cette partie jusqu'à ce moment.

La commission ayant cru dans quelques circonstances pouvoir découvrir quelques complots ou quelques complices dans des délits majeurs, j'ai été chargé de prendre des réponses personnelles ou d'entendre des témoins, comme en ayant plus d'usage que mes autres collègues; *nous n'avons pas eu d'autre instruction préparatoire, encore est-elle bien bornée*, tandis que j'aurais cru qu'elle eût dû être infiniment plus étendue, parce que nous avions découvert des fils qu'il eût été intéressant de suivre pour nous éclairer sur une classe d'hommes qui, sous le voile du patriotisme, ont fait le plus grand mal dans ces contrées, en faisant contribuer des citoyens, sous prétexte de les soustraire au glaive de la loi.

Si, pour porter le jugement, nous n'avions pas besoin d'instruction préalable, je n'ai pas cru qu'il en fût de même pour assurer nos opinions dans le dépôt qui doit, dans tous les temps, justifier ma conduite : j'ai cru qu'il était indispensable de retenir note légale de l'interrogatoire public qu'on fait subir au prévenu en audience; c'est-à-dire de ce qui constate ses nom, prénom, âge, qualité et demeure. Il eût même fallu, ce me semble, constater, autant qu'on le pourrait, sa fortune ; sans insister beaucoup, je pensais aussi qu'il eût été intéressant de retenir même note des témoins qu'on faisait entendre. J'ai cru être d'autant plus fondé sur la partie relative au prévenu, que, sur le registre qu'on a formé, contenant le nom des prévenus mis en jugement et jugés jour par jour, il s'y trouve quelque légère différence dans les qualités avec celles désignées par les jugemens ; tandis que s'il y avait note retenue, signée par le président et le greffier, tout devrait nécessairement s'y référer. Plus versé dans cette partie que mes autres collègues, même que ceux employés au greffe de la commission, je leur avais communiqué ce qui se pratiquait ailleurs ; mais l'excès du travail et le petit nombre de commis leur ont fait envisager mes vues comme superflues. Je me tais, espérant que le mode de travail qu'on pratique sera approuvé, ou qu'on nous tracera une route quelconque. La loi m'ayant servi, dans tous les temps, de guide pour mes devoirs et mon opinion, j'ai cru également que, dans la dispensation des peines, nous ne pouvions nous écarter de la disposition des lois pénales, et même de l'obligation imposée aux autres tribunaux d'en rapporter le texte. Si, sur tous ces objets, la nature de notre tribunal pouvait nous en dispenser, j'ai toujours cru qu'il était avantageux d'édifier le public sur les motifs qui dirigent nos opérations.

Si, dans cette conduite, je n'avais pas rempli les vues du

comité, que ton amitié veuille bien m'éclairer sur ce que tu crois que je doive faire. De plus, harassé par le travail, à désespérer de le soutenir long-temps, je te laisse à décider si, quand je suis décidé à m'immoler pour tout ce qui pourra être avantageux à la patrie, il pourra jamais naître un doute contre moi que je veuille favoriser ses ennemis.

Rappelle-moi au souvenir de ton frère. Salut et fraternité.

Signé ROMAN-FONROSA.

P. S. Je joins ici un exemplaire du procès-verbal d'installation, et un exemplaire du tableau des individus mis en jugement dans la première et seconde décade de ce mois, qu'on nous rend dans l'instant (1).

Lettre de Dounaud à Payan.

Paul-les-Fontaines, 27 messidor, IIe année républicaine.

As-tu bien pu croire, mon cher Claude, que le comité de surveillance de Paul-les-Fontaines, des principes duquel, j'espère, tu ne dois nullement douter, eût impunément souffert dans les murs de sa commune un calotin, fuyant la sienne, sans le faire arrêter et traduire sur-le-champ dans la maison d'arrêt destinée à tous ces messieurs? Je me plais à croire, et je me persuade même, que tu rends plus de justice à nos principes révolutionnaires. Masson, à la vérité, a paru ici il y a environ un mois ; il a fait un séjour de huitaine chez Castelane, pour donner des leçons de musique à ses deux petites-filles qu'il a auprès de lui ; je dois t'observer, à cet égard, qu'il n'est entré dans cette maison qu'après en avoir obtenu l'agrément de la municipalité. Masson ne fuit point sa commune, comme on te l'a dit ; et sa résidence actuelle à Grignan, qui vient de m'être attestée par ton frère Charles, auquel je n'ai cependant point communiqué ta lettre, dépose de ce que je t'avance.

Tu sais, sans doute, que la femme Laroche, malgré sa pétition contre nous, est allée se réunir aux autres détenus de cette

---

(1) Ces pièces n'ont pas été publiées par Courtois. (*Note des auteurs.*)

commune. Je fus moi-même le porteur du second arrêté que l'on prit contre elle.

Arnaud, ci-devant Lestaing, en faveur duquel nous avions lancé un mandat d'arrêt, fut arrêté, il y a deux jours, à Avignon. Il vient de nous être expédié par deux gendarmes; nous l'avons fait traduire de suite à la citadelle de Montélimar, pour lui donner de nouveaux regrets de ne s'être point émigré. Tu dois te rappeler qu'il te tint ce propos ainsi qu'à ton frère l'aîné.

Lorsqu'on prononça sur l'arrestation de la femme Laroche, on discuta si son mari serait de la partie : le conseil général et le comité, qui traitèrent pour lors concurremment de cette affaire, décidèrent à l'unanimité que Laroche ne devait point être arrêté, vu qu'il avait donné des preuves de *bon citoyen*. Malgré cette décision favorable en faveur de cet individu, qui est consignée sur les registres de la commune, *si tu as par-devers toi quelque motif qui dicte son arrestation, dénonce-le au comité, et tu verras qu'il prendra bientôt rang parmi ceux qui figurent à la citadelle.*

Quant à Brun, ex-chanoine, il est en cage à Valence, et sa maison entre les mains de Xavier Cheisson, qui l'a payée 1700 livres. Saillant est absent de la commune; et je te jure, foi de républicain, que s'il y mettait les pieds, il n'en sortirait que pour aller parfumer la maison de réclusion.

Quant aux dévotes, elles n'ont point attiré notre attention républicaine, vu que leur influence ne peut nuire d'aucune manière à la chose publique. Au surplus, s'il fallait coffrer cette classe-là, nous aurions pu y comprendre toutes les femmes du pays, etc.

Signé, Dounaud.

Juge, membre du comité de surveillance de Valréas, au citoyen Payan, à la commission de l'instruction publique, à Paris.

6 thermidor, an deuxième de la République, etc.

Ami, *la sainte guillotine va tous les jours.* Ces jours derniers, le frère de Maury, l'ex-constituant, monta le premier, en lâche;

puis madame Pialat-des-Isles; notre ancien procureur de la commune; le marquis d'Autane, cousin de Rovère, notre ancien maire; un autre mauvais sujet de Valréas; sept de Grillon, et notre général Grelly, qui monta le dernier, furent ensemble guillotinés.

Valréas en fournira plusieurs.

J'ai vu par le Courrier le jugement de Barbier et autres contre-révolutionnaires du Buix. Monsieur Candeyron, j'imagine, arrivera vers le 3 août. (Vieux style.)

Ce sera, pour le sûr, les premiers jours de septembre, ou le milieu, que j'aurai le plaisir de t'embrasser, et de contribuer à débarrasser la République d'un scélérat. Je reçois toujours de tes imprimés, sans lettre, que je lis à la société. Tu ne me dis plus rien de Faraud.

Je ne te parle point des troubles de Montélimar; tu dois les savoir.

Maignet est toujours à Marseille; il a été bien malade; il doit bientôt venir à Orange.

Tu verras, par la lettre, comme il *travaille* : tout ira bien dans ces contrées.

Partage la présente avec ton frère Claude, si cher à tous les républicains. Donne une relation. — Salut et fraternité.

Signé JUGE.

P. S. Clément est bien; ne l'oublie pas, ni toi, ni ton frère.

Viot, à son ami Payan.

Orange, le 9 thermidor, l'an II de la république française, etc.

Nos opérations, mon cher ami, continuent avec une activité qui, j'aime à le croire, ne servira pas peu à rendre la paix et la tranquillité à ces contrées trop long-temps déchirées par l'anarchie : nos travaux nous mériteront la reconnaissance des bons citoyens et des représentans qui siègent à la montagne; nos vœux alors seront remplis, et notre ambition satisfaite, parce que nous ne sommes jaloux que de l'estime publique, et nous saisissons avec empressement tous les moyens qui peuvent nous conduire à ce but.

Déjà plus de trois cents contre-révolutionnaires ont payé de leur tête les crimes qu'ils ont commis ; bientôt ils seront suivis d'un bien plus grand nombre.

Aujourd'hui, trente patriotes monnédiers (1) d'Arles sont sur les bancs; ils ont été envoyés par Maignet à la commission pour être jugés par elle. Ces trente accusés ont, tous ensemble, et depuis le commencement de la révolution, servi la chose publique, et été fortement en opposition avec les infâmes chiffonniers qu'ils ont combattus sans cesse.

Une division, qui a pris naissance dans le fédéralisme, a donné lieu à cette malheureuse affaire : les uns ont été présidens, secrétaires ou commissaires des sections, ou membres des comités formés par elles ; ces sections n'étaient alors composées que de patriotes qui ne formèrent ces assemblées que pour empêcher les progrès du mal qu'auraient pu faire les chiffonniers ; à la vérité, ces mêmes assemblées correspondirent avec Marseille, Nîmes, Beaucaire et Tarascon.

Mais cette faute, qui est rachetée par des actes de patriotisme bien prononcé à cette même époque, doit être plutôt considérée comme un crime que comme l'effet de la politique ; plutôt comme un égarement de l'esprit, que comme la corruption du cœur. Les autres ont commis, et toujours à la même époque, d'autres délits, tels que des arrestations de patriotes, des désarmemens, des dilapidations, etc., etc.

Enfin, les deux partis, également patriotes, se déchirent mutuellement ; les délits qu'ils se reprochent sont également graves, et suffiraient nécessairement pour les conduire tous à l'échafaud : mais la République peut-elle vouloir la mort de ceux qui l'ont toujours bien servie, qui la serviront bien encore, qui sont prêts à se sacrifier pour elle ! Non, non, sans doute : aussi la commis-

(1) Les *monnédiers* et les *chiffonniers* ou *chiffonnistes* étaient deux partis qui divisaient la ville d'Arles depuis le commencement de la révolution ; il en a été plusieurs fois question dans notre histoire.   (*Note des auteurs.*)

sion va-t-elle, je pense, absoudre la très-grande majorité, punir les chefs des factions, et rendre à la liberté ses amans les plus chauds.

Copie de la lettre écrite le 24 thermidor an II de la République, par le citoyen Fauvety, président de la commission populaire, provisoirement suspendue, au représentant du peuple Maignet (1).

Représentant du peuple, à l'instant où la commission reçut l'arrêté du comité de salut public qui suspendait tous ses pouvoirs, son président se hâta d'assembler le conseil qui délibéra la cessation de ses fonctions, et les registres furent clôturés. On aurait renvoyé de suite tous les secrétaires, commis, ainsi que les garçons de bureau; mais on ignorait, comme on le fait encore, si la suspension serait de longue durée ou si enfin la commission serait définitivement supprimée. Comme il serait possible que le terme de cette incertitude ne fût pas bien prochain, je viens te prier de vouloir bien régler ma conduite à cet égard. Faut-il renvoyer ou garder notre monde? oui ou non. Dans le cas où je retiendrais tout, faudrait-il s'adresser à toi pour faire ordonner les mandats pour leur traitement, c'est ce que je te prie de décider.

Tu trouveras ci-joint le compte du citoyen Geoffroy, se portant à la somme de 990 l. 1 s., pour fournitures et constructions faites depuis que la commission existe. Ce pauvre sans-culotte ne fut pas à temps à faire régler ledit compte avant la suspension, et il se trouve dans l'impuissance de payer une infinité d'ouvriers qu'il a employés. Il vient d'emprunter aujourd'hui une petite somme pour payer les plus pressés. Je ne saurais trop t'inviter à lui ordonnancer ledit compte et me le renvoyer. Il est fidèle, et tous les ouvrages y mentionnés existent.

J'avais été passer, n'ayant rien à faire ici, deux ou trois jours à Bedarides chez l'un de mes pays. J'y vis arriver hier, sur les dix heures du soir, Viot, accusateur public qui a été mis en ar-

(1) Cette pièce a été publiée pour la première fois, en 1828, dans l'édition du rapport de Courtois donnée par MM. Berville et Barrière. (*Note des auteurs.*)

restation par Meaulle, représentant du peuple dans le département de la Drôme. J'ignore absolument les motifs de cette arrestation; s'il est coupable, tant pis pour lui. Je t'avoue que c'est avec peine que je vois quelques intrigans chercher à faire dévier l'opinion publique. Mais au reste je pense bien que la vertu du peuple sera toujours la plus forte. On a cherché à m'inspirer des craintes, on n'a pas pu y parvenir. Un homme comme moi ne peut craindre qu'autant que le crime triompherait. Je te fais mon compliment bien sincère sur la dénonciation portée contre toi. Le grand représentant Rovère, que je déteste de tout mon cœur, s'il voit les lettres que la commission a écrites au comité de salut public sur son compte, n'en sera pas content; mais il faut qu'il se mette bien dans la tête que les républicains disent tout ce qui les choque. Si je pouvais devenir victime de ma franchise, j'en serais fâché; mais je n'aurais pas la bassesse de m'en repentir.

Tu trouveras ici des comptes de dépense de quelques-uns de mes collègues que je t'inviterai pareillement d'ordonnancer. Ils ne sont pas riches, mes collègues; ce ne sont pas les hommes purs qui amassent en révolution. Je suis le plus riche d'entre eux. Mon cher père pourrait te dire comment cela se fait. Cependant mon portefeuille ne tire que 4,000 livres; mais avec de l'honneur il y en a encore assez de cette somme pour la partager avec un ami.

Prends, s'il te plaît, sur tes occupations, un instant pour remplir le but de ma lettre : un mot de réponse surtout sur les premières questions.

Au nom des membres de la commission provisoirement suspendue. — *Signé*, Fauvety.

P. S. Je te préviens encore que nous avons exigé de l'imprimeur qu'il continue d'imprimer les jugemens qui étaient en arrière. — Collationné conforme. — T. Sourrelle, *commis greffier*.

Maignet fut attaqué pour la première fois, devant la Convention, le 2 août (15 thermidor) 1794; Rovère le dénonça. Mais le motif qui le faisait agir n'était ignoré de personne; aussi la vengeance qu'il poursuivait fut-elle mollement secondée. L'affaire se borna alors à ce peu de mots :

Rovère. « Il n'y a point de vexations qui n'aient été commises dans les départemens du midi ; à Avignon, il y a dans une église deux mille personnes incarcérées ; savez-vous pourquoi ? parce que leur fortune s'élève à plus de 15,000 livres ; je demande le rappel du représentant du peuple Maignet. »

Granet. « Je demande que Rovère fasse sa dénonciation et qu'il la signe. »

Rovère. « Très-volontiers. »

La dénonciation fut renvoyée au comité de salut public. Le lendemain à la séance des Jacobins, Dubois-Crancé invita la société « à surveiller l'*inestimable* Maignet, l'ami et le complice de Couthon. »

Les progrès de la réaction thermidorienne permirent bientôt aux ennemis de Maignet de revenir à la charge. Le 25 août (8 fructidor), des pétitionnaires accusèrent ce représentant à la barre de la Convention. Ils lui reprochèrent d'avoir abusé de ses pouvoirs pour désoler les patriotes. « Les pères de famille sont incarcérés, dirent-ils ; chaque jour le sang coule. » Ils peignirent Maignet comme « un bourreau dévoué à Robespierre. » Cette pétition était si exagérée que Bourdon (de l'Oise) lui-même demanda qu'il ne fût pas permis, pour l'honneur de la Convention, de dénoncer un député à la barre, et que toutes les accusations fussent portées aux comités, conformément au décret déjà rendu. Durand-Maillane s'opposa à ce qu'on empêchât les citoyens de faire entendre leurs plaintes au sein de la Convention. Charlier demanda qu'on n'en reçût aucunes, qu'en présence du membre inculpé. Rovère s'étonna qu'on voulût soutenir l'honneur de la représentation nationale, en imposant silence au peuple : il dit que tous les patriotes du Midi étaient incarcérés, guillotinés, qu'il y en avait trois mille cinq cents dans les prisons de Tarascon (1) et que tel était l'état où se trouvait ce département, que les ci-

---

(1) On verra par des pièces originales et inédites que cette ville eut beaucoup plus à souffrir de la réaction que de la terreur. (*Note des auteurs.*)

toyens s'y donnaient la mort pour échapper au supplice affreux que leur préparaient les continuateurs de Robespierre. Fréron déclara que, si la barre était fermée au peuple, la liberté était perdue. Forestier disculpa Maignet. Comme Rovère interrompait, Louche et Ruamps s'écrièrent : « Faites-donc taire ce marquis. » Ils furent tous trois rappelés à l'ordre. Élie-Lacoste demanda ensuite que Maignet fût entendu ; et Monestier, qu'on donnât lecture de ses arrêtés. Cette proposition fut adoptée ; on lut les arrêtés de Maignet, ainsi que son mémoire justificatif analysé en ces termes par le *Moniteur* :

« Après avoir tracé l'exposé de sa conduite depuis qu'il est en mission, Maignet passe à la dénonciation faite contre lui par Rovère, et charge ce représentant du peuple de plusieurs faits répréhensibles, notamment d'avoir fait mettre en liberté un grand nombre d'aristocrates, de leur avoir fourni des passeports ; d'avoir retiré dans une maison superbe, dont il a fait l'acquisition depuis la révolution (1), ceux que l'on poursuivait ; d'avoir protégé tous les contre-révolutionnaires du département de Vaucluse ; d'avoir fait mettre en liberté le ci-devant président du parlement de Grenoble, accusé d'avoir présidé le parlement lors de la fameuse séance royale, et d'être l'auteur de l'adresse que ce parlement a adressée au tyran, etc., etc.

» D'après cela, dit-il, il n'est pas étonnant que Rovère me dénonce, car je me suis opposé de toutes mes forces à l'exécution de tous ses desseins. »

Sur la motion de Rovère, la Convention décréta l'impression de ce mémoire, et le renvoya au comité de salut public et de sûreté générale. Forestier et Cambon firent approuver les arrêtés de Maignet.

Deux nouvelles attaques dans lesquelles Rovère montra le même acharnement furent sans résultat. A la séance de la Convention du 6 janvier (17 nivose) 1795, Maignet parla pour sa justification. Pendant deux séances, dont la dernière avait duré

(1) Il s'agit ici du domaine de Gentilly dont nous avons parlé dans la notice sur Maignet. (*Note des auteurs.*)

quatorze heures, les trois comités de gouvernement, réunis pour examiner la conduite de Maignet, avaient prononcé, à la presque unanimité, qu'il n'y avait pas lieu à exercer des poursuites. Malgré cette décision, Lecomte, Pénièves, Monmagon, et surtout Rovère, voulaient une condamnation. Voici la défense de Maignet :

Maignet. « Le 14 floréal, époque à laquelle les Anglais occupaient Toulon, et les Espagnols bloquaient Perpignan, l'administration du district m'écrivait : « Parmi les communes qui sont l'objet de notre sollicitude, celle de Bedouin mérite le premier rang; l'aristocratie et le brigandage y règnent; l'arbre de la liberté a été arraché, et les décrets de la Convention traînés dans la boue. » Je répondais à la nation du salut de ce département. J'ai dû me rappeler ce qui s'était déjà passé dans les départemens méridionaux, et ne pas laisser renouveler ces scènes sanglantes dont ma tête aurait répondu. J'ai pesé le mal et le remède; je ne me suis pas dissimulé que la mesure était sévère..... (Plusieurs voix : c'est atroce.) J'avais écrit deux lettres, l'une au comité, l'autre à la Convention ; celle-ci fut lue, et ma conduite fut approuvée. Le décret me fut envoyé par la commission des dépêches; tous les journaux en ont fait mention, et notamment le *journal des Débats*, n. 605. »

On demande de nouveau la lecture des pièces.

Maignet lit d'abord un premier arrêté pris pour envoyer à Bedouin des forces suffisantes pour saisir les coupables ; il lit ensuite l'arrêté suivant :

« Liberté, Égalité.

» *Au nom du Peuple français.*

» Le représentant du peuple envoyé dans les départemens des Bouches-du-Rhône et de Vaucluse :

» Considérant que la justice ne saurait donner trop d'éclat à la vengeance nationale dans la punition du crime abominable qui s'est commis à Bedouin; que ce n'est qu'en frappant sur le lieu même où il a été commis, et au milieu de ces contrées que l'on pourra porter l'épouvante dans l'âme de ceux qui oseraient encore méditer de nouveaux attentats ;

» Considérant que l'opiniâtreté que les individus saisis comme le plus fortement prévenus de ce crime mettent à en faire connaître les principaux auteurs, fait présumer que toute la commune est criminelle ;

» Considérant qu'une commune qu'une pareille suspicion poursuit, ne saurait exister sur le sol de la liberté ; que le pays qui ose s'élever contre la volonté générale du peuple, méconnaître les décrets de la Convention, fouler aux pieds les lois que la nation s'est faites, renverser le signe auguste de la liberté, est un pays ennemi que le fer et la flamme doivent détruire ;

» Ordonne que le tribunal criminel du département de Vaucluse, chargé de juger révolutionnairement ce crime de lèsenation, se transportera dans le plus court délai à Bedouin, pour y instruire la procédure et y faire de suite exécuter les jugemens qu'il rendra.

» Ordonne qu'aussitôt après l'exécution des principaux coupables, l'agent notifiera à tous les autres habitans non détenus qu'ils aient à évacuer dans les vingt-quatre heures leurs maisons et en sortir tous les meubles ; qu'après l'expiration du délai il livrera la commune aux flammes, et en fera ainsi disparaître tous les bâtimens.

» Ordonne qu'au milieu du territoire où exista cette infâme commune il sera élevé une pyramide qui indiquera le crime dont ses habitans se rendirent coupables, et la nature du châtiment qui leur fut infligé.

» Fait défense à qui que ce soit de construire à l'avenir sur cette enceinte aucun bâtiment, ni d'en cultiver le sol.

» Charge l'agent national de s'occuper de suite de la répartition des habitans dans les communes voisines reconnues patriotes.

» Enjoint aux habitans de ne point abandonner la demeure qui leur aura été désignée, à peine d'être regardés comme émigrés ; comme aussi de se présenter toutes les décades devant la municipalité desdits lieux, à peine d'être déclarés et traités comme suspects, et enfermés jusqu'à la paix.

» Le présent arrêté, ensemble les différentes lettres de l'agent national du district de Carpentras et du commandant du 4e bataillon, seront imprimés, publiés et affichés dans l'étendue des deux départemens, aux frais des habitans de la commune.

» Fait à Avignon, le 17 floréal de l'an II de la république française, une et indivisible. »

Maignet lit ensuite sa lettre au comité de salut public, ainsi conçue :

« L'expédition sur Bedouin est faite, citoyens collègues. La copie de la lettre de l'agent national, que je vous envoie, vous instruira du succès qu'elle a eu ; mais elle vous apprendra en même temps que les individus qui sont arrêtés s'obstinent à garder le plus profond silence, et que la commune entière ne craint pas de partager l'infamie dont ses forfaits vont la couvrir. Tout ce qui avoisine cette commune est aussi détestable. Il n'y a que de grands exemples qui puissent en imposer aux scélérats qui habitent ces contrées, et étouffer ce nouveau germe vendéen qui semble se manifester. J'ai cru, citoyens collègues, qu'il fallait donner à la vengeance nationale un grand caractère ; j'ai investi le tribunal criminel du département du pouvoir révolutionnaire, parce que la punition ne saurait être assez prompte. Le 20 de ce mois le tribunal se transportera dans cette commune. La guillotine sera dressée sur le lieu même où l'outrage a été commis, les têtes des plus scélérats abattues. J'ai ordonné que la commune entière fût livrée aux flammes. Ce village offre une population *de mille individus*. Vous ne sauriez trop comprimer la malveillance dans ces départemens, où la surveillance et la vigueur peuvent seules éviter les nouveaux malheurs que le modérantisme allait y faire naître.

» Si vous trouvez cette nouvelle mesure trop rigoureuse, faites-moi connaître vos intentions. Supprimez ma lettre à la Convention, et instruisez-moi au plus tôt de votre décision : mais calculez bien quelles peuvent être les suites de l'indulgence pour un délit aussi grave. »

P. S. « Je reçois dans ce moment une lettre de l'agent national du district et du commandant du bataillon de l'Ardèche. Vous voyez qu'ils regardent la destruction de l'infâme Bedouin, où il a déjà été envoyé cinq commissaires, comme le seul moyen de préserver toutes ces contrées des complots qui depuis si longtemps y sont tramés. »

Enfin, il lit celle destinée à la Convention. (Cette lettre se trouve dans le t. XXXIII, p. 69, de *l'Histoire Parlementaire*.)

Maignet. « Vous voyez qu'il y avait une grande vengeance nationale à exercer; que tous les individus avaient gardé le silence sur les coupables. D'ailleurs, ce n'étaient pas quelques individus seulement, Bedouin entier avait toujours montré des sentimens contraires à la révolution et la plus forte répugnance à être réunie à la république française. Si vous en voulez une preuve, je vais vous la donner, je la tire de ce jugement. (On murmure.) Je ne sais pourquoi on murmure; il ne s'agit pas de la commission d'Orange, mais du tribunal de Vaucluse, institué non par moi, mais par le peuple entier. »

Il lit le *considérant* d'un jugement comme il suit :

« Considérant que, depuis le commencement de la révolution, les habitans de Bedouin n'ont cessé de manifester des sentimens contre-révolutionnaires;

» Que le 13 juillet 1791 (vieux style) il fut délibéré par les habitans réunis de retirer les pouvoirs qu'ils avaient concédés à des électeurs pour exprimer leur vœu de réunion à la France, et de déclarer nul le vœu qui pourrait déjà avoir été émis à cet égard;

» Que dans les mois de mai et juin 1790 (vieux style), il se forma dans le territoire de Brante, commune à deux lieues de Bedouin, un rassemblement de rebelles qui eurent pour chef Rassy, dit Flassan, ci-devant noble, habitant à Bedouin, et qu'une partie des habitans de cette commune concoururent à former cet attroupement de révoltés;

» Que dans le courant de l'été dernier, quoique les sectionnaires marseillais n'eussent pu pénétrer jusqu'à Bedouin, qui se trouve situé aux pieds du mont Ventoux, les habitans de cette commune rebelle ne laissèrent pas que de professer les sentimens des fédéralistes, et qu'on y vit les lois violées, les autorités constituées avilies et emprisonnées;

» Qu'à cette époque, et tandis qu'à Carpentras et autres communes voisines, le peuple s'empressait de se réunir pour l'acceptation de l'acte constitutionnel, la commune de Bedouin rejeta, le 14 juillet, cette acceptation;

» Que ç'a toujours été infructueusement que l'administration du district de Carpentras a envoyé des commissaires pendant six fois, soutenus de la force armée, pour réduire les rebelles de cette commune, et y faire revivre le règne de la loi;

» Que dans le moment que les armées de la République font mordre la poussière aux satellites des tyrans sur tous les points de nos frontières, et que le gouvernement révolutionnaire terrasse d'un bras vigoureux tous les ennemis de l'intérieur, les autorités constituées de Bedouin l'infâme, osent accorder une protection ouverte aux suspects et aux contre-révolutionnaires; qu'au lieu d'ordonner leur arrestation, aux termes de la loi du 17 septembre (vieux style), elles n'ont pas craint de faire des démarches publiques pour obtenir l'élargissement de ceux qui étaient en réclusion par la surveillance de quelques autorités étrangères à cette commune;

» Que c'est au milieu des triomphes de la République que la municipalité de Bedouin ose conserver soigneusement l'écusson qui représentait les armes du tyran Capet, et les chaperons des anciens consuls, comme pour en faire usage dès le premier jour de la contre-révolution;

» Que dans la nuit du 12 au 13 floréal, des mains sacriléges ont osé se porter sur le signe auguste de notre liberté, et l'ont arraché, jeté le bonnet qui le surmontait dans un puits, et l'arbre le long d'un ruisseau;

» Que, dans le même instant, les décrets de la Convention nationale ont été détachés de devant la porte de la maison commune, foulés aux pieds et précipités dans la boue, à une distance très-considérable du lieu d'où ils avaient été arrachés;

» Que c'est deux jours après cet horrible attentat que la municipalité ose délibérer, de concert avec le comité de surveillance, qu'il n'y a aucun suspect dans leur territoire, quoique cette petite commune ait fourni au-delà de vingt émigrés, à qui les parens ont fourni les moyens de quitter leur patrie pour aller se ranger sous les drapeaux de ses ennemis, et qu'elle renfermât six prêtres réfractaires, deux religieuses insermentées, et plusieurs ci-devant nobles, marquis et barons, tous aristocrates de 89 ; malgré qu'on y ait tenu des propos tendans à rétablir la royauté en France, qu'on ait tenté de s'opposer au recrutement, et qu'on y fît ouvertement l'agiotage ;

» Que dans la commune de Crillon, éloignée de demi-lieue seulement de celle de Bedouin, dans la nuit du 9 au 10 mars 1793 (vieux style), l'arbre de la liberté avait également été arraché et profané;

» Que dans la salle de la soi-disant société populaire de Bedouin, on y lit encore des inscriptions qui retracent le fanatisme le plus hideux, et les préjugés avilissans dans lesquels les habitans de cette commune ont vécu jusqu'à ce jour ;

» Que dans les maisons de la plupart des accusés, on y a trouvé des signes contre-révolutionnaires, semblables à ceux que portaient les rebelles de Bésignan et de Jalès, des cocardes blanches, des titres de noblesse, des brevets signés *Louis*, des patentes du *pape*, des registres contenant des titres féodaux, des cachets portant armes, fleurs de lis, couronnes, etc., des timbres pour imiter ceux de l'ancien pays de Provence, des arbres généalogiques, des correspondances criminelles entretenues soit avec des émigrés, soit avec des ennemis de l'intérieur, et tout ce qui peut constater l'aristocratie la plus invétérée ;

» Considérant que, tandis que des hommes sans mœurs et sans respect pour les lois, se permettent des violences inouïes contre les ignorans et les faibles, les membres des autorités constituées étaient les premiers à corrompre l'esprit public, soit en protégeant ouvertement les ennemis de la révolution, soit en prostituant le nom sacré de patriote, soit, en un mot, en trafiquant de leur autorité à vil prix, dans l'intention d'arrêter la marche du gouvernement révolutionnaire;

» Considérant enfin qu'il se réunissait dans cette commune ou ses environs quantité de prêtres, religieuses insermentées, et autres personnes suspectes; que tout annonçait un complot contre-révolutionnaire et prêt à éclater; que ce complot aurait été d'autant plus dangereux et difficile, qu'il eût été puissamment secondé par la situation de cette commune, qui se trouve adossée au mont Ventoux, montagne énorme et de difficile accès; qu'il importait en conséquence d'arrêter un déluge de maux dans sa source. »

Maignet. « Bedouin a toujours été un refuge pour les fédéralistes, les royalistes; il pouvait devenir le germe d'une seconde Vendée; en vain l'on avait ôté les coupables connus, leurs principes étaient restés. La mesure que j'ai prise l'avait été pour des communes plus considérables : mon devoir était de chercher à étouffer en naissant ce moyen de discorde et de guerre civile. »

Après quelques débats, la Convention passa à l'ordre du jour motivé sur ce que Guyton-Morveau était chargé de faire un rapport sur Maignet. A l'occasion des mouvemens de germinal, et cette fois sur la motion de Tallien, Maignet fut décrété d'arrestation (5 avril. — 16 germinal 1795). Il fut compris dans l'amnistie du 26 octobre 1795 (4 brumaire de l'an IV).

AFFAIRE DE JOSEPH LEBON.

Lebon (Joseph), né à Arras en 1764, avait embrassé l'état ecclésiastique, et était entré dans la congrégation de l'Oratoire. Au commencement de la révolution il eut avec ses chefs de violentes querelles, par suite desquelles il se retira dans sa ville natale où il se lia avec Robespierre et avec Guffroy. A l'époque de la constitution civile du clergé, il fut d'abord nommé vicaire au Vernoi, près de Beaune, et ensuite curé de Neuville.

Après le 10 août, les électeurs d'Arras lui confièrent la charge de maire de cette commune. Lebon était alors dans des principes de modération, à tel point qu'il fit expulser des commissaires envoyés par la commune de Paris pour appuyer la circulaire signée Marat, Jourdeuil, etc., rapportée par nous à sa date, et destinée à provoquer dans toute la République une imitation des massacres de septembre. Ses concitoyens lui donnèrent un nouveau témoignage de leur confiance, en l'appelant aux fonctions de procureur-syndic du département, et à celle de membre suppléant de la Convention. Il siégea en cette dernière qualité après les événemens du 31 mai. Envoyé une première fois en mission dans le Pas-de-Calais, en octobre 1793, sa conduite fut taxée de *modérantisme*, et Guffroy le dénonça alors comme le protecteur des contre-révolutionnaires, et le persécuteur des patriotes. Le comité de salut public se hâta de le rappeler, et, sur sa promesse formelle qu'il travaillerait à faire oublier son indulgence, il fut renvoyé en mission, dans le même pays. Lors de la loi du 22 prairial, il tint une conduite semblable à celle de Fouquier-Tinville à Paris; il se fit l'instrument aveugle des comités. Guffroy le dénonça alors comme terroriste exagéré; mais le peu de probité du dénonciateur, et le motif connu de son acharnement contre Lebon (voir plus bas), furent la principale cause de l'inutilité de sa démarche. Cette considération explique même pourquoi Couthon prit parti pour Lebon aux Jacobins. Ce devait être de sa part un acte plutôt contre Guffroy qu'en faveur de Lebon; car Couthon et Robespierre condamnaient pour leur propre compte les excès de Lebon, et ils avaient résolu de l'en punir; du moins ce dernier le déclara-t-il dans sa première défense (séance de la Convention, du 2 août.— 15 thermidor 1794).

« Puisque vous m'accordez la parole, dit-il, je suis plus heureux qu'au moment où je fus prêt à être victimé par Robespierre sans être entendu; car il faut que vous sachiez, citoyens, que cet homme infâme a voulu me faire périr il y a trois décades. »

Or, à l'époque même où, s'il faut en croire Lebon, Robespierre voulait le faire périr, les comités de gouvernement le défendaient par l'organe de Barrère, comme un agent dévoué à qui on ne pouvait reprocher que « des formes un peu acerbes. » Décrété d'arrestation, le 2 août (15 thermidor) 1794, son affaire occupa plusieurs fois incidentellement la Convention jusqu'au 7 mai (18 floréal) 1795, où il y eut une commission de vingt et un membres de nommée pour l'examen de sa conduite. Quirot, rapporteur de cette commission, fut entendu à la séance du 19 juin (1er messidor) suivant. Il divisa en quatre classes les délits imputés à Lebon : assassinats juridiques, oppression des citoyens en masse, exercice de vengeances personnelles, vols et dilapidations. Quirot concluait au décret d'accusation. Lebon, admis à présenter ses moyens de défense à la tribune de la Convention, ne cessa de réclamer trois paniers de papiers qui avaient été enlevés de son domicile, et dont ses ennemis s'étaient emparés. Jusqu'au moment de sa condamnation à mort par le tribunal criminel d'Arras, il insista particulièrement mais en vain sur la remise de ces pièces, où étaient, disait-il, les preuves de son innocence. Plusieurs séances de la Convention furent employées à entendre son plaidoyer, et parce que ce mode d'explication paraissait devoir traîner en longueur, et n'aboutir qu'à des divagations, il fut décrété que le rapport de Quirot serait lu article par article, et que Lebon y répondrait dans le même ordre. Nous nous contenterons de reproduire cette espèce d'interrogatoire. Nous n'extrairons de sa défense générale que ce qu'il y articula contre Guffroy, afin de faire comprendre l'animosité de ce député contre lui.

Dans le discours que Lebon prononça le 2 juillet (14 messidor), il disait :

« Avant le 9 thermidor, Guffroy essaya de me perdre par Robespierre, auquel il me dénonçait comme fédéraliste ; mais, après la mort de Robespierre, il m'a dénoncé comme robespieriste. Il m'a reproché de n'être pas maratiste, d'avoir demandé la convocation des assemblées primaires après le 31 mai. Je m'applaudis d'avoir demandé cette convocation, tandis que Guffroy sollicitait auprès de la société populaire d'Arras une pétition pour réclamer l'arrestation des vingt-deux membres de l'assemblée, dénoncés par la commune de Paris à l'époque du 31 mai.

» Je vous dévoilerai, sur le compte de mon persécuteur, un tissu d'iniquités qui vous feront frémir; je vous prouverai que ce n'est pas sans raison qu'il voulait m'escamoter, ou me faire tuer, ou me faire déporter avec Collot et Billaud, sans être entendu; je vous prouverai que son acharnement contre moi lui était inspiré par la crainte des terribles vérités qui l'accusent lui-même. Il m'avait peint non seulement comme un monstre révolutionnaire, nous savons tous à quoi nous en tenir là-dessus, mais comme un monstre d'iniquité, comme un brigand tout souillé de crimes, il avait excité contre moi une telle horreur, qu'après le 1er prairial quelques-uns de mes collègues demandaient qu'on m'envoyât à la commission militaire; ils savaient bien que là, mon affaire étant étrangère aux derniers événemens, j'allais être sacrifié, sans pouvoir entrer dans les détails de ma justification, comme un scélérat dont la mort importait au salut public.

» Je rends grâce à votre justice, citoyens, d'avoir su résister au premier mouvement de l'indignation, et de m'avoir conservé la faculté de me faire entendre.

» J'ai le bonheur d'être jugé par vous, et je suis satisfait. La mort n'est rien; je n'estime que l'honneur; du moins je n'emporterai pas au tombeau la réputation d'un monstre, et je ne laisserai pas à ma femme, à mes enfans, l'héritage de l'infamie.

» Croiriez-vous que Guffroy, mon principal dénonciateur, a fait imprimer séparément le trait atroce relatif à la femme des vingt-cinq livres (1), et qu'il l'a adressé sous enveloppe à mon épouse, et qu'au même instant il m'envoyait à moi un pamphlet contre elle?

» C'est ainsi qu'il m'a fait une réputation colossale de scélératesse; avec mon nom, où voulez-vous que j'aille? je ne pourrais mettre le pied dans un village, partout on me fuit comme un

---

(1) Guffroy accusait Lebon d'avoir obtenu qu'une femme se prostituât à lui pour sauver la vie à son mari, que néanmoins il fit guillotiner. Cette imputation fut reconnue calomnieuse.   (*Note des auteurs.*)

monstre ; cependant cet homme si humain, qui me reproche d'avoir pris des mesures de précaution, d'avoir frappé des ennemis de la révolution, s'est montré l'un des plus plats valets du comité de salut public, de Robespierre, et l'un des plus ardens provocateurs du système de terreur, dans son journal intitulé : *Rougiff, ou le Franc en vedette.* Il y dit qu'il fallait dresser spontanément soixante-treize guillotines, et faire tomber à la fois les têtes des soixante-treize députés rentrés, qu'il appelait les *crapauds du marais, des royalistes, des Vendéens, des agens de Pitt et de Cobourg.*

» Il disait qu'il fallait une nouvelle dose d'émétique à la Convention nationale, qu'il fallait frapper vite et dur. Il s'écriait : « A bas tous les nobles, et tant pis pour les bons, s'il y en a ! que » la guillotine soit en permanence dans toute la République ; la » France aura assez de cinq millions d'habitants. Commerce et » accaparement sont synonymes. »

Depuis un quart d'heure, Lebon lisait des extraits du journal de Guffroy, lorsque Legendre l'interrompit en disant qu'il s'agissait du procès de Lebon, et non pas de celui de Guffroy. Philippe Delleville demanda l'arrestation de ce dernier ; Legendre et Boissy-d'Anglas s'y opposèrent, et un membre fit renvoyer cet incident au comité de législation. La défense de Lebon fut ajournée.

A la séance du 6 juillet (18 messidor), Lebon continua ainsi contre ses dénonciateurs :

« Voulez-vous savoir jusqu'où remonte la première cause de l'étrange persécution que j'éprouve ? voulez-vous savoir par quelle suite d'intrigues obscures mes accusateurs ont été dirigés contre moi ? quels ont été leurs motifs pour me perdre ? Desmeuniers, accusateur public près le tribunal criminel du département du Pas-de-Calais, s'étant laissé séduire par les aristocrates, devint le plus zélé adversaire de l'administration de ce département, dont j'étais membre avant d'être appelé à la Convention comme suppléant. Il prenait à tâche de contrarier toutes nos opérations, quoiqu'elles fussent toutes conformes aux lois, et qu'elles n'eussent pour objet que le salut de la patrie.

» J'étais membre de la Convention, lorsque, en 1793, ce Desmeuniers se déclara le champion d'un riche fermier qui récélait des émigrés et des prêtres réfractaires : ce fait fut dénoncé à Guffroy qui, dans son numéro 4 de Rougiff, fit une sortie très-vive contre Desmeuniers, et provoqua sa destitution.

» Desmeuniers, pour s'en venger, fut tirer du greffe un faux billet de 6,000 livres qu'avait fabriqué Guffroy, et le poursuivit publiquement.

» Guffroy effrayé se rendit précipitamment à Arras, pour arrêter les poursuites de son accusateur. Apparemment qu'alors ces deux intrigans unirent leurs intérêts ; car c'est pour avoir destitué Desmeuniers quelque temps après, que Guffroy, s'acharnant contre moi, a bâti l'abominable histoire dont il m'a fait le héros, et tous deux se sont accolés pour me perdre.

» Si l'on m'avait laissé toutes les pièces qui pouvaient servir à ma justification, vous auriez vu quels fabricateurs de trahison, quels ennemis de la révolution j'ai fait poursuivre par ce tribunal ; vous auriez vu avec quels soins inquiets, avec quelle civique inquiétude je les surveillais, pour qu'aucune erreur de sa part ne devînt funeste aux amis de la liberté. Mais je vois mes accusateurs saisis de toutes les pièces dont l'interprétation peut m'être contraire, et celles qui me seraient favorables, celles qui vous prouveraient la pureté de mes intentions et vous rendraient mon innocence sensible, celles-là, citoyens, on a eu bien soin de les faire disparaître.

» . . . . . Mais j'aperçois ici Mercier. Il me vit le 23 thermidor : « Comment, me dit-il, un jeune homme comme toi a-t-il pu devenir le partisan de ce régime ? — Mais non, lui répondis-je, je n'en étais pas le partisan, j'étais seulement l'exécuteur aveugle et soumis des lois et des actes du gouvernement. On condamnait à mort, ce n'est pas ma faute ; si l'on n'eût prononcé que le bannissement, il n'y aurait eu que des bannis. »

Les *Annales patriotiques*, numéro du 16 messidor de l'an III (4 juillet 1795), rapportent ainsi la principale argumentation de Lebon :

Lebon avait déjà annoncé qu'il avait eu la main forcée, il revient sur cet aveu, en disant : « Je garderai le silence sur cette
» vérité, car j'aime mieux que les fautes me soient personnelles
» que de les rejeter sur la Convention... (Ton silence la déshonore, s'écrie-t-on !... parle...) Hé bien ! reprend Lebon, vous
» vouliez donc que je fusse de glace, quand vous étiez tout de
» feu? vous vouliez donc que je vous désobéisse, quand vous
» aviez mis la terreur à l'ordre du jour ? Si j'étais coupable en
» obéissant à vos décrets, étiez-vous innocens en les faisant ? si
» j'étais libre de les exécuter ou de les restreindre, ne l'étiez-
» vous pas aussi en les portant ? Cependant vous avouez que la
» Convention a été sous le couteau. Puisque ce corps respectable
» a été opprimé, comment ne l'aurais-je pas été, moi, individu
» qui n'étais pendant ma mission qu'un être passif. »

Nous trouvons dans ce même journal, même numéro, un fait dont il n'est pas question dans le *Moniteur*, et que nous recueillons ici :

« A l'ouverture de la séance du 15 messidor, un membre a
» interrompu la correspondance pour dénoncer le fait suivant :
» Hier, en sortant de cette salle, Joseph Lebon demanda copie
» d'un procès-verbal qui était nécessaire à sa justification ; un
» secrétaire lui fit payer 40 livres la feuille de papier. Une semblable lésinerie non seulement avilit la Convention nationale,
» mais elle ferait croire au peuple que tout est vénal ici ; je de-
» mande que le secrétaire qui a commis cette bassesse soit exclu
» de la société des honnêtes gens. Il est assez malheureux pour
» un prévenu d'avoir à faire toutes les recherches pour sa cause;
» il ne nous appartient pas d'opprimer le faible ; quand il serait
» même atteint et convaincu, nous aurions rempli notre devoir,
» et nous devrions encore plaindre le coupable. » — La Convention décréta que cette note serait insérée au Bulletin.

Voici maintenant comment les griefs à la charge de Lebon lui furent définitivement posés, et comment il y répondit :

CONVENTION NATIONALE.—*Séance du 8 juillet (20 messidor)* 1795.

Lebon. « Après m'être disculpé du fait atroce de la femme aux 25 livres et du vol du collier (1), j'aurais pu vous dire : Citoyens, disposez de mon sort, la mort peut m'atteindre, mais je ne crains plus l'infamie.

» J'aurais dû terminer là ma défense; car, je vous l'ai dit, je ne puis pas répondre à la multitude des faits particuliers que l'on m'impute, puisqu'on m'a ravi toutes mes pièces justificatives. Oui, je me dispenserais de m'en justifier si je ne craignais qu'on dît : Il nous résiste, il ne veut pas se soumettre. Ce n'est plus ma vie que je défends, c'est mon honneur. Eh ! quand je ne réclame de vous que cette justice, n'est-il pas singulier qu'on vienne, au nom de la tranquillité publique, précipiter votre décision sur mon sort? Non, citoyens, ne le craignez pas, la tranquillité publique ne sera point troublée par moi. »

Un membre. « Lebon réclame continuellement des papiers qui pourraient servir à sa justification ; je demande que le comité de sûreté générale déclare ce qu'il en a fait.

Goupilleau de Montaigu. « Joseph Lebon vient de déclarer qu'il renonçait à sa défense. Cette conduite tendrait plutôt à jeter de l'odieux sur la Convention nationale, qu'à se justifier. Il réclame une grande quantité de papiers sans indication. Eh bien ! pour avoir plus d'éclaircissemens, il faut que le président soit chargé de lui faire des interpellations, comme celle-ci par exemple : On te reproche d'avoir renvoyé au tribunal un homme qui avait été acquitté la veille par jurés ; quelles pièces opposeras-tu à cette accusation ? »

Merlin de Douai. « Il faut suivre l'ordre des choses. La loi du 19 floréal supprimait tous les tribunaux révolutionnaires, mais son article 2 laissait au comité de salut public la faculté de

---

(1) Lebon était accusé de s'être emparé d'un collier de diamans appartenant à la comtesse de Ranguillers; mais il prouva par le procès-verbal d'inventaire que ce collier était sous le scellé. (*Note des auteurs.*)

maintenir, par des arrêtés particuliers, ceux qu'il jugerait nécessaires. Si celui d'Arras a été conservé conformément à cette loi, on n'en peut pas faire un reproche à Lebon ; mais, s'il n'y a pas eu d'arrêté particulier, le tribunal était illégal et devenait une institution abominable. Je demande au rapporteur s'il existait un arrêté. »

Quirot. « Oui, cet arrêté fut pris conformément à la loi du 19 floréal, aussi n'en avons-nous pas fait un délit à Joseph Lebon, mais nous lui avons reproché d'avoir provoqué le maintien de ce tribunal. »

Lebon. « On a dit que mon silence tendrait à jeter de l'odieux sur la Convention ; ce reproche si peu mérité suffit pour me faire abandonner mon premier dessein ; je répondrai donc puisque vous me l'ordonnez. Mais ici s'offre un exemple qui vous prouvera combien me seraient nécessaires les pièces que je réclame.

» On m'accuse d'avoir provoqué le maintien du tribunal d'Arras ; mais je soutiens, moi, que ma lettre n'était qu'une simple consultation et non une provocation. Il faudrait que je l'eusse entre les mains pour vous en donner la preuve ; et ce sont là les pièces qu'on n'a point voulu me communiquer.

» J'aurais besoin aussi de vous représenter une lettre du comité de salut public qui m'appelait à Paris pour diriger plus utilement, disait-il, mon énergie. Je me rendis au comité ; il me proposa d'établir deux nouveaux tribunaux révolutionnaires, l'un à Saint-Quentin, l'autre à Calais ; je lui représentai que je ne connaissais point, dans ce pays, des hommes capables d'en remplir les pénibles fonctions, et je l'empêchai de cette manière de les établir. Je vous demande si un comité qui voulait multiplier ainsi les tribunaux révolutionnaires avait besoin qu'on le sollicitât de maintenir celui d'Arras.

» J'ai ouï dire que ces papiers, avant d'être envoyés à Paris, avaient subi à Arras un examen préalable de la part des personnes intéressées. Au reste, puisque je ne puis les obtenir, passons aux faits.

» On m'a reproché d'avoir souffert qu'un de mes beaux-frères fût membre du tribunal d'Arras; il est vrai qu'un homme, qui depuis a épousé ma sœur, est devenu membre de ce tribunal, parce qu'étant juge du district il y vint à son tour, conformément à la loi. Quant à mes oncles, je répugnai, je l'avoue, à les voir aussi dans ce tribunal, mais je fus déterminé à les y laisser par les patriotes qui me dirent que la liste de ses membres devant être une liste de proscription, si les Autrichiens avançaient, je ne devais pas craindre d'exposer ma famille. »

Le rapporteur lit. « L'influence tyrannique qu'il a exercée sur les juges et les jurés de ce tribunal est le second délit dont on l'accuse. Il exerçait cette influence 1° en logeant avec lui sous le même toit, en nourrissant à sa table, et aux frais de la République, les juges, les jurés et l'exécuteur du tribunal révolutionnaire de Cambrai. »

Lebon. « Dans un moment de péril, ayant été m'enfermer à Cambrai avec une section du tribunal, je logeai en effet avec les juges dans une maison nationale, et leur nourriture fut diminuée par le fait sur leur traitement. Il ne s'ensuit pas de ce que nous mangions à la même table que j'exerçasse sur eux aucune influence.

» On me fait un crime grave d'avoir laissé manger à ma table l'exécuteur des jugemens criminels. Voici le fait. Cet homme, accoutumé à cette familiarité par le tribunal criminel du département, vint une seule fois à Cambrai se présenter à ma table avec les juges; nous éprouvâmes tous d'abord de la répugnance, mais nous la réprimâmes aussitôt pour ne pas flétrir un homme que les lois chargeaient d'une fonction pénible. Ce fait eut lieu par hasard, et ne s'est jamais renouvelé à Arras pendant mes quatre mois de résidence. D'ailleurs, n'avez-vous pas applaudi vous-mêmes dans ce temps à quelques représentans qui tinrent par principe une pareille conduite (1) ? »

Le rapporteur. « 2° En annonçant d'avance aux citoyens qui étaient rassemblés dans les sociétés populaires la mort de ceux qu'il envoyait aux tribunaux d'Arras et de Cambrai;

---

(1) Lequinio se glorifie d'un pareil fait dans une de ses lettres à la Convention, que nous avons rapportée. (*Note des auteurs.*)

» 3° En assistant aux séances du tribunal révolutionnaire d'Arras, où il se plaçait sur des banquettes en face des jurés ;

» 4° En censurant amèrement, en présence du peuple, les jurés et les juges qui acquittaient les prévenus dont il avait annoncé la mort. »

« *Lebon* nie la plupart de ces faits, et, par les explications qu'il donne, atténue beaucoup les autres. Il est impossible de rapporter ces longs et fastidieux détails : ils se réduisent tous d'ailleurs aux moyens généraux qu'emploie le prévenu pour sa justification. »

La suite est ajournée.

Séance du 10 juillet (22 messidor).

Joseph Lebon et le rapporteur de la commission des vingt et un sont appelés à la tribune.

Quirot. « La Convention nationale en était restée à l'article intitulé : *Influence sur les jurés et les juges*. Lebon a déjà répondu à quelques-uns des faits dont cet article se compose : je vais en continuer la lecture.

» 5° En prononçant la destitution, l'incarcération, et même la traduction au comité de sûreté générale des jurés et des juges qui avaient acquitté quelques prévenus ;

» 6° En faisant arrêter les défenseurs officieux qui embrassaient avec chaleur la défense de leurs cliens, quoiqu'il les reconnût d'ailleurs pour bons citoyens ;

» 7° En se faisant apporter chaque jour les actes d'accusation qui étaient rédigés par le tribunal d'Arras ;

» 8° En faisant lire aux jurés de ce tribunal, immédiatement après l'acte d'accusation, un arrêté dans lequel il semblait leur indiquer les accusés qu'ils pouvaient absoudre et ceux qu'ils devaient condamner. »

Lebon. « La plupart de ces imputations sont de toute fausseté ; les autres sont tirées de quelques faits que l'on a dénaturés pour me noircir ; par exemple, je n'ai jamais désigné au tribunal d'autres accusés qu'un nommé Boniface, qui se trouvait compromis dans l'affaire de la veuve Bataille ; et quelle était mon intention en le désignant? Il est facile de la reconnaître à la lecture de mon arrêté : j'avertissais le tribunal que ce Boniface avait rendu des services à la révolution, et qu'on le regardait comme un patriote; je l'en avertissais, afin qu'il ne traitât pas comme un contre-révolutionnaire un homme qui pouvait n'avoir été qu'induit en erreur. Ainsi, l'espèce de signalement que je donnais ne lui pouvait qu'être favorable.

» Ce sont sur de semblables faits que sont fondés la plupart de ces reproches. — Lebon entre dans quelques détails à cet égard, et critique les déclarations faites contre lui; il essaie de prouver qu'elles ont été dictées par la passion, et que la vérité s'y trouve altérée. »

Le rapporteur. « La procédure instruite contre la nommée Daubrine, veuve Bataille, et vingt-trois personnes des deux sexes qui furent jugées avec elle par le tribunal d'Arras, renfermant tous les caractères d'influence que Lebon exerçait sur le tribunal, nous avons cru nécessaire d'en présenter les détails à la Convention, afin qu'elle sût de quelle manière Lebon faisait instrumenter les accusés.

» On lui avait dénoncé plusieurs écrits contre-révolutionnaires et fanatiques trouvés chez la veuve Bataille, et notamment un registre sur lequel étaient inscrits les noms de plusieurs citoyens qui semblaient avoir concouru à faire des distributions d'argent, soit à des indigens, soit à des prêtres réfractaires (car ce doute n'est point éclairci); en conséquence il prit, le 22 germinal, un arrêté pour faire juger, avec la veuve Bataille, les vingt-trois particuliers dont les noms étaient inscrits sur le registre dénoncé. Du nombre de ces citoyens était un homme de loi appelé Dauchey ; cet homme semble avoir encouru l'animadversion particulière de Lebon, et il fut désigné par lui à la société populaire, et ensuite dans son arrêté, comme un hypocrite en patriotisme, un être dangereux, qui avait employé ses talens à servir l'aristocratie, au lieu de défendre la cause de la liberté et de la sainte égalité, comme un homme enfin qui avait fait quelques singeries de patriotisme, afin d'éviter l'arrestation qui le menaçait.

» Dauchey ne fut pas le seul dont Lebon ait en quelque sorte donné le signalement aux jurés : ce dernier leur désigna quelques autres personnes ; puis il termina son tableau par ces expressions remarquables :

« Considérant que si des individus portés audit registre on » excepte le nommé Boniface, qui peut d'abord avoir été induit » en erreur, mais qui, depuis l'installation de la municipalité » sans-culotte, en 1792, a paru se réunir franchement aux pa- » triotes, tous les autres, tant mâles que femelles, n'ont d'autre » réputation que celle d'aristocrates fieffés...... Arrête que tous » les individus mâles et femelles ci-dessus mentionnés seront, à » la diligence de l'accusateur public, traduits sans délai au tri- » bunal révolutionnaire séant en cette commune. (Arras)....

» Arrête en outre que le présent sera lu aux jurés, immédia- » tement après l'acte d'accusation. »

« L'arrestation du greffier de ce tribunal (d'Arras), mise au bas de cet arrêté, prouve que la lecture en fut faite aux jurés, en exécution des ordres de Lebon ; on voit aussi, par la déclaration de ce greffier, que Lebon s'est fait apporter chez lui par Caron, accusateur public du tribunal d'Arras, l'acte d'accusation dressé contre les vingt-quatre prévenus ; qu'il voulait absolument que le registre trouvé chez la veuve Bataille fût écrit par Dauchey, et qu'enfin il ne se décida à rédiger son arrêté du 22 germinal, que parce qu'il ne trouva pas l'acte d'accusation qui lui fut présenté, conçu dans des termes assez forts.

» Après de telles précautions, il semblait que vingt-trois têtes devaient tomber le 25 germinal avec celle de la Bataille. Cependant sept jurés eurent le courage de consulter leur conscience, et ils proclamèrent l'innocence de quatre prévenus, parmi lesquels se trouva Dauchey, cet homme de loi que Lebon avait désigné comme le plus coupable de tous. Il n'en fallut pas davantage pour exciter son indignation contre les jurés ; et l'un des citoyens qui assistaient à l'audience (le notaire Leclerc d'Arras) entendit Lebon qui disait en sortant de la salle : « Voilà un aristocrate làché; demain cela ne sera pas comme cela; je composerai mon tribunal d'une autre manière. »

» Le même jour, Gabriel Leblond, l'un des jurés qui avaient acquitté quatre prévenus, se trouvant à souper avec Duquesnoy, Lebon et plusieurs citoyens d'Arras, chez l'administrateur Renaud, éprouva de la part du représentant Duquesnoy les reproches les plus sanglans sur l'opinion qu'il avait émise en faveur du ci-devant avocat Dauchey. Vers la fin du repas, Lebon se réunit à son collègue contre Leblond, qui fut traité si durement, qu'il fut prêt à verser des larmes. Ces faits sont attestés par les convives qui soupèrent chez Renaud le 26 germinal. Gabriel Leblond en a fait sa déclaration au comité de sûreté générale le 27 thermidor dernier. Après avoir rappelé les reproches qu'il essuya de la part de Duquesnoy, il ajoute..... Lebon alors m'invectiva et dit « que je devais être convaincu; que son arrêté m'indiquait ceux qu'il fallait frapper, et qu'il fallait voter comme les autres. »

» Dans ce repas, il fut aussi question d'arrêter Leblond, Dantin, le président, et l'accusateur public du tribunal révolutionnaire d'Arras : c'était l'avis de Duquesnoy; mais Lebon dissimula pendant cinq jours, et ce ne fut que le 30 germinal qu'il décerna des mandats d'arrêt contre ces quatre citoyens, auxquels il joignit l'adjudant général Leblond, frère du juré, parce que ce militaire s'était exprimé avec chaleur sur la violence qu'on avait essayé de faire à la conscience des jurés.

» Le 15 floréal, Lebon, qui avait ordonné de faire des informations contre ces quatre citoyens, les fit traduire au comité de sûreté générale de la Convention, pour y rester en arrestation jusqu'à son retour de Cambrai; les motifs qui le décidèrent à les poursuivre se trouvent dans son arrêté du 15 floréal.

» On voit que les frères Leblond, Demeulier, ex-accusateur public, et Beugnet, ex-président du tribunal révolutionnaire, séant à Arras, sont prévenus d'intrigues pour sauver l'aristocratie, de prévarication dans leurs fonctions, de tentatives pour avilir la représentation nationale, et tourner contre les patriotes les mesures révolutionnaires. Ces reproches, que Lebon fait à ces fonctionnaires publics dans un style digne de Robespierre, paraissent très-graves, et cependant on voit, par une note écrite de sa main au bas d'une lettre de Duquesnoy, que tous leurs crimes étaient d'avoir acquitté les quatre prévenus jugés avec la veuve Bataille.

» Dans la lettre que Duquesnoy avait écrite à son collègue, il applaudissait aux mesures vigoureuses qu'il avait prises : voici la note de Lebon :

Nota. « Ce que m'écrit à cette époque Duquesnoy n'est pas
» surprenant, puisqu'il a été témoin de la procédure infâme où
» les vieilles bigottes ont péri (avec justice cependant) et où
» Dauchey, le dix mille fois contre-révolutionnaire Dauchey,
» prévenu du même délit et de la même manière, ensemble de
» plusieurs autres crimes, a été acquitté, et grâces aux soins
» de Leblond, Dantin, etc. Dès le même soir Duquesnoy voulait
» que, de concert avec lui, j'arrêtasse Leblond, tant les intrigues
» de ce dernier étaient révoltantes. »

« Cette pièce explique ce que Lebon entendait par les intrigues de Leblond, etc. C'était d'avoir résisté à son influence, en opinant en faveur de Dauchey : voilà pourquoi il leur fit des reproches en public et en particulier, pourquoi il les destitua et les incarcéra le 30 germinal, pourquoi il ordonna d'informer contre eux, de les mettre au secret, de les conduire au comité de sûreté générale, le 15 floréal ; enfin, voilà pourquoi il les fit incarcérer de nouveau avec leurs femmes et leurs enfans ; car il est bon d'observer ici qu'il avait fait arrêter les femmes de ces patriotes, qui cependant furent enfin connus pour tels, et obtinrent leur liberté définitive du comité de salut public, par un arrêté du 6 thermidor, conçu en ces termes :

« Le comité de salut public, considérant que les citoyens De-
» meulier, les frères Leblond, Beugnetz et leurs femmes ont
» donné des preuves du patriotisme le plus pur depuis l'origine
» de la révolution, les met définitivement en liberté. »

» La Convention nationale peut juger, d'après ces détails, quelle était l'influence que Lebon exerçait sur le tribunal d'Arras.

» Nous croyons inutile de citer de nouveaux exemples, et nous allons traiter rapidement le troisième chef d'accusation qui est dirigé contre lui.

Lebon. « Des papiers inciviques, des lettres de prêtres émigrés, accusant réception de secours, d'autres lettres contre-révolutionnaires de l'intérieur sont saisies chez la veuve Bataille ; on y saisit pareillement un cahier contenant les noms des personnes qui donnent pour les prêtres émigrés. Chaque page indique les souscripteurs pour tel ou tel mois, depuis janvier 1792 jusqu'au mois d'août 1793, avec les sommes partielles qu'ils ont fournies, et les totaux sont suivis d'une déduction pour la conversion des assignats en argent.

» Si cette souscription eût été faite pour les indigens, aurait-on fait cette conversion, aurait-on trouvé les reçus des prêtres émigrés ?

» Je communiquai encore à la société populaire cette découverte ; j'y citai les noms des individus compromis, et j'annonçai que le tribunal ne tarderait pas à s'occuper de leur affaire.

» Je dévoilai en même temps plusieurs intrigues que l'on avait fait jouer auprès de moi en faveur de l'ex-avocat Dauchey, qui figurait principalement, soit par lui, soit par son épouse, sur le cahier en question, et contre lequel je n'avais, quoi qu'on en dise, aucune animosité personnelle.

» La société populaire ne s'étonna pas de le trouver sur cette liste ; mais elle adressa des reproches à ceux qui avaient protégé ce avocat des aristocrates, à qui Guffroy lui-même reprochait d'avoir voulu, avant le 10 août, faire rétrograder la révolution. Elle m'en fit à moi-même pour avoir suspendu l'exécution du premier mandat d'arrêt décerné contre Dauchey.

» Dauchey n'en fut pas moins acquitté par le tribunal.

» Cette affaire qui n'enveloppait que des hommes que j'aurais dû frapper plus tôt, mais que je ne pouvais même attaquer alors sans danger pour moi, cette affaire est, je le sais, la principale cause de la persécution que j'éprouve.

Roux, de la Marne. « Il n'est aucun de nous qui ne désire que le prévenu se justifie; il n'est aucun de nous qui n'ait fait son devoir en lisant les pièces que Lebon a fait distribuer à sa décharge, et qui ne soit en état de prononcer sur cette affaire. En votre qualité de jury d'accusation, un seul fait vous suffit pour déclarer s'il y a lieu à la prononcer. Le prévenu pourra se justifier ensuite aussi longuement qu'il voudra devant le tribunal auquel il sera renvoyé. Souvenez-vous que ce procès a déjà absorbé plusieurs séances, et qu'il se prolongerait encore six mois sans que vous fussiez plus éclairés que vous ne l'êtes en ce moment sur le parti que vous devez prendre. Souvenez-vous que la chose publique est en danger, et que le peuple français attend une constitution.

» Je demande que la Convention décrète qu'elle se déclare en permanence jusqu'à ce qu'elle ait prononcé sur la question de savoir s'il y a lieu ou non à accusation. »

Cette proposition est décrétée.

L'assemblée suspend la séance jusqu'à sept heures du soir.

Reprise de la séance.

Joseph Lebon. « Il est impossible que dans quelques heures je puisse donner des détails que je n'ai fait qu'effleurer en quatre séances. Vous avez pu vous instruire de tous les faits et de mes réponses dans les défenses que j'ai fait imprimer. Pour le reste, je m'abandonne à votre conscience. »

Pierret. « Lorsque la Convention a décrété une séance permanente, elle n'a point entendu restreindre Joseph Lebon dans sa défense; aucun décret ne fixe les heures et les momens. Que le rapporteur lise les faits, que Lebon y réponde, et que la séance se prolonge deux jours s'ils sont nécessaires pour le développement de ses moyens de défense. »

L'assemblée adopte cette opinion. Le rapporteur continue à lire les chefs d'accusation.

« Ce crime est d'avoir mis en jugement, pour la seconde fois, deux citoyens qui avaient été acquittés par un jury légal.

» L'un de ces malheureux est le nommé Lallart, dit Berlette.

Le 24 ventose, Lebon s'était fait envoyer, par l'accusateur public, les pièces qui étaient à sa charge; dans la société populaire il avait annoncé, suivant son usage, que la tête de Lallart devait tomber sur l'échafaud; cependant les jurés le crurent innocent; alors Lebon déclama contre ces jurés à la société populaire, fit arrêter Lallart et sa femme le 27 ventose; et, le lendemain ou surlendemain, il fut mis en jugement et condamné à mort.

» Les citoyens Wasse, Renaud et Monneret déposent affirmativement sur cette affaire. Le citoyen Asselin la présente aussi sous les mêmes couleurs. Voici sa déclaration.

» Il annonce au club d'Arras (c'est de Lebon qu'il parle) que Lallart va être mis en jugement, et que sa tête tombera; Lallart est amené au tribunal, et y est acquitté en dépit du prophète Lebon; mais celui-ci se fâche, il écume de rage; il convoque le club extraordinairement, il y vient tancer les jurés, il proteste que Lallart sera remis en jugement le lendemain, et il pronostique enfin pour la seconde fois la mort de Lallart; le lendemain Lallart est ramené au tribunal, et Lallart est guillotiné. C'est ainsi que mourut Lallart, dit Berlette, après avoir été acquitté par un tribunal de sang. »

Lebon. « Il est vrai que Lallart fut mis deux fois en jugement, mais ce n'était pas pour le même fait, et dès-lors il n'y avait plus rien d'illégal dans ma conduite.

» Plusieurs individus pauvres avaient été condamnés pour distribution de faux assignats; chacun trouva étrange que Lallart, parent d'émigré, détenu comme suspect, et convaincu du même crime, fût absous sur la question intentionnelle; le zèle irréfléchi alla jusqu'à soupçonner la probité des jurés, mais je repoussai aussitôt ce soupçon injurieux. De nouvelles pièces m'ayant été remises contre Lallart-Berlette quelques jours après son acquittement, je l'envoyai au tribunal qui l'avait déjà jugé sur l'émission de faux assignats, et il y fut condamné.

« Je sais qu'il eût été plus prudent de ma part de l'envoyer au tribunal de Paris, mais je sais aussi que le comité de salut public m'eût fait un crime de cette lenteur dans la punition des coupables. Au reste, la Convention elle-même a quelquefois traduit au tribunal révolutionnaire des individus acquittés sur les mêmes faits par les tribunaux de département. Ne soyez donc plus surpris, citoyens, que j'aie traduit deux fois au même tribunal un contre-révolutionnaire pour des crimes différens. J'ai vu prendre ici, je vous le répète, des mesures plus terribles, mais dictées par l'amour de la patrie. »

Le rapporteur. « Le 25 pluviose le nommé Béthune Penin avait subi le même sort; en vain Lebon avait assuré à la société populaire que c'était un homme riche et qu'il devait être traité en contre-révolutionnaire.

» Les jurés l'acquittèrent sur l'accusation principale; à l'instant même Lebon le fait arrêter de nouveau; il est conduit le même jour au tribunal révolutionnaire, qui cette fois le condamna à mort; l'exécution eut lieu pendant la nuit, à la lueur des flambeaux.

» Lebon, dans une lettre qu'il écrivit le 25 pluviose, au comité de salut public, s'applaudit de cette mesure.

« Oui, les gros scélérats échapperaient encore, dit-il, si l'on
» n'était sur ses gardes. Hier le ci-devant comte de Béthune
» Penin paraît ici au tribunal comme complice d'émigrés ; on entreprend de le juger suivant les nouvelles lois proposées par le
» comité de législation et avec un jury ordinaire. Eh bien !
» quoique son raccourcissement parût certain d'après les pièces,
» les jurés campagnards, qui formaient la majorité, ne purent se
» décider à voter contre un si riche coupable, et le contre-révo-
» lutionnaire fut blanchi où le patriote et le pauvre eût péri cent
» fois. »

» Dans la suite de sa lettre, Lebon rend compte à ses correspondans qu'indigné de ce jugement il a fait arrêter le défenseur officieux de Béthune, et que, profitant d'une disposition du jugement rendu, il a fait conduire Béthune au département, pour vérifier s'il n'était pas émigré; que cette opération s'est faite dans le jour, et que Béthune a été jugé dans six heures et exécuté la nuit. »

Lebon. « Cette affaire paraît encore bien noire, mais il suffit de rappeler les choses comme elles se sont passées pour effacer tout l'odieux qu'elle répand sur moi. Il est faux que j'aie fait subir à Béthune double jugement. Cet ex-comte était prévenu de complicité d'émigration, et d'émigration personnelle; en conséquence, il fut arrêté le 24 nivose. L'accusateur public Desmeulier, qui le protégeait, intrigua tellement en sa faveur, que quinze jours après Béthune se promenait dans les rues d'Arras. Alors grande dénonciation contre les patriotes. Desmeulier, qui craignait pourtant de se compromettre, fit réincarcérer Béthune; on le pressa de le faire juger; mais non, Desmeulier voulait en avoir tout le profit, et en jeter tout l'odieux sur l'administration. Comme complice d'émigré, son affaire appartenait aux tribunaux; comme émigré, au département : aussi Desmeulier fit-il presser en secret la société populaire de faire juger Béthune comme émigré. Cette affaire traîna pendant six mois.

» Devenu membre de la Convention nationale, et envoyé en mission dans ce département, les patriotes me dénoncèrent encore Béthune et les lenteurs de l'accusateur public. Je me souvenais parfaitement d'avoir eu sous les yeux la preuve de l'émigration de ce ci-devant noble, et j'ordonnai sa mise en jugement; mais l'accusateur public, qui agisssait révolutionnairement avec tout autre accusé, soumit celui-ci à des jurés ordinaires; alors son défenseur officieux eut l'adresse de présenter à ces jurés ignorans les certificats de résidence que Béthune avait obtenus d'une municipalité de campagne, et que la loi du 28 mars 1793 avait annulés; cependant Béthune fut condamné; mais le tribunal de cassation annula cette procédure, et il fallut un arrêté de votre comité de législation qui annulât à son tour cette cassation, pour que l'émigré Béthune fût renvoyé au tribunal. Les juges consultèrent le département sur le fait d'émigration; ce fait fut à l'instant constaté, et, si Béthune fut condamné dès le même soir, c'est que ce dernier jugement ne fut en effet que l'application de la peine (1). »

(1) « Quant au défenseur officieux de Béthune, je l'ai blâmé, non pas de la chaleur qu'il avait mise à le défendre, mais d'en avoir imposé aux jurés par des

Le rapporteur. « Le quatrième chef d'accusation formé contre Lebou est d'avoir mis en jugement et fait conduire à l'échafaud des citoyens prévenus de délits couverts par l'amnistie de l'assemblée constituante.

« Par un arrêté du 14 germinal l'an II, Lebon a fait traduire au tribunal révolutionnaire d'Arras six ex-chanoines de cette commune, dont les noms se trouvaient inscrits sur une délibération capitulaire du 21 décembre 1790, relative aux décrets de l'assemblée constituante : lors de leur interrogatoire, ces ex-chanoines soutinrent qu'ils n'avaient point signé cette délibération ; la déclaration des jurés ne détruit pas cette assertion, puisqu'elle porte seulement qu'ils sont auteurs ou complices de la conspiration ourdie contre le peuple français et sa liberté, par la rédaction et signature d'une protestation attentatoire à la souveraineté du peuple et aux principes de l'égalité, *ou en laissant* subsister leurs signatures au bas de cette protestation, sans aucun désaveu ni rétractation, après en avoir eu connaissance ; » et cependant ces six ex-chanoines ont été condamnés à mort pour un fait qui reste incertain d'après la déclaration des jurés, et qui, fût-il certain, est antérieur à l'amnistie de l'assemblée constituante, puisque cette protestation est du 21 décembre 1790.

» Le second arrêté par lequel Lebon s'est mis au-dessus de la loi qui prononce amnistie pour les faits antérieurs au 15 septembre 1791, est du 28 ventose an II.

» Par cet arrêté, Lebon a traduit à son tribunal révolutionnaire plusieurs ci-devant nobles des états d'Artois, parce qu'ils avaient signé une protestation tendante à la conservation de leurs priviléges : cette pièce, que Lebon a visée dans son ar-

certificats de résidence annulés le 28 mars 1793 ; je crus même devoir ordonner son arrestation, non-seulement par ce motif, mais encore d'après une autre dénonciation qui m'avait été faite antérieurement à sa charge. Cependant, l'ayant interrogé, je l'élargis, en considération des services gratuits qu'il rendait aux malheureux, et je l'engageai à manifester davantage dans le public, le civisme dont il se disait animé (*a*). »

(*a*) D'après cette note, que le *Moniteur* donne sans autre indication, il paraîtrait que Lebon corrigeait, dans ce journal, les épreuves de ses réponses.
(*Note des auteurs*).

rêté, et dont, par conséquent, il n'a pu ignorer la date, est du 29 avril 1789.

» La déclaration des jurés suppose que cette pièce leur était connue, puisqu'ils avouent que le patriotisme que Thiculaine, l'un d'eux, a montré dès le mois de juillet 1789, est présumé une rétractation ; cependant plusieurs des ci-devant nobles ont été condamnés à mort, et c'est à l'arrêté de Joseph Lebon qu'il faut surtout l'attribuer.

» Une circonstance remarquable dans cette affaire est que Thiculaine, l'un des prévenus, avait donné des preuves d'un patriotisme constant, et que Lebon n'en a pas moins déclamé à la société populaire, contre le jugement qui proclame son innocence. »

Lebon. « Les ex-chanoines furent traduits au tribunal, non pas seulement pour avoir signé, en 1790, une délibération capitulaire contre les décrets de l'Assemblée constituante, mais pour l'avoir fait colporter et répandre en leur nom, pour séduire apparemment les personnes ignorantes ou faibles, et pour rallier autour d'eux leurs anciens partisans.

» Quant au registre des ci-devant nobles des états d'Artois, il fut découvert enterré ; ce registre contenait une protestation de ces ci-devant nobles contre toutes les opérations de l'assemblée nationale, nuisibles à leurs priviléges. Plusieurs circonstances réunies et récentes nous démontrèrent qu'en cachant ce registre ces individus se réservaient un moyen de contre-révolution, et ils furent traduits au tribunal.

» Quelques jours après, me trouvant à la société populaire, je parlai de cette protestation et de ceux qui l'avaient signée. Je n'oubliai pas le nom de Thiculaine ; je m'y arrêtai d'autant plus que cet homme, durant la révolution, avait affecté de fréquenter des patriotes : « Ne serait-il qu'un traître mieux déguisé que les autres personnes de sa caste. » Puis me voilà communiquant mes soupçons et réveillant la défiance des citoyens envers l'ex-noblesse.

» Toutefois Thiculaine, traduit au tribunal, est acquitté ; le jury, regardant sa conduite comme un véritable désaveu de sa protestation, sait le distinguer de ses co-signataires.

» On me reproche à cet égard de n'avoir pas respecté l'amnistie de 1791.

» Je consultai à ce sujet le comité de salut public; voici sa réponse extraite d'une lettre que je n'ai pas entre les mains, mais que Guffroy cite dans sa seconde censure.

« L'amnistie prononcée lors de la constitution capétienne, et
» invoquée par tous les scélérats, est un crime qui ne peut en
» couvrir d'autres. Les forfaits ne se rachètent pas contre une
» République, ils s'expient sous le glaive; le tyran l'invoqua,
» le tyran fut frappé. — *Signé*, les membres du comité de salut public, BARRÈRE, CARNOT, BILLAUD-VARENNES. »

» Je regardai donc cette amnistie comme non avenue.

» Vous m'en aviez donné vous-mêmes l'exemple dans l'affaire de Chaudot, accusé d'avoir favorisé l'emprunt de 1790. Sur le rapport du comité de législation, cet individu fut renvoyé devant les tribunaux, quoique son délit fût antérieur à l'amnistie de 1791.

Merlin de Douai. « Je demande que la réponse que fit Joseph Lebon au comité de salut public soit lue à l'assemblée. »

Le rapporteur. « Nous ne l'avons pas vue; elle se trouve apparemment dans les pièces du procès de Billaud-Varennes. »

Merlin de Douai. « Eh bien! voici ce que Lebon répondait: « Je m'attendais à votre réponse, citoyens collègues, et déjà dix-neuf têtes sont tombées dans le Pas-de-Calais. »

Lebon. « Vous vous trompez, je ne répondis point à cette lettre, mais seulement à celle par laquelle le comité me recommandait de m'abandonner à toute mon énergie. »

Le rapporteur. « Nous venons de vous exposer le tableau des délits désignés sous le nom *d'assassinats judiciaires* : actuellement nous allons vous présenter une analyse de ceux qui portent atteinte à la liberté et à la sûreté des personnes; ils sont compris sous le nom général d'*oppression* des citoyens. »

Deuxième classe. — Oppression des citoyens dans les départemens du Nord et du Pas-de-Calais.

« Au mépris de la loi du 14 frimaire, qui défend aux représentans de déléguer leurs pouvoirs, au mépris des articles XXI et XXII de la loi du 27 germinal, qui réitère cette défense, Lebon a confié à des hommes immoraux le pouvoir d'arrêter des citoyens, ou de les mettre en liberté, le droit de destituer ou de remplacer les autorités constituées, celui même de les installer...

» Voici la preuve de ces faits.

» Dès le 5 germinal, Lebon avait autorisé des commissaires aux biens des émigrés à mettre en arrestation toutes personnes qu'ils jugeraient inciviques.

» Le 16 floréal, les administrateurs Petit et Lefets sont autorisés par Lebon à faire arrêter, même hors du district d'Arras, les personnes qui se trouveraient compromises dans les pièces que le représentant du peuple les a chargés d'examiner.

» Le 20 floréal, les mêmes administrateurs, qui se disent chargés de pouvoirs particuliers du représentant du peuple Joseph Lebon, proclament dans Cambrai une espèce de loi de police, qui règle le costume que les acteurs doivent porter sur le théâtre, à peine d'arrestation, et ce qu'il y a de plus étrange, ils déclarent le directeur du spectacle, ou, en son absence, sa femme, responsable de l'exécution de cette loi, sous peine d'être traité comme suspect, et, comme tel, mis en état d'arrestation.

» Enfin, le 22 floréal, Lefets et Vagnier nomment des citoyens d'Arras pour remplacer les membres composant le comité de surveillance de cette commune, appelés à d'autres fonctions; et dans cet acte ils se disent chargés de pouvoirs particuliers par le représentant du peuple Lebon. »

Lebon. « Je n'ai jamais délégué les pouvoirs de la représentation nationale ; je me suis borné à nommer quelques agens pour surveiller la vente des biens nationaux.

» Des pièces qui décelaient de nouvelles trames m'ayant été remises au moment où je partais pour aller m'enfermer à Cambrai dans un moment de péril, je chargeai en effet deux administrateurs de faire la recherche des individus indiqués dans ces pièces, mais ils ne pouvaient prendre que des renseignemens préalables ; je leur avais ordonné de me les renvoyer à Cambrai, afin que je pusse prononcer moi-même sur le sort de ces individus. La plus pressante nécessité commandait cette mesure ; je ne crois pas être coupable pour l'avoir adoptée.

» Quant à l'affaire du théâtre, je sais bien que deux administrateurs demandèrent une autre pièce que celle qu'on avait annoncée, et trouvèrent à redire aux costumes, mais je n'ai jamais su pourquoi.

» Lefetz et Vagnier se permirent en effet de renouveler le comité de surveillance d'Arras ; mais je ne les y avais point autorisés, et je leur retirai le même jour les pouvoirs que je leur avais confiés. »

Le rapporteur. « Lorsque Lebon fit son entrée dans la commune de Cambrai, il se présenta au district entouré de ces juges et de ces jurés dont Choudieu a fait une peinture si énergique, et là, en présence du peuple, il traita ces administrateurs avec le mépris le plus insultant ; il souffrit qu'ils fussent outragés en sa présence par les hommes de son escorte, il fit incarcérer Louis Leroy, dit *Unité*, qui lui faisait des remontrances respectueuses. »

Lebon. « Il est inconcevable que les seules autorités constituées de Cambrai se plaignent d'avoir été insultées par moi. J'arrivai dans un moment de crise au sein de cette commune ; les ennemis étaient à ses portes, on n'y portait plus la cocarde ; les fonctionnaires publics n'étaient point à leur poste, et je me bornai à leur rappeler sévèrement leurs devoirs. Ils furent ensuite les premiers à me dénoncer les contre-révolutionnaires ; et, loin de penser à destituer les autorités, je les encourageai sans cesse. »

Le rapporteur. « Dans la ville d'Arras, il a menacé de destituer le comité de surveillance, parce qu'il balançait à mettre en arrestation un citoyen sur des ordres verbaux qu'il leur avait transmis par un garde national. A cette occasion, le comité de surveillance d'Arras écrivit à Lebon la lettre suivante : « Un garde national

» nous amène le nommé *Vitu*, *qu'il nous dit devoir être mis en*
» *arrestation* par tes ordres; nous te prions de dire si ce sont tes
» intentions. » Lebon leur fit cette réponse absurde et tyrannique :
« Si le comité de surveillance exige des *formes éternelles*, lorsque
» les conspirateurs nous assassinent sans forme de procès, et que
» je peux à peine suffire à leur scélératesse, je m'adresserai à
» des *hommes plus dignes d'opérer le salut public.*

Lebon. « Il est vrai que dans un moment où je venais de recevoir de mauvaises nouvelles, où je venais de lire la loi du mois de ventose qui recommandait aux représentans la plus sévère surveillance sur les étrangers et les hommes errans et suspects ; dans un moment où l'on ne parlait que de trahisons et de conspirations nouvelles, j'envoyai cet homme au comité de surveillance, après avoir pris néanmoins des renseignemens sur son compte.

» La lettre dont on parle dans cet article ne fut point adressée au comité, mais à son greffier, que je connaissais pour un contre-révolutionnaire qui se trouvait là par protection, et qui entravait la marche des affaires. »

Le rapporteur. « Toute la ville d'Arras sait que Lebon avait fait inscrire sur sa porte : « Ceux qui entreront ici pour solliciter l'élargissement des détenus n'en sortiront que pour aller en arrestation. » Plusieurs citoyens assurent qu'ils ont lu cette inscription ; ils ajoutent que Lebon a tenu parole, et qu'il a fait incarcérer des citoyens qui étaient venus réclamer en faveur de leurs parens. »

Lebon. « J'ai déjà répondu à ce fait. Si les parens, les amis, les femmes, les enfans des gens suspects avaient pu se saisir de moi, et m'assaillir de pétitions verbales, que devenaient vos décrets ? Autant eût-il valu ouvrir de suite toutes les prisons : on est vertueux de loin ; de près on n'est qu'homme. Au surplus, je n'ai point rejeté les réclamations par écrit, je les ai même provoquées, et j'ai fait droit à un grand nombre. La menace de faire arrêter les solliciteurs n'était qu'un vain épouvantail, elle n'a jamais eu d'exécution ; elle était l'acte d'un homme probe, appelé à remplir des devoirs pénibles, et qui se défiait de lui-même.

» C'est Asselin qui dénonce ce fait, et l'on saura qu'Asselin lui-même ne recevait personne sans certificat de civisme. »

N.... « Oui, mais c'était en exécution d'un arrêté d'un représentant du peuple. »

Le rapporteur. « Des femmes, des vieillards, des prêtres fanatiques avaient été mis en arrestation comme suspects; leurs domestiques s'enfermèrent avec eux, et leur rendirent des soins officieux; Lebon s'en indigna, et, par arrêté du 16 pluviose, il punit la vertu, la reconnaissance comme des crimes, et tous ces domestiques sont mis par ses ordres en état d'arrestation. »

Lebon. « Il ne s'agissait ni de femmes ni de vieillards, mais seulement de prêtres fanatiques, arrêtés en vertu de la loi. Ils obtinrent d'avoir chacun leur domestique; devait-on laisser dans la société des individus qui se dévouaient pour des fanatiques et qui propageaient les principes incendiaires qui leur étaient prêchés chaque jour? Non; et eux-mêmes consultés sur l'alternative préférèrent à la liberté l'avantage de rester auprès de leurs dangereux maîtres. »

Le rapporteur. « Par un autre arrêté, il dépouilla les détenus de leurs provisions, de leurs assignats; il leur fit enlever le bois, le vin et les autres denrées qui leur appartenaient, pour les distribuer aux citoyens de la société populaire d'Arras, et aux *habitués des tribunes.*

» Il a fait des reproches amers à un officier de santé (Deloye), parce qu'il avait donné des soins et fait transférer dans un hôpital plusieurs détenus qui étaient malades. »

Lebon. « C'était une mesure conservatoire adoptée par tous les départemens; elle fut prise par celui du Pas-de-Calais, et je me bornai à approuver son arrêté par une note qui portait que ces effets seraient rendus aux détenus, s'ils étaient remis en liberté. Ils avaient fait une provision considérable de bois dans un moment où le peuple en manquait; guidé par un principe de justice et d'humanité, je fis établir un chauffoir commun pour les prêtres, et j'ordonnai que le surplus du bois serait distribué aux patriotes indigens qui fréquentaient la société populaire. Le surplus de cette imputation est entièrement faux. »

Le rapporteur. « Il a soumis à l'épuration de la société populaire d'Arras les citoyens mis en arrestation comme suspects ; la vieillesse, la maladie, le sexe des personnes qu'il exposait en public sur un fauteuil très-élevé, n'ont pu les soustraire à cette vexation que la loi ne permettait pas ; une jeune personne de dix-sept ans subit cette épreuve à Arras, en présence de Lebon qui lui fit un crime de n'avoir pas dansé avec les patriotes ; et, lorsqu'elle voulut lui répondre, il la fit taire, en lui disant qu'elle *aurait la parole à l'Abbatiale;* or, cette Abbatiale était une prison. »

Lebon. « Je n'ai rien fait ici dont toute la République ne m'eût donné l'exemple. Pour n'être point trompé, je pris des informations publiques, comme vous l'aviez ordonné, et je fis mettre en liberté plusieurs détenus qui depuis ont été réincarcérés comme nobles. Cette jeune personne, dont la déclaration est dictée par la plus noire malice, était ma cousine ; je ne l'avais jamais vue avant cette épuration, ce ne fut pas moi qui lui reprochai de n'avoir pas dansé avec les patriotes, ce fut un membre de la société populaire. Comme la salle du club était très-obscure, je fis apporter un fauteuil élevé, afin qu'on distinguât les détenus que l'on interrogeait. Mais tout ce que le rapporteur vous a dit de la vieillesse, de la maladie, du sexe des personnes, et des vexations qu'elles éprouvaient, n'est qu'une vaine déclamation. »

Le rapporteur. « Une scène plus odieuse, et qui fut terminée d'une manière atroce, se passa quelque temps après dans le temple de la Raison. Une famille de cultivateurs, composée d'un jeune fanatique qui s'était soustrait à la première réquisition et qui jouait le saint, de son père, de sa mère et de ses deux sœurs, fut exposée, par les ordres de Lebon, sur une estrade fort élevée, en présence du peuple d'Arras. La mère du jeune homme gardait le silence, seulement elle levait les yeux au ciel ; Lebon lui présenta un pistolet qu'il portait à sa ceinture, et lui ordonna de répondre, puis se retournant vers l'assemblée : « Voyez-vous cette fanatique qui ose ici lever les yeux? Voilà comme ils sont tous; quand ils sont dans l'embarras, ils s'adressent toujours là comme s'ils pouvaient en obtenir quelque chose. » Le lendemain ou surlendemain de cet odieux interrogatoire, toute cette famille, dont quelques-uns peut-être méritaient une arrestation de six mois, mais dont aucun ne méritait la mort, expira sur un échafaud, après avoir servi de jouet au représentant. »

Lebon. « Citoyens, un fanatique, sous le nom de *Dieu*, parut à Lens vers la fin de 1791 ou dans les premiers mois de 1792. La contre-révolution qui l'avait fait éclore ne tarda pas à lui procurer de nombreux adorateurs. De tous les districts voisins, une foule imbécile et crédule se rendait à ce point de ralliement, et reportait ensuite dans ses foyers, avec le récit des prodiges qu'elle prétendait avoir vus, la haine des lois nouvelles, et d'exécrables vœux pour le retour de l'ancien régime.

» Mais le lieu qu'avait choisi cette divinité malfaisante pour sa résidence ordinaire se ressentit surtout de sa funeste influence. En peu de temps, le fanatisme et le royalisme combinés y devinrent intraitables; et l'esprit de révolte y fit de tels progrès, que les administrations supérieures ne purent bientôt plus assurer dans cette commune l'exécution des décrets et de leurs arrêtés que par la force et les canons.

» Aussi Guffroy écrivait-il, vers juillet 1793, à Célestin Lefetz, vice-président du district d'Arras : « Nous avons reçu les procès-verbaux des actes de justice que vous avez faits à Avion et à Lens. Pressez les commissaires de la Convention de seconder vos mesures et de les confirmer. La ville de Lens a besoin d'une verge de fer pour la morigéner; il faut la mener dur; pas de grâce, pas de grâce. »

» En effet, les administrateurs déployèrent tant de zèle, que, s'ils ne réussirent pas à changer les affections aristocratiques des habitants, ils en comprimèrent du moins les élans dangereux.

» Déposté de cet asile de prédilection, le fanatisme contre-révolutionnaire essaya de rallier ses phalanges sur divers autres points du département. Toutes ses tentatives échouèrent contre la vigilance et les mesures vigoureuses des patriotes.

» Dans le courant de prairial an II, qui l'aurait cru? un nouveau fanatique s'élève, non à Lens, mais à Wailly, commune également suspecte jusqu'alors et renommée par son opposition à la loi du recrutement. Toutefois, celui-ci, plus modeste que le premier, ne prend que le titre de saint. Caché long-temps dans une grange, il dit y être mort, puis ressuscité pour ne plus mourir. Il présage des malheurs à la France. Son père, sa mère et ses deux sœurs lui servent d'agens ; ils vont par tout le voisinage lui quêter des sectateurs : et c'est principalement à l'approche de la nuit que les rassemblemens s'opèrent.

» Le district d'Arras est averti. Il fait arrêter cette famille d'illuminés, l'interroge, et m'expédie tous les procès-verbaux à Cambrai, en m'engageant à prendre sur-le-champ un parti.

» Quelques jours auparavant, les papiers publics, anticipant sans doute sur le fameux rapport de Vadier, avaient donné l'éveil sur des manœuvres fanatiques, dont le directoire était à Paris, et faisait jouer des ressorts dans les départemens. Je ne me pressai pourtant pas de renvoyer les prévenus au tribunal, espérant apprendre d'eux quels conseils perfides les avaient fait agir. Vain espoir ! Je viens à Arras le 29 : il n'y était bruit que du saint. Je résolus de l'interroger moi-même en public, ainsi que ses parens. Jamais, non jamais figures n'annoncèrent un fanatisme aussi profond, aussi incurable. Je les tourmentai de toutes les manières pour les ramener à la raison et à leur caractère d'homme; invitations, encouragemens, menaces, je mis successivement tout en œuvre ; mais je ne pus en tirer d'autres renseignemens que ceux qui m'avaient été envoyés par le district. Je me décidai donc à les traduire au tribunal révolutionnaire.

» Le même soir précisément arrive le rapport du comité de sûreté générale, et le décret contre *la mère de Dieu* et ses adhérens.

» Quelle circonstance ! Je ne doute point, ainsi que tous les patriotes, que l'affaire de Wailly ne tienne à la grande conspiration dénoncée. Le tribunal s'empresse de faire un exemple, et le saint et ses complices, convaincus d'avoir cherché à exciter des troubles et des soulèvemens contre-révolutionnaires, sont condamnés à mort.

» Combien de fois les rapports des comités de gouvernement insérés au bulletin ont-ils ainsi doublé, triplé l'énergie des fonctionnaires publics et de leurs agens subalternes ! S'ils en imposaient à la Convention nationale, quelle impression ne devaient-ils pas faire sur de simples individus dans l'éloignement ?

» Je juge des autres par moi-même. Quand on avait annoncé à la tribune des conspirations dans les prisons, très-dangereuses et sans cesse renaissantes, je ne rêvais plus que des conspirations de prisons ; je craignais à chaque instant de trouver ma vigilance en défaut. Il est vrai que cette crainte ne me porta jamais à recourir aux mouchards et à leurs listes vénales (je ne soupçonnais pas qu'on employât encore en France ces infâmes moyens) ; mais j'ordonnai des visites, des recherches dans les maisons d'arrêt ; j'y faisais saisir, examiner les papiers, pour découvrir les correspondances suspectes et criminelles qui pouvaient s'y être introduites ; et j'aurais cru très-mal faire que de ne pas prendre toutes ces précautions : car, me disais-je, ne doutant pas de la véracité des comités de salut public et de sûreté générale, si les détenus de Paris conspirent et s'entendent avec l'étranger, combien cette intelligence est-elle plus facile aux détenus des communes frontières !

» Je reviens à la traduction du saint et de sa famille au tribunal. Un autre que moi en aurait déjà dit suffisamment pour se justifier sur cet article : Joseph Lebon doit, autant que possible, avoir dix fois raison.

» Le prétendu saint était un jeune homme déserteur de la première réquisition depuis nivose. Or, considéré sous ce point de vue, il n'était pas moins coupable aux yeux de la loi, lui et ceux qui l'avaient recélé.

» Je n'ai pu me procurer le décret de la fin de brumaire ou du commencement de frimaire, qui le rangeait dans la classe des émigrés, et assimilait ses parens aux parens de ces derniers.

» Mais je vois, en septembre 1793, la Convention confirmer l'arrêté du département de l'Ariége, portant que tous les jeunes gens qui n'obéiraient pas à la réquisition seraient traités comme déserteurs.

» Je la vois, en août de la même année, décréter que tout citoyen qui quittera son drapeau sans avoir obtenu son remplacement sera puni de mort.

» Je la vois en floréal, an II, ordonner l'exécution, pour tous les arrondissemens de la République, d'un arrêté pris à Nice, le 5 germinal, par les représentans du peuple. En vertu de cet arrêté, tout citoyen qui n'a pas rejoint l'armée dans le délai d'un jour par cinq lieues est réputé lâche, par conséquent royaliste, et doit être puni conformément aux lois. Après le délai ci-dessus prescrit, les membres des municipalités et des comités de surveillance sont tenus de le faire arrêter comme traître à la patrie. Les parens ou autres citoyens qui donneraient asile ou emploieraient un citoyen que la loi appelle à la défense de la patrie doivent être arrêtés et punis comme ennemis de la révolution.

» Certes, ce jeune homme et sa famille étaient évidemment dans le cas des lois que je viens de rappeler. Ce qui me détermina à les faire poursuivre de préférence pour leurs manœuvres fanatiques fut la considération du lieu et des circonstances. »

Le rapporteur. « Lebon est accusé par Chamouland d'une action encore plus cruelle. « Je l'ai vu, dit ce citoyen, se repaître du cruel spectacle de voir le sang des condamnés ; je l'ai vu, au moment où ils montaient sur l'échafaud, suspendre un instant l'exécution pour, tout rayonnant de joie, leur dire des nouvelles. »

Lebon. « Quel homme ne se révoltera pas à un pareil exposé ? A quoi bon lire ce journal ? Il n'y a qu'une cruauté réfléchie qui puisse s'amuser ainsi des tourmens d'un malheureux.

» Voici la vérité : Je venais de voir juger le ci-devant marquis de Duvielfort, l'un des plus déterminés contre-révolutionnaires du département, qui, de son château, avait fait fusiller la garde de Béthune, et dont les papiers étaient un recueil infâme de lettres d'émigrés et d'autres ennemis intérieurs. On remarquait surtout celle d'un neveu qui lui écrivait de Coblentz, à peu près en ces termes :

« Mon cher oncle, nous sommes déjà deux cent mille hommes
» rassemblés ; nous allons nous mettre en marche. Arrivé à
» Tournai, je vous en instruirai, afin que vous avertissiez l'aima-
» ble petite nation à qui nous allons faire croquer des bombons. »

» L'impression que cette phrase m'avait faite était des plus vives : toutefois je retournais à mon bureau, lorsque un courrier apporte la nouvelle d'une première bataille gagnée par les Français sous les murs de Menin. Je ne peux résister au désir d'en faire part sur-le-champ aux citoyens ; je rebrousse chemin vers la place où je les savais rassemblés, en attendant l'exécution de Duvielfort. Je monte au balcon de la comédie (dont on me fait une tribune habituelle, quoique je n'y aie parlé que cette fois), et, en deux mots, j'annonce cette victoire, ainsi qu'une autre dont faisait mention le sommaire d'un journal que j'avais à la main ; cependant Duvielfort arrive au pied de l'échafaud ; et, sans retarder son supplice, j'ajoutai en le voyant, j'en conviens, dans un élan civique dont je ne fus pas le maître : « Que les ennemis de la patrie emportent en mourant le désespoir de nos succès. »

» Ce qu'il y a de certain, c'est que mon discours ne dura pas une minute : la calomnie le borne maintenant à dix ; elle le portait à une heure dans le principe. Combien de circonstances excusent ma démarche ! Duvielfort est un contre-révolutionnaire des plus prononcés ; je ne dois pas d'abord être témoin de son supplice ; c'est la nouvelle subite d'une victoire qui me ramène au lieu de l'exécution ; c'est le désir de faire cesser l'inquiétude de mes concitoyens, à qui l'on avait faussement annoncé le matin la prise de Réunion-sur-Oise ; et nulle part je ne pouvais les trouver rassemblés en plus grand nombre.

» Voilà cette barbarie, cette atrocité monstrueuse. »

Le rapporteur. « Les arrêtés suivans portent le même caractère d'injustice et de cruauté.

» Le 27 août 1793 (vieux style), il mit en réquisition des milliers de témoins pour déposer sur les causes d'une révolte qui avait eu lieu, suivant lui, dans le district de Saint-Pol. « La guillotine, dit-il, attend impatiemment son gibier, les juges sont en plein ouvrage ; des milliers de témoins que j'ai requis hier dans une proclamation solennelle de venir déposer tout ce qu'ils sauraient, *sous peine d'être traités comme complices, inondent les avenues du tribunal ; l'exemple sera tel, qu'il intimidera les aristocrates et les pervers jusques à la vingtième génération.* »

Lebon. « Les administrateurs du district de Saint-Pol vinrent, au milieu d'une nuit, me dénoncer des mouvemens de révolte qui menaçaient tout le pays : j'ordonnai sur-le-champ qu'on s'y portât en force ; l'affaire fut terminée en deux fois vingt-quatre heures ; plusieurs brigands ayant voulu résister mordirent la poussière ; plusieurs autres furent arrêtés et traduits au tribunal, et, si les témoins furent si nombreux, c'est qu'en effet tout le pays avait connaissance de ces mouvemens. J'étais de retour à la Convention nationale lorsque les coupables furent jugés.

» André Dumont vous écrivit dans le temps que les brigands de Saint-Pol s'étaient réfugiés dans les forêts ; son témoignage vous prouve que cette révolte n'était point de mon invention. »

Le rapporteur. « Le 14 pluviose il ordonne au conseil général de la commune d'Achicourt de recevoir cent cinquante hommes de la garde nationale d'Arras, et de les nourrir à discrétion ; il déclare que le premier dimanche où les femmes, baudets et provisions d'Achicourt manqueront de se trouver en abondance au marché d'Arras, les maisons des membres du conseil général de la commune seront rasées, comme celles d'ennemis du peuple ; il charge ce conseil de faire arrêter et conduire à Arras toute femme ou fille qui se parera le dimanche.

» Le 19 il ordonna de prendre les mêmes mesures contre les filles et les femmes d'Arras ; mais il ne chargea point les officiers municipaux de cette exécution; il aima mieux la confier à des soldats de police, auxquels il donna ordre de se répandre dans les promenades et sur les remparts, comme dans tous les lieux publics, et d'y arrêter toutes filles et femmes endimanchées. »

Lebon. « La commune d'Arras allait manquer de subsistances par la malveillance des habitans de la campagne, le peuple se plaignait hautement, et, pour mettre un terme à ce désordre, je menaçai en effet les membres d'une commune de faire raser leurs maisons s'ils empêchaient qu'on apportât des provisions au marché; mais je n'eus jamais l'intention d'exécuter cette mesure; je savais qu'en pareil cas il suffisait d'en faire la menace.

» Ce n'en était qu'une également que je fis aux femmes; vous aviez décrété qu'on célébrerait le décadi; cependant une vingtaine de personnes affectaient de se montrer ce jour-là très-négligemment mises, et le dimanche très-parées dans les promenades pour narguer les patriotes. Je les menaçai seulement de l'arrestation, et elles rentrèrent dans l'ordre. »

Le rapporteur. « Le 22 frimaire il ordonna au tribunal d'Arras de juger révolutionnairement les prévenus distingués par leurs talens et leurs richesses; et, pour qu'on ne doutât pas que son intention était de poursuivre les talens et la fortune, il écrivit aux administrateurs du district de Saint-Pol : « Ne laissez en liberté aucun riche, aucun homme d'esprit, qui ne se soit fortement prononcé, et de bonne heure, pour la révolution.

» C'est dans ce but qu'il se fit envoyer la liste des plus gros fermiers, de tous ceux qui payaient les plus fortes contributions.

» La Convention nationale peut juger, par cet exemple, si Lebon suivait fidèlement le plan de proscription contre tous ceux qui avaient de l'esprit ou de la fortune; d'autres arrêtés donneront la mesure de la légèreté inconcevable avec laquelle il se jouait de la liberté des Français. »

Lebon. « Non, je n'ai point proscrit les talens et la richesse; mais j'ai seulement ordonné aux comités de surveillance d'épargner l'ignorance égarée et de ne poursuivre que ceux qui, haïssant la République, pouvaient, par leurs talens ou leurs richesses, influer davantage dans les complots tramés contre elle. Je me souvenais alors qu'au Quesnoy, lorsque l'ennemi menaçait cette place, ce furent ces sortes d'habitans qui découragèrent la garnison.

» Quant aux gros fermiers, j'en demandai la liste parce que je savais que c'était chez eux que se rassemblaient tous les autres pour calculer le renchérissement des subsistances. L'égoïsme conspirait chez eux et cherchait à faire manquer les armées. »

Le rapporteur. « Le 28 nivose il ordonna l'arrestation de tous ceux qui porteraient un autre bonnet de liberté que le simple bonnet rouge. »

Lebon. « Comme chacun le portait de différentes couleurs, il y eut à ce sujet une rixe où le sang faillit couler. Ce fut pour apaiser les querelles que je pris cet arrêté. »

Le rapporteur. « Le 21 ventose il fait arrêter des concierges de la maison Béthune, sans les connaître, et il veut qu'on s'informe ensuite de ce qu'ils sont. Le style de cet arrêté peint l'esprit de Lebon; il convient de le rapporter : « Mettre aussitôt en état d'arrestation les anciens concierges de la maison Béthune; s'informer quelle femme est Reine, quel homme est Dantin, et quelle était la maîtresse d'Ennevelain, et arrêter le tout. »

Lebon. « Ces personnages n'étaient point les concierges de la maison Béthune, mais des individus très-suspects, parmi lesquels était un ci-devant capitaine d'infanterie; ce fut après la découverte de quelques papiers qui le compromettaient que j'ordonnai leur arrestation. Si j'avais ces papiers, cet acte cesserait de vous paraître arbitraire. »

Le rapporteur. « Le même esprit se manifeste encore dans les trois arrêtés suivans; dans l'un il ordonne l'arrestation de Martin et de ses adhérens, partout où ils se trouveront; dans l'autre, celle de Justine Baudelec et de toute sa maison; dans un troisième, celle d'un personnage qui craint de s'expliquer et qui pense apparemment mal; puis il ajoute : Mettez cet homme où vous voudrez. »

Lebon. « Ces individus étaient inconnus dans la ville; ils venaient d'y arriver sans passeport, sans aucuns papiers qui fissent connaître leur existence. J'ordonnai leur arrestation provisoire. La sûreté de la frontière m'en imposait l'obligation ; leur affaire fut examinée dès le lendemain. »

Le rapporteur. « Nous pourrions ajouter mille traits de cette nature : mais nous craignons de fatiguer l'attention de l'assemblée ; et nous allons lui présenter le tableau des vengeances personnelles que Lebon a exercées pendant sa mission. »

Troisième classe. — Vengeances particulières, cruautés.

« Lorsque Lebon était vicaire ou curé constitutionnel de Neuville-la-Liberté, il eut une altercation assez vive avec son prédécesseur, pour la jouissance des calices, chasubles et autres ornemens destinés au culte ; cette querelle fut portée devant le juge de paix du canton de Rœux, appelé Maigniés.

» Ce juge, après avoir consulté un homme de loi, crut devoir condamner Lebon à une amende de 10 livres. Deux années ensuite, Lebon, qui était revenu dans son département avec des pouvoirs illimités, se fit apporter par le greffier du juge de paix les minutes du jugement rendu contre lui en 1791 ; ensuite il fit arrêter Maigniés, puis les assesseurs qui avaient jugé avec lui, puis l'homme de loi qui avait été consulté ; plusieurs d'entre eux furent traduits au tribunal révolutionnaire de Cambrai, et Maigniés, père de famille, Maigniés, père de douze enfans, y fut condamné, sous le vain prétexte qu'il avait cumulé les fonctions de maire et de juge de paix en 1791, et qu'il avait cité à son tribunal les officiers municipaux d'une commune sans l'autorisation du district ; mais, dans la vérité du fait, parce qu'il avait condamné Lebon à une amende de 10 livres en 1791.

» Ces faits sont attestés par la veuve Maigniés, dans une pétition qu'elle a distribuée à la Convention nationale, par l'assesseur Cuveiller, qui rend compte de la fureur avec laquelle il fut traité par Lebon, lorsque, s'étant trouvé chez ce représentant, il en fut reconnu pour un des assesseurs qui l'avaient condamné en 1791.

» Ce Cuveiller déclare que Lebon le fit arrêter sur-le-champ, qu'il voulait lui arracher le nom de l'homme de loi qui avait conseillé Maigniés, et que, sur son refus, Lebon lui assura, en faisant un geste expressif, qu'il n'en serait quitte que lorsqu'il aurait la tête dans le sac.

» Enfin le successeur de Maigniés et son greffier ont déclaré tous deux que les minutes du procès jugé contre Lebon en 1791 avaient été remises à ce représentant, en suite d'un ordre formel du 22 pluviose, qui fut notifié au greffier du juge de paix.

» La passion qui perce dans l'ordre qui met Cuveiller en état d'arrestation, nous a fait croire qu'il était nécessaire de transcrire cet ordre en entier :

« Cuveiller, assesseur de l'infâme juge de paix de Tilloy
» en 1792, lors de la condamnation illégale des patriotes par le-
» dit juge, sera sur-le-champ mis en arrestation. — A Arras,
» le 24 ventose an II. — *Signé :* Joseph Lebon, *représentant du*
» *peuple.* »

Lebon. « C'est une haine bien singulière et bien peu active que celle d'un homme qui, revêtu de pouvoirs illimités, mais susceptibles de lui être retirés à chaque instant, oublie néanmoins durant huit mois la prétendue victime de sa vengeance personnelle. J'en prends à témoins mes propres infortunes, l'homme vindicatif suit une autre marche.

» Maigniés, ex-juge de paix du canton de Rœux, a été guillotiné à Cambrai, cela est exact ; il m'avait condamné à une amende de six livres en 1791 ; cela est encore vrai. La perfidie est de rapprocher ces deux choses, et de donner la seconde pour cause de la première, tandis qu'on est parfaitement instruit du contraire.

» Étais-je donc le seul individu poursuivi par cet ancien fonctionnaire de la contre-révolution ? Avide de tous les moyens d'opprimer le patriotisme, il avait réuni dans ses mains l'autorité municipale et judiciaire, en dépit des décrets ; et ni les lettres ni les menaces de Guffroy, alors procureur-syndic du district, ne purent le déterminer à se dessaisir d'une partie de cette puissance illégale.

» On le vit, au commencement de 1792, entamer contre les municipaux de Neuville la procédure la plus inique pour favoriser un prêtre réfractaire et perturbateur, à qui ces municipaux, par le conseil de Guffroy même, venaient de refuser l'entrée de leur église. En vain ceux-ci alléguèrent ils les lois sur la garantie des corps administratifs et des municipalités, Maignies fut sourd à leurs réclamations, et alla toujours son train. Recours des municipaux auprès du district d'Arras; intervention formelle du procureur syndic. Il écrit de ne point obtempérer à la citation arbitraire du juge de paix.

» On suit ces avis. Un mois environ se passe sans inquiétudes nouvelles. Ce terme expiré, l'orage redouble; les malheureux patriotes de Neuville se retrouvent sous les coups de l'aristocratie et du fanatisme. Guffroy ne les abandonne point : il fait un réquisitoire terrible, où il propose notamment d'aviser à la dénonciation du juge prévaricateur pardevant qui il appartiendra. L'administration adopte les conclusions du procureur syndic; mais il fallait la confirmation par le département, et quel département ! le département du 20 juin.

» Toutefois la cause des officiers municipaux de Neuville était trop évidemment juste pour que l'autorité supérieure osât contrarier ouvertement l'avis du district. Les administrateurs, embarrassés entre le devoir et la passion, s'en tirèrent par une escobarderie. « Attendu, disent-ils, que le juge de paix est saisi de cette affaire, déclarons n'y avoir lieu à délibérer. »

» Machiavélistes éhontés ! c'était précisément parce qu'il s'en était saisi mal à propos, qu'il était nécessaire de délibérer, ou jamais.

» Armé de cette pièce insignifiante, Maignies se livre à tout son zèle aristocratique. Les infortunés municipaux n'ont plus un instant de relâche. Citations sur citations, élaborées avec plus d'art les unes que les autres.

» A cette tempête, toujours appuyée par Guffroy, ils ne peuvent opposer qu'une force d'inertie. Bientôt ils sont condamnés par défaut, dans la personne de leur maire, et exécutés dans ses meubles. Les ennemis de la révolution en triomphent ; ses amis sincères en gémissent ; et les esprits incertains, ébranlés par cette injustice criante, se rangent du parti le plus fort.

» Voilà, citoyens représentans, ce qui a servi de base à l'acte d'accusation contre Maignies, et non pas, comme on l'a avancé, *mon jugement à l'amende* ; jugement d'ailleurs que son auteur incivique ne m'a jamais fait signifier, tant il le trouvait lui-même vicieux au fond et dans la forme ; jugement qui excita dans le temps l'indignation de tous les patriotes, et particulièrement celle de Guffroy.

» Maintenant j'examine si je n'ai pas mis dans la poursuite du contre-révolutionnaire Maignies plus d'ardeur que dans celle des autres individus de sa trempe. Ma conscience et ma conduite s'accordent à me rendre un témoignage consolant.

» Entraîné par le désir de me venger moi-même, j'aurais dû craindre d'en laisser échapper l'occasion, et me hâter d'abuser du pouvoir redoutable qui m'était confié. Pour couvrir ma turpitude, j'aurais fait demander et redemander adroitement, dans les sociétés populaires, la punition de mon ennemi ; des hommes affidés ou trompés auraient été chargés de lui distribuer, en son absence, les faciles épithètes de monstre, de scélérat, etc. ; des vociférations assassines auraient accoutumé les oreilles à identifier son nom avec celui du crime ; enfin, j'aurais employé à son égard la cent millième partie (et c'eût été déjà trop pour en faire un objet hideux), la cent millième partie des intrigues auxquelles je dois ma subite et épouvantable réputation.

» Point du tout. J'arrive de Paris à Arras dans les premiers jours de brumaire ; Maignies m'est dénoncé pour un jugement tout récent en faveur d'un homme qui avait brisé les vitres du maire de Beaurains, et vomi mille injures contre les autorités constituées. Le destituerai-je sans l'entendre ? Non. Je le requiers de venir de suite expliquer ses motifs. Une maladie le retient ; il m'écrit que le maire a demandé grâce pour le prévenu, qui paraissait pris de vin lors du délit. Grâce ! les lois n'en connaissent point ; elles réservent à des jurés la question intentionnelle ; et cette indulgence envers un aristocrate, de la part d'un juge persécuteur des patriotes, est plus que suspecte. Je prononce la destitution de Maignies et son remplacement.

» Je cours le Pas-de-Calais et je ne redescends à Arras que le 15 nivose, disposé à rentrer incessamment au sein de la Convention nationale. Cependant les officiers municipaux de Neuville viennent m'entretenir de leur malheureuse affaire. En 1792, ils en ont appelé au tribunal de district ; mais ce tribunal a escobardé, à l'imitation du département.

» Ne pourrais-je pas, de retour à Paris, leur faire obtenir enfin justice, comme je l'ai autrefois *heureusement* réclamée à la barre de l'Assemblée législative pour un patriote que ce même tribunal ne voulait pas élargir, quoiqu'il le reconnût irréprochable devant les lois ? Volontiers, mes amis, leur dis-je, remettez-moi vos pièces, et soyez convaincus que je ne négligerai rien pour assurer vos intérêts, et faire connaître votre oppresseur ?

» Le 30 pluviose, une espèce de circulaire, signée Saint-Just et Collot-d'Herbois, me rappelle. Je ne me fais pas attendre : quarante-huit heures après la réception, je suis rendu à Paris avec ma femme, mes enfans et mes papiers, ne comptant plus retourner en mission. Je visite Guffroy, et je dîne avec lui dans les premiers jours de ventose. Le 9 ou le 10, étant allé au comité de salut public pour lui faire un exposé succinct de mes opérations, je suis invité, pressé de repartir, afin de seconder, par l'exécution des mesures rigoureuses contre les ennemis intérieurs, les dispositions militaires que Saint-Just et Lebas ne tarderont pas à venir prendre pour débarrasser entièrement la frontière du nord. Je m'en défends d'abord quelques instans ; et certes je ne manquais pas de raisons plausibles ; mais ces raisons elles-mêmes tournent contre moi. C'est précisément parce que ce ministère est désagréable, me dit-on, qu'il faut l'accepter si j'aime sincèrement ma patrie.,.. On n'est pas mécontent de mes travaux ; on m'engage seulement à me tenir en garde contre les séductions d'une humanité fausse et mal entendue.

» Je finis dans cette circonstance comme dans toutes celles où l'on m'a proposé une corvée dont personne n'était jaloux : j'acceptai. J'aurais accepté avec le même dévouement l'ordre de me jeter dans un gouffre, si la Convention m'eût fait entrevoir l'utilité de cet expédient pour assurer la prospérité de la République. Telles sont mes idées sur les obligations de l'homme social, idées dont onze mois de prison n'ont pu encore me prouver la fausseté.

» Je reviens donc avec plus de courage affronter toutes les haines aristocratiques du Pas-de-Calais et de ses alentours. Douceurs de l'amitié, sentimens délicieux de la nature, spectale enchanteur d'une famille naissante sous les auspices de l'amour le plus tendre et de l'union la plus parfaite, je vous ajourne de nouveau, jusqu'à la paix : le devoir, l'odieux devoir, rien que l'inflexible devoir ; voilà ce qu'il faut que je me répète sans cesse. O ma femme ! ô mes enfans ! je suis perdu, je le sais bien, si la République est renversée ; je m'expose même, si elle triomphe, à mille ressentimens particuliers ; mais, dans le premier cas, je n'aurai que le sort commun à des amis de la liberté ; dans le second, la République appréciera mon sacrifice et vous en tiendra compte.

» Insensé ! je croyais que tout le monde agissait, parlait, écrivait avec la même droiture et le même désintéressement que moi ! Quoi qu'il en soit, citoyens représentans, vous n'avez pas sans doute perdu de vue qu'après avoir exercé quatre mois le pouvoir, ce Joseph Lebon, si avide de sang et de vengeance, au dire de ses calomniateurs, était revenu parmi vous sans avoir livré Maignies au tribunal révolutionnaire.

» Ventose, germinal, floréal, se passèrent encore ; deux fois le tribunal sera à la veille d'être supprimé....

» Rien n'altérera l'impassibilité de l'homme vertueux qui n'a jamais éprouvé les sentimens de la haine que contre les ennemis de sa patrie. L'ex-juge de paix du canton de Rœux est réputé tel ; mais malheureusement il n'est pas le seul ; d'autres réclament un plus prompt châtiment, et son amende de 1791 ne doit pas être un privilége à sa charge.

» C'est vers la fin de prairial, quand Guffroy etait à la recherche de toutes mes actions, quand mon intérêt particulier me prescrivait surtout de ne rien faire qui pût prêter à ses censures, que le district d'Arras m'ayant adressé, pour le tribunal de Cambrai, diverses pièces où Maignies et son ex-greffier Gondemand étaient compromis, j'y joignis l'affaire des officiers municipaux de Neuville, qui devint, relativement à Maignies, la pièce principale, et j'envoyai le tout à l'accusateur public.

» Qu'y a-t-il en cela de honteux, de répréhensible? Où sont les démarches tortueuses, les menées sourdes qui dénotent le vil esclave d'une haine personnelle, d'un penchant injuste et coupable?

» On me reproche de m'être quelquefois expliqué publiquement sur des individus traduits ou près d'être traduits au tribunal; je répondrai ailleurs à cette inculpation; mais le hasard a voulu que je n'aie jamais parlé de Maignies; je dis le hasard, car, si l'occasion s'était offerte de rendre témoignage de lui, j'aurais été assez imprudent pour dire la vérité.

> Dût ma tête payer mon extrême franchise,
> Ce cœur est tout ouvert et n'a rien qu'il déguise.

» On ne s'est point borné à me donner Maignies pour victime: mon amende ne pouvait être dignement expiée que par le sang du greffier, des assesseurs et de l'avocat consultant.

» Or les assesseurs vivent toujours, quoique guillotinés dans une nuée de pamphlets: ils n'ont pas même été mis en cause; un seul, qui m'avait été spécialement dénoncé comme acharné à la poursuite des patriotes en 1792, s'étant présenté à mon bureau d'Arras, je le fis arrêter.

» J'ai dit ci-dessus d'où, comment et à quelle époque des charges sont arrivées contre le greffier, bien digne, au surplus, de Maignies par son impudent royalisme.

» Reste l'avocat distributeur de conseils.

» Le jour où fut condamné l'ex-juge de paix, un procureur

d'Arras le fut pareillement pour avoir entretenu des correspondances avec un émigré. Vite on transforme ce procureur en conseiller secret de Maignies ; on tait les motifs véritables de sa condamnation, et l'on insinue qu'il doit son sort à mon ressentiment.

» Mais dites donc, habiles artisans de mensonges, dites donc où j'avais appris ces rapports entre Maignies et l'ex-procureur Jouenne, en supposant qu'ils aient réellement existé ? L'assesseur, arrêté en ventose pour avoir coopéré à la persécution des patriotes de Neuville, s'était d'abord excusé sur des conseils reçus à Arras ; mais, interpellé d'en déclarer les auteurs, il n'en fit rien. Pour moi, je me rappelle avec plaisir qu'une lettre du citoyen Bras, en faveur de Jouenne, m'étant parvenue la veille ou le jour du jugement de ce dernier, je transmis très-exactement cette lettre au tribunal, afin que les jurés en prissent connaissance avant de prononcer. Non, non, je n'ai point déshonoré le caractère auguste dont j'étais revêtu. Ministre de rigueur, à la vérité, j'ai poursuivi les contre-révolutionnaires, tant que l'on n'a point donné le signal de la retraite (1) ; mais je les ai poursuivis indistinctement, sans m'attacher de préférence à ceux qui m'avaient le plus froissé aux jours de leur triomphe.

» Le seul empire des circonstances a fait disparaître les uns et conservé les autres ; tel vit, et préside une société populaire, qui avait préparé et écrit de sa main un discours pour célébrer l'entrée de Cobourg dans sa commune, tandis que des êtres moins dangereux ont été enveloppés et entraînés par le torrent.

» Tu parles d'animosités personnelles !... Cherche le patriote, le demi-patriote même, à qui je n'aie point sacrifié à l'occasion les injures que j'en avais reçues, les contradictions qu'il m'avait fait essuyer. Je ne reviendrai pas sur Lefebvre : souvent il m'avait contrecarré dans la carrière administrative ; mais ses vœux, selon moi, tendaient à l'affermissement de la République, et je

(1) « Au commencement de thermidor, le comité de salut public annonçait qu'il venait seulement d'arrêter des mesures efficaces pour faire juger tous les prisonniers (a). »

(a) Cette note fait allusion au décret sur l'établissement des commissions populaires, pièce qui a été citée par nous.   (*Note des auteurs.*)

m'applaudissais de l'avoir mis en liberté. Vois sortir des prisons de Boulogne le greffier de Bellanoy. Cet homme m'avait nui grandement dans l'Oratoire ; je ne m'en souvins plus quand on me dit qu'il est républicain.

» Toi, dont le nom m'échappe ; toi, ex-curé de Calais qui, pour me supplanter à l'assemblée électorale, avais jeté sur ma personne des ridicules que l'amour-propre ne pardonne guère, je trouve le moyen facile de te perdre en me joignant à tes ennemis qui te dénoncent de toutes parts... Tu trembles de paraître devant l'homme puissant que tu as desservi.... Viens, ne crains pas ; c'est une faiblesse qui ne t'a point empêché d'être réellement utile à ta patrie. Sous les yeux même de tes concitoyens prévenus, je te rends solennellement à ta femme et à ta mère désolées. Ce n'est pas tout : tu es sans place et sans ressources, va occuper le poste de sous-directeur à l'hôpital de Saint-Omer.

» Je m'arrête, citoyens représentans ; ma vie est pleine de traits semblables, qui seront infailliblement recueillis, et dont la mémoire dépose déjà dans le cœur de leurs témoins contre toutes les articulations de la calomnie et de la malveillance. »

Le Rapporteur. « Le trait suivant présente un autre acte de tyrannie peut-être encore plus révoltant.

» Des raisons de santé avaient conduit la citoyenne Desvigne et sa mère sur les remparts d'Arras ; l'une d'elles y lisait l'histoire de Clarisse Harlowe. Lebon, accompagné de ses agens, les aperçoit, et d'abord il tire un coup de pistolet pour les effrayer ; puis il s'approche pour arracher le livre des mains de celle qui le lisait. La jeune fille dit à sa mère de le remettre, qu'il n'est pas suspect ; alors Lebon la renverse d'un coup de poing sur l'estomac ; il frappe aussi la mère ; il ordonne à toutes les deux de lui remettre leurs portefeuilles ; elles obéissent. Lebon exige encore davantage : il fait déshabiller la jeune fille, et la fouille lui-même de la manière la plus indécente ; et, quoiqu'il n'eût rien trouvé de suspect, il se dégrade au point de conduire en arrestation ces deux femmes ; cependant, comme elles étaient innocentes, il les remit en liberté dès le lendemain. »

Lebon. « Cette histoire, pleine d'invraisemblance, fut répandue en public après celle de la femme aux 25 livres. Voici la vérité : je me promenais un jour sur les remparts d'Arras avec quelques anciens professeurs ; l'un d'eux essaya un pistolet à deux ou trois cents pas de ces femmes. Je les aperçus au même instant faisant des signes devant la maison d'arrêt, avec des brochures ; je dis à l'une des personnes qui m'accompagnaient de demander à voir ces brochures. La mère les remit sans difficulté ; mais aussitôt la fille sauta pour les arracher de nos mains. Je ne fis qu'un mouvement pour retenir le volume, et pour faire asseoir cette fille sur un banc. Je trouvai dans ce livre des notes insignifiantes qui me donnèrent de l'inquiétude. Alors je demandai que ces femmes me remissent leurs portefeuilles et retournassent leurs poches : c'est ce qu'on a fait dernièrement à l'égard de ma belle-mère. Il est faux que j'en aie fait davantage, il est faux que j'aie fait déshabiller cette fille, et certes je n'aurais pas choisi le rempart pour donner un pareil spectacle, et pour me montrer atroce envers des femmes. On aurait mille traits pareils à raconter de moi, si j'eusse été capable de celui-là. Il est également faux que j'aie conduit ces femmes en arrestation : la maison d'arrêt était là ; je les y fis entrer jusqu'au lendemain, parce que leurs notes m'avaient paru suspectes. »

Le rapporteur. « Actuellement, représentans, vous ne serez point étonnés d'apprendre que Lebon a fait incarcérer Barbe Gérard, son père et sa mère, et que leur crime à tous, leur seul crime, était que Barbe Gérard, ne connaissant point Lebon qui lui demandait dans la rue où elle allait, lui répondit : Qu'est-ce que ça vous fait ? Cependant cet étrange abus de pouvoir est prouvé par une lettre écrite à Lebon par les sept commissaires qu'il avait préposés à l'examen des personnes mises en état d'arrestation. »

Lebon. « Barbe Gérard et sa mère traversaient la grande rue en même temps que moi ; on était alors dans la plus grande surveillance ; elles parlaient flamand ; on me fit observer que ce langage et les gestes dont elles l'accompagnaient paraissaient suspects. Je les fis entrer au comité de surveillance; on trouve dans leur portefeuille quelques petites pièces de monnaie où l'on voyait empreints des croix et des poignards. La fille ne put dire quels lieux elle avait habités depuis trois ans. La mère fit des déclarations contraires, et l'on sut que le père servait dans un régiment de chasseurs rempli d'émigrés; c'est alors que nous crûmes devoir les faire arrêter. »

Le rapporteur. « Nous terminons par un dernier acte de tyrannie exercé par Lebon dans les communes d'Arras et de Cambrai. Dans le courant de messidor, notre collègue Guffroy le dénonça à la Convention nationale; pour lors ses agens firent annoncer, au son du tambour, aux citoyens de ces communes, qu'ils eussent à se réunir dans le temple de la Raison pour signer une adresse où l'on faisait l'apologie de sa conduite; plusieurs citoyens furent menacés par ses agens d'être arrêtés comme suspects s'ils refusaient leur signature; par ce moyen on les fit entasser sur des feuilles en blanc. La commune de Cambrai déclare que Flintaux voulut aussi lui arracher son adhésion mais qu'elle se refusa à cet acte de complaisance. Une foule de déclarations mettent au grand jour cette manœuvre, ouvrage des agens de Lebon, qui eurent grand soin de lui rendre compte du succès. »

Lebon. « Non, je ne suis pas homme à descendre à de pareilles bassesses. Il est vrai qu'à Cambrai les patriotes se réunirent pour donner un démenti formel aux dénonciations portées contre moi; mais à Calais, à Arras, à Saint-Omer, où je ne pouvais pas être à la fois, les citoyens firent, le même jour, de pareilles adresses. Je ne m'en suis aucunement mêlé; je n'ai jamais su qu'on eût exigé de force des signatures, j'aurais empêché cette violation de la liberté des opinions.

» Citoyens, on vous a fait ces jours derniers une motion bien utile et bien salutaire, celle de la suppression du Bulletin; c'est lui qui nous a tous perdus; car c'est dans ce papier que nous avons lu tour à tour le pour et le contre; c'est sur les choses qu'il contenait que les citoyens formaient leur opinion. »

Le rapporteur. « Après avoir présenté le tableau des outrages que Lebon a faits à la justice et à l'humanité, il nous reste à vous faire un exposé rapide des vols, des dilapidations dont il est accusé d'être l'auteur ou le complice. »

Plusieurs voix. « C'est inutile ; il s'en est justifié. »

Le rapporteur. « Eh bien, je passe à la fin du rapport.

» Tels sont, représentans du peuple, les principaux délits dont nous avons trouvé des preuves dans les papiers qui sont déposés à la commission des vingt et un. Ils ne représentent pas Lebon dans cette attitude colossale que lui avait donnée l'opinion publique; cependant ces délits nous ont paru tellement graves, que nous avons pensé qu'ils devaient être soumis à l'examen d'un tribunal.

» En conséquence, la commission des vingt et un me charge de vous déclarer que l'opinion de tous ses membres est qu'il y a lieu à accusation contre le représentant du peuple Joseph Lebon. »

Lebon. « Le motif du bien public s'est fait entendre ; il réclame vos instans : il veut que vous prononciez de suite sur mon compte ; c'est dans ce moment où je dois justifier d'une manière solennelle l'inconcevable dévouement dont je me suis dit animé pour la patrie. Tandis que vous êtes encore occupés de moi, je pourrais vous dire : Législateurs, songez à ma position étrange depuis onze mois, aux persécutions que j'ai souffertes, à la soustraction des pièces qui étaient nécessaires à ma défense, à l'identité d'un décret d'accusation et d'un décret de mort, surtout si, comme les malveillans le demandent, je suis livré à un tribunal voisin des lieux où j'ai été obligé d'exercer des actes de rigueur ; mais il ne s'agit plus de Joseph Lebon, il s'agit de l'intérêt général. A cette invocation sublime, je m'imagine de nouveau être appelé à exposer ma vie sur les frontières menacées ; mon courage se réveille, mon patriotisme se rallume, et je dis uniquement : Législateurs, sauvez la patrie, et que la misérable considération d'un individu ne vous arrête pas ; exilez-moi, déportez-moi, ordonnez-moi de mourir : tout m'est égal pourvu que la liberté triomphe !

» Je laisse un petit nombre d'écrits sur les faits qui me sont imputés; ils serviront un jour à me faire connaître. Je démens en masse les déclarations recueillies péniblement pour me noircir; presque toutes portent le même caractère de fausseté que l'anecdote de la femme aux 25 liv. et le vol du collier de diamans. Si quelques-unes approchent du vrai, il n'en est aucune qui soit entièrement exacte.

» On examinera dans des temps plus tranquilles ce que l'intrigue, la peur et la haine ont dicté contre moi. Aujourd'hui le salut public ne permet pas cet examen. La seule question que je vous invite à débattre est celle de savoir s'il est de votre dignité de me traduire, sans mes papiers justificatifs, devant un tribunal subalterne.

» Prenez à mon égard tel parti que vous jugerez convenable, la déportation, le bannissement, la mort même, si, comme mesure d'urgence, l'intérêt public l'exige; j'obéis sans regret à cette voix suprême, à laquelle je ne me reproche pas d'avoir été trop fidèle; mais vouloir me faire traiter judiciairement lorsque je ne suis plus moi tout entier, lorsqu'on m'a enlevé mes moyens de défense, c'est ce que je crois indigne de la Convention nationale. Eh! quel tribunal équitable oserait prononcer sur le sort d'un accusé ainsi désarmé? Au reste, quelle que soit votre décision, elle me trouvera toujours soumis, elle n'altérera en rien les vœux que je fais pour la liberté, pour la République, pour sa représentation nationale.

» Oubliez, je vous en conjure, mes récriminations contre Guffroy; elles répugnaient à mon cœur, je ne les ai employées qu'à la dernière extrémité. Je lui pardonne tout le mal qu'il m'a fait.

» Je vous recommande ma femme et mes enfans, à qui vous aviez promis, il y a huit jours, le recouvrement de leur liberté.

» J'ai été bon père, bon fils, bon époux, bon ami; mes mœurs sont restées pures, ma probité irréprochable.

» Un souvenir non moins doux me console encore jusque dans les fers : j'ai chéri, j'ai servi mon pays. Les membres de vos comités en ont la preuve, et mon dernier soupir sera pour la gloire de la République. »

Une légère discussion s'élève encore sur la nature des papiers que Joseph Lebon réclame pour sa défense.

L'assemblée termine ces débats en passant à l'ordre du jour.

Héman. « J'ai entendu Lebon à la commission et à la tribune, et je n'ai vu dans tout ce qu'il a dit que le dessein d'avilir la Convention nationale. » (Murmures.)

Le président. « J'invite le préopinant de se ressouvenir qu'un accusé a la liberté de prendre pour sa defense tous les moyens possibles, pourvu qu'il ne manque pas au respect qu'il doit à ses juges. »

Lebon. « Puisse la Convention nationale n'être jamais plus avilie que par mes discours! Je tremblais le premier jour en montant à cette tribune, vous m'avez encouragé : j'ai parlé plus librement, et vous m'avez entendu avec indulgence. Non, je n'ai point jeté de soupçon sur la commission des vingt et un, ni d'avilissement sur la Convention nationale. La commission a fait son devoir en proposant contre moi le décret d'accusation. Faites le vôtre, citoyens représentans, en examinant si je le mérite. Remarquez surtout combien votre position et la mienne sont singulières. J'ai été forcé d'exécuter les mesures que prenait un gouvernement que vous avez proscrit. Je sens bien qu'il vous est impossible de dire que Joseph Lebon est entièrement insuspect, mais je crois aussi qu'il serait injuste de déclarer que je suis entièrement criminel ; ainsi je n'ai point l'alternative de l'innocence ou de la condamnation. Au lieu de m'envoyer devant un tribunal, ne serait-il pas plus naturel de me dire : Tu as manqué à telle chose, tu n'es pas excusable sur telle autre. Va te précipiter de la roche Tarpéienne ou te jeter dans le gouffre de Curtius.

» Au reste, citoyens, je me confie à votre justice; c'est vous, quelle que soit la mesure que vous adoptiez, qui prononcerez définitivement sur mon sort. Le moment est terrible pour moi, mais un jour vous me rendrez justice. Regardez-moi bien tout entier ; comparez mes actes aux vôtres; quand les miens étaient rigoureux, les vôtres étaient terribles. Prononcez; nous n'avons plus en ce moment à démêler autre chose ensemble que la vie ou la mort. »

« Joseph Lebon se retire ; un décret le lui ordonne. L'assemblée procède à l'appel nominal, et décrète qu'il y a lieu à accusation contre Joseph Lebon. La séance est levée à deux heures du matin. » (*Moniteur.*)

— Lebon fut traduit au tribunal d'Arras, qui le condamna à la peine de mort, le 9 octobre (17 vendémiaire) 1795; ce tribunal jugeait sans appel, en vertu de la loi du 12 prairial (31 mai) de la même année. Lebon réclama néanmoins le bénéfice de la constitution de l'an 3, qui venait d'être achevée, et il demanda qu'il lui fût accordé de recourir en cassation. Sur la proposition de Ch. Pottier, au nom des trois comités de salut public, de sûreté générale et de législation, la Convention passa à l'ordre du jour, par le motif que la constitution ne serait en activité que le 27 octobre (5 brumaire). Lebon fut exécuté. La seule circonstance de son procès, officiellement conservée, est sa réclamation, toujours stérile, des trois paniers de papiers soustraits par ses ennemis.

SAINT-JUST.

Saint-Just (Antoine), député de l'Aisne à la Convention nationale, né à Decize, dans le Nivernais, en 1768, était fils d'un chevalier de Saint-Louis qui habitait Blérancourt.

Nous réunissons ici ce qui nous a été conservé des papiers de Saint-Just. Les lettres sont extraites du rapport de Courtois sur les papiers trouvés chez Robespierre, édition de Berville et Barrière. Nous avertissons toutefois que la lettre écrite à Robespierre n'a pas été reproduite dans cette édition, et qu'elle a été tirée par nous du Rapport original de Courtois. *Les fragmens sur les institutions républicaines* sont la réimpression littérale du morceau publié sous ce titre par Ch. Nodier, en 1831. Cet écrivain nous apprend que le manuscrit de Saint-Just était tombé dans les mains de M. Briot, imprimeur, qui fut depuis député du Doubs. M. Briot en essaya dans le temps une première édition à trois cents exemplaires seulement; mais il craignit des tracasseries, et il la détruisit, à l'exception de quelques exemplaires distribués aux amis de Saint-Just. Nous avons considéré cette ébauche comme un monument qui appartenait à l'histoire de la philosophie révolutionnaire, et à laquelle nous devions une place dans nos annales parlementaires.

Lettre de Saint-Just à Robespierre.

Blérancourt, près Noyon, le 19 août 1790.

« Vous qui soutenez la patrie chancelante contre le torrent du despotisme et de l'intrigue, vous que je ne connais que, comme Dieu, par des merveilles; je m'adresse à vous, monsieur, pour vous prier de vous réunir à moi pour sauver mon triste pays. La ville de Coucy s'est fait transférer (ce bruit court ici) les marchés francs du bourg de Blérancourt. Pourquoi les villes engloutiraient-elles les priviléges des campagnes! il ne restera donc plus à ces dernières que la taille et les impôts! Appuyez, s'il vous plaît, de tout votre talent une adresse que je fais par le même courrier, dans laquelle je demande la réunion de mon héritage aux domaines nationaux du canton pour que l'on conserve à mon pays un privilége sans lequel il faut qu'il meure de faim.

» Je ne vous connais pas, mais vous êtes un grand homme. Vous n'êtes point seulement le député d'une province, vous êtes celui de l'humanité et de la République. Faites, s'il vous plaît, que ma demande ne soit point méprisée. — *Signé*, SAINT-JUST, électeur au département de l'Aisne. »

Lettre de Saint-Just à Daubigny.

20 juillet 1792.

« Je vous prie, mon cher ami, de venir à la fête; je vous en conjure; mais ne vous oubliez pas toutefois dans votre municipalité. J'ai proclamé ici le destin que je vous prédis; vous serez un jour un grand homme de la République. Pour moi, depuis que je suis ici, je suis remué d'une fièvre républicaine qui me dévore et me consume. J'envoie par le même courrier, à votre frère, la deuxième. Procurez-vous-la dès qu'elle sera prête. Donnez-en à MM. de Lameth et Barnave; j'y parle d'eux. Vous m'y trouverez grand quelquefois. Il est malheureux que je ne puisse rester à Paris. Je me sens de quoi surnager dans le siècle. Compagnon de gloire et de liberté, prêchez-la dans vos sections; que le péril vous enflamme. Allez voir Desmoulins, embrassez-le pour moi, et dites-lui qu'il ne me reverra jamais; que j'estime son patriotisme, mais que je le méprise, lui, parce que j'ai pénétré son ame, et qu'il craint que je ne le trahisse. Dites-lui qu'il n'abandonne pas la bonne cause, et recommandez-le-lui, car il n'a point encore l'audace d'une vertu magnanime. Adieu; je suis au-dessus du malheur. Je supporterai tout; mais je dirai la vérité. Vous êtes tous des lâches, qui ne m'avez point apprécié. Ma palme s'élèvera pourtant, et vous obscurcira peut-être. Infâmes que vous êtes, je suis un fourbe, un scélérat, parce que je n'ai point d'argent à vous donner. Arrachez-moi le cœur, et mangez-le; vous deviendrez ce que vous n'êtes point : grands!

» J'ai donné à Clé un mot par lequel je vous prie de ne lui point remettre d'exemplaire de ma lettre. Je vous le défends très-expressément, et, si vous le faisiez, je le regarderais comme le trait d'un ennemi. Je suis craint de l'administration, je suis envié, et, tant que je n'aurai point un sort qui me mette à l'abri de mon pays, j'ai tout ici à ménager. Il suffit; j'espère que Clé reviendra les mains vides, ou je ne vous le pardonnerai pas.

» O Dieu! faut-il que Brutus languisse oublié loin de Rome! Mon parti est pris cependant : si Brutus ne tue point les autres, il se tuera lui-même. — Adieu, venez. *Signé* SAINT-JUST. »

Notes extraites d'un agenda trouvé sur Saint-Just, le 9 thermidor.

Lorsque les autorités publiques se trouveront impuissantes contre l'attroupement et la violence du peuple, un drapeau déployé au milieu de la place publique imposera la paix, et sera le signal que le peuple va délibérer.

Le peuple s'assemblera paisiblement, et fera parvenir sa délibération aux autorités. Elle sera transmise au pouvoir législatif.

Si quelqu'un trouble la paix de la délibération du peuple, le peuple le fera arrêter et le livrera aux autorités constituées.

Ce qui faisait l'an passé la force du peuple et des Jacobins, c'est que les orateurs qui présentaient des lois dans le corps législatif mûrissaient ces lois aux Jacobins. Aujourd'hui les Jacobins n'exercent plus que la censure, et l'on n'y médite point de travaux. Ainsi il ne sortira pas de lois d'une assemblée où un parti ne cherche qu'à offenser, et l'autre qu'à combattre. Les Jacobins sont bons......

Faire exécuter les lois sur l'éducation, voilà le secret.

Je demande que tout prêtre soit tenu de prendre une profession utile à ses concitoyens, sous peine d'être privé de la moitié de son traitement.

Tout homme qui n'a pas le sens droit dans le jugement de ses semblables est un fripon.

Le côté droit voulait la mort du roi, et cependant les sots de ce côté défendaient Louis; c'est ce qui faisait dire à Fabre : « Ils désirent la mort du roi, parce que sa vie est un obstacle à leur ambition; mais ils veulent conserver pour eux des apparences d'humanité. Ils marchent ainsi d'une manière sourde à leurs desseins. »

Lanjuinais, du côté droit, ne voulait pas la mort du roi, et cependant les autres la voulaient; ils le disaient, et ils applaudissaient Lanjuinais.

Les malheurs de la patrie ont répandu sur tout l'empire une teinte sombre et religieuse. Le recueillement est nécessaire dans ces circonstances pénibles; il doit être le caractère de tous les amis de la République.

Ne pas admettre le partage des propriétés, mais le partage des fermages.

Minute d'un projet de décret écrite en entier de la main de Saint-Just.

La censure des magistrats est devenue nécessaire : ils se pardonnent tout entre eux, et transigent sur l'impunité. Cette censure doit être partout présente ; elle doit suivre pas à pas l'homme en place ; elle doit être propre au génie de notre révolution. Cette censure ne peut exercer d'autorité ; elle doit remplacer les armées révolutionnaires que vous avez abolies, sans en reproduire les inconvéniens ; elle doit surveiller et dénoncer : si elle frappait elle-même, elle serait bientôt corrompue et achetée.

Cette censure ne doit point agir sur le peuple : le peuple est son propre censeur. Elle ne doit pas ressembler à la censure des Romains : elle ne peut s'exercer parmi nous sur les mœurs ; elle serait insupportable. Elle ne peut que surveiller l'exécution des lois rigoureuses contre l'aristocratie, et soumettre les magistrats et agens aux lois dont ils sont aujourd'hui presque indépendans. Un gouvernement révolutionnaire ne peut être maintenu que par un tyran ou par la justice et la censure inflexible.

C'est dans ces vues que le comité de salut public m'a chargé de vous présenter le projet de décret suivant :

La Convention nationale, considérant que le gouvernement révolutionnaire a pour but la répression prompte de tous les crimes et l'affermissement de la république par la justice rendue au peuple et la force déployée contre ses ennemis ;

Considérant que la garantie des devoirs et de l'inflexibilité des fonctionnaires est aussi la garantie des droits et de la liberté du peuple, décrète ce qui suit :

Il sera établi un censeur dans chaque district et chaque armée de la république jusqu'à la paix.

Cette censure est exercée contre les fonctionnaires et non contre le peuple incorruptible. Les censeurs ne peuvent exercer aucun acte d'autorité. Ils ne connaissent point des jugemens. Ils accusent devant le tribunal révolutionnaire les fonctionnaires conspirateurs ou dilapidateurs (ils rendent compte au gouvernement de tous les abus);

Les fonctionnaires indulgens pour les ennemis de la révolution, ceux qui ont refusé d'entendre un patriote et l'ont opprimé, ceux qui traitent le peuple avec insolence, ceux qui n'exécutent point, dans les délais qui leur sont assignés, les ordres qu'ils ont reçus, tous les agens enfin qui prévariquent de quelque manière que ce soit.

A cet effet, le conseil, les ministres, le comité de salut public, les représentans du peuple font passer aux censeurs respectifs les ordres qu'ils ont donnés, pour qu'ils en surveillent l'exécution.

Les censeurs des armées ne peuvent connaître des opérations militaires, ou du moral de la guerre. Ils surveillent la discipline et la conduite des généraux, et l'administration.

Il est interdit au censeur de parler en public. La modestie et l'austérité sont ses vertus. Il est inflexible. Il ne peut rendre de jugemens. Il surveille l'exécution des lois et des mesures de salut public. Il appelle tous les fonctionnaires pour leur demander compte de leur conduite. Il dénonce les abus, les dilapidations, tout retardement, toute faiblesse, toute injustice, et ne peut rien atténuer ni pardonner.

Le censeur, convaincu d'avoir épargné sciemment un coupable, est puni de mort, et peut être accusé devant le tribunal révolutionnaire par tous les citoyens.

Le droit d'accuser les représentans du peuple près les départemens et les armées est un droit du peuple et des citoyens, et n'appartient pas aux censeurs. Les accusations contre les représentans sont portées à la Convention nationale.

Les censeurs ne peuvent décerner de mandats d'arrêt. Toutes les poursuites doivent être faites sur un mandat de l'accusateur public du tribunal révolutionnaire, visé et approuvé par le comité de sûreté générale.

Il n'y a point de censeurs dans le sein de la Convention nationale.

Les censeurs sont nommés par les représentans dans les départemens et les armées. Leur nomination est ratifiée par le comité de salut public, qui en rend compte à la Convention.

Les accusations contre les censeurs sont portées au comité de sûreté générale, qui en rend compte à la Convention dans les vingt-quatre heures.

L'indemnité des censeurs est fixée à six mille livres.

INSTITUTIONS.

PREMIER FRAGMENT. — *Préambule.*

Les institutions sont la garantie du gouvernement d'un peuple libre contre la corruption des mœurs, et la garantie du peuple et du citoyen contre la corruption du gouvernement.

Les institutions ont pour objet de mettre dans le citoyen, et dans les enfans mêmes, une résistance légale et facile à l'injustice; de forcer les magistrats et la jeunesse à la vertu, de donner le courage et la frugalité aux hommes; de les rendre justes et sensibles, de les lier par des rapports généreux; de mettre ces rapports en harmonie, en soumettant le moins possible aux lois de l'autorité les rapports domestiques et la vie privée du peuple; de mettre l'union dans les familles, l'amitié parmi les citoyens; de mettre l'intérêt public à la place de tous les autres intérêts; d'étouffer les passions criminelles; de rendre la nature et l'innocence la passion de tous les cœurs, et de former une patrie.

Les institutions sont la garantie de la liberté publique; elles moralisent le gouvernement et l'état civil; elles répriment les jalousies, qui produisent les factions; elles établissent la distinction délicate de la vérité et de l'hypocrisie, de l'innocence et du crime; elles asseoient le règne de la justice.

Sans institutions, la force d'une république repose, ou sur le mérite des fragiles mortels, ou sur des moyens précaires.

C'est pourquoi, de tout temps, la politique des voisins d'un peuple libre, s'ils étaient jaloux de sa prospérité, s'est efforcée de corrompre ou de faire proscrire les hommes dont les talens ou les vertus pouvaient être utiles à leur pays.

Scipion fut accusé ; il se disculpa, en opposant sa vie entière à ses accusateurs : il fut assassiné bientôt après. Ainsi les Gracques moururent ; ainsi Démosthène expira aux pieds de la statue des dieux ; ainsi l'on immola Sidney, Barneveldt ; ainsi finirent tous ceux qui se sont rendus redoutables par un courage incorruptible. Les grands hommes ne meurent point dans leur lit.

C'est pourquoi l'homme qui a sincèrement réfléchi sur les causes de la décadence des empires s'est convaincu que leur solidité n'est point dans leurs défenseurs, toujours enviés, toujours perdus ; mais dans les institutions immortelles, qui sont impassibles et à l'abri de la témérité des factions.

Tous les hommes que j'ai cités plus haut avaient eu le malheur de naître dans des pays sans institutions. En vain ils se sont étayés de toutes les forces de l'héroïsme, les factions, triomphantes un seul jour, les ont jetés dans la nuit éternelle, malgré des années de vertus.

Parmi tous les cœurs qui m'entendent, il n'en est point, sans doute, qui ne soit saisi d'une horreur secrète à l'aspect de ces vérités tristes.

Ce furent elles qui m'inspirèrent le dessein généreux d'effectuer la garantie pratique du gouvernement, par l'amour du bien, devenu la passion de tous les citoyens. Ce furent ces vérités tristes, qui, me conduisant au devant des orages et des jalousies que j'entrevoyais, me firent concevoir l'idée d'enchaîner le crime par des institutions, et de faire pratiquer à tous la justice et la probité, dont j'avais proféré les noms sacrés...

J'avais aussi l'idée touchante que la mémoire d'un ami de l'humanité doit être chère un jour. Car enfin, *l'homme obligé de s'isoler du monde et de lui-même jette son ancre dans l'avenir, et presse sur son cœur la postérité, innocence des maux présens*.....:

Dieu, protecteur de l'innocence et de la vérité, puisque tu m'as conduit parmi quelques pervers, c'était sans doute pour les démasquer !....

La politique avait compté beaucoup sur cette idée, que personne n'oserait attaquer des hommes célèbres, environnés d'une grande illusion.... J'ai laissé derrière moi toutes ces faiblesses; je n'ai vu que la vérité dans l'univers, et je l'ai dite....

Les circonstances ne sont difficiles que pour ceux qui reculent devant le tombeau. Je l'implore, le tombeau, comme un bienfait de la Providence, pour n'être plus témoin de l'impunité des forfaits ourdis contre ma patrie et l'humanité.

Certes, c'est quitter peu de chose qu'une vie malheureuse, dans laquelle on est condamné à végéter le complice ou le témoin impuissant du crime....

Je méprise la poussière qui me compose et qui vous parle, on pourra la persécuter et faire mourir cette poussière! mais je defie qu'on m'arrache cette vie indépendante que je me suis donnée dans les siècles et dans les cieux....

Il est essentiel, dans les révolutions, où la perversité et la vertu jouent de si grands rôles, de prononcer très-nettement tous les principes, toutes les définitions. Il arrive un moment où ceux qui ont le plus d'esprit et de politique l'emportent sur ceux qui ont le plus de patriotisme et de probité. Malheur à ceux qui vivent dans un temps où la vertu baisse les yeux, la rougeur sur le front, et passe pour le vice auprès du crime adroit! Malheur à ceux qui vivent dans un temps où l'on persuade par la finesse de l'esprit, et où l'homme ingénu au milieu des factions est trouvé criminel, parce qu'il ne peut comprendre le crime! Alors toute délibération cesse, parce que, dans son résultat, on ne trouve plus, et celui qui avait raison, et celui qui était dans l'erreur; mais celui qui était le plus insolent et celui qui était le plus timide. Toute délibération cessant sur l'intérêt public, les volontés sont substituées au droit : voilà la tyrannie.

Je n'aime point les mots nouveaux ; je ne connais que le *juste* et l'*injuste;* ces mots sont entendus par toutes les consciences. Il faut ramener toutes les définitions à la conscience : l'esprit est un sophiste qui conduit les vertus à l'échafaud.

Il est des imputations faites par l'esprit hypocrite, auxquelles l'homme sincère et innocent ne peut répondre. Il est tels hommes traités de dictateurs et d'ambitieux, qui dévorent en silence ces outrages. Quel est le plus puissant, de celui qui traite impunément un homme de dictateur, ou de celui qui est traité ainsi?....

Il faut substituer, par les institutions, la force et la justice inflexible des lois à l'influence personnelle. Alors la révolution est affermie; il n'y a plus de jalousies ni de factions; il n'y a plus de prétentions ni de calomnies.

Les institutions ont pour objet d'établir de fait toutes les garanties sociales et individuelles, pour éviter les dissensions et les violences; de substituer l'ascendant des mœurs à l'ascendant des hommes.

DEUXIÈME FRAGMENT. — *De la société.*

La société n'est point l'ouvrage de l'homme; elle n'a rien de commun avec l'institution des peuples. Cette institution fut une seconde association qui donna aux hommes un génie nouveau, de nouveaux intérêts. Obligés de se soutenir par la violence et par les armes, ils attribuèrent à la nature les besoins qui ne leur étaient venus que de l'oubli de la nature. Il fallut donner à ces grands corps politiques des proportions et des lois relatives, afin de les affermir.... L'on s'accoutuma à croire que la vie naturelle était la vie sauvage. Les nations corrompues prirent la vie brutale des nations barbares pour la nature; tandis que les unes et les autres étaient sauvages à leur manière et ne différaient que de grossièreté.

La société politique n'a point, comme on l'a prétendu, fait cesser l'état de guerre; mais au contraire elle l'a fait naître, en établissant entre les hommes des rapports de dépendance qu'ils ne connaissaient pas auparavant.

Tout ce qui respire sous la loi naturelle est indépendant de son espèce et vit en société dans son espèce.

Tout ce qui respire sous une loi politique, ou une loi de force, est en guerre contre ce qui n'est point sa société, ou ce qui n'est point son espèce.

L'indépendance des êtres de même espèce entre eux est fondée sur les rapports ou sur les lois qui les unissent. Unis par ces rapports ou ces lois, ils se trouvent en état de force contre une autre espèce que la leur.

Les animaux de même espèce n'ont point formé de sociétés particulières armées les unes contre les autres. Les peuples cependant se sont armés contre les peuples.

Tous les êtres sont nés pour l'indépendance; cette indépendance a ses lois sans lesquelles ils languiraient isolés, et qui, en les rapprochant, forment la société. Ces lois dérivent des rapports naturels; ces rapports sont les besoins et les affections. Ces besoins et ces affections ne donnent à aucun le droit de conquête sur les autres; car cette conséquence détruirait son principe. Ils produisent ce qu'on appelle le *commerce* ou l'*échange libre de la possession*.

Selon la mesure de leurs besoins ou de leurs affections, les animaux s'associent plus ou moins. On les voit presque toujours par troupeaux, si ce n'est que l'avarice de l'homme les effraie. Ils se rencontrent sans se maltraiter ni se fuir. Le plus sensible, le plus intelligent de tous, l'homme, naît pour une société plus parfaite, pour des rapports plus étendus, pour des plaisirs plus vifs et pour les délices de l'indépendance.

Les hommes forment donc une société naturelle qui repose sur leur indépendance. Mais un peuple en corps (puisqu'il existe des peuples) (1) forme une force politique contre la conquête. L'état social est le rapport des hommes entre eux; l'état politique est le rapport des peuples.

On voit que les hommes, se traitant eux-mêmes en ennemis, ont tourné contre leur indépendance sociale la force qui n'était

---

(1) L'homme a des rapports de raison avec lui-même pour diriger sa conduite. Les hommes ont aussi entre eux des rapports d'autant moins déterminés qu'ils sont plus nombreux. Deux hommes s'entendent, quatre ne s'entendent plus. Enfin, il n'y a que des rapports de fait, de barbarie, entre un peuple et un peuple; c'est pourquoi la force fait le droit entre eux.

Le gouvernement est en conséquence plus fort que le peuple, parce qu'il est moins nombreux. (*Note de Saint-Just.*)

propre qu'à leur indépendance extérieure et collective ; que cette force, par le contrat social, est devenue une arme à une portion du peuple pour opprimer le peuple entier, sous prétexte de le défendre contre ses membres et contre des ennemis étrangers.

Si tel fut l'objet du contrat social de conserver l'association, les hommes dans ce sens sont considérés comme des bêtes sauvages qu'il a fallu dompter. En effet, par le contrat, tous vivent armés contre chacun comme une troupe d'animaux de diverses espèces inconnues l'une à l'autre et tout près de se dévorer. La sûreté de tous est dans l'anéantissement de chacun, au lieu qu'on le trouve si simplement dans leur indépendance.

Je crois pouvoir dire que la plupart des erreurs politiques sont venues de ce qu'on a regardé la législation comme une science difficile. De là l'incertitude et la diversité des gouvernemens. De pareilles idées devaient perpétuer les peuples dans l'esclavage, car, en supposant l'homme farouche et meurtrier dans la nature, on n'imaginait plus d'autre ressort que la force pour le gouverner.

Néanmoins, comme dans la République l'intérêt d'un seul est protégé par la force de tous, et que tous et chacun sont, non point unis, mais liés par la pression ; la République, par la nature de la Convention, a fait un contrat politique, ou de force, entre chacun et tous, et ce contrat politique forme un pacte social. Mais quelle violence, quelle faiblesse dans ce corps dénué de liaisons dont le mécanisme stérile est comme un arbre dont les racines et les branches suspendues ne toucheraient pas le tronc ! Ces sociétés ressemblent à des traités de pirates qui n'ont d'autre garantie que le sabre. Ces brigands ont aussi un pacte social sur leurs navires.

On a mal appliqué le principe politique : il n'appartenait qu'au droit des gens, c'est-à-dire qu'il était de peuple à peuple. Cela même est une loi de nos institutions ; ce ne sont point les hommes, mais les états qui se font la guerre.

Il n'y a guère lieu de concevoir maintenant que les peuples, renonçant à leur orgueil politique, tant qu'ils seront régis par le pouvoir, se remettent sous la loi de la nature et de la justice ; que venant à s'envisager comme les membres d'une même famille, ils retranchent de leur cité l'esprit particulier qui les rend ennemis, et l'amour des richesses qui les ruine. Les ames bienfaisantes qui se livrent à ces illusions connaissent peu toute l'étendue du chemin que nous avons fait hors de la vérité. Ce rêve, s'il est possible, n'est que dans un avenir qui n'est point fait pour nous.

Il faut donc, sans chercher inutilement à mettre des rapports de société entre les peuples, se borner à les rétablir entre les hommes. Ces peuples, plus ou moins éclairés, plus ou moins opprimés, ne peuvent en même temps recevoir les mêmes lois. Il en est autrement d'une république où toutes choses ont une progression commune.

Cependant, un peuple qui se réforme et se donne des lois véritablement humaines, entouré de peuples inhumains, doit, pour la durée de sa propre harmonie, ôter de sa politique extérieure tout ce qu'il peut sagement en ôter, sans compromettre l'état. Car un peuple qui se gouvernerait naturellement et renoncerait aux armes serait bientôt la proie de ses voisins; et, si ce peuple renonçait au luxe et au commerce pour une vie simple, ses voisins s'enrichiraient de ses privations et deviendraient si puissans qu'ils l'accableraient bientôt. Les maîtres qui les dominent auraient d'autant plus d'intérêt à le faire, qu'ils auraient tout à craindre de l'exemple et de la population de cette société indépendante.

L'ordre social, dit très-bien Rousseau, est la première de toutes les lois. Un peuple, quelle que soit son administration, doit vivre avec les peuples qui l'entourent comme ils vivent avec lui. A proprement parler, il n'existe point de rapports entre les nations; elles n'ont que des intérêts respectifs, et la force fait le droit entre elles.

Ce n'est pas qu'en prenant en elles-mêmes les idées de justice on ne trouve entre les peuples des principes de morale et de raison qu'ils doivent respecter; mais ces idées-là n'ont point de sanction. Un peuple ne peut pas déclarer la guerre à ses voisins s'il n'a quelque sujet de s'en plaindre; mais, s'il leur fait une guerre inique, qui peut leur en empêcher?

Une considération qui, selon quelques-uns, légitime la guerre et le droit de conquête; c'est de savoir ce que doit devenir l'excès de population d'un peuple lorsque le sol ne suffit plus à ses besoins. Faut-il qu'un peuple égorge sa jeunesse pour ne point troubler la paix étrangère? ou faut-il que, par des institutions criminelles, comme à Lacédémone, il prévienne son accroissement? Il suit de là qu'il existe au moins une loi morale entre les peuples; c'est l'inutilité de conquérir tant que le sol leur suffit.

De cette idée, que la guerre est légitime par la nécessité de conquérir, semble découler le principe de la dissolution des premières sociétés et la preuve que les hommes sont naturellement dans un état de guerre. Car on en peut induire que, les familles s'étant accrues, l'homme, au sein d'une petite société, s'arma contre l'homme pour étendre son champ; et qu'il fallut une loi politique pour comprimer cette violence intérieure.

Mais si l'on examine que la férocité de peuple à peuple tient à leur isolement, et que d'homme à homme tout est identité; si l'on examine que le mouvement qu'occasionnerait entre les hommes leur trop grand nombre se porterait comme un tourbillon aux extrémités et ne réagirait point contre son centre, on voit que l'excès de population ne peut troubler que les sociétés voisines, tout au plus. Je dirai donc que la conquête est l'origine de l'institution des peuples et que, la terre étant couverte d'habitans, il se fit des agrégations pour s'attaquer et se repousser. Les émigrations du Nord, il y a mille ans, l'attestent; ces hommes, cruels envers les autres peuples, étaient sans doute paisibles dans leur patrie, où ils l'auraient détruite et s'y seraient fait place. On a découvert dans l'Amérique des îles peuplées; là, il semble que l'émigration étant impossible la force devait refluer sur elle-même; mais, ou la terre leur suffisait, ou ils formaient divers peuples qui s'exterminaient.

Je me suis fait à moi-même ces difficultés pour les prévenir. Il est clair, d'après cela, que les peuples, à cause de l'accroissement de la population, sont dans l'état de guerre, ce qui nécessite une loi politique entre eux. Mais il est clair aussi que le même état de guerre n'existe plus d'homme à homme et que conséquemment la force ne doit point entrer dans la cité.

Maintenant je vais examiner l'excès de la population, s'il est véritablement un excès en lui-même ou s'il est simplement relatif. Les émigrations du Nord n'arrivèrent point parce que le territoire ne suffisait point à ses habitans, mais à cause de certaines mœurs qui privaient ces peuples d'industrie. L'esprit de conquête n'est point né de la misère, mais de l'avarice et de la paresse. Les colonies de Carthage ne prouvent point un excès de population, mais un dessein particulier d'étendre son commerce et sa domination. Les colonies grecques avaient un autre principe; la Grèce n'était point trop peuplée, mais elle était guerrière et n'était point commerçante; et, loin que l'on puisse citer l'exemple d'une seule guerre et d'une seule colonie produite par la fécondité d'un pays, l'une et l'autre ne fut jamais qu'une marque d'altération.

L'insuffisance du territoire ne prouve point un excès de population, mais la stérilité de l'administration.

En vain me dit-on que l'homme naît sauvage; on dit aussi qu'il naît pour la société. Si l'homme était né purement sauvage, il ne serait point né pour la société, mais pour se détruire....

Je laisserais la question comme je l'ai trouvée, si la nature même de cet ouvrage ne m'obligeait de la résoudre. Car enfin, si je prétends que les hommes ne sont point faits pour un état de guerre et que leur fécondité nécessite la guerre, je me trouve en contradiction avec le principe de la société que j'établis.

Je ne connais pas encore un seul exemple d'une guerre entreprise à raison d'une fécondité positive.

Le monde, tel que nous le voyons, est presque dépeuplé; il l'a toujours été. La population fait le tour de la terre et ne la couvre jamais tout entière. Je n'ose dire quel nombre prodigieux d'habitans elle pourrait nourrir; et ce nombre ne serait pas encore rempli quand le fer n'aurait pas immolé la moitié du genre humain. Il me semble que la population a ses vicissitudes et ses bornes en tout pays, et que la nature n'eut jamais plus d'enfans qu'elle n'a de mamelles.

Je dis donc que les hommes sont naturellement en société et naturellement en paix ; et que la force ne doit jamais avoir de prétexte pour les unir ou les diviser.

TROISIÈME FRAGMENT. — *Idées générales* (1).

1. INSTITUTIONS. — 2. LOIS. — 3. MOEURS. — 4. RÉPUBLIQUE ET GOUVERNEMENT. — 5. RÉVOLUTION.

1. Institutions.

S'il y avait des mœurs, tout irait bien ; il faut des institutions pour les épurer. Il faut tendre là : voilà tout ce qu'il faut faire ; tout le reste s'ensuivra.

La terreur peut nous débarrasser de la monarchie et de l'aristocratie ; mais qui nous délivrera de la corruption ?.... Des institutions. On ne s'en doute pas ; on croit avoir tout fait quand on a une machine à gouvernement....

J'entends dire à beaucoup de gens qu'ils ont fait la révolution. Ils se trompent ; elle est l'ouvrage du peuple. Mais *savez-vous ce qu'il faut faire aujourd'hui, et ce qui n'appartient qu'au législateur même?.... C'est la république....*

Démosthène contribua à perdre la Grèce. Son influence détermina l'opinion en sens contraire de ce qu'il fallait pour sauver la patrie. Il se contenta de donner des conseils qu'on ne suivit point. La Grèce était corrompue ; il y fallait une révolution et d'autres lois. Les anciennes n'avaient plus assez de force contre la force du génie de Philippe...

Il y a trop de lois, trop peu d'institutions civiles. Nous n'en avons que deux ou trois. A Athènes et à Rome, il y avait beaucoup d'institutions. Je crois que plus il y a d'institutions, plus le

(1) On a rassemblé ici, sous divers titres, des idées générales éparses dans le manuscrit de l'auteur, et destinées sans doute à trouver leur place dans le discours qui devait précéder son projet d'institution.

peuple est libre. Il y en a peu dans les monarchies, encore moins dans le despotisme absolu. Le despotisme se trouve dans le pouvoir unique et ne diminue que plus il y a d'institutions.

Une institution composée de beaucoup de membres et une institution composée d'un membre unique sont despotiques. La volonté particulière triomphe dans l'une et dans l'autre, et c'est moins la loi que l'arbitraire qui s'y glisse. Nos institutions sont composées de beaucoup de membres, et les institutions sont en petit nombre. Il faudrait que nos institutions fussent en grand nombre et composées de peu de personnes... Il faut diminuer le nombre des membres des autorités constituées.

Il faut examiner le système des magistratures collectives, telles que municipalités, administrations, comités de surveillance, etc., et voir si distribuer les fonctions de ces corps à un magistrat unique dans chacun ne serait pas le secret de l'établissement solide de la révolution.....

Une loi contraire aux institutions est tyrannique.

1. Lois.

Les longues lois sont des calamités publiques.

La monarchie était noyée dans les lois; et, comme toutes les passions et les volontés des maîtres étaient devenues des lois, on ne s'entendait plus.

Il faut peu de lois. Là où il y en a tant, le peuple est esclave. L'esclavage est l'abnégation de sa volonté. Là où l'homme obéit, sans qu'on le suppose bon, il n'y a ni liberté ni patrie. Celui qui donne à un peuple trop de lois est un tyran. Le nom de loi ne peut sanctionner le despotisme ; le despotisme est l'exercice sur le peuple d'une volonté étrangère à la sienne.

Obéir aux lois, cela n'est pas clair ; car la loi n'est souvent autre chose que la volonté de celui qui l'impose. On a le droit de résister aux lois oppressives...

Lorsque la politique humaine attache la chaîne aux pieds d'un homme libre qu'elle fait esclave au mépris de la nature et du droit de cité, la justice éternelle rive l'autre bout au cou du tyran.....

La force des lois générales est extrême. L'autorité suprême gouverne aisément le peuple et ne peut gouverner le gouvernement.

La France est plus puissante pour mouvoir le peuple français, le porter à des sacrifices et lui faire prendre les armes, qu'elle n'est puissante contre chacun et contre un abus particulier.

3. Mœurs.

La destinée d'un peuple se compose de ceux qui visent à la gloire et de ceux qui visent à la fortune.

Chacun, votant et parlant dans les délibérations publiques, parle et vote selon ses idées. *S'il y a plus de gens qui visent à la gloire, l'état est heureux et prospère; s'il y a plus de gens qui visent à la fortune, l'état dépérit.*

Il n'est dans tout état qu'un fort petit nombre d'hommes qui s'occupent d'autre chose que de leur intérêt et de leur maison. Il en est peu qui prennent part dans les affaires et dans la nature du gouvernement. En France, la dénomination de *patriote* exige un sentiment vif qui contrarie ceux qui sont accoutumés et prennent un lâche plaisir à ne se mêler de rien.

Il y a deux sortes de *fédéralismes* : le *fédéralisme politique*, qui consiste dans le gouvernement; le *fédéralisme civil*, qui naît des rapports entre les citoyens.

Il y a un fédéralisme de droit : ce serait celui où la forme avouée du gouvernement l'aurait établi. Il y a un fédéralisme de fait, dans le cas où, quoique le gouvernement fût un, chaque ville, chaque commune s'isoleraient d'intérêt.

C'est ce qui arrive en ce moment; chacun retient ses denrées dans son territoire, toutes les productions se consomment sur le sol.

Le but d'un gouvernement opposé au fédéralisme n'est pas que l'unité soit au profit du gouvernement, mais au profit du peuple; il faut donc empêcher que personne s'isole de fait.....

La patrie n'est point le sol, elle est la communauté des affections, qui fait que, chacun combattant pour le salut ou la liberté de ce qui lui est cher, la patrie se trouve défendue. Si chacun sort de sa chaumière, son fusil à la main, la patrie est bientôt sauvée; chacun combat pour ce qu'il aime : voilà ce qui s'appelle parler de bonne foi. Combattre pour tous, n'est que la conséquence.

Là où l'on censure les ridicules, on est corrompu. Là où l'on censure les vices, on est vertueux. Le premier tient de la monarchie; l'autre de la république.... Celui qui plaisante à la tête du gouvernement tend à la tyrannie....

Le bien même est souvent un moyen d'intrigue. Soyons ingrats, si nous voulons sauver la patrie.

La grossièreté est une sorte de résistance à l'oppression. La douceur est compagne de la fierté de l'homme libre.

Le stoïcisme, qui est la vertu de l'esprit et de l'ame, peut seul empêcher la corruption d'une république marchande, ou qui manque de mœurs.

Le jour où je me serai convaincu qu'il est impossible de donner au peuple français des mœurs douces, énergiques, sensibles et inexorables pour la tyrannie et l'injustice, je me poignarderai.

4. République et Gouvernement.

De même qu'une nation peut être gouvernée dans le plus grand degré de faiblesse d'opinion, de même elle peut l'être dans le plus haut degré d'énergie. Sur quelque ton qu'on se monte, on peut marcher, pourvu qu'on y soit en harmonie. Je pense donc que nous devons être exaltés; cela n'exclut point le sens commun ni la sagesse.

On peut mettre l'ordre, même dans une cité ardente, comme la nature le met dans un coursier et dans un volcan. Etablissons notre doctrine, donnons la vie à notre liberté : elle nous condamne à la vertu, au courage, à la modestie; ne seraient-ce que de vains mots? Elle nous condamne à la haine de la tyrannie; l'épargnerions-nous? Formons la cité : il est étonnant que cette idée n'ait pas encore été à l'ordre du jour.

Une république est difficile à gouverner lorsque chacun envie ou méprise l'autorité qu'il n'exerce pas ; lorsque le soldat envie le cheval de son général, ou le général l'honneur que la patrie rend aux soldats ; lorsque chacun s'imagine servir celui qui le commande et non la patrie ; lorsque celui qui commande s'imagine qu'il est puissant et non pas qu'il exerce la justice du peuple ; lorsque chacun, sans apprécier les fonctions qu'il exerce et celles qui sont exercées par d'autres, veut être l'égal du pouvoir au-dessus du sien, et le maître de ceux qui exercent un pouvoir au-dessous de lui ; lorsque chacun de ceux qui exercent l'autorité se croit au-dessus d'un citoyen, tandis qu'il n'a de rapports qu'avec les abus ou les crimes.

En effet, le *citoyen n'a d'abord de rapports qu'avec sa conscience et la morale; s'il les oublie, il a ce rapport avec la loi; s'il méprise la loi, il n'est plus citoyen* : là commence son rapport avec le pouvoir.

En un mot, on ne peut point gouverner un état lorsque tout le monde a de l'orgueil, au lieu que tout le monde ait de la modestie.

Il y a eu dans les gouvernemens plus d'habiles gens que de gens vertueux en place. — La modestie d'un héros ne m'en impose pas. Si vous louez la modestie d'un homme, que ferait-il de plus dangereux pour la liberté, s'il montrait de l'orgueil ?

On dit ordinairement : Le citoyen est celui qui participe aux honneurs, aux dignités ; on se trompe. Le voici le citoyen : c'est celui qui ne possède pas plus de bien que les lois ne permettent d'en posséder ; celui qui n'exerce point de magistrature et est indépendant de la responsabilité de ceux qui gouvernent.

Quiconque est magistrat n'est plus du peuple. Il ne peut entrer dans le peuple aucun pouvoir individuel. Si les autorités faisaient partie du peuple, elles seraient plus puissantes que lui. Les autorités ne peuvent affecter aucun rang dans le peuple. Elles n'ont de rang que par rapport aux coupables et aux lois. Un citoyen vertueux doit être plus considéré qu'un magistrat…

Lorsqu'on parle à un fonctionnaire, on ne doit pas dire *citoyen* ; ce titre est au-dessus de lui.

Un gouvernement républicain a la vertu pour principe; sinon, la terreur. Que veulent ceux qui ne veulent ni vertu ni terreur?...

La force ne fait ni raison ni droit; mais il est peut-être impossible de s'en passer, pour faire respecter le droit et la raison.....

Un gouvernement faible est très-pesant sur le peuple. Les membres du gouvernement sont libres, le peuple ne l'est pas....

On dit qu'un gouvernement vigoureux est oppressif; on se trompe : la question est mal posée. Il faut, dans le gouvernement, justice. Le gouvernement qui l'exerce n'est point vigoureux et oppressif pour cela, parce qu'il n'y a que le mal qui soit opprimé....

On a objecté qu'on ne trouverait point assez d'hommes pour exercer la censure; mais il faut plus de lumières et de vertus pour exercer une magistrature dans un gouvernement faible, que pour l'exercer dans un gouvernement robuste. Dans le premier, tout le gouvernement repose sur le mérite personnel; dans le second, sur la force et l'harmonie des institutions; pour le premier, il faut des sages, afin qu'ils n'abusent point. Pour le second, il ne faut que des hommes, car l'allure générale les entraîne. Dans le premier, il n'y a plus de contrat; dans le second, il y en a un qui règle tous les mouvemens et fait partout la loi. Dans le premier, il y a une action et une réaction continuelle de forces particulières; dans le second, il y a une force commune, dont chacun fait partie, et qui concourt au même but et au même bien.

La liberté du peuple est dans sa vie privée; ne la troublez point. Ne troublez que les ingrats et que les méchans. Que le gouvernement ne soit pas une puissance pour le citoyen, qu'il soit pour lui un ressort d'harmonie; qu'il ne soit une force que pour protéger cet état de simplicité contre la force même....

Il s'agit moins de rendre un peuple heureux que de l'empêcher d'être malheureux. N'opprimez pas, voilà tout. Chacun saura bien trouver sa félicité. Un peuple chez lequel serait établi le préjugé qu'il doit son bonheur à ceux qui gouvernent, ne le conserverait pas long-temps....

Savez-vous bien que l'homme n'est point né méchant; c'est l'oppression qui est méchante; c'est son exemple contagieux qui, de degré en degré, depuis le plus fort jusqu'au plus faible, établit la dépendance. Cette hiérarchie ne devrait être que dans le gouvernement, afin que, pesant sur lui-même, sa force expirât là où commence la cité.

Tant que vous verrez quelqu'un dans l'antichambre des magistrats et des tribunaux, le gouvernement ne vaut rien. C'est une horreur qu'on soit obligé de demander justice.

On veut bien être rigoriste en principes lorsqu'on détruit un mauvais gouvernement; mais il est rare que, si l'on vient à gouverner soi-même, on ne rejette bientôt ces mêmes principes pour y substituer sa volonté.

Ce n'est guère que par les moyens et l'argent que fournira l'étranger qu'on pourra troubler notre repos dans la république. Les états ne sont guère agités que par les gouvernemens voisins. Il faudrait, pour être heureux, s'isoler le plus possible.

5. Révolution.

La révolution est glacée; tous les principes sont affaiblis; il ne reste que des bonnets rouges portés par l'intrigue.

L'exercice de la terreur a blasé le crime, comme les liqueurs fortes blasent le palais.

Sans doute il n'est pas encore temps de faire le bien. Le bien particulier que l'on fait est un palliatif. Il faut attendre un mal général assez grand pour que l'opinion générale éprouve le besoin de mesures propres à faire le bien. *Ce qui produit le bien général est toujours terrible, ou paraît bizarre lorsqu'on commence trop tôt.*

La révolution doit s'arrêter à la perfection du bonheur et de la liberté publique, par les lois. Ses élancemens n'ont point d'autre objet, et doivent renverser tout ce qui s'y oppose; et chaque période, chaque victoire sur le monarchisme, doit amener et consacrer une institution républicaine.

On parle de la hauteur de la révolution: qui la fixera, cette hauteur ? Elle est mobile. Il fut des peuples libres qui tombèrent de plus haut.

QUATRIÈME FRAGMENT. — *Question du bien général.* — *Monnaies.* — *Économie.*

Comme tout le monde délibère sans cesse, dans un état libre, et sur les personnes et sur les choses, et que l'opinion publique y est frappée de beaucoup de vicissitudes et remuée par les caprices et les passions diverses, *les législateurs doivent faire en sorte que la question du bien général soit toujours clairement posée, afin que tout le monde délibérant pense, agisse et parle dans le sens et dans le cercle de l'ordre établi.*

La question du bien général doit être posée sous tous ses rapports, afin que tout agisse et réagisse avec harmonie.

C'est vraiment alors que la République est une et indivisible, et que le souverain se compose de tous les cœurs portés à la vertu.

Aussitôt que la question du bien général cesse d'être posée, on n'a plus de mesure pour juger sainement la situation politique de l'état. Chacun prend le parti qui lui convient pour arriver à la fortune et s'assouvir lui-même. L'hypocrisie devient impénétrable, parce qu'on peut difficilement la mettre en contradiction avec l'intérêt public, dont on ne connaît pas bien précisément la mesure.

Alors, la jalousie s'éveille contre ceux qui gouvernent ; alors l'opinion, qui s'attache aux réputations, n'est point appliquée au bien général ; alors on voit sur le front des pervers, occupés à ourdir l'esclavage, des rides sombres et criminelles ; alors, tout étant mu par l'intérêt personnel qui ne connaît plus de limites, l'autorité s'échappe des mains légitimes par les considérations individuelles.

Alors, enfin, l'influence étrangère forme des traîtres, ou fait mourir les Gracques, fait honorer le crime et fait proscrire la vertu.

L'état est-il victorieux ? Chacun accroît son importance personnelle : la liberté n'est déjà plus ; la jalousie et l'esclavage sont dans tous les cœurs, et la dissimulation sur toutes les lèvres.

C'est donc à vous, législateurs, de poser sans cesse la question du bien public, d'en rapprocher tout, d'y soumettre tout ce qui se dit et se fait. Par là, vous conserverez votre influence ; par là, vous jugerez les passions qui vous sont contraires ; par là, vous substituerez dans l'état le génie commun de la patrie à la jalousie et aux cris des factions.

La question du bien général aujourd'hui peut être ainsi posée : *Il faut que tout le monde travaille et se respecte.*

Si tout le monde travaille, l'abondance reprendra son cours ; il faudra moins de monnaie ; il n'y aura plus de vices publics. — Si tout le monde se respecte, il n'y aura plus de factions : les mœurs privées seront douces, et les mœurs publiques fortes. Alors, le citoyen jugeant de tout avec un sens droit, l'étranger n'aura plus l'initiative des jugemens sur les choses et sur les personnes, et son influence passera au milieu de nous sans nous corrompre, et sera sentie d'abord.

J'ai dit que le travail et le respect civil étaient pour nous des vertus nécessaires. En effet, si nous continuons d'émettre autant de signes que nous l'avons fait par le passé, chacun à la fin se sentant assez opulent pour se dispenser du travail, vous verrez dépérir les cultures et les manufactures.

Quand Rome perdit le goût du travail, et vécut des tributs du monde, elle perdit sa liberté.

On commence à voir aujourd'hui des citoyens qui ne travaillent que de trois jours l'un. Autrefois, la noblesse, la cour, remplissaient les spectacles : celle-ci est bannie, l'autre est peu nombreuse ; et cependant les spectacles présentent le même luxe. Quels sont donc ceux qui l'étalent, si ce ne sont ceux qui travaillaient autrefois ?

La République ne doit-elle donc exister que dans la tribune aux harangues et dans la charte de nos lois ? La monarchie restera-t-elle dans l'état civil ?

Quant au respect, celui-là seul y peut manquer qui ne peut s'estimer lui-même. L'étranger l'a fait disparaître pour altérer la piété républicaine. Il a voulu qu'on n'eût la force ni de se haïr ni de s'aimer, mais que l'on se méprisât et que l'on se craignît. Par là, l'étranger établit un principe de jalousie entre les citoyens; par là, il ruina la garantie de la vertu même, en brisant l'obstacle qui eût empêché de la flétrir.

Le jour où le respect civil sera banni, et l'illusion de la vertu flétrie, la liberté ne sera plus.

L'Europe n'a plus aujourd'hui qu'un moyen de nous perdre, c'est de nous ôter le travail et le respect des gens de bien.

Malheur aux peuples chez lesquels la législation et l'autorité s'affaibliraient à ce point, que le travail et le respect civil s'y perdissent !

Ceci posé, je passe à l'examen, et de notre économie, et de nos mœurs. Ces deux choses sont pleines d'analogie : on ne peut guère les traiter séparément.

Il n'est guère de gouvernement qui puisse résister aux vices de son système économique. Les monnaies ont, dans tout état, une souveraine influence ; le peu d'attention que nous y avons fait doit avoir nourri chez les ennemis de la révolution française l'espérance de la voir un jour s'absorber. Nos victoires ont moins porté d'effroi dans l'Europe, que n'y en porteraient soudain un sage plan d'économie, et un système monétaire d'une exécution simple.

Je n'entends point, par un système monétaire, des coins nouveaux, de nouvelles dénominations de valeurs. Ces choses ont leur prix, mais n'appartiennent point à ce sujet.

Il s'agit de rendre à l'avenir impossible ou très-difficile la falsification des monnaies, et de découvrir sur-le-champ les fausses monnaies qui circulent. — Il s'agit de simplifier le système et la perception des tributs, en les proportionnant aux profits des citoyens...... — Il s'agit d'ôter de la perception la dureté du fisc. Un gouvernement libre doit s'expliquer sincèrement et généreusement avec le peuple.

Jamais on n'a plus senti qu'aujourd'hui la nécessité des définitions nettes, surtout en finances : car, depuis la révolution, toutes les idées d'économie ont été vues au travers d'un prisme.

Je vais donc essayer de marquer la progression des erreurs d'économie qui nous sont venues, soit des périls pressans, soit des insinuations étrangères, et quelle a été leur influence sur les mœurs.

En 1789, le numéraire se trouva resserré, soit par la cour qui conspirait, soit par la faute des riches particuliers qui projetaient leur émigration. Les banques transportèrent au-dehors et le commerce et les valeurs du crédit français.

Il se fit dans l'économie une révolution non moins étonnante que celle qui survint dans le gouvernement : on y fit moins d'attention. Les monnaies étaient resserrées, les denrées le furent aussi; chacun voulut mettre à l'abri ce qu'il possédait. Cette défiance et cette avarice ayant détruit tous les rapports civils, il n'exista plus, un moment, de société : on ne vit plus de monnaie.

L'avarice et la défiance, qui avaient produit cet isolement de chacun, rapprochèrent ensuite tout le monde, par une bizarrerie de l'esprit humain. Je veux parler de cette époque où le papier-monnaie remplaça les métaux qui avaient disparu.

Chacun craignant de garder les monnaies nouvelles, et d'être surpris par un événement qui les eût annulées, se pressa de les jeter en circulation. Le commerce prit tout à coup une activité prodigieuse, qui s'accrut encore par l'empressement de tous ceux qui avaient été remboursés, à convertir leurs fonds en magasins.

Comme le commerce n'avait pris vigueur que par la défiance et la perte du crédit; comme on cessa de tirer de l'étranger, et que le change fut tourné contre nous, l'immense quantité de signes qu'on avait émis, et qui augmenta tous les jours, ne se mesura plus que contre les denrées qui se trouvaient sur le territoire. On accapara les denrées, on en exporta chez l'étranger pour des valeurs immenses; on les consomma; elles devinrent rares, et les monnaies s'accumulèrent, et perdirent de plus en plus.

Chacun possédant beaucoup de papier travailla d'autant moins, et les mœurs s'énervèrent par l'oisiveté. La main-d'œuvre augmenta avec la perte du travail. Il y eut en circulation d'autant plus de besoins et d'autant moins de choses, qu'on était riche et qu'on travaillait peu. Les tributs n'augmentèrent point ; et la République, entraînée dans une guerre universelle, fut obligée de multiplier les monnaies pour subvenir à d'énormes dépenses.

La vente des domaines nationaux et les tributs étaient le seul écoulement des monnaies ; mais il rentrait trente millions par mois, et l'on en émettait trois ou quatre cents (1). Ainsi, le signe perdant de son prix de mois en mois, les annuités n'étaient point acquittées par des capitaux, ni l'économie soulagée par leur extinction ; mais les annuités étaient acquittées par la seule redevance du bien. Alors l'état qui vendait les fonds ne se trouva plus assez riche pour en acheter les produits. Celui qui avait acheté de l'état un arpent de terre 600 livres, lui vendit 300 liv. son produit, au lieu de 30 livres, au pied de cinq pour cent. Cette ingratitude envers la patrie, qui avait amené l'état à acheter les produits plus cher qu'il n'avait vendu les fonds, contraignit d'user de lois pénales.

L'étranger, de vicissitudes en vicissitudes, nous avait conduits à ces extrémités : lui-même il en suggéra le remède. La première idée des taxes est venue du dehors, apportée par le baron de Batz : c'était un projet de famine. Il est très-généralement reconnu aujourd'hui dans l'Europe, que l'*on comptait sur la famine pour exciter le courroux populaire ; sur le courroux populaire, pour détruire la Convention ; et sur la dissolution de la Convention, pour déchirer et démembrer la France.*

Ouvrez l'histoire, et voyez quel fut partout l'effet des taxes. Julien l'empereur, ayant taxé les denrées à Antioche, y excita une affreuse famine. Pourquoi? Non parce que la loi des taxes

(1) Cette émission, déjà immense, a augmenté prodigieusement après le 9 thermidor. (*Note des auteurs.*)

était mauvaise, mais parce que les hommes étaient avares. Et ce qui fait que tout le monde achète sans frein, lorsque tout est taxé; et ce qui fait que personne ne veut vendre; et ce qui fait que l'on vend cher, tout cela dérive de la même avarice et corruption.

La circulation des denrées est nécessaire là où tout le monde n'a pas de propriété et de matières premières. *Les denrées ne circulent point là où l'on taxe.* Si vous taxez, sans que les mœurs soient réformées, l'avarice s'ensuit. Pour réformer les mœurs, il faut commencer par contenter le besoin et l'intérêt; il faut donner quelques terres à tout le monde.

Il faut, par la même raison, un domaine et des revenus publics en nature.

Je défie que la liberté s'établisse, s'il est possible qu'on puisse soulever le malheureux contre le nouvel ordre de choses; je défie qu'il n'y ait plus de malheureux, si l'on ne fait en sorte que chacun ait des terres.

Là où il y a de très-gros propriétaires, on ne voit que des pauvres : rien ne se consomme dans les pays de grande culture.

Un homme n'est fait ni pour les métiers, ni pour l'hôpital, ni pour des hospices (1); tout cela est affreux. Il faut que l'homme vive indépendant, que tout homme ait une femme propre et des enfans sains et robustes; il ne faut ni riches ni pauvres.

Un malheureux est au-dessus du gouvernement et des puissances de la terre; il doit leur parler en maître... Il faut une doctrine qui mette en pratique ces principes, et assure l'aisance au peuple tout entier.

L'opulence est une infamie; elle consiste à nourrir moins d'enfans naturels ou adoptifs, qu'on a de mille livres de revenu.

Il faut tirer les assignats de la circulation, en mettant une imposition sur tous ceux qui ont régi les affaires, et ont travaillé à la solde du trésor public.

(1) Il ne peut exister de peuple vertueux et libre qu'un peuple agriculteur..... Un métier s'accorde mal avec le véritable citoyen; la main de l'homme n'est faite que pour la terre ou pour les armes. (*Note de Saint-Just.*)

Il faut détruire la mendicité par la distribution des biens nationaux aux pauvres.

Le dix-huitième siècle doit être mis au Panthéon.

On eût présenté la ciguë à celui qui eût dit ces choses il y a huit mois : c'est beaucoup d'être devenu sage par l'expérience du malheur. Que cet exemple nous apprenne à ne point maltraiter les hommes sévères qui nous disent la vérité.

Il ne faut pas que les gens de bien en soient réduits à se justifier du bien public devant les sophismes du crime. On a beau dire qu'ils mourront pour la patrie : il ne faut point qu'ils meurent, mais qu'ils vivent, et que les lois les soutiennent. Il faut qu'on les mette à l'abri des vengeances de l'étranger. *Je conseille donc à tous ceux qui voudront le bien, d'attendre le moment propice pour le faire, afin d'éviter la célébrité qu'on obtient en le brusquant.*

Je désirerais que, lorsqu'une idée aurait saisi tous les esprits jusqu'à la fureur, il y eût sur la tribune aux harangues une couronne civique pour celui qui, même en se trompant, la combattrait avec décence et générosité.

Non, la raison n'est point un esprit de conquête ; mais l'influence étrangère était, il y a huit mois, si intolérante et si terrible, qu'elle eût fait lapider l'auteur d'une idée saine en économie.

Aujourd'hui que la nature et la sagesse ont repris leurs droits, et que la vérité a retrouvé des oreilles sensibles, c'est à l'amour de la patrie de faire entendre sa voix austère. L'état où nous sommes est précaire ; nous dépensons comme le prodigue insensé. Trois cents millions émis chaque mois par le trésor public n'y rentrent plus, et vont détruire l'amour du travail et du désintéressement sacré qui constitue la République.

Combien ne doit-il pas exister de riches, puisqu'il y a en circulation quatre fois plus de signes qu'autrefois ! Combien trois ou quatre cents millions émis par mois ne jettent-ils point de corruption dans la société ! Ce système de finances pourrait faire fleurir une monarchie ; mais il doit perdre toute république.

Aussi bien, quelque respect que le peuple m'inspire, je ne puis m'empêcher de censurer de nouvelles mœurs qui s'établissent. Chaque jour, un grand nombre de citoyens quittent le métier de leurs pères, et se livrent à la mollesse, qui rend la mémoire de la monarchie exécrable.

Quoi! lorsque la patrie soutient une guerre terrible, lorsque douze cent mille citoyens versent leur sang, le trésor public, par une masse énorme de monnaies nouvelles, nourrirait des déréglemens et des passions, sans que personne retranchât rien de son avarice et de sa cruauté!

La liberté de ce discours attestera un jour la probité de ceux devant lesquels on pouvait s'exprimer ainsi. Mais on a trop long-temps fermé les yeux sur le désordre des finances qui entraîne celui des mœurs.

Il ne vous reste qu'un pas à faire pour vous montrer avec tout l'ascendant qui doit maîtriser les ennemis de la République : c'est de rendre votre commerce et votre économie indépendans de l'influence d'inertie de ces mêmes ennemis.

Voici donc le but qu'il nous semble qu'on pourrait se proposer d'atteindre :

1º *Rendre impossible la contrefaçon des monnaies ;*

2º *Asseoir équitablement les tributs sur tous les gains, sur tous les produits, par un moyen facile, sans fisc, sans agens nombreux;*

3º *Lever tous les tributs, en un seul jour, sur toute la France;*

4º *Proportionner les dépenses de l'état à la quantité des signes en circulation, nécessaire aux affaires particulières ;*

5º *Empêcher tout le monde de resserrer les monnaies, de thésauriser et de négliger l'industrie, pour vivre dans l'oisiveté ;*

6º *Rendre le signe inaliénable à l'étranger;*

7º *Connaître invariablement la somme des profits faits dans une année ;*

8º *Donner à tous les Français les moyens d'obtenir les premières nécessités de la vie, sans dépendre d'autre chose que des lois, et sans dépendance mutuelle dans l'état civil.*

CINQUIÈME FRAGMENT. — *Division des institutions dans leur ordre de matière.*

Les institutions françaises se composent :

1º *Des institutions morales, civiles et domestiques*, sur l'éducation, les affections, et ce qui concerne le code civil, la tutelle, l'adoption, l'hérédité et les transactions ; sur les fêtes, les assemblées dans les temples, les vieillards et la censure ; les lois rurales et somptuaires, les funérailles.

2º *Des institutions sociales et politiques*, sur les mœurs du gouvernement et des armées, sur l'établissement des censeurs, sur le militaire, sur la marine, sur le commerce, sur les garanties et sur le domaine public.

SIXIÈME FRAGMENT. — *Quelques institutions civiles et morales.*

1. Sur l'éducation.

Les enfans appartiennent à leur mère jusqu'à cinq ans, si elle les a nourris, et à la République ensuite, jusqu'à la mort.

La mère qui n'a point nourri son enfant a cessé d'être mère aux yeux de la patrie. Elle et son époux doivent se présenter devant le magistrat, pour y répéter leur engagement, ou leur union n'a plus d'effets civils.

L'enfant, le citoyen, appartiennent à la patrie. L'instruction commune est nécessaire. La discipline de l'enfance est rigoureuse.

On élève les enfans dans l'amour du silence et le mépris des rhéteurs. Ils sont formés au laconisme du langage. On doit leur interdire les jeux où ils déclament, et les accoutumer à la vérité simple. Les enfans ne jouent que des jeux d'orgueil et d'intérêt ; il ne leur faut que des exercices.

Les enfans mâles sont élevés, depuis cinq jusqu'à seize ans, par la patrie.

Il y a des écoles pour les enfans depuis cinq ans jusqu'à dix. Elles sont à la campagne. Il y en a une dans chaque section et une dans chaque canton.

Il y a des écoles pour les enfans depuis dix jusqu'à seize ans. Il y en a une dans chaque section, et une dans chaque canton.

Les enfans, depuis cinq ans jusqu'à dix, apprennent à lire, à écrire, à nager.

On ne peut frapper ni caresser les enfans. On leur apprend le bien, on les laisse à la nature.

Celui qui frappe un enfant est banni.

Les enfans sont vêtus de toile dans toutes les saisons. Ils couchent sur des nattes et dorment huit heures.

Ils sont nourris en commun et ne vivent que de racines, de fruits, de légumes, de laitage, de pain et d'eau.

Les instituteurs des enfans, depuis cinq ans jusqu'à dix, ne peuvent avoir moins de soixante ans, et sont élus par le peuple parmi ceux qui ont obtenu l'écharpe de la vieillesse.

L'éducation des enfans depuis dix jusqu'à seize ans est militaire et agricole.

Ils sont distribués en compagnies de soixante. Six compagnies forment un bataillon. Les instituteurs nomment, tous les mois, le chef parmi ceux qui se sont le mieux conduits.

Les enfans d'un district forment une légion. Ils s'assemblent, tous les ans, au chef-lieu, le jour de la fête de la jeunesse. Ils y campent et y font tous les exercices de l'infanterie, dans des arènes préparées exprès.

Ils apprennent aussi les manœuvres de la cavalerie et toutes les évolutions militaires.

Ils apprennent les langues.

Ils sont distribués aux laboureurs, dans les temps des moissons.

Depuis seize jusqu'à vingt et un ans, ils entrent dans les arts et choisissent une profession qu'ils exercent chez les laboureurs, dans les manufactures, ou sur les navires.

Tous les enfans conserveront le même costume jusqu'à seize ans; depuis seize jusqu'à vingt et un ans, ils auront le costume d'ouvrier; depuis vingt et un jusqu'à vingt-cinq, celui de soldat, s'ils ne sont point magistrats.

Ils ne peuvent prendre le costume des arts qu'après avoir traversé, aux yeux du peuple, un fleuve à la nage, le jour de la fête de la jeunesse.

Depuis vingt et un ans jusqu'à vingt-cinq, les citoyens non magistrats entreront dans la milice nationale, mariés ou non.

Les instituteurs des enfans jusqu'à seize ans sont choisis par les directoires des districts, et confirmés par la commission générale des arts nommée par le gouvernement.

Les laboureurs, les manufacturiers, les artisans, les négocians, sont instituteurs.

Les jeunes hommes de seize ans sont tenus de rester chez les instituteurs jusqu'à vingt et un ans, à peine d'être privés du droit de citoyen pendant leur vie.

Il y a dans chaque district une commission particulière des arts, qui sera consultée par les instituteurs et donnera des leçons publiques.

Les écoles seront dotées d'une partie des biens nationaux....

Ce serait peut-être une sorte d'instruction propre aux Français, que des sociétés d'enfans présidées par un magistrat qui indiquerait les sujets à traiter, et dirigerait les discussions de manière à former le sens, l'ame, l'esprit et le cœur.

Les filles sont élevées dans la maison maternelle.

Dans les jours de fête, une vierge ne peut paraître en public, après dix ans, sans sa mère, son père ou son tuteur.

2. Des affections.

Tout homme âgé de vingt et un ans est tenu de déclarer dans le temple quels sont ses amis. Cette déclaration doit être renouvelée, tous les ans, pendant le mois de ventose.

Si un homme quitte un ami, il est tenu d'en expliquer les motifs devant le peuple dans les temples, sur l'appel d'un citoyen ou du plus vieux ; s'il le refuse, il est banni.

Les amis ne peuvent écrire leurs engagemens ; ils ne peuvent plaider entre eux

Les amis sont placés les uns près des autres dans les combats.

Ceux qui sont restés unis toute leur vie sont renfermés dans le même tombeau.

Les amis porteront le deuil l'un de l'autre.

Le peuple élira les tuteurs des enfans parmi les amis de leur père.

Si un homme commet un crime, ses amis sont bannis.

Les amis creusent la tombe, préparent les obsèques l'un de l'autre ; ils sèment les fleurs avec les enfans sur la sépulture.

Celui qui dit qu'il ne croit pas à l'amitié, ou qui n'a point d'ami, est banni.

Un homme convaincu d'ingratitude est banni.

SEPTIÈME FRAGMENT. — *Institutions nuptiales et paternelles.*

1. De la Communauté.

L'homme et la femme qui s'aiment sont époux. S'ils n'ont point d'enfans, ils peuvent tenir leur engagement secret ; mais, si l'épouse devient grosse, ils sont tenus de déclarer au magistrat qu'ils sont époux.

Nul ne peut troubler l'inclination de son enfant, quelle que soit sa fortune.

Il n'y a de communauté qu'entre les époux : ce qu'ils apportent, ce qu'ils acquièrent, entre dans la communauté. Ils ne s'unissent point par un contrat, mais par tendresse ; l'acte de leur union ne constate que leurs biens mis en commun, sans aucune clause.

S'ils se séparent, la moitié de la communauté leur appartient ; ils la partagent également entre eux.

L'autre moitié appartient aux enfans ; s'il n'y a point d'enfans, elle appartient au domaine public.

Les époux sont tenus de faire annoncer leur divorce trois mois avant dans le temple.

A l'instant l'officier public fait nommer des tuteurs aux enfans. La communauté doit être divisée et les partages faits avant le divorce.

Le peuple nomme, dans les temples, un tuteur aux enfans des époux séparés.

Tout engagement pris séparément par les époux est nul.

Les dettes de la communauté sont payées sur la portion des époux s'ils se séparent. Si l'un des deux époux meurt, les dettes sont payées en commun par les enfans et par celui des époux qui survit.

Les époux qui n'ont point eu d'enfans pendant les sept premières années de leur union, et qui n'en ont point adopté, sont séparés par la loi et doivent se quitter.

2. De la tutelle.

Celui des époux qui survit est le tuteur de ses enfans.

Si celui qui survit se remarie, il doit auparavant demander dans le temple un tuteur pour ses enfans et lui rendre compte.

Si celui qui s'est remarié redevient veuf, il ne peut reprendre la tutelle de ses premiers enfans; il est tuteur de ceux du nouveau lit.

Les tuteurs doivent être mariés; s'ils se séparent, s'ils deviennent veufs, l'officier public fait nommer dans le temple un autre tuteur.

Une fille a le droit de faire demander dans le temple un autre tuteur sans en expliquer les motifs.

Les hommes revêtus de l'autorité publique ne peuvent être élus tuteurs.

Si l'enfant orphelin n'a point de fortune, sur la demande de l'officier public, le peuple dans le temple lui nomme un tuteur, jusqu'à cinq ans, parmi ceux qui se présentent pour l'élever à leurs dépens.

Si une fille, ayant vingt un ans, ou avant son mariage, devient orpheline et se trouve pauvre, sur la demande de l'officier public, le peuple lui nomme un tuteur parmi les personnes mariées et recommandables qui se présentent pour l'élever à leurs dépens.

3. De l'adoption.

L'adoption est établie en faveur des enfans malheureux et de l'honneur des vierges.

On ne peut adopter l'enfant mâle après l'âge de cinq ans.

On ne peut adopter les filles qu'avant leur mariage.

Ceux qui adoptent, stipulent et engagent la dot de l'enfant adoptif devant l'officier public : elle est imprescriptible et inaliénable par les parens adoptifs. La dot ne peut excéder 10,000 l.

L'adoption n'entraîne aucun droit d'hérédité, et n'entraîne que la dot.

La dot d'une personne adoptée est propre à elle et à sa famille : cette dot retourne au domaine public si la personne adoptée meurt sans aïeuls, sans père ni mère, sans frère ni sœur, sans enfans adoptifs.

Si les frères et sœurs adoptifs se marient ensemble, leur dot passe sous les lois de la communauté et de l'hérédité, à l'exclusion de la famille adoptive.

Les frères adoptifs ne se succèdent point.

La dot de l'enfant adoptif est administrée par son père ; s'il a perdu son père, elle est administrée par sa mère ; s'il a perdu sa mère, elle est administrée par son père adoptif ; s'il n'a point de père adoptif, elle est administrée par sa mère adoptive. Si l'enfant a perdu les uns et les autres, s'ils sont séparés ou s'ils sont veufs, la dot est administrée par un tuteur.

La faculté d'adopter est interdite au célibat.

La dot du garçon ne sert à l'élever que jusqu'à cinq ans. Comme à cet âge il appartient à la patrie et qu'il est nourri par elle, sa dot est administrée jusqu'à vingt et un ans ; à vingt et un ans, il peut en jouir par lui-même et l'aliéner.

La dot d'une fille est administrée jusqu'à son mariage. A vingt et un ans, elle peut en jouir par elle-même et l'aliéner.

Nul ne peut adopter qu'à vingt et un ans. Les époux dont l'un a moins de vingt et un ans ne peuvent adopter.

Les époux ne peuvent adopter que d'un commun accord.

HUITIÈME FRAGMENT. — *Quelques institutions civiles.*

1. De l'hérédité.

L'hérédité est exclusive entre les parens directs. Les parens directs sont les aïeuls, le père et la mère, les enfans, le frère et la sœur.

Les parens indirects ne se succèdent point.

La République succède à ceux qui meurent sans parens directs.

Les enfans succèdent également à leur père et à leur mère. — Les époux ne se succèdent point. — Les époux succèdent également à leurs enfans sans enfans. — Si les époux sont séparés, ils ne succèdent point à leurs enfans. — Les aïeuls, qui ne sont point séparés, succèdent également à leurs petits-enfans. L'aïeu ne succède point aux petits-enfans avant le père et la mère. — Les petits-enfans ne succèdent point aux aïeuls, avant le père et la mère, et après leurs aïeuls. — Les enfans de différens lits ne se succèdent point.

S'il y a plusieurs lits, les aïeuls succèdent également aux petits-enfans; et les petits-enfans de plusieurs lits succèdent également aux aïeuls.

Si les petits-enfans de plusieurs lits meurent sans père ni mère et sans enfans, les aïeuls leur succèdent également.

Si les aïeuls sont morts, les frères et sœurs du même lit se succèdent. S'il n'y a point de frère et de sœur, le domaine public succède. Si l'un ou plusieurs des aïeuls sont morts, les aïeuls survivans partagent avec les frères et sœurs.

S'il n'y a point de frères et de sœurs, les aïeuls partagent par portion égale avec le domaine public. S'il n'y a ni aïeul, ni frère, ni sœur, le domaine public succède seul.

Les aïeuls succèdent à leurs enfans ou petits-enfans. Les père et mère, même ceux qui se sont remariés, succèdent à leurs enfans, mais ils ne peuvent toucher que le revenu; les fonds restent aux mains des autres enfans ou petits-enfans; et faute d'eux, à la République, qui paie le revenu.

Le fonds ne peut être aliéné par les enfans ou petits-enfans, ou par le domaine public, qu'après la mort du possesseur du revenu.

Nul ne peut déshériter ni tester.

2. Des contrats.

Les contrats n'ont d'autres règles que la volonté des parties; ils ne peuvent engager les personnes.

Nul ne peut contracter qu'à vingt et un ans.

Nul ne peut contracter sans la présence de ses amis, ou le contrat est nul.

Le même contrat ne peut engager que deux personnes : s'il en engage plus, il est nul.

Tout contrat est signé par les parties et par les amis, ou il est nul.

Ce sont les amis qui reçoivent les contrats.

Les procès sont vidés devant les amis des parties, constitués arbitres.

Celui qui perd son procès est privé du droit de citoyen pendant un an.

Toute obligation est écrite ou nulle.

La loi ne fait pas le droit, le droit fait la loi.

NEUVIÈME FRAGMENT. — *Quelques institutions pénales.*

Celui qui frappe quelqu'un est puni de trois mois de détention; si le sang a coulé, il est banni.

Celui qui frappe une femme est banni.

Celui qui a vu frapper un homme, une femme, et n'a point arrêté celui qui frappait, est puni d'un an de détention.

L'ivresse sera punie; celui qui, étant ivre, aura dit ou commis le mal, sera banni.

Les meurtriers seront vêtus de noir toute leur vie, et seront mis à mort s'ils quittent cet habit.

DIXIÈME FRAGMENT. — *Quelques institutions morales sur les fêtes.*

Le peuple français reconnaît l'Être suprême et l'immortalité de l'ame. Les premiers jours de tous les mois sont consacrés à l'Éternel.

Tous les cultes sont également permis et protégés. Mais, dans aucun des engagemens civils, les considérations de culte ne sont permises, et tout acte où il est parlé de culte est nul.

Les temples publics sont ouverts à tous les cultes.

Les rites extérieurs sont défendus; les rites intérieurs ne peuvent être troublés.

Le prêtre d'aucun culte ne peut paraître en public avec ses attributs, sous peine de bannissement.

L'encens fumera jour et nuit dans les temples publics, et sera entretenu tour à tour, pendant vingt-quatre heures, par les vieillards âgés de soixante ans.

Les temples ne peuvent être fermés.

Le peuple français voue sa fortune et ses enfans à l'Éternel.

L'ame immortelle de ceux qui sont morts pour la patrie, de ceux qui ont été bons citoyens, qui ont chéri leur père et leur mère et ne les ont jamais abandonnés, est dans le sein de l'Éternel.

L'hymne à l'Éternel est chantée par le peuple, tous les matins, dans les temples; toutes les fêtes publiques commencent par elle.

Les lois générales sont proclamées solennellement dans les temples.

Le premier jour du mois germinal, la République célébrera la fête de la Divinité, de la nature et du peuple.

Le premier jour du mois floréal, la fête de la Divinité, de l'amour et des époux.

Le premier jour du mois prairial, la fête de la Divinité et de la victoire.

Le premier jour du mois messidor, la fête de la Divinité et de l'adoption.

Le premier jour du mois thermidor, la fête de la Divinité et de la jeunesse.

Le premier jour du mois fructidor, la fête de la Divinité et du bonheur.

Le premier jour du mois vendémiaire, la République célébrera dans les temples la fête de la Divinité et de la vieillesse.

Le premier jour du mois brumaire, la fête de la Divinité et de l'ame immortelle.

Le premier jour du mois frimaire, la fête de la Divinité et de la sagesse.

Le premier jour du mois nivose, la fête de la Divinité et de la patrie.

Le premier jour du mois pluviose, la fête de la Divinité et du travail.

Le premier jour du mois ventose, la fête de la Divinité et des amis.

Tous les ans, le premier floréal, le peuple de chaque commune choisira, parmi ceux de la commune exclusivement et dans les temples, un jeune homme riche, vertueux et sans difformité, âgé de vingt et un ans accomplis et de moins de trente, qui choisira et épousera une vierge pauvre en mémoire de l'égalité humaine.

Il y aura des lycées qui distribueront des prix d'éloquence.

Le concours pour le prix d'éloquence n'aura jamais lieu par des discours d'apparat. Le prix d'éloquence sera donné au laconisme, à celui qui aura proféré une parole sublime dans un péril; qui, par une harangue sage, aura sauvé la patrie, rappelé le peuple aux mœurs, rallié les soldats.

Le prix de la poésie ne sera donné qu'à l'ode et à l'épopée.

ONZIÈME FRAGMENT. — *Des vieillards, des assemblées dans les temples et de la censure.*

Les hommes qui auront toujours vécu sans reproche porteront une écharpe blanche à soixante ans. Ils se présenteront à cet effet dans le temple, le jour de la fête de la vieillesse, au jugement de leurs concitoyens ; et, si personne ne les accuse, ils prendront l'écharpe.

Le respect de la vieillesse est un culte dans notre patrie. Un homme de l'écharpe blanche ne peut être condamné qu'à l'exil.

Les vieillards qui portent l'écharpe blanche doivent censurer, dans les temples, la vie privée des fonctionnaires et des jeunes hommes qui ont moins de vingt et un ans.

Le plus vieux d'une commune est tenu de se montrer dans le temple tous les dix jours, et d'exprimer son opinion sur la conduite des fonctionnaires.

Les citoyens s'assemblent dans les temples pour y examiner la vie privée des fonctionnaires et des jeunes hommes au-dessous de vingt et un ans ; pour y rendre compte de l'emploi de leur revenu, pour y déclarer leurs amis. C'est le plus âgé qui préside. On ne peut discourir longuement ; on ne peut déclamer ; on doit déclarer les faits précis, nus, par respect pour le lieu où l'on est et par respect pour l'égalité.

Celui qui frapperait ou injurierait quelqu'un dans les temples serait puni de mort.

Ceux qui ne sont pas membres du souverain se retirent des temples avant que l'on vote.

On n'écrit point ce qui se passe dans les temples.

Les fonctionnaires accusés dans les temples par les vieillards n'y peuvent parler ; mais leur réponse, écrite par eux-mêmes, est lue avec décence par un de leurs amis ; et, sans discussion, le peuple prononce si le renvoi devant les tribunaux criminels aura lieu ou non. S'ils sont convaincus de mauvaise vie, ils sont bannis.

Tout ce qui tendrait à rendre les mœurs féroces ou molles doit être censuré dans les temples ; mais on n'y doit nommer, ni censurer personne, qui ne soit revêtu de l'autorité, ou qui ne soit âgé de vingt et un ans.

Les femmes ne peuvent être censurées.

Celui qui censurerait nominativement quelqu'un hors les cas prescrits par la loi serait banni sur la demande de la personne intéressée devant les tribunaux.

DOUZIÈME FRAGMENT. — *Des funérailles.*

Les funérailles des citoyens sont solennelles et accompagnées d'un magistrat.

Les rites des différens cultes seront respectés.

Il y a un petit champ donné à chaque famille pour les sépultures.

Les cimetières sont de rians paysages : les tombes sont couvertes de fleurs, semées tous les ans par l'enfance.

Les enfans sans reproche placent au-dessus de la porte de leur maison l'image de leur père et de leur mère.

Il faut que le respect des morts soit un culte, et qu'on croie que les martyrs de la liberté sont les génies tutélaires du peuple, et que l'immortalité attend ceux qui les imitent.

Celui qui outrage les sépultures est banni.

TREIZIÈME FRAGMENT. — *Quelques institutions rurales et somptuaires.*

Tout propriétaire qui n'exerce point de métier, qui n'est point magistrat, qui a plus de vingt-cinq ans, est tenu de cultiver la terre jusqu'à cinquante ans.

Tout propriétaire est tenu, sous peine d'être privé du droit de citoyen pendant l'année, d'élever quatre moutons, en raison de chaque arpent de terre qu'il possède.

L'oisiveté est punie, l'industrie est protégée.

La République honore les arts et le génie. Elle invite les citoyens aux bonnes mœurs ; elle les invite à consacrer leurs richesses au bien public et au soulagement des malheureux, sans ostentation.

Tout citoyen rendra compte, tous les ans, dans les temples, de l'emploi de sa fortune.

Nul ne peut être inquiété dans l'emploi de ses richesses et dans ses jouissances, s'il ne les tourne au détriment d'un tiers.

Il n'y a point de domesticité ; celui qui travaille pour un citoyen est de sa famille et mange avec lui.

Nul ne mangera de chair le troisième, le sixième, le neuvième jour des décades.

Les enfans ne mangeront point de chair avant seize ans accomplis.

Sinon dans les monnaies, l'or et l'argent sont interdits.

QUATORZIÈME FRAGMENT. — *Institutions politiques.* — *Des mœurs du gouvernement.*

Ceux qui sont chargés de gouverner la République doivent l'exemple des vertus et de la modestie.

L'égalité des citoyens ne pouvant être garantie que par la justice inflexible de l'autorité, la discipline de ceux qui l'exercent doit être rigoureuse.

Comme l'autorité n'appartient pas à l'homme, mais à la loi dont il est l'organe, la hiérarchie des juridictions sera consacrée. Tout pouvoir est tenu d'obéir à celui qui le précède.

Aucun étranger ne peut être employé dans le gouvernement, sous quel rapport et quel prétexte que ce soit.

Aucun étranger ne peut posséder d'emploi à la solde de l'état, s'il n'a été revêtu d'une magistrature à la nomination du peuple.

QUINZIÈME FRAGMENT. — *Des mœurs de l'armée.*

C'est un devoir pour tous les Français de venger ceux qui sont morts avant eux dans la guerre contre la tyrannie. Si ce principe peut devenir l'esprit public, la République sera guerrière et indomptable.

Les garnisons françaises ne peuvent recevoir d'autres capitulations que de retourner dans leur patrie, et doivent périr plutôt que de se rendre prisonnières.

Un militaire ne peut jamais rentrer dans le lieu où il est né, s'il a quitté son rang dans un combat, s'il a perdu son arme, s'il a déserté, s'il a violé la discipline, s'il a murmuré des fatigues. Le père qui embrasserait son fils après sa lâcheté ne pourrait point porter l'écharpe de la vieillesse.

Un soldat, près duquel un autre soldat a été frappé d'une arme blanche, est déshonoré, s'il revient du combat, sans l'arme de celui qui a frappé son frère.

Un général en chef, blessé dans une bataille par une arme blanche, s'il ne l'a pas été ralliant une troupe enfoncée, est destitué.

Le militaire qui insulte son chef ou lui désobéit, le chef qui insulte ou frappe son subordonné, sont punis de mort.

Un militaire qui vole ou commet une violence sur le territoire français est chassé de l'armée; il est puni de mort si c'est en pays ennemi.

Nul ne peut quitter l'armée qu'à la fin de la guerre.

Les camps sont interdits aux femmes, sous peine de mort.

Un soldat a le droit de porter une étoile d'or sur son vêtement, à l'endroit où il a reçu des blessures; les étoiles lui seront données par la patrie. S'il est mutilé ou s'il a été blessé au visage, il porte l'étoile sur le cœur.

Les noms des victoires seront inscrits au Panthéon, avec les traits de courage qui les auront signalées.

Il sera déposé dans le Panthéon des livres où seront également inscrits les noms de tous ceux de la génération présente qui ont concouru à la révolution, et qui auront souffert ou seront morts pour elle.

On ne fera l'éloge des généraux qu'à la fin de la guerre.

Il faut entretenir, en temps de paix, huit cent mille hommes répartis dans toutes les places, et établir un système de mutations et de vicissitudes de garnisons, pour empêcher que l'esprit de paresse ne s'introduise dans l'armée, et pour que la République française soit redoutée de tous les gouvernemens.

SEIZIÈME FRAGMENT. — *Des censeurs.*

Il faut dans toute révolution un dictateur pour sauver l'état par la force, ou des censeurs pour le sauver par la vertu.

Il faut créer des magistrats pour donner l'exemple des mœurs.

Pourquoi le peuple ne donne-t-il des mandats que pour exercer l'autorité? S'il créait six millions de magistrats, pour prêcher ou donner l'exemple de toutes les vertus, cela serait-il moins bien?...

La garantie des devoirs et de l'inflexibilité des fonctionnaires est aussi la garantie des droits et de la liberté des citoyens.

Il faut faire peur à ceux qui gouvernent. Il ne faut jamais faire peur au peuple.

La censure la plus sévère est exercée sur ceux qui sont employés dans le gouvernement.

Il sera établi, dans chaque district et dans chaque armée de la République jusqu'à la paix, un censeur des fonctionnaires publics.

Cette censure est exercée sur le gouvernement, et ne peut l'être sur le peuple.

Les censeurs ne peuvent exercer aucun acte d'autorité; ils ne rendent point de jugemens et ne connaissent point de ceux qui sont rendus; ils ne peuvent décerner des mandats d'arrêt.

Les censeurs accusent devant les tribunaux les fonctionnaires conspirateurs ou dilapidateurs; ceux qui ont opprimé des citoyens; ceux qui n'exécutent point, dans des délais fixés, les mesures de gouvernement et de salut public; tous les agens enfin qui prévariquent, de quelque manière que ce soit.

Les censeurs des armées ne peuvent connaître des opérations militaires, ni du moral de la guerre. Ils surveillent la discipline, les officiers, les généraux et l'administration.

Il est interdit aux censeurs de parler en public. La modestie et l'austérité sont leurs vertus. Ils sont inflexibles. Ils appellent les fonctionnaires pour leur demander compte de leur conduite; ils dénoncent tout abus et toute injustice dans le gouvernement; ils ne peuvent rien atténuer ni pardonner.

Les censeurs ne peuvent suivre les procédures. Les poursuites sont faites, sur leurs dénonciations, par les accusateurs publics près les tribunaux.

Les censeurs convaincus de faiblesse sont destitués. Ceux qui ont épargné sciemment un fonctionnaire coupable d'avoir abusé du pouvoir, sont punis. Ils peuvent être accusés par tous les citoyens.

L'indemnité des censeurs est portée à 6,000 francs.

Il n'y a point de censeur dans le séjour du corps législatif.

Le droit d'accuser les députés est un droit du peuple et des citoyens : il n'appartient pas aux censeurs. Les dénonciations contre les députés sont portées au corps législatif.

Les accusations contre les censeurs sont portées devant le corps législatif.

DIX-SEPTIÈME FRAGMENT. — *De la police en temps de guerre.*

Pendant la guerre, pour prévenir toutes conjurations de la part de l'étranger, et tout mouvement subversif de l'ordre social, les étrangers, les sujets des gouvernemens avec lesquels la République est divisée, sont exclus des emplois et des villes.

La réformation des lois est suspendue pour éviter les intrigues et les conjurations de l'étranger.

La patrie est déclarée en danger ; le corps législatif nomme un comité de salut public, composé de neuf de ses membres, pour surveiller le conseil exécutif.

DIX-HUITIÈME FRAGMENT. — *Des garanties.*

Il faut tracer et reconnaître tous les principes de la liberté par une déclaration particulière, qui soit, par rapport à la société, ce que les droits de l'homme sont par rapport au gouvernement.

Il faut faire une instruction sur les mœurs, sur l'application du pouvoir, sur les devoirs et les droits réciproques et respectifs, sur le génie, le but de la révolution, sur les idées qui constituent le bonheur d'un peuple libre.

La liberté est la garantie du citoyen par rapport à l'application des lois.

Tout citoyen, quel que soit son âge et son sexe, qui n'exerce aucune fonction publique, a le droit d'accuser devant les tribunaux criminels un homme revêtu d'autorité, qui s'est rendu coupable envers lui d'un acte arbitraire.

Les parties doivent s'expliquer en présence l'une de l'autre.

Si l'homme revêtu d'autorité est convaincu, le bannissement est prononcé contre lui, et la mort s'il rentre sur le territoire.

Si les tribunaux criminels refusent d'entendre le citoyen qui intentera plainte, il formera sa plainte dans le temple, devant le peuple, le jour de la fête de l'Être suprême; et, si la cause n'est pas jugée trente jours après, le tribunal est puni par la loi.

L'insurrection est le droit exclusif du peuple et du citoyen. Tout étranger, tout homme revêtu de fonctions publiques, s'il la propose, est hors la loi, et doit être tué sur l'heure, comme usurpateur de la souveraineté, et comme intéressé aux troubles pour faire le mal ou pour s'élever.

Les insurrections qui ont lieu sous le despotisme sont toujours salutaires. Celles qui éclatent dans un état libre sont dangereuses quelquefois pour la liberté même, parce que la révolte du crime en usurpe les prétextes sublimes et le nom sacré. Les révoltes font aux états libres des plaies longues et douloureuses qui saignent tout un siècle.

Un député du peuple ne pourra être jugé que par un jury de vingt-six membres, tirés au sort parmi les députés, dont il récusera la moitié, afin de ne pas exposer la patrie à la merci d'un tribunal.

Si un député du peuple est condamné, il doit choisir un exil hors l'Europe, pour épargner au peuple l'image du supplice de ses représentans.

DIX-NEUVIÈME FRAGMENT. — *Du commerce et des colonies.*

Nul ne peut acquérir des terres, former de banques, ni entretenir de vaisseaux en pays étrangers.

L'état répond des bâtimens submergés qui étaient chargés de bois, de laine, d'huile et de farines, si la cargaison est notifiée six mois avant au gouvernement, et certifiée par l'ambassadeur.

S'il y a une guerre maritime, tout marchand est tenu d'armer ses vaisseaux en course.

La République ne peut, par aucun traité, aliéner les droits de son commerce et ses colonies.

L'état fera acheter les nègres sur les côtes d'Afrique, pour être transplantés dans les colonies; ils seront libres à l'instant même : il leur sera donné trois arpens de terre et les outils nécessaires à leur culture.

VINGTIÈME FRAGMENT. — *Du domaine public.*

Le domaine et les revenus publics se composent des impôts, des successions attribuées à la République, et des biens nationaux.

Il n'existera d'autre impôt que l'obligation civile de chaque citoyen, âgé de vingt et un ans, de remettre à un officier public, tous les ans, le dixième de son revenu et le quinzième du produit de son industrie.

Le tableau des paiemens sera imprimé et affiché toute l'année.

Le domaine public est établi pour réparer l'infortune des membres du corps social.

Le domaine public est également établi pour soulager le peuple du poids des tributs dans les temps difficiles.

La vertu, les bienfaits et le malheur donnent des droits à une indemnité sur le domaine public. — Celui-là seul y peut prétendre, qui s'est rendu recommandable à la patrie par son désintéressement, son courage, son humanité.

La République indemnise les soldats mutilés, les vieillards qui ont porté les armes dans leur enfance, ceux qui ont nourri leur père et leur mère, ceux qui ont adopté des enfans, ceux qui ont plus de quatre enfans du même lit ; les époux vieux qui ne sont point séparés ; les orphelins, les enfans abandonnés, les grands hommes ; ceux qui se sont sacrifiés pour l'amitié ; ceux qui ont perdu des troupeaux ; ceux qui ont été incendiés ; ceux dont les biens ont été détruits par la guerre, par les orages, par les intempéries des saisons.

Le domaine public solde l'éducation des enfans, fait des avances aux jeunes époux, et s'afferme à ceux qui n'ont point de terres.

LEBAS.

Le nom du conventionnel Lebas est demeuré dans l'histoire à cause du noble caractère dont il fit preuve dans la séance du 9 thermidor. Les termes mêmes par lesquels il exprima son sacrifice volontaire à la cause de ses amis, montrent que sa conduite fut dictée par une conscience droite et par le dévouement le plus pur. Un acte si honorable ne pouvait que nous faire rechercher avec intérêt les autres circonstances de sa vie. Les documens officiels ne nous apprennent presque rien à cet égard, à cause de l'extrême modestie que Lebas apporta dans les fonctions importantes qui lui furent confiées, tant dans les comités qu'aux armées, fonctions qu'il exerça sans jamais chercher à se mettre en évidence. Nous avons dû faire en sorte de nous procurer des documens privés. Nous savions que Lebas avait laissé une famille, et c'est à elle que nous avons demandé les renseignemens qui nous manquaient. Madame Lebas et son fils ont accueilli cette démarche avec empressement; autant par amour pour la vérité en elle-même, que pour contribuer à la réhabilitation d'une mémoire qui leur est chère, ils nous ont communiqué tous les papiers dont ils n'ont pas été dépouillés par les thermidoriens. Nous les remercions ici du don qu'ils ont fait à l'histoire, et nous ne pouvons nous empêcher d'ajouter que l'intérieur de la famille de Lebas n'est pas la moindre démonstration des mœurs douces et de la haute probité de celui qui en fut le chef. M. Lebas fils a bien voulu, sur notre demande, joindre à la correspondance inédite de son père une notice qui lie et explique ces documens précieux et en fait une sorte de biographie.

CORRESPONDANCE INÉDITE DE LEBAS.

Lebas (Philippe-François-Joseph), né en 1765 à Frévent (département du Pas-de-Calais), d'une famille honorable et nombreuse, mais peu favorisée de la fortune, fut envoyé de bonne heure à Paris, au collége de Montaigu, où il se fit distinguer par la solidité de son caractère et par son goût pour les études sérieuses (1). Au sortir du collége il entra chez M. Dreu, procureur au parlement, où il devint bientôt maître clerc. Sa santé eut plus d'une fois à souffrir du travail pénible et assidu auquel il se livrait; car, à un âge où l'on n'a d'ordinaire que des idées frivoles, sa seule préoccupation était de conquérir une position qui lui permît d'assurer le bien-être de ses douze frères et sœurs. En 1789, il fut reçu avocat au parlement de Paris, et l'année suivante fut consacrée à la poursuite d'une affaire très-importante qui intéressait le prince de Bergues (2). Vers le mois de mars, son père, déjà fort âgé, lui fit entrevoir qu'il serait heureux de l'avoir près de lui pour le seconder. Le jeune avocat, dont les talens commençaient à être appréciés au barreau de Paris, n'hésita pas un seul instant et adressa à son père la lettre suivante:

« Paris, ce 24 mars 1790.

» Quelque avantageux qu'il puisse me paraître de me fixer à Paris, quelque dégoût que vous me supposiez pour la province, je n'hésiterai jamais à sacrifier des avantages, à surmonter des dégoûts, toutes les fois que votre satisfaction en dépendra. Je vois que je vous contrarie en voulant m'établir ici; d'un autre côté, vos nouveaux chagrins vous portent à désirer que tous ceux qui vous aiment véritablement soient auprès de vous. Eh bien! mon père, parlez, mandez-moi franchement que vous le désirez, je serai prêt à partir, rien ne me retiendra, je puis même vous assurer que j'habiterai volontiers un pays qui, je l'avoue, n'a par lui-même nul attrait pour moi, mais qui s'embellira à mes yeux, quand je saurai que mon séjour y est nécessaire à votre bonheur. Vous aurez, n'en doutez pas, dans votre fils un ami fidèle, un compagnon inséparable qui partagera vos

---

(1) Le vénérable M. Létendard, aujourd'hui inspecteur honoraire de l'académie de Paris, a été le professeur de Lebas à Montaigu, et a conservé de lui un souvenir aussi honorable pour le maître que pour l'élève.

(2) Le père de Lebas, Notaire à Frévent, avait long-temps administré les biens de cette famille, qui possédait de grandes propriétés en Artois.

travaux, vos peines, vos plaisirs. En un mot, quels que soient les discours auxquels je donne lieu en agissant ainsi, je m'en inquiète peu : ma principale ambition est de contribuer à vous rendre heureux. J'abandonne aisément tout projet qui n'est pas d'accord avec celui-là. Le devoir, et surtout mon cœur, me disent que je ne saurais faire autrement : non, mon père, je ne saurais vivre avec une conscience qui me reprocherait ou d'avoir été la cause de vos peines, ou de n'avoir pas au moins tenté de les diminuer. Telles sont, telles ont toujours été mes dispositions. Je ne croyais pas que vous l'eussiez oublié. Mais, mon père, que la connaissance que je vous en donne de nouveau me réconcilie avec vous, si vous avez pu être fâché contre moi.—Adieu, mon cher père, mille amitiés à mes frères et sœurs. — LEBAS.»

— Quelques mois plus tard il était établi à Saint-Pol, heureux de son sacrifice et de son respect pour la volonté d'un père. Transporté sur ce théâtre obscur, il ne s'en livra qu'avec plus d'ardeur aux travaux de sa profession.

Rien, jusqu'à cette époque, ne fait prévoir encore le rôle important que Lebas doit jouer dans les événemens qui se préparent; seulement de loin en loin ses lettres à son père prouvent qu'il prend un vif intérêt à la révolution qui vient d'affranchir sa patrie. Le premier acte qui constate son adhésion aux principes démocratiques c'est sa nomination, comme député de son département, à la fédération du 14 juillet 1790. Ce devoir accompli, il revient à Saint-Pol et y reprend ses occupations d'homme de loi.

Dans le cours de l'année 1791, Lebas fut nommé administrateur du département du Pas-de-Calais, à Saint-Pol. Il se livrait depuis quelque temps aux travaux nombreux et assidus auxquels l'astreignaient les fonctions gratuites qu'il venait d'accepter, quand il fut chargé d'une cause qui eut un grand retentissement en Artois. Il s'agissait de défendre un vieux maréchal-des-logis au 8e régiment de cavalerie, accusé faussement d'insubordination par un officier qui, en sa qualité de gentilhomme, s'était cru obligé depuis à émigrer. Sans doute cette affaire présentait une chance de succès en ce que l'avocat avait à soutenir un homme sorti du peuple, contre un membre de la noblesse; mais, d'un autre côté, Berceau, c'était le nom du vieux soldat, était traduit devant la cour martiale d'Arras; et, à une époque où la patrie était menacée par dix armées étrangères, une accusation d'indiscipline devait être une affaire grave. Lebas, convaincu de l'innocence de son client, prit en main sa défense, et sa parole fut si puissante, que Berceau fut acquitté, et l'avocat reconduit en triomphe à Saint-Pol. Tout n'était pas fini. Les officiers supérieurs du 8e régiment crurent devoir venger l'honneur de l'épaulette en accablant le vieux soldat de mille dégoûts; mais le jeune avocat se montra ferme, et ses réclamations énergiques auprès du ministre Servan lui-même obtinrent qu'un brave défenseur fût rendu à la patrie. Plus tard Lebas et son client devaient se retrouver sur le champ de bataille.

A la suite de ce brillant succès, il fut, dans le mois de décembre 1791, appelé par le directoire du département à faire partie de l'administration centrale. Lebas, sans autre ambition que celle d'être utile, refusa d'abord; mais, sur les instances pressantes qu'on réitéra auprès de lui, il accepta et continua, dans ce poste élevé, à donner les preuves les plus évidentes de son patriotisme, de son désintéressement et de sa modération (1). Ses lettres, à par-

(1) En quittant ce poste pour venir à Paris remplir les fonctions de député à la Convention nationale, Lebas détacha du registre des dénonciations de la commune d'Arras deux feuillets que l'on croit devoir reproduire ici. Il cherchait par là à sauver quelques malheureux. (Voyez sa lettre du 26 octobre 1792, p. 325.)

District de Calais, canton de Mannequeber.

« Le trois septembre mil sept cent quatre-vingt-douze, l'an quatrième de la liberté, s'est présenté à la commission chargée de la vérification des pouvoirs le citoyen Jean-Louis Doyelle, demeurant à Saint-Folquin, électeur; lequel a exposé que le sieur Guillaume-François Payelville, secrétaire des quatre municipalités du canton et greffier du juge de paix, avait donné de fréquentes preuves d'incivisme, notamment en affectant de ne point donner de publicité aux lois qui concernent les prêtres insermentés, en n'allant point aux offices de ces ecclésiastiques, en renvoyant ceux de ses domestiques qui n'imitent point son exemple, et en n'assistant à aucune délibération ayant pour objet ces mêmes prêtres insermentés, et a signé avec nous, secrétaire de ladite commission. — DOYELLE, secrétaire. LEBAS. »

»Ledit jour, s'est présenté Antoine-Joseph Touzart, électeur du district de

tir de cette époque, portent l'empreinte de son zèle pour la chose publique, mais elles n'annoncent point encore un parti pris. Du reste, on y retrouve cette droiture de sentiment, cette pureté de cœur, ce caractère calme et modéré qu'il conserva jusqu'au dernier jour de sa trop courte existence. En voici quelques-unes :

Calais, canton de Mannequeber, demeurant à Saint-Nicolas, lequel a exposé que le sieur Joseph Ducrocq, administrateur du district de Calais, s'était rendu suspect d'incivisme par ses liaisons avec le sieur Payelville, secrétaire des quatre municipalités du canton, et dont l'aristocratie est connue; qu'il avait ajouté à la mauvaise opinion que l'on avait sur son compte en paraissant en tout favorable aux prêtres inassermentés, et surtout en s'expliquant sur les assemblées primaires pour la Convention nationale d'une manière indécente, parce que, selon lui, toutes les personnes qui composaient ces assemblées étaient des hommes méprisables et de mauvais sujets. — JOSEPH, TOUZART, LEBAS.

« S'est encore présenté Jean-Baptiste Bouret, demeurant à Sainte-Marie-Querque, même canton, électeur, lequel a exposé que Pierre-Antoine Milloir, maire dudit Sainte-Marie-Querque, s'était montré protecteur des prêtres insermentés, qu'il avait donné quinze livres à un huissier pour que ce dernier sommât le desservant de la paroisse de remettre les clefs au marguillier, et qu'il avait fait d'autres tentatives pour rétablir l'ancien curé dans ses fonctions, qu'il ne peut plus remplir, puisqu'il a refusé de prêter le serment. — BOURET, LEBAS. »

« Le sieur Bouret a exposé que le sieur Pierre Aniérée, notable de la municipalité de Sainte-Marie-Querque, loge chez lui le curé inassermenté de cette paroisse et injurie tous les patriotes, en les accusant d'être les auteurs du déplacement de ce prêtre, et disant qu'il avait cinq frères du côté de sa femme qu'il voudrait voir pendre. — BOURET, LEBAS. »

District de Montreuil, canton de Capelle.

« Le trois septembre mil sept cent quatre-vingt-douze, l'an quatrième de la liberté, s'est présenté à la commission chargée de la vérification des pouvoirs le citoyen Gruet, secrétaire de la municipalité de Huby-Saint-Leu, lequel a exposé que le conseil général de cette commune, dans le mois de mars dernier, avait pris un arrêté pour interdire au curé inassermenté la prédication dans l'église; que malgré cet arrêté le curé se mit en devoir de prêcher, et que quelques citoyens ayant inutilement tenté par leurs observations de l'en empêcher, furent dénoncés par le curé au sieur Duclay, juge de paix du canton, lequel prit ouvertement le parti du prêtre non sermenté, et écrivit à l'exposant, le dix-neuf dudit mois de mars, une lettre qui a été représentée par ledit exposant et a été jointe aux présentes, signées dudit sieur Gruet et du secrétaire de la commission.

» Ledit sieur Gruet a aussi exposé qu'il avait dressé, il y a vingt mois environ, un procès-verbal de différens propos inciviques tenus par le curé inassermenté dudit lieu de Huby-Saint-Leu, que ce procès-verbal avait été envoyé par le procureur de la commune au procureur-syndic du district de Montreuil, lequel, au lieu de tracer à la municipalité la conduite qu'elle avait à tenir, et de prendre lui-même des mesures pour s'opposer au mal que produisaient ces propos, a gardé constamment le silence. — LEBAS, GRUET. »

« Arras, ce 25 juillet 1792.

» J'ai reçu votre lettre du 25 de ce mois, mon cher père. Malgré le danger de notre position actuelle, je suis loin de croire qu'il faille jamais désespérer du salut de l'état. Des nouvelles de Paris annoncent que le recrutement de l'armée se fait avec beau-

Canton de Campagne.

« S'est présenté, ledit jour, le citoyen Ledrue, maire de Lespinoy, lequel a exposé que, le dimanche d'après la Saint-Pierre dernière, le curé sermenté de Gouy s'est présenté à l'église succursale de Saint-Remi pour y dire la messe paroissiale; que le maire de Saint-Remi, qui s'était fait apporter les clefs de l'église, s'y est opposé et a placé deux factionnaires pour empêcher le curé sermenté d'entrer dans l'église; que ce maire n'a voulu permettre à ce curé de dire la messe qu'après le vicaire inassermenté de Saint-Remi. L'exposant a déclaré que le maire se nommait Norbert Carpentier. — LEDRUE, maire de Lespinoy. LEBAS. »

Canton de Montreuil.

« S'est présenté, ledit jour, le citoyen Hautbout, prêtre assermenté de l'Hôtel-Dieu de Montreuil, lequel a exposé que les sieurs David, Riquier, Cossarts et Warnin, administrateurs du district de Montreuil, et le sieur Leblond, procureur-syndic de ce district, avaient pris, sur les événemens du vingt juin dernier, un arrêté et avaient écrit une lettre au roi; que cet arrêté et cette lettre étaient un monument de la plus basse adulation envers le pouvoir exécutif, et que l'on ne rougissait pas d'y annoncer que le roi ne s'était jamais écarté des principes de la Constitution.

» L'exposant a ajouté qu'il avait déjà dénoncé au directoire du département le même district, au sujet de plusieurs ventes frauduleuses de biens nationaux; que le ministre de l'intérieur venait de demander des renseignemens sur cette affaire importante, long-temps oubliée dans les bureaux du département.—HAUTBOUT. LEBAS. »

Canton de Campagne.

« S'est présenté le citoyen Ledrue, demeurant à Lespinoy, lequel a exposé que le sieur d'Hesdin, maire d'Enquinicourt, n'avait cessé de donner les plus grandes preuves d'incivisme; qu'il ne faisait connaître aucune loi aux citoyens; qu'il avait empêché que depuis mil sept cent quatre-vingt-dix la municipalité fût renouvelée; que, quoique fortuné, il n'avait pas fait de don patriotique, et que sa maison servait de retraite à une foule de prêtres inassermentés et fanatiques. — LEDRUE, maire de Lespinoy. LEBAS. »

—Rien ne prouve mieux que le fait suivant le respect de Lebas pour les croyances religieuses sincères, et son éloignement pour toutes les persécutions dirigées contre les ecclésiastiques inassermentés. Lorsqu'en 1806, le fils de Lebas fut placé par sa mère au collége de Juilly, il fut présenté à M. Balland, père de l'Oratoire, alors grand préfet des études de cet établissement, et depuis nommé par M. de Fontanes inspecteur-général de l'Université. Au nom de Lebas, le vieil oratorien s'écria : Madame, cet enfant serait-il le fils du député du Pas-de-Calais à la Convention nationale? Sur la réponse affirmative qui lui fut faite, le vénérable prêtre prit l'enfant dans ses bras, le pressa contre son cœur en disant : « Ah! madame, je ne saurais prendre trop de soin de votre fils; son père m'a » sauvé la vie. »

coup de succès, que déjà plus de quinze mille hommes se sont enrôlés. Quelle différence de ce pays au nôtre! On ne s'y borne pas à de vaines protestations d'attachement pour la patrie; mais aussi il faut convenir que l'appareil avec lequel la municipalité de Paris a proclamé les dangers de la patrie était bien propre à jeter dans les ames des impressions profondes. Nous avons reçu, de M. Arthur Dillon, une lettre par laquelle cet officier-général, commandant dans l'armée du Nord, nous tranquillise sur la crainte d'une invasion dans le département, et annonce que chaque district va recevoir quatre mille cartouches au lieu de mille que la loi du 8 de ce mois leur prescrit de se procurer. On parlait ici d'une action dont le résultat aurait été l'expulsion des Autrichiens qui sont à Bavay; mais cette nouvelle comme tant d'autres est fausse. Seulement il y a eu entres nos postes et ceux des Autrichiens quelques légères affaires. Quelques soldats ennemis ont été pris. Je suis encore de la commission chargée de préparer les travaux relatifs à la surveillance permanente pour laquelle nous sommes rassemblés.

» Adieu, mon cher père, je vous embrasse. Mes complimens à mes frères et sœurs. — LEBAS. »

« Arras, 1er août 1792.

» Rien de très-nouveau à vous mander, mon cher père. Vous savez sans doute et vous aurez appris avec plaisir que François (1) était sous-lieutenant. Nos séances sont maintenant publiques. Nous avons avec les municipalités et les districts une correspondance active et suivie relativement aux circonstances présentes. Mais les choses ne changent pas beaucoup de face, et je n'aperçois pas encore le terme de mon retour. Cependant j'espère aller dans peu à Saint-Pol, et de là à Frévent causer avec vous. Je vous embrasse. — LEBAS. »

« Arras, 12 août 1792.

« Vous avez sans doute appris la supension du roi, le décret qui invite la nation à une Convention nationale. Nous ne savons

(1) Frère de Lebas, compagnon d'armes de Murat.

pas bien encore les circonstances et les détails de cet événement. Ce qui paraît certain, c'est qu'il a coûté la vie à beaucoup de citoyens, et que les gardes-suisses ont été les provocateurs. On n'envisage qu'avec effroi les suites que peut avoir une pareille révolution. Comment l'armée se conduira-t-elle? Voilà un grand sujet d'inquiétude! Quant à l'intérieur, la tranquillité semble dépendre beaucoup de la conduite de l'armée. Me voilà retenu ici plus étroitement que jamais.

» Je n'ai pas encore reçu de nouvelles de François. J'ai su, il y a quelques jours, qu'il était en bonne santé par une lettre de Le Blond à mon cousin, dans laquelle il lui apprend qu'il est quartier-maître, et que François a beaucoup contribué à le faire nommer. Je vous informerai des nouvelles que je pourrai apprendre ici. Mes complimens à la famille. — LEBAS. »

— On le voit par cette dernière lettre, Lebas pressent l'issue de la lutte qui s'engage, mais il hésite encore à déclarer de quel côté sont les torts. Cet esprit si droit et si honnête ne se prononcera que lorsqu'il aura compris de quel côté est le devoir, et alors il n'hésitera plus, il restera fidèle jusqu'à la mort aux principes qu'il aura embrassés. Rien n'indique mieux la sage et prudente délibération à laquelle il se livra à cette époque que la lettre suivante adressée par lui à l'un de ses compatriotes un mois après son retour à Paris.

« Paris, 26 octobre 1792, l'an 1 de la république française.

» Frère et ami, je vous remercie des détails que vous me donnez dans votre lettre du 21. J'y ai vu avec plaisir, quoique sans étonnement, le récit de la fête par laquelle on a célébré à Saint-Pol des événemens agréables à tous les patriotes. Je m'attendais à la conduite des ex-administrateurs du département. Fort heureusement on vient de les suspendre, et, si leur remplacement momentané et subit ne leur a pas donné de successeurs aussi généralement éclairés qu'ils sont patriotes, il faut beaucoup attendre du choix définitif qu'il est possible de rendre très-bon. Je sens avec vous la pénurie des ressources de notre district. Cependant deux ou trois hommes instruits et patriotes, secondés par des hommes qui n'auraient guère que du patriotisme, me paraissent suffisans pour bien administrer, surtout s'ils savent organiser leurs bureaux.

» Les succès de nos armées continuent. J'en suis ravi. Voilà une belle occasion de détruire la tyrannie dans toute l'Europe, si, surtout, on n'a pas la faiblesse de faire avec les rois des traités toujours funestes à la liberté, et en contradiction avec nos principes, quoique en apparence avantageux. Je crains qu'on ne soit pas assez généralement pénétré de cette vérité, et les esprits ne me paraissent pas encore arrivés à la hauteur des principes.

» Vous êtes loin, mon cher concitoyen, du principal théâtre : vous ne voyez pas la scène dans tous ses détails. Je désirerais vous tenir ici quelque temps, et peut-être alors vous trouveriez-vous très-embarrassé sur le jugement à porter de tout ce qui se passerait sous vos yeux. Ce que vous regardez dans votre lettre comme la conduite de la ville de Paris n'est que l'ouvrage de quelques individus; et peut-être cette manifestation de leur opinion sur la force armée, conçue en termes peu mesurés, et désapprouvée par cette raison par la très-grande majorité des Parisiens, tient-elle à l'intrigue dont on sait que le but est d'abord de tirer la Convention hors de Paris, en supposant à cette ville le dessein de dominer et de primer sur les départemens. Jusqu'à présent tout m'a fait croire à l'existence de cette intrigue : et l'affectation qu'on met à s'occuper pour le moindre sujet de la commune de Paris, et le soin qu'on prend de relever les moindres actions de quelques-uns de ses magistrats, et tant d'autres incidens qui semblent imaginés pour amener une scission entre Paris et les départemens, scission à la faveur de laquelle il serait facile de fédéraliser la République. Voilà le projet définitif qu'on attribue à tous ceux qui emploient des talens, d'ailleurs très-précieux, à décrier les événemens qui ont accompagné la révolution du 10, surtout les terribles journées des 2 et 3 septembre. Voilà le projet auquel on dit que doit sa naissance ce mot nouveau d'agitateur du peuple, un peu trop ressemblant à celui de factieux, de républicain. Méditez ces idées que les bornes d'une lettre ne me permettent pas d'étendre. Considérez d'ailleurs que, si les déclamateurs n'avaient pas une arrière-pensée, ils seraient trop maladroits et trop impolitiques en offrant à toute l'Europe la journée du 2 septembre comme le seul produit du crime, tandis que pour l'honneur de la nation, de la révolution, on doit la laisser envisager comme le complément de la journée du 10. Pour moi, quand je réfléchis à toutes les circonstances de ce massacre, je n'y peux apercevoir qu'une mesure de sûreté nécessaire pour le succès de la journée du 10; et, si l'humanité gémit sur tant de victimes immolées et surtout sur de cruelles méprises, on trouve quelque soulagement à penser que le glaive de la loi eût moissonné presque toutes ces victimes, et que son inaction seule a été cause de tant de violences. Je ne sais si vous serez frappé de mes réflexions. Au reste, je vous invite à les réfuter; surtout je vous prie d'attendre encore quelque temps pour vous déterminer. Nous sommes tous deux de bonne foi, nous voulons le bien : il s'agit de le trouver, et, quand nous saurons où il est, le parti à prendre ne saurait être douteux.

» Ce que vous me dites relativement aux prêtres sermentés me semble juste. Je suis loin d'adopter certaines opinions mauvaises même sous les rapports politiques. Je vous adresse un petit ouvrage sur ce sujet.

» Nous avons dîné hier, toute notre députation, chez Thomas Payne. A en juger par son interprète (car il n'entend pas le français), nous avons en lui un collègue excellent patriote.

» Louis-le-Dernier est toujours là. On doit incessamment présenter sur son compte un projet de décret au nom du comité de législation. Je serais charmé de connaître votre opinion sur la question de savoir si l'inviolabilité dont l'avait entouré la constitution permet qu'on le juge. En général, vous m'obligeriez beaucoup de vous prêter avec moi à des dissertations politiques sur les points très-intéressans qui s'offrent tous les jours à la discussion.

» Mille amitiés à toutes nos connaissances, principalement chez mes hôtes que j'embrasse de tout mon cœur. — Lebas. »

— A l'époque où Lebas écrivait cette lettre, il siégeait depuis un mois à la Convention nationale. Le zèle qu'il avait déployé dans ses fonctions d'administrateur, le succès tout récent qu'il venait d'obtenir comme avocat, l'amitié fondée sur une profonde estime que lui portait Maximilien Robespierre, son ancien condisciple, avaient fixé sur lui l'attention publique, et lorsque la Convention nationale eut été convoquée, il avait été l'un des députés envoyés par le département du Pas-de-Calais à cette assemblée qui allait avoir à remplir de si grands et de si terribles devoirs. Désormais la vie de Lebas appartient à l'histoire. Convaincu de la pureté des intentions de Robespierre, il embrassa ses principes et y resta fidèle, tout persuadé qu'il était de la mort prochaine qui devait couronner son dévouement. Lebas assista aux débats si graves et si animés qui eurent lieu dans la la Convention depuis le 21 septembre 1792, jusqu'à la fin d'avril 1793. Il eût pu comme tant d'autres se faire remarquer dans la discussion, car il avait, dans le procès de Berceau, fait preuve d'un talent distingué comme orateur, mais l'ambition et la vanité étant étrangères à une ame de cette trempe, et n'ayant qu'un seul but, le salut de la République (1), il se contenta de voter suivant sa conscience.

Presque chaque jour, au retour de la Convention, Lebas écrivait à son vieux père et lui rendait, en quelque sorte, compte de sa conduite politique. L'homme se peint tout entier dans les épanchemens de la famille, et à ce titre, les lettres de Lebas sont un document précieux pour l'histoire. Elles prouvent sa fermeté, sa bonne foi, son désintéressement, son désir d'assurer le bonheur de la France, et ne peuvent manquer de lui mériter l'estime de ceux-là même qui ne partagent pas ses principes.

(1) Voyez la lettre du 5 obtobre, page 329.

« Paris, 21 septembre, l'an 4ᵉ de la liberté, le 1ₑᵣ de l'égalité.

» Je suis arrivé ici hier à cinq heures, mon cher père. J'ai été sur-le-champ faire vérifier mes pouvoirs. La Convention nationale est formée. Je n'entrerai pas à ce sujet dans des détails que les papiers vous apprendront. Paris est plus tranquille qu'on ne me l'avait annoncé. Les travaux du camp près cette ville avancent. Le zèle qui porte les citoyens aux frontières n'est pas ralenti. On ne peut s'en faire une idée juste dans notre froid pays. Bonvallet m'a reçu en ami. Je n'aurai, je pense, qu'à me louer d'un pareil hôte. Il m'a prié de le rappeler au souvenir de mon père et de toute ma famille. Je vous écrirai plus au long dans quelques jours. Mille amitiés à mes frères et sœurs, et des complimens à nos connaissances. Je vous embrasse. — LEBAS. »

« Paris, 29 septembre 1792, l'an 1ᵉʳ de la République.

« Je vous adresse, mon cher père, quelques papiers. Je désire qu'ils vous intéressent. J'aurai soin de vous en envoyer de temps en temps. La Convention va assez bien. Les nouvelles des armées sont satisfaisantes, et tout semble nous promettre le succès de la bonne cause. Il y a dans le paquet deux chansons qui sont ici fort en vogue. Bonvallet vous salue. Mille amitiés à mes frères et sœurs. — LEBAS. »

« Paris, 30 septembre 1792, l'an 1ᵉʳ de la République.

» Je vous adresse, mon cher père, le bulletin de la Convention. Rien de nouveau ici. Nous espérons avoir bientôt des nouvelles de l'armée de Dumourier. Je n'ai pas encore reçu de lettres de François. Avez-vous été plus heureux? Je vous embrasse. — LEBAS. »

« Paris, 5 octobre, l'an 1ᵉʳ de la République.

» J'ai reçu aujourd'hui, mon cher père, votre lettre. Je ne puis vous donner de nouvelles plus sûres qu'en continuant de vous envoyer le bulletin. François m'a écrit : sa lettre est datée du 27 du mois dernier. Il se porte bien, et partage l'ardeur de la brave armée dans laquelle il sert. Les nouvelles que nous avons reçues aujourd'hui, et que vous connaîtrez en détail par le bulletin que je vous adresserai demain, augmentent notre espoir de voir bientôt la terre de la liberté purgée des brigands qui avaient voulu la désoler, et qui avaient déjà commencé l'exécution de leurs affreux projets. Indépendamment de quelques petites divisions inséparables des grandes assemblées, surtout dans les temps de révolution, la Convention paraît toujours en général animée d'un bon esprit, et décidée à remplir ses hautes destinées. Trop de grands talens s'y font distinguer pour que j'émette sans nécessité une opinion que d'autres développeront mieux que moi. L'essentiel est de bien faire, de bien écouter pour bien opiner, et de ne parler que quand on a à dire une vérité qui sans vous échapperait aux autres. Ce n'est pas de notre gloriole personnelle qu'il s'agit aujourd'hui, mais du salut de la République. Voilà mes principes, et j'y tiens d'autant plus fortement, qu'ils sont ceux de beaucoup de députés à la supériorité desquels je me plais à rendre hommage. Je vous embrasse. — LEBAS. »

« Paris, 5 octobre, l'an 1er de la République.

» Je m'empresse de vous annoncer qu'outre les nouvelles renfermées dans le bulletin ci-joint, nous avons appris officiellement que le général Custine avait pris la ville de Spire et fait plus de trois mille prisonniers. Ce qu'il y a de plus beau, c'est que notre brave armée ne s'est portée à aucun excès dans une ville prise de vive force, bien différente en cela des brigands autrichiens. Notre victoire nous a procuré en outre des fourrages, des vivres, des armes, des munitions. — LEBAS. »

« Paris, 27 novembre.

» Qu'il est doux, mon cher père, pour un patriote d'être votre fils ! Votre lettre, en me prouvant votre civisme, ne m'a cependant rien appris. Je vous félicite sur votre nomination au département. Mais les absences et les travaux gratuits auxquels ces nouvelles fonctions vous assujettissent ne sont-ils pas un obstacle à cette vie tranquille dont votre santé a besoin et dont vous m'avez si souvent exprimé le désir de goûter les charmes à la campagne? Père d'une nombreuse famille dans laquelle la patrie a trouvé de zélés défenseurs, après avoir vous-même fait tant de sacrifices à cette patrie, vous avez, ce me semble, acquis des droits à un repos honorable dont je vous invite à jouir au milieu de vos enfans.

» Je vous envoie une petite brochure; elle vous donnera une idée de la division qui règne au milieu de nous. Quels que soient les projets de ceux qui crient si fort aux agitateurs, il est certain que, pour un bon observateur, leur conduite n'est pas celle de vrais patriotes, et ressemble beaucoup à celle des feuillans dont ils ont à peu près adopté le style et les maximes, et qu'il est assez curieux de voir figurer avec les aristocrates, parmi leurs partisans, et se joindre à eux pour égarer l'opinion, dépopulariser les plus ardens défenseurs de la liberté, et provoquer des décrets liberticides. Je vous embrasse. — LEBAS. »

« Paris, 16 décembre 1792.

» J'ai reçu, mon cher père, votre lettre du 13 de ce mois. Ce que vous me dites de Frévent n'est pas agréable. Je vois avec peine que les aristocrates sont devenus plus insolens peut-être que jamais. J'en attribue la principale cause à cet esprit de modérantisme qui s'est introduit dans une partie de l'assemblée, et à la conduite des meneurs de cette assemblée. Notre situation dans l'intérieur est vraiment inquiétante. Je vois encore sous des formes peu différentes des anciennes les patriotes persécutés et les aristocrates excusés. Si cela ne change pas, gare l'indignation des patriotes. L'effet, cette fois, en serait affreux....

» Louis doit paraître mercredi à la barre. Il y a, dit-on, un système pour le sauver. C'est ce qu'il faudra voir.

» Sans doute que vous ne tarderez pas à revoir François. Vous ne m'avez pas répondu sur Désiré (1). Quels sont vos desseins à son sujet? — Je vous embrasse. Mille amitiés à mes frères et sœurs. — LEBAS. »

(1) Le plus jeune frère de Lebas.

« Paris, 21 décembre 1792.

» J'étais trop éloigné de la Convention. Je viens de me loger rue de Chartres, hôtel de Bordeaux, avec plusieurs députés. C'est là désormais que vous m'adresserez vos lettres.

» J'ai reçu des nouvelles de François; il se porte bien; mais il est fort maigre. Il est toujours au camp de Liége, et s'impatiente de ne pas être déjà à sa compagnie franche. Je vous embrasse. — LEBAS. »

« Paris, 5 janvier 1793.

» Je vous adresse, mon cher père, le discours de Robespierre. Rien ne prouve mieux qu'il a dit de grandes vérités que l'acharnement avec lequel tant de personnages le critiquent. Lisez-le, et faites-le lire à vos connaissances. Nous nous battons encore pour l'appel au peuple. L'issue du combat est incertaine.

» LEBAS. »

Fragment d'une lettre dont la première partie n'a pas été retrouvée.

« . . . .

. . . . . . royauté par le peuple dans un moment où son opinion n'était pas travaillée comme elle l'est, qui, membres pour la plupart du comité de constitution, n'ont encore rien présenté sur la constitution, mais ont, au contraire, fait les motions les plus incendiaires, les plus désorganisatrices, telles que celles d'une force armée tirée des quatre-vingt-trois départemens, d'une loi sur la liberté de la presse, d'une révision, par les assemblées primaires actuelles, des choix faits par les assemblées électorales des membres de la Convention, etc. Pour tout dire, ce sont eux qui font différer le jugement de Capet, et nous ont engagés dans un labyrinthe de formes. Au surplus, observez qu'ils sont indirectement inculpés dans l'affaire de Capet, et qu'ils se sont gardés de donner, comme tant d'autres, leur opinion par écrit. Peut-être est-ce là la clef de leur conduite. Réfléchissez-y.... Mais soyez en garde contre les diatribes ministérielles. Louis paraît demain. Je m'attends à de vives discussions. Je vous embrasse. — LEBAS. »

« Paris, 11 janvier.

« Je vous envoie, mon cher père, une nouvelle opinion sur l'affaire de Capet. Elle mérite d'être distinguée dans la foule de celles qui paraissent. J'aurais pû faire imprimer aussi celle que j'avais rédigée. Peut-être y aurait-on trouvé quelques idées neuves; mais j'ai renoncé à ce petit profit de l'amour-propre. J'amasse en secret pour mieux dépenser quand il en sera temps; et puis quand il faudra s'expliquer sur Louis à la tribune, lors de l'appel nominal, on connaîtra ma façon de penser; on saura que je n'ai pas cessé d'être patriote, et cela me suffit.

» Nous sommes actuellement dans un grand calme; je crains qu'il ne soit le précurseur d'un nouvel orage politique. Je voudrais de tout mon cœur pouvoir me reposer sur les bonnes intentions de la Convention, mais impossible. Je n'ai jamais vu tant de feuillans qui néanmoins se disent républicains. Vous avez apprécié à leur valeur certains personnages; il en est beaucoup d'autres dont le temps détruira les réputations, comme il a détruit celle de tant de charlatans. Je vous embrasse. — LEBAS. »

« Paris, 12 janvier.

» Je vous envoie, mon cher père, avec le bulletin, l'exemplaire d'une opinion contre l'appel. Cette opinion est assez bonne.

» La séance d'hier continue d'expliquer tout ce que je vous ai déjà mandé d'une coalition contre la liberté. Je vous embrasse. — LEBAS. »

« On m'a remis hier, à onze heures du soir, votre lettre du 12. Je revenais de l'assemblée. Depuis avant-hier nous avons repris l'affaire de Capet. Ses amis ont si indécemment combattu que les yeux de plusieurs personnes se sont ouverts. Déjà deux questions ont été décidées : 1º Louis est-il convaincu? *Oui* a été la réponse presque unanime; 2º le jugement qui sera rendu sera-t-il soumis à l'appel au peuple? *Non* a obtenu quarante et une voix de plus que oui, au grand étonnement des deux côtés, et au grand déplaisir des intrigans. Aujourd'hui il s'agit de statuer sur la peine; l'action sera vive. Je n'ai pas le temps de vous en dire aujourd'hui davantage. Je vous embrasse. — LEBAS. »

« Paris, 17 janvier, dix heures du matin.

» On continue l'appel pour la peine à infliger. La peine de mort paraît devoir l'emporter. Nous sommes en séance depuis hier dix heures. »

« Paris, 20 janvier.

» Le procès de Louis est terminé. L'on a décidé hier qu'il n'y aurait point de sursis à l'exécution du jugement, et demain un grand acte de justice nationale s'accomplira. Tout annonce que le calme régnera. Les amis du roi ont mis tout en œuvre pour le sauver; ils se sont démasqués. Les patriotes ont eu le dessus, et j'espère que les préventions vont cesser. J'espère que cette circonstance mémorable va redonner de l'énergie au corps politique. La constitution paraîtra, dit-on, incessamment, et d'une autre part on travaille fortement de tous côtés pour qu'au printemps prochain la guerre puisse se faire avec succès. Nous voilà lancés, les chemins sont rompus derrière nous; il faut aller en avant bon gré, mal gré, et c'est à présent surtout que l'on peut dire : Vivre libre ou mourir. — Je vous embrasse. — LEBAS. »

« Paris, le 21 janvier 1795.

» Enfin, mon cher père, le tyran n'est plus; l'exécution s'est faite ce matin avec le plus grand ordre. Le peuple, délivré du chef des conspirateurs, a crié après que sa tête a tombé : Vive la Nation! vive la République! Mais un événement tragique a eu lieu la veille du supplice. Pelletier, l'un des députés les plus patriotes, et qui avait voté pour la mort, a été assassiné. Un garde du roi lui a fait avec un sabre une blessure large de trois doigts : il est mort ce matin. Vous devez juger de l'effet qu'un pareil crime a produit sur les amis de la liberté. Pelletier avait six cents mille livres de rente; il avait été président à mortier au parlement de Paris; il avait à peine trente ans; à beaucoup de talens il joignait des vertus plus estimables. Il est mort content. Il a emporté au tombeau l'idée consolante pour un patriote, que son trépas servirait la chose publique. — Voilà donc un de ces êtres que l'infâme cabale qui, dans la Convention, voulait sauver Louis et ramener l'esclavage, désignait aux départemens comme un Maratiste, un factieux, un désorganisateur... Mais le règne de ces fripons politiques est fini. Vous verrez les mesures que l'assemblée a prises tout à la fois pour venger la majesté nationale et pour rendre hommage à un généreux martyr de la liberté. Plusieurs autres députés ont été insultés, attaqués ; mais que les traîtres tremblent! le bras du peuple peut se lever encore. C'est maintenant que ses représentantans vont déployer un grand caractère : il faut vaincre ou mourir ; tous les patriotes en sentent la nécessité. Que nos ennemis reparaissent, ils verront quels hommes ils ont osé attaquer.

» Ma santé est fort dérangée par les travaux continuels de cette rude semaine ; mais j'espère me rétablir.

» Je vous envoie un discours de Marat ; vous verrez que cet homme raisonne quelquefois bien. — Je vous embrasse. »

« 25 janvier.

» J'ai reçu hier votre dernière. Paris est calme plus que jamais. Ne croyez pas les bruits répandus par les malveillans. Je me porte assez bien. »

« Paris, 12 février.

» Je vous envoie, mon cher père, la suite des appels nominaux dans le procès de Louis. — J'ai reçu des nouvelles de François ; il est à Ath ; il se porte bien. — Nous travaillons pour la campagne prochaine. Nous avons beaucoup d'ennemis, mais j'espère que ça ira. »

« Paris, 19 février.

» Puisque je vois qu'un bulletin vous fait plaisir, je vais continuer à vous l'adresser ; d'ailleurs il est surtout très-intéressant par les adresses qui nous arrivent en foule, et qui toutes nous félicitent du grand acte de justice que nous avons exercé. Pour moi, je crois que cet acte a sauvé la République, et nous répond de l'énergie de la majorité de la Convention. Je sais qu'il est des hommes qui nous blâment, qui doutent qu'un roi fût punissable : nous en avons de cette espèce parmi nous, mais ils ont obtenu le mépris qu'ils méritent. Le feuillantisme et la fausse modération ne sont plus à l'ordre du jour, malgré les beaux raisonnemens avec lesquels on a attrapé quelques niais dans les départemens et à Paris. Les faux amis des lois, les demi-patriotes sont connus.

» On vient de nous lire une constitution ; je vous l'enverrai quand on la distribuera. Je crois que c'est un enfant mort-né, quoiqu'elle soit l'ouvrage de ces brissotins qui ont si long-temps mené la Convention. On peut dire au premier aperçu qu'elle a outré les principes démocratiques, et que rien n'est plus propre à faire haïr le régime républicain. Peut-être ceux qui l'ont faite ont-ils eu envie de faire passer à leur tour les jacobins pour des feuillans. Peut-être se souviennent-ilsque le moyen qu'employèrent à Rome les ennemis d'un des Gracches, tribun connu par son attachement à la cause populaire, pour le dépopulariser, fut de renchérir sur ses principes et d'être excessivement démocratiques ; mais on y voit clair aujourd'hui.

» François m'a écrit deux fois depuis son départ d'Arras ; il se porte bien.

» Je félicite ma sœur Roode ; je lui souhaite surtout bonne santé. Mille complimens à toute la famille. — Lebas.

« Déjà la presque totalité des sections a accepté la constitution. Le reste suivra aujourd'hui. — Les départemens suivront sans doute un si bel exemple, et partageront l'enthousiasme patriotique qui anime en ce moment les Parisiens.

» Voici quelques bulletins que vous ne lirez pas sans plaisir. Je vous embrasse. — Lebas. »

« Paris, 2 avril.

» Je ne vous ai pas écrit depuis quelques jours à cause du peu de temps que j'ai pu donner à ma correspondance. J'ai passé une grande partie de la journée à l'assemblée ; le reste et une grande partie de la nuit au comité de défense générale. Là, j'ai entendu toutes les trahisons de Dumourier. On s'occupe des moyens de remédier à tous les maux qu'il nous a faits. On cherche aussi à réparer les mauvais effets de cet infernal modérantisme qui a si fort enhardi tous les contre-révolutionnaires ; mais je tremble qu'il ne soit trop tard, et qu'il n'y ait que le peuple qui puisse encore se sauver. Cette montagne si calomniée est cependant toujours remplie de courage. La crainte lui est étrangère. Je me suis toujours fait gloire d'y siéger, et j'y mourrai, s'il le faut, fidèle à ma patrie. Je vous embrasse. — LEBAS. »

« Paris, 7 avril 1793, l'an 2 de la République.

» Nous apprenons, par un courrier d'hier soir, mon cher père, que l'infâme Dumourier et la plupart des hussards de Berchiny sont passés à l'ennemi. Tout le reste de l'armée, toute l'artillerie, la caisse militaire sont à nous. Cette nouvelle a répandu la joie parmi les patriotes. Mais on eût été bien plus satisfait si l'on eût pu s'emparer du traître. Égalité père est gardé comme otage, ainsi que tous les Bourbons. La délibération, à cet égard, a été unanime. Il est donc encore des hommes qui pensent que les Français républicains peuvent reprendre des fers ! Les insensés !

» Je vous ai abonné au républicain : vous devez maintenant le recevoir.

» Je vous embrasse. — LEBAS. »

« Paris, 12 avril.

« La situation actuelle de la Convention n'est rien moins que belle. Le parti de ceux qui appellent anarchistes les plus ardens patriotes, ceux que Dumourier appelle la portion saine de la Convention, nous dominent dans ce moment. Ils viennent d'écarter un surveillant incommode en faisant mettre Marat en état d'arrestation. Je ne sais ce que cela deviendra.

» Je vous embrasse. — LEBAS. »

« Paris, 21 avril.

« Vous obtiendrez d'autant plus facilement un délai que l'on ne peut vous contraindre à rendre compte sans employer des formes judiciaires qui entraîneraient elles-mêmes un délai plus long que celui dont vous avez besoin. Mais je dois vous le dire : je vous vois avec peine le présentateur d'un certificat (1) dont on ne manquera pas de contester la validité. Je sens combien votre fortune souffrira de la perte de cette recette ; et je n'aperçois pas comment il vous sera possible de remplacer cette perte au moins de sitôt ; néanmoins je préférerais un malaise qui vous laisserait sans reproche, et qui vous délivrerait de la nécessité d'avoir, avec certaines personnes, des relations dont il doit inévitablement résulter pour vous de grands désagrémens. Il n'est pas un seul de vos enfans, il n'est pas un seul bon citoyen qui ne sente le prix de ce sacrifice, qui ne soit disposé à vous en dédommager par tous les moyens possibles ; et moi, surtout, je crois qu'une bonne action ne reste pas sans récompense, et personne, mon cher père, croyez-le, ne vous est plus dévoué, ne vous est plus fortement attaché que moi.

» J'ai écrit à François. Je l'ai autorisé à se faire remettre par le citoyen Legrand-Leblond, l'argent qui lui est nécessaire. J'en ferai raison ici au citoyen Legrand. La Convention va d'ailleurs rendre un décret pour dédommager les officiers et les soldats de la perte de leurs équipages.

» Depuis quelque temps nous menons une vie extrêmement fatigante par la longueur et l'agitation de nos séances. Je ne sais au juste ce qu'on doit penser de ceux qui, depuis une douzaine de jours, nous dominent. Ce sont ceux que Dumourier appelle la partie saine de la Convention.

» En vérité, l'on serait tenté de penser qu'ils sont d'accord ensemble. Les Parisiens qui les observent de près, et dont l'opi-

---

(1) Sans doute un certificat de non émigration pour quelque membre de la famille de Berghes.

nion n'est point par conséquent gâtée par leurs journaux, ne dissimulent plus leur mécontentement. Aussi cherche-t-on à signaler dans les départemens les Parisiens de la manière la plus odieuse. C'est ainsi que l'on oppose, pour quelque temps, des digues à l'opinion publique ; mais elle les rompra, et le torrent emportera les ouvrages et les ouvriers. Les plus beaux mouvemens du patriotisme, les expressions d'une indignation civique, consignés dans les écrits des Jacobins, sont traités de conspiration par certains hommes ; et lorsque, pour prononcer sur ces affreuses conspirations, on lit les écrits, aucune puissance n'est capable de retenir des applaudissemens qui sont autant de soufflets appliqués à la joue des dénonciateurs. Ce sera bien pis, quand les quatre-vingt-deux commissaires, envoyés dans les départemens pour le recrutement, seront de retour. Alors on reverra, j'espère, cette majorité qui a renversé le tyran. Je contrarie peut-être ici les discours que vous entendez chez vous ; mais je vous parle franchement ; c'est à vous de choisir entre les versions qu'on vous présente.

» Hier se passa une scène fort extraordinaire. La commune de Paris tant calomniée, tant persécutée, surtout depuis qu'elle a dénoncé les deux Gensonné, Brissot, etc., avait pris, le 18, un arrêté très-vigoureux, et dans lequel son patriotisme se montrait d'une manière très-saillante. Grande conspiration par conséquent. La municipalité est mandée, et on lui ordonne d'apporter ses registres. Elle vient, lit le fatal arrêté. Robespierre jeune démontre qu'il ne contient rien que de louable. On demande les honneurs de la séance pour la municipalité. Deux épreuves sont douteuses, à ce que dit le bureau farci d'hommes d'état. Les patriotes indignés demandent l'appel nominal. Alors le côté droit consent à admettre la municipalité aux honneurs de la séance. Mais on réclame l'appel nominal pour instruire les départemens. Les hommes d'état luttent pendant trois heures, mais en vain, pour l'empêcher. On y procède. Alors tous les lâches fuient, les indifférens les imitent ; et les patriotes ne sont contrariés que par cinq ou six députés. Tout le reste vote pour l'admission aux honneurs de la séance. Il était une heure du matin, lorsque je suis rentré chez moi.

» Je vous embrasse. Mille amitiés à toute la famille.— Lebas. »

— Lebas, malgré le silence modeste qu'il avait cru devoir garder dans les importans débats de la Convention, s'était vu de bonne heure distingué par ses collègues, et, le 14 septem. 1793, il avait été attaché au comité du sûreté générale. Mais, à partir de cette époque, ce ne sera plus dans l'assemblée des députés de la France qu'il déploiera son patriotisme, ce sera sur les champs de bataille, comme représentant du peuple aux armées. Dans sa première mission, à l'armée de Sambre-et-Meuse, il eut pour collègue son parent Duquesnoy, homme loyal et honnête. On jugera à quel point la présence des deux députés était nécessaire en lisant la proclamation suivante, adressée par Duquesnoy aux officiers de l'armée.

Duquesnoy, représentant du peuple, à quelques officiers de l'armée.

« J'ai souvent entendu des officiers accuser le soldat d'indiscipline, de négligence et de lâcheté. La source de ces désordres n'existe que dans la mauvaise conduite de quelques officiers.

» J'ai visité les camps, les cantonnemens, les postes, les avant-postes; j'ai assisté à plusieurs affaires; partout je me suis convaincu de ce que j'avance.

» Si j'ai vu des soldats mal tenus, mal instruits, des postes endormis, des armes jetées à terre sans être sous le manteau; j'ai vu aussi des officiers, les uns plongés dans l'ivresse, les autres absens du camp et abandonnant absolument leurs subordonnés à eux-mêmes. Faut-il s'étonner d'après un pareil ordre de choses, de tant de surprises où les soldats de la République ont été forcés de prendre honteusement la fuite? Et n'est-il pas révoltant d'entendre des officiers qui n'ont pas osé regarder l'ennemi en face rejeter un revers sur de braves gens dont ils n'ont pas su guider le courage?

» Des abus aussi condamnables ne peuvent être tolérés, et un représentant du peuple doit employer tout le pouvoir dont il est revêtu pour les réprimer.

» Je déclare donc que je ne balancerai pas à suspendre, et à livrer à toute la rigueur des lois, tout chef qui ne surveillera pas la troupe qui lui est confiée, qui sera trouvé ivre hors de son service, qui s'absentera du camp ou de son poste sans une permission motivée de son supérieur, visée du général.

» Invariablement attaché aux principes de l'égalité, je ne ferai aucune distinction de grade, et le général sera soumis à la loi aussi bien que le dernier soldat de l'armée (1). »

(1) Nous avons sous les yeux deux rédactions différentes de cette proclamation, l'une de la main de Duquesnoy, l'autre de la main de Lebas. C'est cette dernière que nous avons cru devoir insérer dans le texte, parce que c'est celle qui fut rendue publique. Nous croyons néanmoins devoir donner ici le projet de Duquesnoy, la comparaison de ces deux pièces pouvant servir à faire apprécier le caractère et le talent des deux députés.

Le républicain Duquesnoy, représentant du peuple aux officiers de l'armée républicaine.

« Citoyens, j'entends la majeure partie des officiers de l'armée se plaindre de l'indiscipline du soldat, de sa négligence à remplir ses devoirs, et de son peu de courage. Je réponds à ces plaintes que ces désordres proviennent des officiers, du peu de surveillance, de l'inexactitude et de la lâcheté de la plupart d'entre eux.

» J'ai visité les camps, les cantonnemens, les postes et les avant-postes; j'ai aussi assisté à plusieurs affaires, et partout j'ai vu les suites funestes de la coupable négligence des chefs.

» J'ai vu des soldats mal tenus, mal instruits, des postes endormis, des armes jetées à terre sans être sous le manteau, des officiers plongés dans l'ivresse, d'autres absens du camp; j'y ai vu des soldats livrés à eux-mêmes. Je ne m'étonne plus des surprises multipliées où les soldats de la République ont été forcés de se livrer à la fuite la plus honteuse; je ne m'étonne plus de leur peu d'instruction, et de leur mauvaise tenue; je ne suis pas surpris que dans une affaire le soldat dont l'officier est absent, ivre ou lâche, s'abandonne à la fuite.

» Il semble que les officiers de cette armée ne soient uniquement destinés qu'à se vautrer dans la débauche, et à se plonger dans l'oubli de leurs devoirs. Il est temps, citoyens, il est temps de remédier à des abus aussi préjudiciables à la chose publique.

» Je serais vraiment coupable aux yeux de la nation entière, si je n'usais pas du pouvoir qu'elle m'a délégué pour punir des crimes qui nécessairement entraîneraient sa perte.

» Je déclare donc que je décernerai la peine de destitution, et livrerai à la

— Cette mission à laquelle furent dus d'importans résultats était un grand sacrifice que Lebas faisait à ses devoirs (1). Robespierre, quelques mois auparavant, l'avait présenté dans la famille de son hôte, Duplay (2); il y avait vu et aimé la plus jeune fille de ce respectable patriote, et avait demandé sa main qui lui avait été accordée. Le jour était fixé pour le mariage, quand un ordre de la Convention envoya Lebas à l'armée de Sambre-et-Meuse. Il partit sans hésiter, mais ses lettres à sa fiancée prouvent tout ce que lui coûta cette résolution généreuse.

« Cambrai, 4 août.

» Nous sommes arrivés hier ici, ma chère Élisabeth, bien fatigués. Je crois que nous n'y resterons pas long-temps, et nous nous hâterons d'aller du côté de Bergues. J'espère que mon séjour dans ce pays ne sera pas de longue durée. Tu ne dois pas douter de mon empressement à te rejoindre et à mettre le sceau à une union à laquelle j'attache le bonheur de ma vie. Surtout prends bien soin de ta santé. Mille amitiés à toute la famille; dis à Robespierre que, tout en enrageant contre lui, je suis un de ses meilleurs amis. Je t'embrasse. — LEBAS. »

« Cassel, 6 août.

» Je n'ai pas eu le temps, ma chère et tendre amie, de t'écrire hier, et je n'ai aujourd'hui que très-peu de loisir. Nous avons

rigueur des lois tout officier qui ne surveillera pas la troupe qui lui est confiée, tout officier qui s'absentera du camp, ou de son poste, sans une permission motivée de son chef, visée du général, et tout officier qui sera trouvé ivre hors de son service.

» Je déclare qu'invariablement attaché aux principes de l'égalité, je ne ferai aucune distinction de grade, et que le général sera soumis à la loi aussi bien que le dernier soldat de l'armée. Réfléchissez, citoyens officiers : la gloire vous attend ou l'opprobre. »

(1) Voyez les lettres des 15 et 16 août.

(2) C'était dans l'intérieur de cette famille patriarcale que Robespierre passait toutes ses soirées. Lebas, amateur passionné de la musique italienne, qu'il chantait fort agréablement, se faisait souvent entendre dans ces réunions intimes, où Philippe Buonarotti tenait le piano. D'autres fois la soirée était consacrée à la lecture des plus belles tragédies de Racine. Chacun choisissait un rôle; et parmi ces acteurs improvisés, c'était Maximilien et Lebas qui déclamaient avec le plus d'âme.

beaucoup travaillé, et il me paraît que nous aurons encore beaucoup à faire pour remplir l'objet de notre mission. J'ai néanmoins l'espoir d'être libre vers le 10 de ce mois. Oh! qu'il sera doux pour moi le moment où je te reverrai! Que l'absence est cruelle, quand on aime comme moi! Mon père n'ira sûrement pas à Paris avant mon retour, et je compte l'emmener avec moi lorsque cette époque sera arrivée. Je dois aller demain à Dunkerque. Adresse-moi tes lettres ici. Mille amitiés à ta famille que je regarde aussi comme la mienne. Je suis pour la vie ton fidèle ami. — LEBAS.

» Duquesnoy te fait ses complimens. »

« Cassel, 9 août.

» Voilà bientôt huit jours que je suis loin de toi, mon Élisabeth. Tu as sûrement reçu les lettres que je t'ai écrites; et moi, m'as-tu laissé dans l'oubli? Tous les jours j'espère voir une lettre de toi; tous les jours, jusqu'à présent, mon attente a été trompée. N'être pas avec toi, ne pas recevoir de tes nouvelles, est une situation que je ne puis supporter. Je suis accablé d'affaires. Il fallait, j'en conviens, dans ce pays des commissaires vrais patriotes. Nous avons fait arrêter deux généraux, Omoran et Richardot. Nous envoyons des officiers au tribunal révolutionnaire, et nous ne cessons de prendre tous les jours les mesures de prudence et de sévérité que commandent les circonstances. Mais un député, aussi ferme que moi, secondé par Duquesnoy qui, pour une pareille mission, a un talent que je ne lui connaissais pas, aurait parfaitement rempli le but que se propose Robespierre; et moi, en rendant à Paris tous les services dont je suis capable, je jouirais du bonheur d'être avec toi, ma chère... Nous serions unis maintenant. Dis à Robespierre que ma santé ne peut se prêter long-temps au rude métier que je fais ici; dis-lui que plusieurs de mes collègues sont autant et plus en état que moi de s'acquitter des devoirs que j'y remplis. Deux de mes frères sont arrivés aujourd'hui; c'est une petite consolation. Mon père doit m'écrire incessamment, et je suis persuadé que je l'emmènerai avec moi à Paris. Écris-moi donc, ma chère Élisabeth, tous les jours ; tu me l'as promis. Souffrirais-tu de t'acquitter de cette promesse ? Ah ! s'il était possible ! Mais, non, tu n'as pas cessé de m'aimer, comme je n'ai pas cessé, comme je ne cesserai jamais d'être ton tendre et fidèle ami. — LEBAS.

» Mille amitiés chez toi. »

« Arras, 15 août 1793, an 2 de la République.

» J'étais depuis huit jours à Cassel dans une mortelle inquiétude, ma chère Élisabeth. Tous les jours j'attendais et j'attendais vainement de tes nouvelles ; l'ennui, la tristesse me dévoraient. Des affaires imprévues, l'envie de savoir l'état de nos armées du côté de Cambrai, m'ont amené aujourd'hui avec Duquesnoy à Arras. On m'y a remis deux paquets ; ils renfermaient des lettres de mon père, une de ta sœur, ma bonne amie Victoire, et deux lettres de mon Élisabeth. Juge de ma joie, de mon ravissement ! Je les ai lues, je les ai relues ; je viens de les lire encore, ces deux lettres. Oh ! quel bien elles ont fait à mon pauvre cœur ! Que je bénis, mon aimable amie, le jour, l'heureux jour où j'eus la douceur d'apprendre que ton ame si sensible, si tendre, partageait les sentimens que tu m'avais inspirés ! Pourquoi faut-il qu'à l'instant où j'allais unir ma destinée à la tienne, nous nous soyons vus si cruellement séparés ? Il m'est impossible de me rappeler sans douleur le moment qui recula celui que je voyais si prochain, après lequel je soupirais. Tu te plains du laconisme de la lettre que je t'ai écrite de Cambrai ; à peine ai-je pu trouver un instant pour te tracer quelques lignes, et je n'aurais pas fini si j'avais entrepris de t'exprimer tout ce que je ressentais. Tu dois avoir reçu depuis deux autres lettres datées de Cassel ; je t'y engageais à m'écrire dans cette ville. Je vais y retourner demain et y rester habituellement jusqu'au jour fortuné où je retournerai près de toi. Quand viendra-t-il ce jour ? Je sens que la présence de deux députés vraiment patriotes est nécessaire dans les lieux où je reste, mais je suis très-éloigné de penser qu'il soit difficile de donner à Duquesnoy un collègue qui me remplace. Il suffit de lui adjoindre un homme d'un caractère ferme, tel que Hentz. D'ailleurs les principales mesures ont été prises au moyen de l'arrestation d'Omoran, de Richardot, de plusieurs officiers royalistes, d'une assez grande quantité de personnes suspectes et de la tradition de deux capitaines au tribunal révolutionnaire. Les généraux Bartel et Ernouf n'étant plus désormais contrariés par des généraux perfides et trouvant un appui certain dans deux députés bien intentionnés, peuvent servir très-utilement la République. Je n'aperçois donc aucun inconvénient à ce qu'on me rappelle promptement. Je ne dois pas te cacher d'ailleurs que ma santé souffre un peu de la vie extrêmement fatigante et agitée que je mène, et que j'ai commencée dans ma convalescence. J'avais besoin de quelque repos, et je ne m'imagine pas qu'on puisse m'en vouloir de m'en souvenir aujourd'hui que les motifs qui m'ont déterminé à l'oublier n'existent plus. J'ai eu la satisfaction de rencontrer ici mon père; il a compati à mes souffrances, ce bon père. Sans te connaître, et sur mon récit, il a conçu pour toi une amitié qui ne s'affaiblira sûrement pas quand il te connaîtra. Il ne peut absolument venir à Paris, et tu as dû voir les obstacles qui s'opposent à ce que mes frères y viennent. Mais cela n'empêchera pas, ne retardera pas notre union, puisque mon père, qui ne peut en être témoin, m'invite à la conclure, et envisage comme un jour de fête celui où il pourra t'embrasser comme l'épouse de son fils.

» Que de choses n'aurais-je pas à te dire, ma chère Élisabeth! Mais je n'ai pu de toute la journée t'écrire; et il est une heure du matin; je suis accablé de fatigue. Victoire me pardonnera si je ne lui écris point séparément. Elle n'aime pas un ingrat; je lui suis aussi très-attaché. Quant au reste de la famille, je la regarde comme la mienne. Tes père et mère sont pour moi à jamais des objets de respect et de tendresse. Embrasse-les pour moi, chère Élisabeth, et fais en sorte que je puisse bientôt te revoir. Mon idée, dis-tu, ne te quitte pas. Eh bien! de mon côté, il en est de même. Je ne puis cesser de m'occuper de toi. Bonsoir, ma chère amie, je vais me coucher et songer encore à toi pendant mon sommeil. — Lebas.

» *P. S.* Ce que tu me dis de ta santé est loin de me tranquilliser. Prends le plus grand soin de cette santé qui m'est si précieuse. »

« Hazebrouck, 16 août.

» Je profite, ma chère Élisabeth, d'un moment de loisir pour m'entretenir un peu avec toi. Je compte arriver ce soir à Cassel, et être assez heureux pour y trouver une lettre de toi. Une lettre de toi!... C'est sans doute une grande consolation, mais ce n'est pas toi; rien ne peut te suppléer, et je sens à chaque instant que tu me manques. Tu m'as parlé du jardin; tu m'as demandé si je m'en souvenais. Pourrais-je l'oublier, ma chère Élisabeth? Oh non! Tous les lieux où j'ai pu librement causer avec toi, t'exprimer ma tendresse et m'entendre dire par toi-même que tu m'aimais, mon imagination ne cesse de les revoir, de s'y reposer. Lorsque notre voiture nous conduit, et que mon collègue fatigué, ou cesse de parler ou s'endort, moi je songe à toi; si je m'endors aussi, je pense encore à toi. Toute autre idée, lorsque les affaires publiques ne m'occupent plus, m'est importune. Duquesnoy m'est devenu plus cher, depuis qu'il m'a questionné sur toi, et qu'il m'a fourni l'occasion de lui peindre mon amour. Ma chère Élisabeth, ô toi, qu'il m'a fallu abandonner au moment où je croyais m'unir pour jamais à moi, toi qu'il m'a fallu quitter pour entreprendre un voyage pénible et triste, quand te reverrai-je? Maintenant que ma présence n'est plus à beaucoup près aussi nécessaire, Couthon n'aura-t-il pas assez d'égards pour son jeune collègue, Robespierre ne considérera-t-il pas que j'ai assez fait pour chercher à abréger le terme de mon sacrifice? Certes, de tous ceux que j'ai faits à la patrie, aucun ne m'a coûté autant que celui qui me priva du bonheur d'être à toi aussitôt que je le désirais. Une chose surtout augmente mon impatience de te rejoindre. Je crains que tu ne négliges trop ta santé. Ma chère Élisabeth, prends soin de ta santé, je t'en conjure; que je puisse bientôt t'embrasser bien portante. Si d'ici à huit jours au plus tard je ne suis pas rappelé, il est certain que je saurai trouver un moyen d'aller à Paris, et, quand j'y serai, il faudra bien qu'on se détermine à me remplacer. Chacun son tour. Je reverrai Ernouf aujourd'hui, à ce que j'espère. Depuis mon arrivée à Cassel, je ne l'ai guère vu, parce qu'il a fallu qu'il accompagnât le général Barthel à Cambrai, d'où il n'est de retour que depuis peu de jours. Celui-là m'aurait encore parlé de toi; il te connaît, et il sait combien un tel sujet m'est agréable. Occupe-toi toujours, ma chère Élisabeth, de l'arrangement de notre habitation. Quelle joie, quand nous y serons! J'ai écrit hier à la hâte à Robespierre. Je n'ai pu lui dire qu'une partie de ce que je voulais qu'il sût. Le temps m'a manqué; c'est ce qui m'arrive souvent. Il paraît que ma prédiction sur le comité de salut public s'accomplit. J'en suis fâché, mais on aura encore long-temps raison en présumant mal du commun des hommes en place. Je finis à regret, ma tendre amie. Embrasse pour moi tes père et mère. Dis-leur que je les aime, que je les aimerai toujours de même. Embrasse aussi Victoire et le reste de la famille. Ne m'oublie pas auprès de la citoyenne Chalabre, de Calandini, de Robespierre, que je haïrais, si je pouvais haïr un aussi bon patriote. Je t'embrasse de tout mon cœur. — LEBAS. »

« Cassel, 19 août.

» Ma chère Élisabeth, j'ai reçu plusieurs lettres de toi. Le sentiment qu'elles m'ont fait éprouver a été mêlé de douleur et de plaisir. Elles ont redoublé mon impatience de revoler vers toi. Puisque l'on ne me rappelle pas, je vais prendre, de concert avec Duquesnoy, un arrêté pour me rendre à Paris, où je compte arriver à la fin de la semaine. Fais tout préparer pour notre mariage. Peut-être après un court séjour faudra-t-il que je reparte. Mais au moins nous nous arrangerons de manière à n'être plus éloignés l'un de l'autre. Je n'ai que le temps de t'écrire ce peu de mots. Mille embrassades à toute la chère famille et à nos amis communs. Tout à toi, ma chère et tendre amie. — LEBAS. »

— A peine cette union qui lui promettait tant de bonheur était-elle célébrée que Lebas partit pour l'armée du Rhin. Robespierre, qui connaissait la modération et la sagesse de son ami, l'avait associé à Saint-Just, pour qu'il tempérât, par une prudente opposition, l'ardeur et la sévérité de son collègue (1).

Il serait inutile de revenir ici sur les mesures prises par Saint-Just et Lebas, pendant leur séjour à Strasbourg (2). Répétons seulement à la gloire des deux amis que ces actes, nécessités par les dangers de la patrie, ne furent accompagnés d'aucune effusion de sang. La reprise des lignes de Wissembourg, le déblocus de Landau, tel était le but de cette mission, et il fut atteint. Les deux représentans, unis de principes, et constamment d'accord sur tout ce qui pouvait assurer le triomphe de la République, contribuèrent puissamment, quoi qu'en aient pu dire certains écrivains militaires, au succès de nos armées, que plus d'une fois ils guidèrent eux-mêmes à la victoire. On se rappelle leur réponse à un parlementaire prussien : « La république française ne reçoit de ses ennemis et ne leur envoie que du plomb. »

Pendant le cours de cette importante mission, Lebas, on le conçoit, écrivait souvent à Paris où il avait laissé les objets de ses plus chères affections. Trois de ses lettres adressées à Robespierre ont été déjà publiées (3). Nous les reproduisons ici avec celles que reçut de lui sa jeune femme. Toutes prouveront que, si le dévouement à la patrie était la première passion de Lebas, il n'était aucun sentiment noble auquel son cœur ne fût accessible.

(1) Citons un seul exemple venu depuis peu à notre connaissance. Deschamps, soldat du 7e régiment de cavalerie, avait perdu son cheval dans un engagement où il avait sauvé la vie au général Meyer. Suivant l'usage il devait être renvoyé au dépôt pour y être remonté; mais le brave cavalier, qui voulait ne pas rester un seul jour sans combattre pour la patrie, refusa formellement de quitter son corps, et réclama auprès des représentans du peuple. Saint-Just, qui sentait le besoin de maintenir la discipline, trop souvent compromise, approuva la mesure prise par le colonel, et remit à Deschamps un ordre écrit de sa main qui lui enjoignait de se désister de ses prétentions et de se rendre au dépôt. Alors le jeune soldat, oubliant le respect qu'il devait à la magistrature suprême, s'emporta en invectives, et déchira l'ordre qu'il venait de recevoir. Saint-Just, irrité à bon droit, voulait qu'il fût sur-le-champ fusillé; mais Lebas qui se trouvait là calma son irritation en lui faisant remarquer que la faute de Deschamps venait d'un excès de zèle et de patriotisme, et qu'un pareil dévouement méritait une récompense plutôt qu'une punition. Saint-Just céda. Deschamps resta à son corps, et Lebas, en lui frappant sur l'épaule : « Va, mon brave, lui dit-il, puisse la République compter beaucoup de soldats tels que toi. »

(2) Voyez tome XXXI. p. 27 et suiv.

(3) *Mémoires sur la révolution française.*

A la citoyenne Lebas.

« Strasbourg, 4e jour du 2e mois, an 2 de la République.

» Le citoyen Jarry te remettra probablement cette lettre, ma chère Élisabeth; nous avons reçu ici des nouvelles satisfaisantes de ce qui s'est passé à l'armée du Nord et à la Vendée. La situation des affaires n'est pas aussi belle à cette armée. Nous faisons notre possible pour qu'elle change promptement, et tu peux être assurée que ce changement sera suivi aussitôt de notre retour. Le voyage m'a un peu dérangé; mais ce n'est rien, et me voilà rétabli. Je voudrais être aussi rassuré sur ta santé; je voudrais surtout apprendre que tu supportes raisonnablement une absence nécessaire, qu'il n'a pas dépendu de moi d'empêcher. Henriette(1) aura sûrement fait son possible pour te la rendre moins pénible. Ce sont de nouveaux droits qu'elle s'est acquis à mon attachement. Je n'ai personne ici avec qui je puisse m'entretenir de toi; et les distractions que les affaires occasionnent ordinairement ne sauraient m'empêcher de penser continuellement à toi. Tu dois être persuadée de toute ma tendresse. Si j'ai pu m'éloigner de toi, va, tu peux être convaincue que, de tous les sacrifices que j'ai faits à la patrie, celui-là ne m'a pas le moins coûté. Le temps me presse, il faut finir. Je t'embrasse de tout mon cœur. — LEBAS. »

Au citoyen Robespierre.

« Strasbourg, 5e jour du 2e mois.

» Nous recevons à l'instant de Saverne une dépêche du général Saulter. L'ennemi l'a attaqué pendant deux jours pour s'emparer des gorges; mais on l'a vigoureusement reçu. Il a perdu du terrain et cinq cents hommes. Nous sommes loin de perdre l'espoir et le courage. Nous attendons Pichegru, qui doit arriver aujourd'hui ou demain, c'est-à-dire aussitôt que l'officier général qui doit le remplacer lui-même sera arrivé; et, si les secours que nous avons demandés au comité et à Bouchotte nous sont envoyés, les affaires se rétabliront ici d'une manière brillante. Dans tous les cas, nous

---

(1) Sœur de Lebas.

tâcherons de doubler nos moyens par de bonnes dispositions. Adieu. *Signé* Lebas.

» *P. S.* Nous avions mandé que l'ennemi porterait tous ses efforts sur Saverne pour s'emparer des gorges : nous avions raison. Vous sentez dès lors combien il est nécessaire que vous nous mettiez à même, par de prompts secours de nous y maintenir.

» Saint-Just n'a pas le temps de vous écrire. Il vous fait ses complimens. »

A la citoyenne Lebas.

« 9e jour du 2e mois, an 2.

» Je ne reçois point de tes nouvelles, ma chère Élisabeth ; persuadé, comme je le suis, de ton attachement pour moi, juge de l'inquiétude où ce silence me plonge. Es-tu malade ? Est-ce là la cause qui me prive de tes lettres? Mais Henriette ne m'écrit pas, toute la famille se tait ; en vérité on a bien peu pitié de moi, et cet abandon est bien cruel. Si tu pouvais voir le fond de mon cœur, ma chère Élisabeth, tu gémirais de ce que je souffre; de grâce si ce que j'appréhende n'existe pas, apprends-le moi bien vite et tire-moi de mon anxiété.

» Nous espérons toujours voir promptement la fin de notre mission; mais le comité de salut public ne paraît pas s'occuper de nous procurer ce qui doit nous conduire à notre but.

» Envoie-moi une ou deux paires de bas de soie pour les bottes, autant de bas de fil et quelques chemises. — Tout à toi. — Lebas. »

A la même.

» Strasbourg, 11e jour du 2e mois, an 2.

» Jarry m'a remis ta lettre et celle d'Henriette, ma chère Élisabeth ; tu dois te figurer le plaisir qu'elles m'ont fait. J'étais dans une mortelle inquiétude. Écris-moi le plus souvent que tu pourras ; tu as plus de temps que ton pauvre Philippe qui mène ici une vie bien active. Nous nous dépêchons de finir, et tu entres pour beaucoup dans mon empressement. Si, comme je l'espère, nous rendons d'importans services à la patrie dans ce pays, je retournerai à toi avec une double satisfaction, et tu m'en aimeras mieux. Vous faites bien de vous amuser. Je remercie Henriette des soins qu'elle prend pour te dissiper, et ne suis point étonné qu'elle le fasse autant par amitié pour moi, que par l'attachement que tu as su lui inspirer. Prends soin de ta santé, surtout ; je ne puis te rendre le sentiment que j'éprouve en te le recommandant. Tu ne me dis pas si tu es établie dans notre nouveau logement. Je compte trouver tout cela bien arrangé à mon retour. Je suis très-content de Saint-Just ; il a des talens que j'admire et d'excellentes qualités. Il te fait ses complimens. Je n'écris pas séparément à Henriette, elle lira cette lettre. Aime-la autant qu'elle le mérite. Je t'embrasse de tout mon cœur. — LEBAS. »

» Mille amitiés à toute la famille ; embrasse-les tous pour moi ; bien entendu que Robespierre est du nombre. »

Au citoyen Robespierre.

« Strasbourg, 15 du 2e mois de l'an 2.

» Hérault vient de nous annoncer, mon cher Robespierre, qu'il était envoyé dans le département du Haut-Rhin. Il nous propose une correspondance ; notre surprise est extrême. Au reste, ce n'est pas la seule chose qui nous paraisse extraordinaire. Pourquoi ceux qui étaient ici lorsqu'on força les lignes de Wissembourg ne sont-ils pas remplacés, et pourquoi laisser ici des représentans forcés par la nature de leur mission à s'isoler de leurs collègues ! Je n'ai pas le temps de vous en dire davantage ; mais j'espère que vous voudrez bien nous écrire là-dessus vos idées. Je vous embrasse. *Signé* LEBAS. »

— Et plus bas, de l'écriture de Saint-Just.

« La confiance n'a plus de prix, lorsqu'on la partage avec des hommes corrompus ; alors on fait son devoir par le seul amour de la patrie, et ce sentiment est plus pur. Je t'embrasse, mon ami. *Signé* SAINT-JUST. »

A la citoyenne Lebas.

« Strasbourg, 22 brumaire an 2.

» Je profite de l'occasion de mon collègue Milhaut, qui retourne à Paris, pour t'écrire deux mots. Je compte, ma chère Élisabeth, que mon séjour ici ne sera plus long et que bientôt j'aurai le plaisir de te revoir. On te dira que nous prenons toutes les mesures nécessaires pour forcer promptement l'ennemi à quitter l'Alsace, et faire triompher la cause du patriotisme. Voilà ce qui me console d'être éloigné de toi. Prends du courage, chère amie, embrasse ma sœur pour moi. Je vous aime toutes deux pour la vie.

» Saint-Just te fait ses complimens; il espère t'apaiser. — Lebas. »

A la même.

« Bitche, 2 frimaire an 2.

» Courage, chère amie, je touche au terme de ma mission : encore quelques jours et j'irai moi-même t'apprendre les succès de la République. Qu'il me sera doux de me réunir à toi dans des circonstances aussi favorables. Je compte aussi que tu te consoleras de mon absence en songeant qu'elle n'a pas été inutile à la patrie. Depuis huit jours nous courons. Nous ne nous reposerons plus guère jusqu'au moment de notre départ. Nous avons vu beaucoup de fripons et de gueux, mais aussi beaucoup de braves gens. J'embrasse Henriette et toi, ma chère femme, de tout mon cœur. Mi.le amitiés à toute la famille. — Lebas.

» Ecris-moi à Strasbourg. »

A la même.

« Strasbourg, 6 frimaire.

» Tranche-la-Hausse arrive à l'instant, chère Élisabeth ; il me remet une lettre de toi et de ma sœur ; j'en reçois par la poste deux semblables d'une date postérieure, et je vois avec plaisir que tu sais maintenant que j'étais loin de t'oublier, et que je partageais, comme je partage encore, le chagrin de notre séparation. C'est pour moi un dédommagement que le bien qu'on dit de nous et la justice qu'on nous rend. Nous sommes toujours très-occupés ; ce qui me force à persévérer dans mes torts envers Henriette, à qui je n'écrirai que dans quelques jours ; c'est-à-dire au moment de notre départ. Nous allons à Saverne, d'où nous nous porterons où notre présence sera nécessaire. Adresse-moi là tes lettres, si toutefois je te donne encore le temps d'écrire, car je n'attends que la nouvelle d'un succès décisif pour partir avec Saint-Just, qui est aussi bien impatient de revoir Paris. Je t'embrasse de tout mon cœur, ma chère femme ; embrasse bien des fois notre chère Henriette et la famille. — LEBAS. »

A ma chère femme.

« Saverne, 8 frimaire an 2.

» Je profite, ma chère Élisabeth, d'un moment de loisir pour causer un peu avec celle qui m'est plus chère que la vie. Combien de fois n'ai-je pas déjà souhaité de te revoir ! Avec quel déplaisir ne vois-je pas s'éloigner le moment de mon retour à Paris ! Le pays où je suis est superbe. Nulle part je n'ai vu la nature plus belle, plus majestueuse ; c'est un enchaînement de montagnes élevées, une variété de sites qui charme les yeux et le cœur. Nous avons été ce matin, Saint-Just et moi, visiter une des plus hautes montagnes au sommet de laquelle est un vieux fort ruiné, placé sur un rocher immense. Nous éprouvâmes tous les deux, en promenant nos regards sur tous les alentours, un sentiment délicieux. C'est le premier jour que nous avons quelque relâche. Mais moi, il me manque quelque chose : j'aurais voulu être à côté de toi, partager avec toi l'émotion que je ressentais, et tu es à plus de cent lieues de moi ! Cette idée m'a déjà bien des fois attristé jusqu'au fond de l'ame, et certes il faut tout le dévouement dont le véritable patriotisme est capable pour supporter une aussi cruelle privation que la mienne. Il n'est guère d'instans, même au milieu des occupations les plus graves, que je ne songe à toi ; mais enfin il faut se soumettre à la nécessité. Le plus fort est fait. Bientôt je serai dédommagé d'un aussi pénible sacrifice. Encore quelques jours et j'espère aller revoir pour long-temps mon Elisabeth ; j'espère augmenter le plaisir de notre réunion par la nouvelle d'un avantage décisif sur nos ennemis. Nous ne cessons, Saint-Just et moi, de prendre les mesures nécessaires pour l'assurer de la manière la plus prompte ; nous courons toute la journée, et nous exerçons la surveillance la plus suivie. Au moment où il s'y attend le moins, tel général nous voit arriver et lui demander compte de sa conduite. Nous approchons de Landau ; bientôt sans doute il sera délivré : voilà le terme de notre mission, tout nous invite à le hâter. Saint-Just est presque aussi empressé que moi de revoir Paris. Je lui ai promis à dîner de ta main. Je suis charmé que tu ne lui en veuilles pas ; c'est un excellent homme ; je l'aime et je l'estime de plus en plus tous les jours. La République n'a pas de plus ardent, de plus intelligent défenseur. L'accord le plus parfait, la plus constante harmonie ont régné parmi nous. Ce qui me le rend encore plus cher, c'est qu'il me parle souvent de toi et qu'il me console autant qu'il peut. Il attache beaucoup de prix, à ce qu'il me semble, à notre amitié, et il me dit de temps en temps des choses d'un bien bon cœur.

» Adieu, chère amie. Je vais écrire quelques lignes à Henriette. Je présume que vous vous aimez toujours bien. Quel trio charmant nous allons faire en attendant que la partie devienne plus nombreuse !... Pour Dieu, prends bien soin de ta santé. Adieu, ma chère femme, reçois l'assurance du tendre et invariable attachement de ton fidèle, — Lebas.

» P. S. Notre courrier est toujours avec nous ; il me charge de te faire ses complimens. Nous l'aimons bien, c'est un brave homme. Mille embrassades à la famille et à nos amis communs. »

— Peu de temps après le départ de cette lettre, les deux représentans revinrent pour quelques jours à Paris et repartirent aussitôt. Lebas, cette fois, emmena avec lui sa femme et sa sœur Henriette, qu'il laissa au quartier général, alors à Saverne. Saint-Just, qui connaissait leur bon cœur, leur recommanda, en partant pour Strasbourg, de n'accueillir aucune prière, et de ne jamais s'interposer dans les mesures sévères que Lebas et lui pourraient avoir à prendre ; ajoutant qu'à la moindre infraction elles reprendraient le chemin de Paris. Un matin, cependant, l'épouse de Lebas voit en se réveillant une femme en noir agenouillée au pied de son lit avec trois enfans en bas âge. Elle venait demander la grâce de son mari accusé d'un crime qui appelait sur lui la sévérité des lois. Comment résister à une prière si touchante ? mais en même temps comment enfreindre l'ordre donné, quand la punition devait être si pénible ? La compassion l'emporta. Lebas, instruit par sa femme de ce qui s'était passé, la blâma doucement de sa désobéissance, mais l'embrassa en la louant de sa sensibilité, et promit que, de retour à Paris, il ferait tout pour rendre l'accusé à sa famille, s'il était vraiment innocent. Il tint sa parole.

Ici se placent deux lettres de Lebas, la première à Robespierre, et la deuxième à sa chère Élisabeth. Elles méritent d'être connues, car elles ont l'une et l'autre un intérêt historique.

A Robespierre l'aîné.

« Strasbourg, 24 frimaire an 2 de la république française.

»Nous sommes arrivés hier ici, nous avons surpris plus d'une personne. Nous y avons retrouvé du mal à réparer, et nous sommes plus que jamais convaincus que l'exercice du pouvoir a besoin de beaucoup de sagesse. Quant à l'armée, nous avons vu Pichegru ; les affaires, sans être fort avancées, sont en assez bon état. Landau n'est pas rendu, comme on l'avait annoncé, et nous espérons qu'il sera bientôt délivré. Nous avons attaqué souvent ; ce système a dérouté l'ennemi. Ce serait mal connaître le caractère de l'armée, ce serait livrer la République que d'adopter un système défensif. On l'a dit souvent, on ne doit jamais l'oublier.

»Nous envoyons au comité de salut public l'accusateur près le tribunal révolutionnaire de Strasbourg. C'est un ci-devant prêtre, né sujet de l'empereur. *Il sera avant son départ exposé sur l'échafaud de la guillotine.* Cette punition, qu'il s'est attirée par sa conduite insolente, a été aussi commandée par la nécessité de réprimer les étrangers. Ne croyons pas les charlatans cosmopolites, et ne nous fions qu'à nous-mêmes.

» Je vous embrasse de tout mon cœur. *Signé* Lebas. »

— *De la main de Saint-Just.*

» On fait trop de lois, trop peu d'exemples : vous ne punissez que les crimes saillans, les crimes hypocrites sont impunis. Faites punir un abus léger dans chaque partie, c'est le moyen d'effrayer les méchans, et de leur faire voir que le gouvernement a l'œil à tout. A peine tourne-t-on le dos, l'aristocratie se monte sur le ton du jour, et fait le mal sous les couleurs de la liberté.

» Engage le comité à donner beaucoup d'éclat à la punition de toutes les fautes du gouvernement. Vous n'aurez pas agi ainsi un mois, que vous aurez éclairé ce dédale dans lequel la contre-révolution et la révolution marchent pêle-mêle. Appelle, mon ami, l'attention de la société sur des maximes fortes de bien public; qu'elle s'occupe des grands moyens de gouverner un état libre.

» Je t'invite à faire prendre des mesures pour savoir si toutes les manufactures et fabriques de France sont en activité, et à les favoriser, car nos troupes dans un an se trouveraient sans habits; les fabricans ne sont pas patriotes, ils ne veulent point travailler, il les y faut contraindre, et ne laisser tomber aucun établissement utile.

» Nous ferons ici de notre mieux. Je t'embrasse toi et nos amis communs. *Signé* Saint-Just. »

A la citoyenne Lebas.

« Weissembourg, 8 nivose an 2.

» Nous sommes maîtres, ma chère Elisabeth, de Weissembourg et de Lauterbourg ; l'ennemi continue de se retirer. Nous espérons voir sous peu de jours Landau. Nous irons alors vous rejoindre, et disposer tout pour notre retour à Paris. Je n'ai que le temps de t'écrire ce peu de mots. Embrasse Henriette.

» Saint-Just vous salue toutes deux. Tout à toi. — Lebas. »

— De retour à Paris, au mois de janvier 1794, Lebas fut, vingt jours plus tard, envoyé avec Saint-Just à l'armée de Sambre-et-Meuse. Il y retrouva son client Berceau, et tous deux, comme il le dit lui-même (1), ils s'embrassèrent avec bien de la joie. A peine Saint-Just et Lebas furent-ils arrivés que l'armée reprit l'offensive. Plusieurs affaires d'avant-postes qui ranimèrent la confiance de nos soldats, et surtout le combat de Granran, signalèrent la présence des deux représentans qui étaient toujours à l'avant-garde, et furent même sur le point d'être pris à Merbe-le-Château. Mais le résultat le plus glorieux de cette mission fut la prise de Charleroi. Le trait suivant ne peut laisser de doute sur l'admiration qu'ils avaient su inspirer, même à leurs ennemis. Un officier supérieur autrichien, envoyé comme parlementaire par le gouverneur de Charleroi, était venu présenter un projet de capitulation à Saint-Just, et le pressait de la signer : « J'ai laissé ma plume à Paris, répondit froidement le jeune représentant, et n'ai apporté que mon épée. » Il y avait quelque chose d'antique dans cette réponse, aussi l'Autrichien surpris s'écria-t-il : « Monsieur de Saint-Just est un bien grand homme! »

Lebas, en se rendant à l'armée de Sambre-et-Meuse, avait conduit sa femme à Frévent, auprès de son père, et là il lui adressa quelques lettres pour la consoler d'une absence qu'elle devait supporter avec d'autant plus d'impatience qu'elle était sur le point de devenir mère.

« Lille, 10 pluviose an 2.

» Nous avons couché hier à la Bassée, ma chère Elisabeth, et nous sommes arrivés aujourd'hui en bonne santé à Lille par une neige effroyable. Nous nous portons bien. Nous espérons toujours que notre mission ne durera pas long-temps ; sois toujours persuadée aussi que je hâterai le plus possible le moment de notre réunion. En attendant, je t'exhorte vivement à répondre aux soins que prendront pour toi mes parens. Tu ne pourras les rendre contens qu'en cessant de t'ennuyer, ou du moins en prenant

(1) Voyez la lettre du 15 pluviose an 2.

patience ; sois sûre, ma chère amie, que notre éloignement me peine ; mais il est nécessaire.

» Je t'embrasse de toute mon ame. Mille choses à la famille, pour moi, Saint-Just et Villers. — Lebas. »

« Avesnes, 13 pluviose an 2.

» Je suis parti aujourd'hui, ma chère Elisabeth, de Réunion-sur-Oise. J'irai demain à Maubeuge, d'où je retournerai à Réunion. J'y verrai François qui, lors de mon arrivée, était absent. Je n'y ai pas trouvé Perrimont ; j'en ignore la cause. J'ai reçu une lettre de Catherine (1) ; j'y ai répondu et je lui annonce que dans quinze jours nous passerons par Hesdin. J'ai vu Berceau : nous nous sommes embrassés avec bien de la joie. Tu te souviendras sûrement de ce brave homme dont je t'ai souvent parlé. En tout cas, mon père te mettra au courant (2). Saint-Just est bien portant ; quand nous avons du mal, notre bonne amitié nous le fait supporter mieux. Dix mille choses pour moi à la famille. J'ai donné de mes nouvelles à Paris.

» Adieu, ma chère femme, porte-toi bien, et compte sur le tendre et inviolable attachement de ton ami.

» Écris-moi à Lille. — Lebas. »

« Arras, 18 pluviose an 2.

» Me voilà chez mon cousin Déleville, ma chère amie, nous en partons demain, et nous comptons dans cinq ou six jours être à Frévent. C'est plus tôt que je ne l'espérais. Prépare toutes tes affaires avec Henriette ; car il est possible que nous retournions de suite à Paris. Saint-Just se porte bien.

» Je t'embrasse de tout mon cœur. — Lebas. »

— Le séjour de Lebas à Frévent fut de très-courte durée. Rappelé à Paris, comme il le prévoyait dans cette dernière lettre, il fut contraint de hâter son retour, et de se mettre en route sans prendre congé de son vieux père auquel il adressa les deux lettres suivantes :

(1) Sœur de Lebas.
(2) Certes il était impossible de rappeler avec plus de modestie le souvenir d'un succès auquel il devait sa réputation.

« Amiens, 24 pluviôse an 2.

» Nous avons été forcés, mon cher père, de précipiter notre départ, et nous avons été privés du plaisir de vous faire nos adieux. On vous aura témoigné nos regrets ; recevez-en de nouveau l'assurance.

» Elisabeth surtout n'a pu renoncer sans peine aux douceurs de votre société. Nous arriverons demain à Paris. On se porte bien ici. Nous vous donnerons de nos nouvelles à notre arrivée. Nous vous embrassons tendrement. Mille amitiés à la famille. — LEBAS. »

« Paris, le 27 pluviose an 2.

» Nous sommes arrivés hier, mon cher père, à une heure du matin, assez bien portans. Elisabeth va maintenant beaucoup mieux. Elle a remporté le souvenir bien agréable de vos bontés et de vos caresses. C'est une source de consolations pour ce cœur sensible. Ses parens ont appris avec la plus grande joie que vous l'aimiez, et moi surtout je me trouve heureux de vous voir confirmer mon choix. Ce sera désormais avec le plus vif empressement que nous saisirons toutes les occasions de vous voir.

» Je vous parlerai peu des affaires publiques. Mes absences m'ont un peu désorienté. Il faut que je me remette au courant.

» J'ai parlé pour François, fils de Bernardine, mon filleul. Elle peut, quand elle voudra, l'envoyer ici : il y sera agréablement employé dans la manufacture d'armes.

» Je vous salue, mon cher père. Elisabeth et Henriette vous présentent leurs tendres respects. — Mille amitiés à la famille. — LEBAS. »

— Avril et mai 1794 virent encore Saint-Just et Lebas à l'armée du Nord, où ils préparèrent efficacement le succès de la bataille de Fleurus, à laquelle Saint-Just seul assista. A cette époque, une légère mésintelligence troubla pendant quelque temps les relations intimes des deux collègues, mais ne nuisit en rien à l'accomplissement de leurs devoirs publics. Saint-Just recherchait la main d'Henriette Lebas, et toute la famille désirait cette union ; mais, pour le motif le plus futile, la brouille se mit entre les deux fiancés, et Saint-Just qui prit la chose au sérieux, comme pouvait le faire un cœur de vingt-quatre ans, fit retomber sur son collègue le mécontentement qu'il en éprouva. Lebas souffrit beaucoup de ce refroidissement qui, comme on le voit, n'avait pas une cause bien grave, et la peine qu'il en ressentit se manifeste dans les lettres fréquentes qu'il adressa à sa femme dans le courant du mois de floréal an 2.

« Noyon, 13 floréal an 2.

» Nous sommes arrivés hier ici. Saint-Just et Thuilliers nous ont quittés, l'un pour aller voir sa mère, l'autre pour aller voir sa femme, qui demeurent peu loin de Noyon. Ils reviennent ce matin, et nous comptons aller tous aujourd'hui à Réunion-sur-Oise. Nous avons rencontré en chemin une personne qui se rendait de l'armée à Paris pour y porter de bonnes nouvelles, que sûrement tu connais déjà. J'espère, ma chère Elisabeth, n'avoir que des choses agréables à t'annoncer : nous supporterons bien mieux l'un et l'autre notre séparation en voyant la République prospérer. Nous sommes actuellement très-bons amis, Saint-Just et moi ; il n'a été question de rien. Nous avons sur-le-champ agi ensemble à l'ordinaire. Gateau et Thuilliers ont paru très-contens de cette bonne harmonie ; ils en augurent bien et nous aussi. Peut-être, ma bonne amie, te reverrai-je avant tes couches. Tout me dit que nous serons heureux et qu'un joli enfant te dédommagera de tes souffrances. Prends surtout soin de ta santé ; la mienne est maintenant rétablie, j'espère, pour longtemps. J'écris deux mots par ce courrier à ma sœur Florence pour qu'elle aille te voir promptement. Recommande à Henriette de ne plus être si triste ; mais il est possible qu'une voix plus puissante que la mienne ait parlé. Tant mieux ! Mille amitiés à toute la famille, et à notre bon frère Robespierre. Je t'embrasse de tout mon cœur. — LEBAS. »

« Réunion-sur-Oise, 14 floréal an 2.

» Nous avons trouvé, ma chère Elisabeth, à notre arrivée ici, ton frère et son compagnon de voyage, bien portans ; ainsi que nous. J'ai lu ta lettre, et je n'ai pas besoin de te dire avec combien de plaisir. Tu sais peut-être la prise de Landrecies. Les affaires ne sont pas brillantes dans cette partie de l'armée : nous aurons à travailler; mais n'importe, nous espérons réussir. Je n'ai que le temps de t'assurer de mon sincère attachement; le courrier attend, il faut finir. Je t'embrasse. — LEBAS. »

« Réunion-Sur-Oise, 19 floréal an 2.

» Nous sommes arrivés ici aujourd'hui, ma chère Elisabeth, à huit heures du matin, assez bien portans, mais fatigués. Duplay est encore à Maubeuge avec nos amis. Nous les verrons demain. Nous avons trouvé Villers bien content. Il m'a remis ta lettre et celle d'Henriette. Tu sais, ma bonne amie, ce que tu m'as promis : prends sur toi d'être un peu plus raisonnable, puisque enfin notre absence est un mal nécessaire. Sois bien assurée que de mon côté je te tiendrai parole; qu'à la première occasion j'irai te voir. Pourrais-je ne pas la saisir, cette occasion, avec le plus vif empressement? Pourrais-tu douter de la sincérité de mon attachement, toi qui par ta position si touchante redoubles encore le tendre intérêt que tu m'inspiras à la première vue? Que je hais les ennemis de notre liberté! Nous nous occupons sans relâche à prendre les moyens de les exterminer. Plaise à Dieu que l'armée du Nord soit bientôt aussi avancée que les autres armées!

» Adieu, chère amie; je t'embrasse de toute mon ame. Mille complimens à toute la famille. Dis au cher papa que nous sommes contens de son fils. — LEBAS. »

« Réunion, 20 floréal an 2, neuf heures du soir.

» Le courrier va partir, ma chère amie; mais je ne veux pas le laisser aller sans t'écrire deux mots. Duplay et mes amis sont de retour auprès de nous. Nous nous portons assez bien. Je ne cesserai de te recommander de prendre soin de ta santé. Je t'embrasse ainsi qu'Henriette. — LEBAS. »

« 25 floréal.

» Nous sommes tous à quelques lieues de Maubeuge, ma chère Elisabeth; nous suivons l'armée qui agit de ce côté. Nous avons beaucoup de mal et menons une vie très-dure. Ma position n'est pas agréable; les chagrins domestiques viennent se mêler aux peines inséparables de ma mission. Cela mine mon existence. Encore si j'étais rassuré sur toi! Allons, allons, je n'ai jamais eu besoin de plus de courage. Que je sois le plus malheureux des hommes, pourvu que la République triomphe !... Nos affaires de ce côté-ci vont assez bien. Mille amitiés à Henriette. Je n'ose parler d'elle à Saint-Just. C'est un homme si singulier !... Adieu, ma chère Elisabeth; espérons un temps meilleur pour nous. Je t'embrasse. — LEBAS. »

« 27 floréal an 2.

» Je suis toujours, ma chère Elisabeth, dans les environs de Maubeuge, dans un village à trois lieues de cette ville; il s'appelle Colsore. C'est là qu'est maintenant le quartier-général d'un rassemblement de troupes commandées par le général Desjardins. Gateau et Duplay sont partis hier pour Réunion, où nous avions laissé une grande partie de nos effets. Adresse-moi là tes lettres jusqu'à ce que je t'aie indiqué une nouvelle adresse. Tu pourras cependant ajouter après ces mots : *à Réunion*, ceux-ci : *ou partout où il sera*. Duplay est fatigué. La vie que nous menons ici diffère un peu de la vie douce qu'il mène à Paris. Pour moi, je m'y ferais assez si l'esprit et le cœur allaient bien. J'ai recommandé à Duplay s'il se sentait malade de retourner à Paris, au lieu de revenir nous trouver; je crois néanmoins qu'il s'accoutumera. Nous ne recevons les papiers que rarement. J'aimerais toutefois être au courant de ce qui se passe à Paris. Comment va ta santé, pauvre Elisabeth? Qu'il m'en coûte d'être loin de toi, dans la position où tu te trouves; mais enfin je n'ai pu faire autrement. Souviens-toi, ma chère amie, de ce dont nous sommes convenus en dernier lieu pour notre enfant; je tiens absolument à mon idée, tu peux le dire. Annonce à Lanne mon intention et assure-le que je suis toujours son bon ami (1). Je n'ai avec Saint-Just aucune conversation qui ait pour objet mes affections domestiques ou les siennes. Je suis seul avec mon cœur. Em-

---

(1) Lebas l'avait prié de lui servir de témoin pour l'acte civil de la nais-

brasse Henriette pour moi. Schillichem (1) me caresse beaucoup et je le lui rends bien. Adieu, ma chère femme; ton ami pour la vie t'embrasse. — LEBAS. »

« Quartier-général de Coubotre, 28 floréal an 2.

» J'ai reçu aujourd'hui, ma chère amie, une lettre d'Henriette adressée à Saint-Just et à moi. Saint-Just l'avait ouverte et lue : il me l'a rendue, sans me dire autre chose, si ce n'est qu'elle

sance de son enfant. Lanne survécut peu à son ami. Il mourut sur l'échafaud le 17 floréal an 3, victime de la réaction thermidorienne.

Voici la lettre qu'il adressa à sa femme la veille de sa mort.

« 16 Floréal an 3, à minuit.

» Ma Flavie, je vais à la mort, mais non pas à l'ignominie : car il n'y en a que pour les ennemis du peuple. Mes juges m'ont condamné. Pourquoi ? parce-qu'ils sont plus égarés que coupables; parce que ce qui était vertu il y a un an, est un crime aujourd'hui.

» Aimer le peuple il y a un an, poursuivre ses ennemis, poursuivre les ennemis de l'égalité, était une vertu. Aujourd'hui insulter au peuple, insulter à sa misère, est une vertu. Ne perds pas de vue ces vérités. Jamais tu ne cesseras de conserver l'estime et l'attachement que ton époux mérite.

» Ne pleure pas sur sa mort. Va, elle est digne d'envie. Un jour viendra, si notre pays n'est pas gouverné par un roi, où la mémoire de ton mari sera vengée.

» Elève toujours tes enfans dans les sentimens de la liberté. Dis-leur qu'après toi ce sont eux que j'aime le plus. Dis à mon fils, quand il sera capable de servir sa patrie, que son père est mort pour la cause de la liberté. Dis-lui qu'il suive mon exemple, dût-il mourir aussi en défendant la cause du peuple!

» Dis à mes sœurs, dis à leurs maris, que ma sœur seule est le terme de mon attachement pour eux. Dis-en autant à mes amis...... Et pour toi, tu sais combien je t'aime; et, si je regrette la vie, c'est pour toi, mes enfans et mes sœurs, mais plus encore pour ma patrie. — Adieu, mon amie, je ne serai plus à l'instant où tu liras ma lettre. Je serai enseveli dans le sommeil de la paix. Adieu, aime toujours mes enfans, et conserve-toi pour eux.

» Ton frère va à la mort, chère Rose, et mérite toujours ton estime et ton attachement. Je recommande à ton amitié ma femme et mes enfans. Console-les, ou plutôt consolez-vous ensemble. Conservez-vous l'une pour l'autre, pour mes enfans que je vous recommande. Élevez-les dans le sentier de l'honneur et de la liberté.

» Dis à........; dis à Henriette, dis à leurs maris que je les ai aimés jusqu'à la mort. Dis-leur que je meurs pour la liberté.

» Adieu, chère sœur, console-toi. Va, la mort est le commencement de l'immortalité. — LANNE. »

(1) Chien que Lebas avait ramené de Strasbourg, et qui l'accompagnait dans ses voyages. Le pauvre animal mourut sur la tombe de son maître.

était pour moi seul. Il y était question de Désiré (1), dont je lui ai dit deux mots une autre fois, qu'il a paru entendre avec beaucoup d'indifférence. J'ai écrit à Darthé de prendre là-dessus des renseignemens et de me les communiquer. Tu peux dire la même chose à Forestier. J'espère que cela ne sera rien. Henriette me dit que tu te plains de mon silence. Apparemment tu n'as pas reçu toutes mes lettres, car je t'ai écrit presque tous les deux jours. C'est mon seul plaisir. Ce n'est guère qu'avec toi que je puis m'expliquer; il est si peu d'amis! Tous les jours tu m'es plus chère, s'il est possible.

» Nos affaires continuent à prendre une assez bonne tournure. J'espère sortir un peu de ma tristesse en t'annonçant de bonnes nouvelles. Adieu, chère et tendre amie. Ton ami pour la vie t'embrasse. — LEBAS. »

« Au quartier-général de Hantes, 3 prairial.

» Les affaires commencent à bien aller ici, ma chère amie. Je suis bien inquiet de ne pas recevoir de tes nouvelles. Pourquoi donc ce silence? Que de sujets de chagrins! Ecris-moi dorénavant sous le couvert du général Favereau, commandant à Maubeuge. J'attends ici ton frère et Gateau qui doivent venir de Réunion. J'espère avoir bientôt l'occasion d'aller te voir. Mes complimens à la famille, à Henriette. La personne que tu sais est toujours de même. Je t'embrasse. — LEBAS. »

— Au retour de cette expédition, Lebas fut l'un des représentans chargés de la surveillance de l'Ecole-de-Mars établie dans la plaine des Sablons. Quinze jours plus tard la naissance d'un fils vint mettre le comble à son bonheur (2); mais ce bonheur allait

(1) Frère de Lebas.
(2) Il se hâta d'annoncer cette nouvelle à son père par la lettre suivante :

« Paris, 30 prairial, an 2.
» Elisabeth, mon cher père, m'a donné, hier à deux heures du matin, un fils qui se porte bien. Elle a long-temps et beaucoup souffert; mais sa couche a été heureuse. J'ai bien regretté que vous ne fussiez pas avec nous. Vous eussiez sûrement partagé notre joie. Henriette et Désiré sont en bonne santé. Nous vous embrassons tous tendrement. Mille choses à toute la famille.　　LEBAS. »

être de bien courte durée ; déjà commençait à s'amonceler l'orage qui allait enlever à la République les seuls hommes qui lui fussent sincèrement dévoués, les seuls qui la servissent sans aucune vue d'ambition. Lebas, presque toujours aux armées, n'avait qu'à de bien rares intervalles pris part aux séances de la Convention, et s'y était concilié l'affection de ses collègues par la fermeté de son caractère et par la douceur de ses mœurs. Aussi n'avait-il pas été enveloppé d'abord dans la proscription de Robespierre. Mais, quand Maximilien eut été mis hors la loi, il s'élança à la tribune malgré la résistance de tous ceux qui l'entouraient, et prononça ces paroles mémorables : « Je ne partagerai pas l'infamie » de ce décret, je demande aussi la mise hors la loi contre moi. » Un grand nombre de ses collègues s'efforcèrent d'étouffer sa voix ; la moindre rétractation pouvait le sauver : il persista. Arrêté avec Robespierre, Saint-Just, Couthon, etc. ; il fut conduit à la Force. Mais bientôt le peuple les délivra et les porta en triomphe à l'Hôtel-de-Ville. Là Lebas et Saint-Just pressèrent Maximilien de profiter des offres des canonniers de Paris et de marcher sur la Convention dont il serait facile de triompher. Robespierre répondit : « Je ne veux point donner l'exemple d'un » nouveau Cromwel ; nous ne sommes rien que par le peuple, et » nous ne devons pas porter atteinte à la représentation natio- » nale. » Il ne restait plus qu'à mourir. Lebas, auquel des amis avaient fait passer un déguisement et deux pistolets, saisit l'une de ces armes et présenta l'autre à Maximilien, qui n'hésita pas un instant. Malheureusement le coup mal dirigé ne lui ôta pas la vie. La main de Lebas avait été plus sûre.

La veille de sa mort, Lebas se promenait avec sa femme au jardin Marbeuf. « Nous allons mourir, lui dit-il, mais garde- » toi d'inspirer à mon fils des sentimens de vengeance. Qu'il » n'apprenne de sa mère qu'à aimer la patrie ! »

— Après la mort de Lebas, ses ennemis le frappèrent dans ce qu'il avait eu de plus cher. Sa jeune femme, son fils, âgé de six semaines, furent traînés de prison en prison, et y languirent près d'un an comme suspects. Son vieux père, infirme, et qu'un coup si funeste avait privé de la raison, fut renfermé trois mois dans la citadelle de Doullens (1) ; et tous les membres de sa famille se virent exposés à des persécutions plus ou moins odieuses.

Le fils de Lebas, qui lui consacre ce pieux souvenir, n'a pas oublié les sublimes paroles que lui a transmises une mère chérie et vénérée. Il a pardonné aux hommes méchans et corrompus qui lui ont ravi un père, mais la mémoire du généreux martyr qui a volontairement sacrifié sa vie aux sentimens nationaux et aux devoirs de sa foi politique, est restée pour lui l'objet d'un culte religieux, et il est heureux de trouver enfin cette occasion de mettre sous les yeux de ses concitoyens des documens qui ne peuvent manquer d'éclairer leur justice et d'appeler sur son père l'estime et l'admiration qu'on doit au patriotisme, au dévouement et à la vertu.

(1) Voici les actes relatifs à l'arrestation du père de Lebas. Les termes de l'arrêté sont remarquables par leur perfidie. Ces deux pièces sont de la main d'A. Dumont.

CONVENTION NATIONALE. — COMITÉ DE SURETÉ GÉNÉRALE ET DE SURVEILLANCE DE LA CONVENTION NATIONALE. — *Du 8 fructidor, l'an second de la république française une et indivisible.* — *A l'agent national du district de Doullens.*

« Tu trouveras ci-joint un arrêté dont l'exécution ne peut souffrir aucun retard; c'est te dire qu'aussitôt reçu, aussitôt il doit être exécuté, et que le résultat doit en parvenir sans perte de temps. Je compte sur ton zèle. — Salut et fraternité.
» *Signé*, A. DUMONT. »

CONVENTION NATIONALE. — COMITÉ DE SURETÉ GÉNÉRALE ET DE SURVEILLANCE DE LA CONVENTION NATIONALE. — *Du 6 fructidor, l'an 2 de la république française une et indivisible.*

« Le comité de sûreté générale arrête que le nommé Lebas, notaire à Frévent, district de Saint-Pol, agent de l'émigré, ci-devant prince de Bergues, et père du conspirateur Lebas, sera sur-le-champ arrêté, et les scellés apposés sur ses papiers et effets.

» Le comité charge l'agent national du district de Doullens d'exécuter le présent arrêté et d'en rendre compte.

» *Les membres du comité de sûreté générale : Signé*, A. DUMONT; LOUIS, du Bas-Rhin; GOUPILLEAU, de Fontenai; AMAR; LEGENDRE; BARBEAU; DUBARRAN; VOULLAND; VADIER. »

PAPIERS DE ROBESPIERRE.

Nous avons intercalé dans notre histoire même, ou distribué dans les documens complémentaires, sous leurs titres respectifs, un grand nombre des pièces dont se compose le dossier de Robespierre formé d'abord par Courtois, et considérablement augmenté en 1828 par MM. Berville et Barrère. Nous faisons un dernier choix dans ce recueil, afin de n'y négliger aucun papier important.

Madame Rolland, née Phlipon, à M. Robespierre.

« Paris, 25 août 1792, au soir.

» J'ai désiré vous voir, monsieur, parce que vous croyant un ardent amour pour la liberté, un entier dévouement au bien public, je trouvais à vous entretenir le plaisir et l'utilité que goûtent les bons citoyens en exprimant leurs sentimens, en éclairant leurs opinions. Plus vous me paraissiez différer sur une question intéressante avec des hommes dont j'estime les lumières et l'intégrité, plus il me semblait important de rapprocher ceux qui, n'ayant qu'un même but, devaient se concilier dans la manière de l'atteindre. Quand l'ame est pure, quand les intentions sont droites et que la passion dominante est celle de l'intérêt général dépouillée de toute vue personnelle, de toute ambition cachée, on doit finir par s'entendre sur les moyens de servir la chose publique.

» Je vous ai vu, avec peine, persuadé que quiconque, avec des connaissances, pensait autrement que vous sur la guerre, n'était pas un bon citoyen.

» Je n'ai point commis la même injustice à votre égard ; je connais d'excellens citoyens qui ont une opinion contraire à la vôtre, et je ne vous ai point trouvé moins estimable pour voir autrement qu'eux. J'ai gémi de vos préventions, j'ai souhaité, pour éviter d'en avoir aucune en moi-même, de connaître à fond vos raisons. Vous m'aviez promis de me les communiquer, vous deviez venir chez moi..., vous m'avez évitée, vous ne m'avez rien fait connaître, et, dans cet intervalle, vous soulevez l'opinion publique contre ceux qui ne voient pas comme vous. Je suis trop franche pour ne pas vous avouer que cette marche ne m'a pas paru l'être.

» J'ignore qui vous regardez comme vos *ennemis mortels*, je ne les connais pas, et certainement je ne les reçois point chez moi en *confiance*, car je ne vois à ce titre que des citoyens dont l'intégrité m'est démontrée et qui n'ont d'ennemis que ceux du salut de la France.

» Rappelez-vous, monsieur, ce que je vous exprimais la dernière fois que j'ai eu l'honneur de vous voir : *soutenir la constitution, la faire exécuter avec popularité*, voilà ce qui me semblait devoir être actuellement la boussole du citoyen, dans quelque place qu'il se trouve. C'est la doctrine des hommes respectables que je connais, c'est le but de toutes leurs actions, et je regarde vainement autour de moi pour appliquer la dénomination d'*intrigans* dont vous vous servez.

« Le temps fera tout connaître ; sa justice est lente, mais sûre : elle fait l'espoir et la consolation des gens de bien. J'attendrai d'elle la confirmation ou la justification de mon estime pour ceux qui en sont l'objet. C'est à vous, monsieur, de considérer que cette justice du temps doit à jamais éterniser votre gloire ou l'anéantir pour toujours.

» Pardonnez-moi cette austérité d'expression ; elle tient à celle des principes que je professe, des sentimens qui m'animent, et je ne sais jamais paraître que ce que je suis.

» *Signé*, ROLAND, née PHLIPON. »

Lechapelier, membre de la Convention nationale, à M. Robespierre.

« Je vous adresse un mémoire que je présente au comité de salut public ; c'est à vous que je l'adresse, parce que c'est vous qui avez le plus manifesté votre énergique haine contre les Anglais, et qu'il me semble que, plus habile, vous sentirez plus que tout autre l'importance de ruiner cet affreux gouvernement. Continuez; soyez le sénateur qui disait sans cesse : *Que Carthage soit détruite.* Vous fondez votre gloire bien avant; votre belle motion de discuter sans cesse les crimes du gouvernement anglais n'a jamais été assez connue; aussi a-t-elle été jusqu'à présent bien mal exécutée. Voyez, mon ancien collègue, si la proposition que je fais peut être utile. J'abhorre ces Anglais, et leur nuire au profit de ma patrie serait un grand bonheur pour moi. Croyez, au surplus, que si je n'ai pas toujours été de votre avis, j'aime maintenant autant que vous la République. Elle est établie, tous les amis de la liberté doivent la soutenir. Vous sentirez qu'une prompte décision est nécessaire si vous acceptez mon offre, et il n'y a pas un moment à perdre. — Je vous salue.

» Celui qui vous remet cette lettre ignore quel en est l'objet. Si le comité de salut m'accepte, nul autre que lui et moi ne doit savoir cette mission. »

Au comité de salut public.

« Le 26 pluviose, l'an 2 de la République une et indivisible.

« Citoyens, j'étais de l'assemblée constituante, j'étais membre du comité de constitution; on m'a dit qu'il y avait un ordre de m'arrêter; toute cette défaveur ne m'empêche pas de me présenter au comité de salut public comme un homme qui peut lui être utile, et qui, antique et constant ami de la liberté, est devenu partisan de la République du moment qu'elle a été proclamée. Ni mon arrestation, ni ma mort, en cas qu'elle fût résolue, ne seront d'aucun profit à l'état : au contraire, la cause populaire souffre un peu lorsqu'on voit l'un de ses premiers soutiens désigné comme victime, et il vous paraîtra peut-être d'un tout autre intérêt d'employer les moyens que la nature et les circonstances m'ont donnés. Vous avez fait, avec une grande habileté, une guerre superbe digne d'un peuple qui conquiert et défend à la fois sa liberté. Vous avez eu partout de glorieux succès; mais vous n'êtes ni au terme de vos travaux, ni à la fin de vos dangers.

Vous avez besoin de faire encore cette année la guerre la plus active ; ce ne sont peut-être pas de mauvais citoyens, mais ce sont des ignorans qui parlent actuellement de paix. Vous avez les moyens de faire cette guerre pendant l'année ; mais si vos triomphes ne vous donnent pas le droit de dicter, à la fin de la campagne, des conditions à l'Europe, vous pourrez vous trouver dans la situation la plus alarmante : il faut donc que tous les moyens quelconques soient employés, et vous êtes trop habiles pour en négliger aucun. Il me semble que cette année la guerre change de place. Vous n'avez plus rien à craindre ni de l'Autriche, ni de la Prusse, ni de l'Espagne. Il y aura sur toutes ces frontières des coups de canon de tirés et des hommes de tués ; mais ce ne seront que des coups de canon et de la dévastation : il n'y aura rien de décisif. La guerre est tout entière contre l'Anglais ; c'est là qu'il faut frapper. Si quelque expédition grande et heureuse brûlait un de leurs ports, ravageait une portion de leur territoire, altérait leur marine, il serait facile alors de séparer le peuple anglais de son gouvernement, et de parvenir à dicter un traité qui serait le terme du danger de la république française. Je ne sais si je me trompe, mais je crois que, pour assurer le succès de cette grande entreprise, il serait important de connaître quelles sont les craintes, les espérances, les projets de nos ennemis. Je me propose pour aller en Angleterre, j'y paraîtrai comme réfugié, et j'emploierai tout le zèle d'un sincère ami de son pays, pour connaître ce que vous aurez intérêt de savoir, et vous en instruire. Il y a plusieurs jours que l'idée de m'offrir à vous sous ce rapport est combattue par la crainte que vous ne regardiez cette offre comme un moyen de fuir, et que cela ne vous paraisse une faiblesse qui me diminue dans votre esprit ; mais j'ai songé que la mission dont je demandais à me charger n'était pas assez dépourvue de périls pour que celui qui s'en chargeait pût passer pour un lâche, et si je crains une captivité qui m'entasserait avec des hommes qui sont mes ennemis, j'ai trop peu peur de la mort pour que je croie qu'il y ait quelqu'un qui imagine que je fais un pas pour la fuir. Vous pourriez m'objecter que c'est me présenter bien tard pour servir la République, et que vous ne pouvez pas me regarder comme un de ses amis. Je réponds que ce n'est que dans une mission secrète que je puis être utile, et que nulle part je ne l'aurais été avant l'époque à laquelle nous sommes. Quant à ma profession de foi, la voici : je n'ai pas désiré la République, parce que je prévoyais que de grands orages seraient attachés à sa fondation. Depuis qu'elle est établie je suis son partisan et son défenseur, parce que les plus grands malheurs, la perte de la liberté, seraient la suite de sa destruction ; voilà ma pensée tout entière ; et tous les amis de la liberté qui ont voté pour la monarchie dans un temps où, au surplus, comme vous le savez, on ne pouvait parler que de monarchie, doivent reconnaître à ce langage quelque sincérité. Maintenant, vous me demanderez quels moyens j'ai de vous être utile en Angleterre? S'il s'agit de moyens préparés déjà, aucun. Je ne connais presque pas d'Anglais. Parmi les Français qui doivent être à Londres, il n'y en a que deux que j'aie pu regarder comme mes amis ; les ministres, je ne connais pas leur figure. Mais voici sur quoi je me fonde : j'ai eu quelque célébrité. Arrivant dans ce moment en Angleterre, comme réfugié, il ne doit pas m'être difficile d'avoir les conférences que je voudrai demander ; et c'est à vous de juger si je suis capable d'en profiter pour savoir ce que veulent, ce que désirent, ce que craignent nos ennemis. Je crois bien que vous avez déjà dans ce pays des hommes qui vous instruisent, mais ou ce sont des aristocrates, et je ne sais pas quel degré de confiance on peut leur accorder, ou ce sont des Anglais, et ils méritent encore moins qu'on se fie à eux ; ou ce sont des républicains connus, et ce n'est pas avec eux qu'on cause ; ou ce sont des patriotes ignorés, et il leur est difficile d'avoir les relations dont ils ont besoin. Je dirai même qu'il faut compter pour quelque chose l'espèce de nouveauté ; je serai le seul constituant qui à cette époque aborde en Angleterre ; nécessairement il en résulte plus de facilités pour former des liaisons. Au surplus, s'il est possible que je ne vous sois pas fort utile, puisque je n'ai pour cela rien de préparé par-delà mon nom et les circonstances ;

il est plus que probable que j'en tirerai un grand parti, et que je vous rendrai d'importans services, et si la défiance pouvait entourer un homme qui ne fut jamais infidèle à ses amis, et qui, républicain par raison, comme on est brave de sang-froid, craint autant que vous la perte de la liberté, je vous observerai que vous ne pouvez jamais être trahis par lui, car vous ne lui confierez ni vos projets, ni vos ordres; vous recevrez de lui des renseignemens : voilà toute sa mission.

« Après cela vous donnerai-je pour garant ma haine profonde pour les Anglais; je partage ce sentiment avec tous les Bretons. Je ne sais si cela tient aux ravages qu'ils ont commis sur nos terres et à l'habitude de les combattre, mais ce qu'il y a de certain, c'est que j'ai vu tous mes campatriotes pénétrés d'une profonde antipathie pour les Anglais, et cette haine est née avec moi. Je ne demande, pour me charger de l'honorable mission de contribuer à ruiner une méchante nation et à détruire un infâme gouvernement, qu'un titre quelconque qui m'assure que je ne serai pas traité en émigré, et les moyens de subsister dans la plus grande médiocrité pendant mon séjour en Angleterre. Les accessoires de ma proposition, et mes idées sur et contre les Anglais ne peuvent pas être développés ici; ce que je pense que l'on doit faire pour opérer la perte du gouvernement de ce pays serait trop long à détailler; mais si vous recevez mon offre, vous chargerez vraisemblablement deux ou trois membres de conférer pendant une heure avec moi. Ils me donneront vos instructions, je leur présenterai mes idées. Si vous voulez que je me rende sur-le-champ à Paris, il est nécessaire que vous me donniez un ordre; un titre quelconque qui puisse me faire voyager tranquillement, et être à Paris le temps suffisant pour parler à ceux d'entre vous qui seront désignés. Je ne me montrerai nulle part, le secret le plus profond étant le seul moyen de rendre cette mission exécutable. — Je termine en vous exprimant le désir que vous finissiez promptement et glorieusement la grande entreprise que vous avez formée. Donnez la liberté au monde, et, s'il est possible, une prompte paix à la France. — Lechapelier. »

De Weiss, colonel suisse, bailli de Mondon, au citoyen Robespierre, représentant du peuple français, membre du comité de salut public, à Paris.

« Grand homme, si la vaste étendue de vos occupations (au-dessus de la capacité humaine) vous permet de jeter un coup d'œil sur les détails, ne refusez point un regard de faveur à l'objet de requête ci-dessous énoncé. Il concerne un de mes amis, un de mes parens, un homme arrêté et calomnié. Si la paix avec les Suisses est un bien pour la France, cette dernière me doit quelque reconnaissance, et ma recommandation ne peut pas être sans poids auprès de vous. D'un mot, vous rendriez la liberté à mon parent. Ses intérêts individuels sont peu signifians pour la masse; et, traités avec égard, avec ménagement, ils peuvent beaucoup contribuer à la bonne intelligence entre les deux nations. Je suis flatté, illustre citoyen, d'avoir l'occasion de vous présenter l'hommage si justement dû à vos rares talens : puissiez-vous, pour le bonheur du genre humain, avoir autant de vertus que de capacité, et autant de succès que de mérite. Ce sont les vœux de votre zélé admirateur,

» Le colonel de WEISS, *du conseil souverain de Berne, et*
» *bailli de Mondon.*»

Mémoire envoyé par le colonel de Weiss.

« Auguste Roguin, bourgeois d'Yverdon, canton de Berne, en Suisse, âgé de vingt-six ans, associé à la maison de Illens, Van Berchem et Roguin, Suisses, et armateurs à Marseille, où il habitait depuis huit ans, rue Marade, île 79, n° 2, arrondissement n° 5, a été muni d'un certificat d'hospitalité, en bonne et due forme, par la municipalité, en date du 18e jour, du 2e mois, de l'an II de la République, ayant satisfait à la loi du 6 septembre, relative aux mesures de sûreté envers les étrangers.

» Auguste Roguin, occupé de son commerce, et n'ayant jamais dénaturé sa qualité de Suisse, n'a pu prendre en conséquence aucune part active dans la glorieuse révolution française, excepté comme simple soldat national, armé pour la liberté.

» Cependant, et malgré l'arrêté du comité de salut public du 28 frimaire, communiqué officiellement en faveur des Suisses par l'ambassadeur de France, aux treize cantons helvétiques, il a été arrêté chez lui, le 22 nivose, et conduit par la force armée dans la maison d'arrêt de Saint-Jaume, à Marseille, peut-être par quelque simple mesure de sûreté générale, ou par quelque malveillance particulière, dont il ignore la source, étant privé de sa liberté.

» Auguste Roguin appartient à une famille nombreuse, respectable, et puissamment alliée dans le canton. Cette considération, sinon morale, mérite du moins quelque attention politique. Sa famille réunie présente le précis des faits avec vérité et confiance, et se repose autant sur la parfaite innocence de l'individu que sur la justice et les lumières des législateurs distingués auxquels elle s'adresse. »

Garnier-Launay, juge au tribunal révolutionnaire, au républicain Robespierre, représentant du peuple.

LIBERTÉ. ÉGALITÉ.

« Paris, 29 messidor, l'an 2 de la République une et indivisible.

« Frère républicain, sans réflexion, involontairement, j'ai commis une grave erreur qui m'opprime; je ressens le besoin de me soulager, en t'exprimant mon vif regret.

» A la fin de l'assemblée générale de notre section, quintidi de cette décade, l'enthousiasme de 14 juillet enflammait les esprits sur la manière de se rendre le lendemain au palais national pour la célébrer.

» Un franc sans-culotte me dit : « *On ne parle pas du repas fraternel.* » Je lui en demandai l'explication; il me répondit que c'était chaque famille qui se réunissait devant la porte extérieure de sa maison avec ses voisins, et que ce repas avait déjà eu lieu la surveille dans des sections; il m'engagea de le proposer. Sans réflection, je te l'avoue ingénument, je suis remonté à la tribune pour faire cette proposition, que l'enthousiasme fit adopter unanimement par l'assemblée générale, qui fixa ce repas au lendemain de la fête nationale. Avant-hier 27, il a eu lieu.

» N'étant pas sorti de chez moi le jour de la fête, si ce n'est pour m'y rendre à dix heures du soir (j'y ai été troublé; on m'y a volé mon portefeuille, qui renfermait ce qui me restait, 82 livres 10 sous), je n'avais vu personne : la réflexion me tourmentait sur l'indiscrète démarche où j'avais entraîné l'assemblée générale, je ne pouvais y remédier : cette vive inquiétude me suivit au tribunal. Le lendemain 27, je m'en suis ouvert à Dumas, qui m'a confirmé la crainte de tous les effets que ces perfides repas pouvaient produire de la part de nos ennemis.

» Ne pouvant en empêcher l'exécution fixée au soir, je me suis déterminé à *ne point au moins y concourir personnellement;* j'ai seulement parcouru et observé les tables de la rue Caumartin, où je viens de m'emménager, et celle dite des Capucins. J'ai remarqué les inconvéniens effectifs de ce repas prétendu fraternels; combien s'en prévalaient les aristocrates, dont les tables décelaient leur perfidie par la somptuosité qui contrastait avec la frugalité de celles des francs républicains. Ce sont ces perfides ennemis qui attiraient vers eux le plus grand nombre des *bons sans-culottes*, par la musique, la danse, qu'ils avaient annoncées par des préparatifs faits dans le jour.

» Juge, frère républicain, ce que j'ai eu à souffrir, ce que je souffre d'être dans notre section le moteur involontaire de ces instrumens ès mains de nos ennemis, et quelle en est mon oppression, d'après tes justes réflexions développées hier à la tribune des jacobins, et d'après le rapport de Barrère, qui me travaille d'autant plus de regrets, que ce sublime discours peint à grands traits toute la perfidie de ces rassemblemens, effectivement tramés en opposition au cours majestueux révolutionnaire qui doit être rapide, et ne peut être, sans imminent danger, arrêté par le modérantisme et le système meurtrier des indulgens.

» Je suis tellement oppressé de regrets et de confusion, que je n'ai osé paraître à tes yeux hier soir, à la sortie des jacobins.

L'aveu ingénu de mon erreur involontaire et subite me fait espérer avec confiance que tu ne verras en moi *que le désir de voir les patriotes fraterniser entre eux.*

» Oui, ma haine naturelle est implacable pour tous ennemis quelconques de notre sublime révolution ; sous quelque masque qu'ils se présentent, je les reconnais ; ma surveillance en sera d'autant plus active.

» Je ferai demain l'aveu ingénu de ma fatale erreur dans l'assemblée générale de notre section ; où je l'ai commise.

» Je t'embrasse comme je t'aime, cher frère républicain, de tout mon cœur. — *Signé* Garnier-Launay, *républicain-jacobin.* »

Lulier au citoyen Robespierre.

« Du 5 germinal, l'an 2 de la République.

« Citoyen, ma confiance en vous me porte à vous adresser mes réclamations, et je pense que vous les accueillerez avec le sentiment de justice qui vous a toujours accompagné.

» Je vous prie donc de vous faire représenter toutes les dénonciations qu'un parti ennemi a fait pleuvoir contre moi, et toutes les réponses que j'ai faites à celles qui me sont parvenues, et vous trouverez dans mes réponses le triomphe de la vérité.

» S'il en est quelques autres, je garantis qu'elles n'auront pas plus de fondement. La vérité est une, Robespierre, elle me fut toujours aussi chère que la vertu, et j'ose assurer que je ne suis jamais sorti de mon caractère bien manifeste, surtout depuis la révolution.

» Je vous avoue que quand je repasse ma vie politique (car j'ai le malheur d'être obligé de m'occuper de moi), j'ai peine à concevoir ce qui a pu me rendre l'objet de la rigueur que j'éprouve. Mais je n'en murmure pas, persuadé que les comités ont cru cette mesure utile.

» Je demande la levée de mes scellés, l'examen le plus rigoureux, et les informations les plus sévères sur ma conduite politique et morale ; et si l'on trouve pour résultat (je ne dis pas que j'aie fait quelque chose de répréhensible, mais ce qui est plus encore) que je n'aie pas fait tout ce que me permettaient mes faibles talens, je consens à l'improbation générale, c'est-à-dire au plus grand malheur de l'humanité.

» Hé! quel autre témoin pourrais-je prendre, puisque vous-même l'avez été de mes premiers essais politiques. Vous avez pu suivre ma conduite, et vous savez si elle n'a pas toujours été dirigée par l'intention la plus pure.

» Vous savez que je parlais peu aux jacobins; hé bien! considérez les circonstances où je l'ai fait, et vous verrez que ce sont celles où mon cœur, gonflé par la douleur, me donnait la vigueur nécessaire pour dévoiler les systèmes des ennemis de mon pays

» Si j'ai peu parlé, c'est que je ne peux pas toujours vaincre la timidité qui m'est naturelle, et je n'ai jamais renversé cette barrière que pour la dépasser. Tel est l'état de mon âme; quand je sens fortement, je m'exprime dans le même rapport.

» Vous ne m'avez jamais vu intriguer. Vous le savez, aux jacobins je suis toujours seul, je ne me lie qu'avec la République et la liberté. Jamais je ne suis entré dans un complot quelconque; jamais je n'assistai à un conciliabule; enfin jamais je ne me suis uni à un autre homme pour faire que telle ou telle chose arrivât. Toutes mes actions révolutionnaires sont le résultat de la méditation et d'un sentiment de douleur ou d'indignation contre nos ennemis communs, et c'est dans cet état que j'écrivis ou que je parlai. Je n'ai jamais su une heure avant ce que j'allais écrire ou ce que j'allais dire. Tous mes mouvemens ont été des boutades patriotiques.

» Je ne défendrai pas ce que j'ai dit ou publié, mais bien l'intention qui m'y a porté; elle est pure, Robespierre, elle est pure comme la tienne!

» Rendez-moi donc à ma patrie, à ma femme, à ma fille, à ma famille et à l'estime de mes concitoyens. Ah! Robespierre, qu'il est malheureux de se trouver confondu avec ses ennemis; qu'il est cruel que l'opinion publique puisse flotter à cet égard et confondre l'innocent et le coupable! Je n'insisterai pas davantage; je m'abandonne à votre justice et à vos lumières. Vous faire sentir ma situation est déjà un allégement à mes maux ; j'attendrai avec calme la décision des comités.

» Je suis avec fraternité, votre concitoyen et ami,

» *Signé* Lulier. »

En marge est écrit au crayon :

« Arrêté pour l'affaire d'Hébert ; s'est poignardé en prison. »

Torné, évêque constitutionnel à M. Robespierre.

« Bourges, le 26 août 1791.

» Immortel défenseur des droits du peuple, j'ai reçu, j'ai lu avec enthousiasme votre lettre adressée aux Français. Hélas ! vous vous êtes rendu plus blanc que la neige, aux yeux même les plus fascinés par l'effet de la cabale et de l'intrigue ; mais malgré cela, vous avez la douleur de voir tous les jours la nation, votre malheureux client, perdre quelqu'un de ses droits impérissables par quelque nouveau décret. Quand donc cette assemblée, partie corrompue, partie aveuglée, finira-t-elle d'en rendre, et de faire frissonner, au seul nom de décret nouveau, tous les bons citoyens du royaume. O si j'étais député à la nouvelle législature, comme j'observerais vos traces pour y marcher fidèlement ; combien je serais heureux *si je pouvais y mériter le glorieux surnom de* Petit Robespierre. Je le mérite d'avance, un peu par la conformité de tous, oui, de tous vos principes avec les miens, depuis le commencement de l'assemblée nationale, jusqu'au jour où vous venez de combattre *pour sauver, avec la liberté de la presse, celle de la nation.* Le décret que vous n'avez pu empêcher me fait grincer les dents.

» Vous êtes, je le sais, prodigieusement occupé ; j'ose néanmoins espérer de votre amitié, je n'ose pas dire pour moi, mais pour notre ami commun, le pur et honnête homme Barrère, qui vous voudra bien lire, sans retardement, premièrement, la lettre imprimée (ci-jointe), aux électeurs du district de Saint-Amand ; deuxièmement, la lettre impertinente que m'a écrite le comité ecclésiastique ; troisièmement, la réponse fière, ferme et raisonnée, que je leur fais par le même courrier. Avec un esprit juste et une âme droite comme la vôtre, il ne faut point de commentaire. *Lisez* et *jugez*, dites-moi ensuite franchement qui a tort, et à quoi il consiste : vous serez en cela, comme en tout le reste, mon oracle. Si la morgue du despote comité lui fait porter cette petite affaire à l'assemblée nationale, je me recommande à vous et à vos auxiliaires, Grégoire, Pétion et l'ami Barrère. — PIERRE-ANASTASE TORNÉ, *évêque de la métropole du centre.* »

Femme Chalabre, amie de Robespierre, à M. Robespierre, député de l'assemblée constituante.

« Ce 26 février 1791.

» C'est à la conformité de nos sentimens patriotiques, monsieur, que je dois les éloges que vous m'avez adressés. Dans ce sens, le cœur a tout mérité, et je m'en enorgueillis. La vanité ne saurait me faire prendre le change, j'y perdrais trop. Vous avez eu la complisance de faire passer, avec votre lettre, une excellente réfutation des principes sur l'organisation des jurés. Selon mes très-faibles lumières sur cette matière, il me semble que vous touchez la vérité comme dans tous vos autres discours ; aussi le patriote Camille, dans son dernier discours, peint-il avec un naturel charmant, une précision vraiment originale, le caractère de vos talens. On croirait que le génie du bon et trop malheureux Jean-Jacques l'a inspiré : c'est d'une touche aussi délicate ; il eût versé tant de larmes en lisant ce passage! Bon Camille, vous méritez le bonheur dont j'espère que vous jouirez avec votre aimable compagne!

» Revenons à la politique. Il me semble, monsieur, que les comités en général veulent toujours faire un travail pour l'esprit, qui souvent gâte, car les idées simples sont plus près de la nature et de la vérité. J'espère que le progrès des lumières fera mieux connaître, apprécier de jour en jour, ceux qui, détachés de cette puérile vanité, ont eu le noble et vrai courage de franchir la barrière des préjugés pour s'élever à la hauteur de la révolution et de la raison, malheureusement, c'est avec le petit nombre. Il vient de se passer des événemens assez piquans de puis quelques jours; je me flatte que nous saurons en profiter comme des autres. Si tous vos momens n'étaient pas consacrés au salut de notre chère patrie, je désirerais bien en causer avec vous ; mais je crains de lui voler un temps si précieux. S'il était possible de concilier ce désir, vous me feriez beaucoup d'honneur et de plaisir. Ne craignez pas le grand cercle d'une oiseuse compagnie ; ce n'est pas du tout mon genre; un très-petit nombre, mais très-petit, d'anciens amis, compose ma société; tous bons patriotes, car je ne saurais en estimer d'autres. Sans estime, point de plaisir ni bonheur; vous ajoutez, monsieur, au nôtre celui de la reconnaissance la mieux sentie. Vous la retrouverez dans nos expressions comme elle est dans notre cœur. — CHALABRE.

» Vous approuverez que je supprime les formes serviles d'usage. »

La même au même.

« Enfin, monsieur, notre ruine est consommée par l'affreux décret qui remet la gestion de nos finances dans la main des avides courtisans, grâce aux prétendus sages qui mènent aujourd'hui l'assemblée nationale. Non, non, la nation ne peut consentir à son esclavage par des lois contraires à ses véritables intérêts; cette dernière injustice va la tirer de son assoupissement. Était-ce donc la peine de faire une révolution pour la terminer ainsi? Ciel! ô quelle iniquité, quelle dégradation de l'espèce humaine; et c'est l'or, ce vil métal, qui rend les hommes stupides et féroces. Quel mépris des richesses ne doivent pas avoir les vrais patriotes! Ils doivent les dédaigner, les repousser, les craindre comme un poison subtil qui corrompt tout ce qu'il touche. Le bonheur et la vertu ne se trouvent que dans la médiocrité. Richesses et vertus sont incompatibles ; rien n'a pu nous en convaincre comme cette révolution. Trois députés seulement, et vous êtes de ce nombre, toujours au chemin de l'honneur, trois ont combattu l'infâme décret. Que vont dire les provinces? Je voudrais bien qu'elles fissent toutes, sans exception, les plus vives réclamations. Il est impossible que jamais la confiance renaisse, que l'ordre et l'économie se rétablissent. Les biens du clergé vont être dilapidés ; la part est faite, la cour s'en empare, et nos meilleurs députés gardent un silence coupable. Quoi ! c'est principalement pour remédier au désordre des finances que la nation nomme des représentans, et, après dix-huit mois de souffrances, l'abîme s'ouvre de nouveau pour engloutir toutes nos ressources ! Quelle cruauté de nous faire languir si long-temps pour combler nos malheurs ! Je ne puis vous exprimer combien ces idées m'affligent. Vous sentez aussi vivement que moi, j'en suis persuadée, ces derniers coups portés à notre liberté. Décret fatal, décret maudit qui rompt toutes les mesures d'une juste réparation, brise les doux liens de l'égalité ! Hommes sans pudeur, qui l'avez fait passer, puissiez-vous être un jour accablés de remords, nous serions assez vengés ! Malheureuse patrie !

» L'indignation est à son comble. Nous voilà donc enfin constitutionnellement sous le joug des tyrans ! Ah ! quittons ce douloureux entretien. Faites-moi l'honneur, monsieur, d'accepter un petit dîner patriotique, dans le commencement de la semaine prochaine. Choisissez le jour qui vous conviendra le mieux, qui vous dérangera le moins de vos travaux, pourvu que je sois prévenue deux jours d'avance, afin que je puisse réunir M. et madame Bitaubé, qui seront flattés de se rencontrer avec vous. Je suis, avec les sentimens d'estime et de reconnaissance fraternelle de tous les bons citoyens envers vous. — CHALABRE.

» Mille remercîmens de vos brochures. »

La même au même.

« Ce 11 janvier 1792.

» Non, je ne trouve pas d'expression qui puisse rendre à l'inimitable Robespierre la surprise, l'émotion que m'a causée la lecture de son intéressant et utile discours dans la dernière révolution de Paris. Les patriotes ont bien fait de l'y insérer, parce que ce journal se lit beaucoup et va partout ; on ne saurait trop se hâter de prémunir les vrais Français contre les piéges de la guerre. Mais, hélas! je crains que ce ne soit un parti pris dans l'assemblée nationale, car le député Ramond nous a annoncé un long et beau rapport du comité diplomatique, dont les conclusions seront sans doute pour la guerre. Juste ciel! que de trahisons! Malheureuse patrie! de faux guides vous détournent encore du bon chemin par de nouvelles ruses plus fines que celles des modérés; elles n'ont pas un caractère si marqué de fausseté, elles n'en sont que plus dangereuses. Patriotes égarés, dit-on à ceux qui ne veulent point la guerre... Ah! continuons de nous égarer ainsi pour l'étouffer et sauver la patrie.

» Encore un discours aux Jacobins lundi, loué par les cruels partisans de la guerre, qui s'y acharnent comme des corbeaux après leur proie. S'il en est ainsi, désespérons du salut de la patrie. Vainqueur même avec le pouvoir ennemi, c'est être vaincu. C'est la solution de toutes la question; mais, comme vous le dites, on veut toujours être à côté.

» Comment, avec tant soit peu de jugement, donner dans un pareil piége! Cela me paraît incroyable; au lieu de suivre la nature, on aime mieux raisonner contre. Fi! fi! de l'éloquence: c'est bien le cas! Faibles humains, qui vantez vos lumières, l'instinct des animaux est bien supérieur à votre bel esprit, car il ne les trompe jamais.

» Je ne puis résister au sentiment de reconnaissance que m'inspire la vertueuse conduite du fidèle Robespierre, malgré le conseil qu'il nous donne lui-même de ne pas trop nous livrer à ces transports. Sa touchante modestie produira l'effet contraire à en juger par moi; mais il ne sera pas dangereux pour la liberté; la plus noble émulation en sera le fruit.

» Salut, amitié. — CHALABRE. »

La même au même.

« Ce 20 mars 1792 »

» Patriote ami, je sèche d'impatience dans l'attente de votre discours que mille incidens ont reculé. Voilà donc un ministère jacobin. Vous aviez prévu cette ressource d'un machiavélisme aux abois. Les patriotes, qui voient tout en beau, racontent avec complaisance la dernière séance des Jacobins ; la présence des nouveaux ministres, qui veulent avoir des communications avec cette société. Grand Dieu ! la liberté est donc à jamais perdue ! On offre un baiser de paix au plus zélé défenseur de cette sainte liberté, comme s'il pouvait être garant de ces belles promesses ou accessible à la flatterie. *C'est ainsi que le vice prend un coin du manteau de la vertu pour cacher sa difformité*, et en imposer aux esprits confians. Pour moi, j'ai le malheur de voir plus noir que jamais. Si l'assemblée nationale laisse échapper l'occasion qui se présente de venger enfin la nation d'un pouvoir ennemi, convaincu d'avoir dernièrement encore tramé sa ruine en soutenant les contre-révolutionnaires d'Arles, d'Avignon, etc.; s'il n'est pas dans cette assemblée un patriote assez courageux pour déchirer le voile qui couvre ces horribles et ténébreuses manœuvres, peindre en traits de feu les dangers de conserver cet odieux pouvoir ; de lui laisser seulement gagner un mois, la France est perdue. Hélas ! après tant d'espérances faudra-t-il nous résoudre à voir notre malheureuse patrie couverte de cendres et de ruines ! C'est le vœu des coupables ; non, non, qu'on les juge, et tout est sauvé. Je ne conçois plus les vues des patriotes ; tant de lenteur me désespère. *O Robespierre ! votre génie doit trouver le remède à nos malheurs. Il n'y a que vous, pour ainsi dire, qui me laissiez quelque lueur d'espérance.* Je ne puis vous peindre la tristesse de mon âme ; plus je vois de sûreté dans les autres, plus je tremble : elle augmente nos dangers. Si vous prononciez demain votre discours, ne m'oubliez pas, je vous prie. Pour éviter à notre jeune ami la peine de venir deux fois dans le même jour, car il y a loin d'ici chez vous, je l'attendrai demain jusqu'à deux heures pour dîner. Recevez les nouvelles assurances du plus inviolable attachement. — CHALABRE.

» Cher patriote, encore un souvenir. Je tremble qu'on ne fasse passer le décret sur les mariages, que la sage motion de M. Français avait écarté, n'en déplaise à la royale chronique et à M. Brissot. Quelle dangereuse proposition au moment où le fanatisme aiguise ses poignards; comme si l'assemblée n'avait pas des choses bien autrement importantes à traiter. À propos de cette chronique, le grand orateur du genre humain se persuade avec une suffisance risible que la nation va prendre ses jongleries ministérielles pour des vérités. Les éloges qu'il donne aux officiers généraux, surtout à Luknier, sont tout-à-fait dans le genre du compère Polichinel; serait-il par hasard celui des ministres? Ce serait une bonne question à lui faire par nos journalistes. »

Soulavie, agent diplomatique, au citoyen Robespierre l'aîné.

« Outre ce que je vous ai marqué, mon cher Robespierre, sur le général, dans les deux lettres que je vous ai écrites, la première par le père et la sœur, la seconde par la poste, sous le couvert du président de sûreté générale, j'ai reçu depuis une dénonciation contre Kellermann, de la part d'un patriote très-bon.

» En voici aujourd'hui une autre qui me vient d'un patriote, qui m'a déclaré être fondé dans son accusation, pour avoir ouï chez les plus notables du pays que Kellermann était vendu à l'empereur et au Piémont. Kellermann, me dit-il, attend le moment favorable de nous livrer.

» La même personne me dit que Lyon a des intelligences avec Mâcon et Châlons-sur-Marne, et me prévient que je ne dois pas mettre ma lettre à la poste dans ce pays-ci, mais l'envoyer de Suisse. Je l'envoie en Suisse par le retour de cette personne-là, et elle vous reviendra sous le couvert du président du comité de salut public.

» Vous connaissez le projet des bureaux des affaires étrangères, de ne pas distraire le Valais de la surintendance de M. Barthélemy, ambassadeur en Suisse.

» Tous ceux qui prévoyaient l'invasion sacerdotale et piémontaise, et qui la désiraient, tous les aristocrates, tous les Brissotins du pays, ont été désolés de voir sous la même surveillance d'un seul agent français le Valais et Genève, pays presque contigu, et séparé seulement par une langue de terre du Mont-Blanc. Ils étaient furieux que j'eusse la source de cette Vendée et le remède dans ma légation : la source, parce que le passage des Alpes est dans le Valais; le remède, parce que Carrouge, ville dévouée à la Montagne, s'est levée sur-le-champ et au nombre de deux mille hommes. On a été prévenir les effets de cette Vendée, et, comme je suis Jacobin de Carrouge, et que nous concertons tout avec fraternité, les Jacobins de Carrouge ayant été réprimer cette trouée, on a été fort scandalisé de ce que le mal et le remède étaient dans la même agence. J'ai prévenu tous les obstacles contre ma réception dans le Valais, en étudiant le jour d'entrée du grand-bailli dans le Valais; et, en entrant chez lui, j'ai vu à mes côtés l'évêque réfractaire et déporté du Puy y entrer également, uni à tous ceux qui ne me veulent pas en Valais. Le grand-bailli toutefois m'a très-bien reçu, et nous avons traité des intérêts des nations. Ce n'est pas tout : les royalistes n'ayant pu empêcher cette réception l'ont traversée depuis.

» Je n'aurais pas cru que le secrétaire de légation dans le Valais, qui a pris le titre de résident de France, allât à Paris pour désunir l'union des deux légations. Si on en parle au comité de salut public, dont vous êtes membre, je vous prie de représenter que, pour des raisons de sûreté, on a voulu que l'agent en Valais, en cas de trouée, pût appliquer le remède, ce qui est arrivé, et que la séparation des deux légations serait sujette à des dangers. Donnez-moi signe de vie et de santé, et faites-moi connaître que cette lettre-ci vous est parvenue : c'est la troisième. Genève est effrayée pour les pensions dues à ce pays par la nation. Un décret, sans doute mal énoncé, dit qu'on ne paiera plus les sommes dues à Louis Capet. On ne peut croire que ce soit autre chose que la dette contre-révolutionnaire et secrète faite pendant la législature.

» Le plan de dire à présent que tout bien appartient à la nation, même la récolte, effraie aussi tous les environs. *Dans ce moment de crise, je vous recommande trois choses ; les généraux, les négocians, les prêtres et les riches; ils peuvent tout culbuter, tout ruiner de fond en comble.* Ménagez, au nom de la patrie, ces ennemis naturels des républiques; ils étoufferont la nôtre à sa naissance, si vous n'allez très-prudemment avec eux.

» J'ai le cœur navré de tant de nouvelles, mais l'ame pleine de courage. »

Le même au même.

« Je vous ai adressé, mon cher Robespierre, des notes sur les différentes classes de conspirateurs..... Comme vous avez l'esprit juste et le cœur bien fait, vous aurez jugé en vous-même que j'étais un bon citoyen, puisque je dénonçais tous les ennemis de la chose publique, et, puisqu'on ne dénonce pas les partisans d'une trahison dans laquelle on tremperait, c'est le langage que l'intérêt public veut qu'on parle en cette occasion. Mais je dois, en vous envoyant les notes que vous avez reçues de moi, vous dire que je les tiens des ressources que me donne mon état, et j'ajoute que si j'étais appelé en témoignage, on perdrait notre état et on le rendrait inutile à la république; aucun agent n'écrirait plus des vérités qui risqueraient de le faire appeler en témoignage : ce n'est pas que je rougisse ou que j'eusse la moindre timidité si j'étais appelé. Je ne vous ai rien écrit que d'après ma conscience; mais tout ce que je pourrais dire aux juges, c'est que, dans ma place, j'ai appris tel et tel fait. Après ces observations, je viens vous annoncer qu'il se trame en Europe, à Paris, un coup terrible : j'ignore ce que c'est; mais c'est une conspiration contre la république et la Convention. Le Genevois, le clubiste, le patriote que j'ai envoyé en Suisse, chez les émigrés, et qui s'est mêlé avec eux et a parlé leur langage, me l'a dit; mais peu d'émigrés en sont instruits.. Ce n'est pas tout : les chefs de l'aristocratie genevoise qui tiennent avec nos ennemis, ont dit en secret : «Encore quelques jours, et nos affaires à tous iront bien.» Ajoutez à cela que je tiens de deux endroits différens et par divers canaux, qu'il a été dit, à table, chez le scélérat d'Erlac, notre ennemi juré : « Encore quelques scélératesses de la part de cette Montagne, et elle écroulera. » Enfin, l'homme que je ne puis nommer et qui m'a donné la note sur Kellermann, m'a dit que les Brissotins, dans peu, seraient satisfaits. J'ai envoyé ces notes aux ministres, et le duplicata au comité de salut public. Il me vient une idée : la conjuration des poudres est possible en France, et si Roland, qui vous a placés dans une salle suspendue sur des souterrains, avait pratiqué le moyen de vous faire tous sauter! et si la garde et la sûreté du lieu étaient confiées à un Brissotin? Mon imagination qui m'entraîne, me porte peut-être dans les espaces imaginaires ; mais enfin il faut prévoir toutes les scélératesses, et, après la mort cruelle de Marat et de Pelletier, il faut s'attendre à tout. Veuillez, mon cher Robespierre, prendre en considération mes idées, elles ne sont pas tant gigantesques.

» Voici, mon très-cher Robespierre, un fait qui m'a glacé le sang, et qui m'a jeté dans un moment de désespoir sur le salut et la délivrance de notre république.... Un patriote, qui sert cette résidence de cœur et d'ame, est venu me porter une lettre contre-révolutionnaire, sans signature, d'un Genevois : elle est du maître des cérémonies, qui, depuis la révolution, observe les autorités constituées au profit de l'ancien gouvernement, qu'il instruisait de tout : cet homme, avec les dehors les plus patriotiques, était le premier à prévenir les comités des délits contre la liberté publique; eh bien, cet homme avait écrit une lettre diabolique contre les Genevois et les Français, lettre que j'envoie aux comités réunis, sous enveloppe. Lui-même, chargé de ma lettre, en vertu de sa place, forme la réunion des comités, et porte, au nom du résident de France, en présence de tout le monde, une lettre *qui intéresse le salut des deux nations.* (Ce scélérat écrivait à un émigré en Suisse.) On ouvre la lettre, il entend la lecture, s'échappe, disparaît, s'enfuit, trouve le lac fermé, les avenues de France gardées; est pris chez lui; on lui fait son procès..... Nous sommes donc condamnés à nourrir à nos côtés, à vivre, à converser avec des traîtres ! C'était un homme, pour les mœurs, le ton, la décence, le propos, le patriotisme, à canoniser.

Le même au même.

«Nous sommes perdus; nous tombons dans la contre-révolution bourgeoise, et, de celle-là, dans les antérieures,

»1° Parce que les sans-culottes sont détruits;

»2° Parce qu'il n'y a plus de finance;

»3° Parce que nous sommes fédéralisés ou royalistes;

»4° Parce que la Gironde et la bourgeoisie négocient pour une constitution à Vienne et à Londres;

»5° Parce que l'intérêt de Londres et de Vienne est que nous soyons fédéralisés pour être nuls à leur égard;

»6° Parce que l'Autriche et l'Angleterre ont toujours fédéralisé les peuples en insurrection, séparant ces peuples selon leurs caractères : la Suisse, les États-Unis et la Hollande sont des fédéralistes.

Remèdes.

» La constitution, et vite. — Le tableau du gouvernement perfide des Girondins. — Leurs vues dans la déclaration de guerre à toute la terre. — Amitié aux fédérés, s'ils arrivent avoir plus d'otages que nous pourrons, au lieu d'en donner. — Expulsion sévère de tous étrangers. — Plus de tenue et de solennité aux Jacobins. — Un peu plus de langage d'humanité et de bienfaisance. Un choix d'un ministre des affaires étrangères anti-anglais et anti-autrichien.... si vous ne l'avez pas. Je vais continuer ouvertement le combat commencé contre Lebrun. Il ne faut pas que Pitt et Kaunitz soient nos dictateurs.

» Accordez quelque méditation à ma lettre, brave Robespierre; comme elle contient des faits nécessaires à mon histoire, conservez-la, je vous prierai de me la rendre. N'oubliez pas de faire ajouter à la constitution ces articles-ci, si on les omet :

1° Le conseil exécutif se concertera avec les législateurs sur les moyens de défense, si la France est attaquée;

» 2° Nulle autorité ne peut déclarer offensivement la guerre, sans l'aveu du peuple français..... Sans cela, tout est perdu dès la première guerre, car l'Autriche nous induira encore à la guerre quand elle le voudra, et elle le voudra encore quand elle aura réparé ses pertes; ou un autre Pitt, quand une opposition violente menacera de le déposter; car c'est ainsi que le pauvre peuple est gouverné. Le plus fort fut toujours le jouet du plus adroit.

Signé, Soulavie. »

Le même au même.

« Nous triompherons, mais avec de la sagesse et de la prudence. Je persiste à vous prier de demander en original ma correspondance. J'écris le quinzième numéro.

» Voici des pièces dont vous ferez ce que votre prudence vous persuadera. Faites saisir, je vous prie, le vieux Hennin. »

Espionnage étranger.

DÉCLARATION.

« Du 27 novembre 1795.

« Louis-David-Salomon, fils de feu Pierre-Gédéon Molles, citoyen de Genève, y demeurant rue de derrière le Rhône, n. 65, directeur du bureau des lettres de France, âgé de quarante-trois ans, par nous mandé, dit et déclare :

« Ce matin, peu après le départ du courrier de France, je suis sorti, dans la cour, pour un besoin. Entendant venir quelqu'un dans l'allée, j'ai avancé la tête vers l'angle du mur, voulant voir s'il n'entrait personne au bureau qui était vide; j'ai entrevu quelqu'un qui s'est approché de l'ouverture où l'on jette dans la boîte les lettres pour la poste. Ce quelqu'un avait un air un peu mystérieux. Il avait une espèce de robe de chambre brune. Je ne pourrais le reconnaître. Je ne crois pas que ce soit quelqu'un de ma connaissance ni de la ville. En s'approchant de la boîte, il y a jeté quelques lettres avec promptitude. Comme il m'a entrevu dans ce moment, il s'est sauvé avec vitesse; je ne l'ai plus revu. Son air étonné m'a donné du soupçon. Comme le courrier venait de partir, il n'y avait point de lettres dans la boîte; ce n'est donc que les siennes que j'y ai trouvées. Il y en avait quatre : je les ai timbrées tout de suite. En les timbrant, j'ai entr'ouvert l'enveloppe de celle qui m'est représentée sous le n. 1, sans briser toutefois le cachet, la lettre étant pliée sous enveloppe, permettant de lire l'intérieur. Ayant donc lu imprimé, *Proclamation de Georges III*, j'ai cru de mon devoir de remettre cette lettre et les trois autres à un des citoyens administrateurs du bureau.

» Autre dit n'avoir à déclarer ; sommé d'indiquer les témoins qu'il peut donner tant à charge qu'à décharge, dit n'en savoir aucun.

» Lecture faite, a persisté, n'ayant rien à changer, ajouter ou retrancher, sinon qu'il dit que ce qui l'a porté à remettre ces lettres au citoyen administrateur, c'est l'idée qu'elles contenaient des choses qui pouvaient être nuisibles à la république française, et a signé avec nous. — *Signé*, Molles. — Mestresat, *auditeur*.

» Collationné à l'original, par moi soussigné, secrétaire-d'état de la ville et république de Genève, et expédié sous le sceau d'icelle, le 27 novembre 1793, l'an II de l'égalité. — Puevari. »

Le même au même.

RÉFLEXIONS SUR L'ÉTAT DE LA FRANCE.

Réponse à quelques demandes qui m'ont été faites.

« Il faut prendre bien haut pour avoir l'ensemble. La cour s'est réservé pendant toute l'assemblée constituante de s'occuper seule des affaires étrangères. Elle a eu soin d'écarter l'assemblée nationale de toute connaissance. Là est la source des maux que nous souffrons.

» C'est avec la cour de Vienne que la cour de France a tout arrangé ; c'est cette cour qui a dit à Louis XVI, il faut sacrifier une portion pour avoir l'autre.

» Si Gustave III ne fût pas mort, vous l'eussiez eu à la tête de vos ennemis.

» Pour faire déclarer la guerre, il fut résolu d'en ôter l'odieux à Louis XVI, en la faisant demander par les jacobins, qui donnèrent dans le panneau.

» Il fut résolu de la faire conduire par des jacobins aussi, et on est certain que Dumouriez était vendu à l'Autriche et au roi, et plusieurs autres aussi.

» La guerre étant déclarée, on était bien sûr qu'elle serait conduite comme la cour le voudrait. La Fayette et les autres généraux disaient hautement : *Jamais je ne me battrai au profit des jacobins.* L'armée seule était fidèle.

» Le peuple, qui ne se trompe pas, surprend la cour de France dans ces trahisons, et jette le roi dans une tour du Temple, malgré la majorité de l'assemblée dont les meneurs avaient quitté les jacobins et s'étaient retirés à Saint-Roch, demandant la punition des contre-révolutionnaires républicains et de ceux de Coblentz.

» On croit que c'est par l'organe de Manuel que la cour prisonnière a continué d'intriguailler.

» C'est en cette circonstance que l'Autriche intrigue encore avec le pouvoir exécutif, et la Convention nationale qui commence à se diviser en deux partis.

» L'Autriche en choisit un, et c'est le parti qui a fait déclarer la guerre, et qui a constamment voulu un roi. L'Autriche a traité avec lui pour sauver Louis Capet. Elle a traité avec lui, pour tous les grands décrets qui ont été combattus et contestés par la Montagne. Elle a traité avec lui pour chasser les Orléans, ou les poursuivre.

» Il n'y a pas un seul décret qu'ait fait passer le côté noir qui ne soit dans le sens des Autrichiens. Ils se sont emparés des finances par les vivres, ils s'en sont emparés par les vivres des armées, ils s'en sont emparés par les blés de Roland. Ils se sont emparés de l'esprit du peuple par tous les journaux, tous à la solde du parti, sans en excepter aucun de ceux qui existaient à l'époque du 10 août. Ils soudoient même les journaux monarchiques : tel, le *Journal Français*, qui n'a pas quatre cent souscripteurs.

» Ils se sont emparés des affaires étrangères, et voici comment ils les ont gouvernées.

» Aucune négociation de l'Autriche n'avait pu déterminer contre nous, ni l'Espagne, ni l'Angleterre; celle-ci craignait les commerçans. Maîtres du pouvoir exécutif, ils irritent l'Angleterre par l'ouverture de l'Escaut.

» Le cabinet de Londres est composé de deux factions, la hanovrienne despotique qui voulait la guerre : ce parti est conduit par Pitt; et la faction anglaise, qui veut et a toujours voulu la paix.

» L'Escaut ouvert arbitrairement par Lebrun aux instigations de l'Autriche, l'Angleterre gronde et menace, le parti anglais mollit, et Pitt triomphe. C'est quand il parle de guerre que nous la lui déclarons, et à la Hollande et à l'Espagne.

» Il est inouï en Europe, qu'aucune puissance ait fait la guerre sans allié, qu'elle n'ait été démembrée.

» C'est parce que la Pologne n'en avait pas en 1772, pendant la nullité de Louis XV, ni en 1793, par la nullité de son successeur, qu'elle a été démembrée. Les puissances coalisées n'ont en idée un démembrement, que parce qu'elles nous ont surpris sans alliés, et nous sommes sans alliés, parce qu'Antoinette, voyant arriver la révolution, nous avait mis en cette situation.

. . . .

Le citoyen Boisset au citoyen Robespierre l'aîné.

« Le 1ᵉʳ pluviôse, l'an 2 de la République une et indivisible.

« J'ai reproché hier à Couthon, citoyen Robespierre, de n'avoir pas demandé avant-hier à la société des jacobins, que les arrêtés rendus contre moi au mépris de l'article de son règlement le plus inviolable, fussent rapportés; que ma carte me fût provisoirement remise; que ta lettre à son comité de présentation lui fût lue; et que, sur les autres faits qui seraient articulés et signés contre moi, je fusse entendu.

» Oui, citoyen, la société a été égarée au point qu'elle a violé, dans la personne de son archiviste, l'article le plus saint de son règlement, qui est de ne juger, de ne condamner aucun de ses membres sans l'avoir entendu.

» Je crois pouvoir te dire ici, comme je le dirai à la face du ciel, que j'étais révolutionnaire avant la révolution ; que j'ai dénoncé l'assemblée constituante à elle-même; que je l'ai accusée dans l'avis que je lui fis distribuer le 14 juillet 1792, d'être aristocrate, traître, parjure ; et que je lui proposais dans le même avis les mêmes mesures de salut public que celles qui furent incomplétement exécutées le 10 août 1792 et jours suivans. Tu sais que je n'ai pas cessé de professer le même système, et d'écrire la même doctrine dans les temps les plus orageux de l'assemblée législative, et que le gouvernement révolutionnaire que j'ai donné à la suite de mes entretiens du père Gérard, seul capable de sauver la chose publique, s'exécute aujourd'hui suivant le plan que j'en ai tracé. Tu dois savoir que j'étais inscrit dans la liste de proscription du château des Tuileries et de ses adhérens. Je n'en tire ni vanité, ni mérite, ni gloire, ni récompense ; mon cœur s'en satisfait ; mon seul regret est de n'avoir pu faire mieux.

» Comme archiviste de la société, mon premier soin fut d'assurer sa correspondance, dont le concierge avec quelques commis faisait un trafic si funeste à la chose publique. Demande à Fabre, secrétaire, à Février, trésorier, à Lanau et quelques autres, leur témoignage sur ce fait, et combien mes mesures répressives ont excité contre moi de haines, de trames, de persécutions de la part de ce concierge et de ses amis, dévoués à Roland et à la faction royaliste.

» Comme archiviste, je me suis cru obligé de voter pour que le *Journal de la Montagne* fût imprimé au rabais, afin d'économiser les fonds de la société, accablée alors de dettes. Je dis à Nicolas, en faveur duquel j'étais prévenu, par la raison que je savais qu'il avait été ton secrétaire, et que tu prenais intérêt à son sort : je lui dis qu'étant en possession d'imprimer le journal, la préférence lui était due; mais que la société devait trop pour ne pas accepter les offres de Février, qui étaient de l'imprimer à moitié moins que lui, à quoi il consentit. Tu ne saurais t'imaginer combien, depuis cette époque, ce Nicolas a vomi, en ma présence, d'injures grossières contre moi, jusqu'à me faire un crime de t'avoir écrit pour être appelé à la Convention nationale. A la fin, je me crus obligé, en ma qualité d'archiviste, de le menacer de le dénoncer à la société, et de l'en faire exclure, car qui offense son premier officier, offense la société elle-même. Je ne l'ai ni ne l'aurais cependant pas fait. Quelques jours après, la conjuration contre moi éclata, et les mesures furent si bien combinées que je fus exclus de la société sans avoir été entendu, ni pu l'être.

» Ce qui me frappe le plus d'horreur et d'indignation, c'est d'entendre Renaudin citer Nicolas et autres jacobins dont le nom m'est échappé, pour témoins de propos dont il m'accusait, que le tribunal révolutionnaire allait encore poignarder l'Égalité, ci-devant duc d'Orléans. Quel excès de scélératesse ne prouve pas, dans les témoins cités, une imposture aussi noire! Mais, quel étrange aveuglement! Ma dernière adresse aux républicains du département et des armées, repousse cette calomnie atroce, et je suis dans le cas de produire des témoins moins suspects, d'avoir tenu un langage tout contraire aux propos dont Renaudin m'a accusé, sur le compte de ce chef conspirateur.

» La citoyenne Duplay nous dit, chez elle, à table, que Nicolas était à la tête de cette trame.

» Je t'ai marqué le refus que le comité de présentation m'avait fait de me donner copie de ta lettre, et ce fut sur la proposition de Rausser, ci-devant Renaudin, que le comité passa à l'ordre du jour. Ce comité a commis l'infidélité de supprimer ta lettre dans son rapport. On m'a appris ensuite que je n'avais été exclu de la société que parce qu'on avait dit que j'avais tourné en ridicule le tribunal criminel du département, et que je m'étais intéressé pour des émigrés. Grand Dieu! faut-il que des actes de vertu soient changés en crimes par des jacobins! Oui, des actes de vertu : je n'en ai jamais commis ni n'en commettrai jamais d'autres tant que je vivrai, en dépit des méchans.

» Je te prie donc de faire la demande à la société, que j'ai reproché à Couthon de n'avoir point faite. — Salut et fraternité.

» Je ne t'apporte que des faits : qu'ils seraient odieux s'ils étaient rapprochés des principes républicains ! — BOISSET. »

Simond, vice-épiscopat du Bas-Rhin, et depuis conventionnel, à M. Robespierre l'aîné.

« Monsieur, je vous écris sans avoir l'honneur de vous connaître personnellement, parce que je vous vois occuper dans la révolution française une place faite pour motiver la confiance d'un patriote, qui fait ses inquiétudes particulières des dangers qui menacent la prospérité publique.

» J'ai vu arriver hier le *veto* royal, et en même temps les assignats baisser à trente pour cent de perte. J'ai vu, dans la partie administrative, une joie réelle mêlée d'une inquiétude hypocrite, qui singeait politiquement la frayeur du peuple à l'arrivée de ce monstre. J'ai vu un épanouissement de satisfaction, mêlée d'un peu de férocité, sur la physionomie des papistes intolérans, avec un air de croisade et de complot. J'ai vu la majorité des officiers de troupes de ligne abandonner presque tous le jeu (ressource de ceux qui s'ennuient parce qu'elle leur sert de distraction), pour se passer alternativement, dans des conversations cannibales, ce mot infernal *veto*, et l'appeler leur sauveur. J'ai vu des commissionnaires portant partout cette nouvelle meurtrière, et invitant avec dérision les patriotes *à acheter la sanction donnée par le roi au décret* (qu'il a paralysé). J'ai vu se faire des visites et des rassemblemens qui annoncent le réveil d'un parti puissant, et conséquemment dangereux dans l'accroissement de ses moyens. J'ai vu quelques essais d'insultes à la loi, qui auront peut-être été représentés comme les suites d'une absence de raison occasionnée par l'ivresse, mais qui tiennent de fait à un plan vaste et réfléchi d'une désunion sanguinaire. J'ai cru pressentir un refroidissement nécessaire dans le patriotisme de tous ceux que le besoin et la misère absolue forceront à maudire les circonstances qui les affament. Je sais que les chefs des traîtres d'outre-Rhin savaient avant nous la démarche du roi auprès de l'assemblée nationale, sa réponse et l'apposition de son *veto*: je sais qu'ils ont accueilli cette réponse comme un bienfait, et qu'ils datent de là leur réinstallation. Je sais que, dans tous les cabinets des rois, on appuie actuellement, avec une activité extraordinaire, le projet d'embraser l'empire français : que, dans toute la France, les corps administratifs voient avec beaucoup de peine ces sociétés d'amis de la Constitution, qui les surveillent, et qui sont cependant, selon moi, les seuls canaux qui transmettent le patriotisme sans souillure.

» Je crois savoir qu'on projette, sous des vues perfides, un armement et la mise en campagne hors des frontières de plusieurs milliers d'hommes ; qu'on entretient de même la fomentation des troubles intérieurs, la dilapidation des deniers publics; qu'on mêlera le tout parmi les manifestes amphibologiques de l'empereur et les ouvertures entortillées des autres puissances, afin qu'au moment où ces révoltes seraient en action, une petite émeute, faite à propos aux cours des Tuileries, motive la fuite du roi effrayé, qui ira préparer sur nos frontières, au milieu de ses armées et de ses proclamations conciliatoires, l'entrée triomphante d'un despotisme voilé qui s'asseoira sur un trône banqueroutier, et couvrira les droits de l'homme et la France d'arrêts de mort et de proscription. J'en induis de là que, si le pouvoir exécutif continue d'exister sans modification, la France sera d'abord le théâtre de l'anarchie, puis celui des massacres, puis celui de la misère, puis celui d'esclaves enchaînés auxquels on ne laissera de la vie que le sentiment de la douleur. Je vous adresse ce qui me vient d'idées en ce moment sur la chose publique, parce que j'ai besoin de les épancher, et que j'ai besoin d'un homme prudent qui me juge. Je dis prudent; et, à ce mot, je vous observe que n'étant Français que par mon serment à la Constitution, ma famille et mes biens sont hors du royaume, et le tyran qui saurait que je ne le préfère pas aux droits de l'homme, pourrait en tirer indirectement vengeance. Mon nom étant d'ailleurs inutile dans tous les cas, je vous prie de ne le communiquer qu'en nécessité.

» La société des amis de la Constitution de cette ville, dont je préside la correspondance dans ce moment-ci, aurait peut-être, dans ces momens de crise, grand besoin d'un homme de confiance à Paris qui voulût vérifier les envois qu'elle y fait, tant à l'assemblée nationale qu'à nos frères séant aux Jacobins, car je pense qu'il se fera beaucoup de soustractions, tant dans les bureaux que par ceux qui seront chargés des remises, et cet homme, il faudrait que ce fût un fidèle ami de la Constitution.

» Je croirai à l'exagération de mes idées, si elles ne sont pas conformes aux vôtres ; mais, en attendant, je pense qu'il est de la plus haute importance de revêtir, par des moyens extraordinaires, l'assemblée nationale de toute la confiance possible, et ce doit être la tâche des sociétés patriotes. Paris seul, selon moi, peut sauver la France ; mais, dans ce moment de crise, il importe que l'assemblée nationale soit son point de ralliement, et qu'elle seule puisse à la fois le contenir et l'ébranler.

» Je suis très-fraternellement votre frère et votre ami, PH. SIMOND, *vice-épiscopat du Bas-Rhin, rue des Prêtres, maison Weiler.*

« Strasbourg, ce 24 décembre 1792.

» P. S. Il circule actuellement, avec une profusion dangereuse pour le bien public, des libelles atroces contre la société des amis de la Constitution, séant aux Jacobins ; et ils sont très-bien conçus, selon moi, pour diviser l'opinion publique. ..... D. »

Les syndics de la paroisse de Saint-Just (Lot-et-Garonne), au citoyen Maximilien Robespierre, député de la Convention nationale.

« Citoyen représentant, c'est comme syndics chargés au nom de la paroisse de Saint-Just, dans la municipalité et canton d'A....., district de Villeneuve, département Lot-et-Garonne, que nous avons l'honneur de nous adresser à toi comme l'homme juste et vertueux.

» Nous sommes dans la plus grande désolation et nous venons déposer notre affliction entre tes mains. Nous avons cru par l'art. 7 des Droits de l'Homme, qu'il nous aurait été libre d'exercer notre culte catholique ; nous trouvions la garantie de culte dans la Constitution ; par ton organe même, la Convention nationale rendit le 18 frimaire un décret qui défend toute violence et même toute mesure contraire à la liberté des cultes ; un autre décret laisse aux paroisses une cloche, et aujourd'hui cette liberté, malgré les Droits de l'Homme, malgré la Constitution, malgré les décrets, nous est ôtée ; un arrêté du citoyen Monestier de la Lozère, représentant du peuple, vient de paraître, et déjà il est exécuté : les églises sont fermées, les cloches descendues, nous sommes sans culte ; nous sommes dans l'affliction la plus profonde : nous te faisons passer cet arrêté, et tu te convaincras qu'il est contraire aux décrets de la Convention, qui est notre boussole, auxquels nous nous sommes toujours conformés et auxquels, en bons républicains, nous nous conformerons toujours.

Remplis de confiance en ton équité, citoyen représentant, nous te conjurons, les larmes aux yeux et au nom de la religion, de nous être favorable ; nous ne demandons que la justice ; nous ne tenons point aux exercices extérieurs comme *processions*, car nous n'avons jamais été fanatisés, ayant toujours été paisibles ; mais si par ton canal nous pouvions conserver le culte public dans l'intérieur de nos églises et notre cloche comme le signal pour nous y rendre, nous te bénirions à jamais ; ce bienfait serait gravé dans nos cœurs et tu nous porterais à une reconnaissance éternelle.

» *Signé* P. COSTES, LAROCHE, ASTIEX. »

A Saint-Just, 18 ventôse de l'an 2 de la République, une et indivisible.

PLACARD.

LIBERTÉ. ÉGALITÉ.

Monestier (de la Lozère), représentant du peuple dans les départemens de Lot-et-Garonne et des Landes.

Considérant que de tous les maux qui ont avili l'homme ou contribué à son malheur, il n'en est point dont on ait plus à se plaindre que le fanatisme et la superstition ; que c'est par eux que tous les autres fléaux de l'humanité, tels que le despotisme, la royauté, la féodalité, l'usurpation et autres dont l'énumération serait trop longue, se sont établis ; que dans une république fondée sur les bases seules de la raison, de la justice, de l'égalité, de la liberté et des autres vertus, les hommes doivent se conduire eux-mêmes à ce point où leur véritable dignité et leur bonheur sont pour toujours à l'abri de toute atteinte ; que ce point n'est autre que le culte de la raison et des maximes éternelles qu'elle indique à tous les hommes qui veulent être libres et heureux ; que pour le bonheur des Français, il ne leur manque que d'atteindre ce but dont on se glorifie déjà dans les principales parties de la République ; et qu'enfin s'il existe dans les autres quelque cause qui l'entrave, il faut la faire cesser par tous les moyens indiqués par la loi et par les lumières de la raison ; traiter par suite comme mauvais citoyens ceux qui s'y opposeraient.

Arrête ce qui suit :

ART. 1. Les directoires de district dans les départemens de Lot-et-Garonne et des Landes nous adresseront sans délai l'état des communes qui ont renoncé à leur culte public, et qui ont élevé dans leurs églises des temples à la raison.

2. Ils nous adresseront encore l'état des évêques, curés, vicaires et autres ministres du culte qui ont abdiqué leur état.

3. Les décades seront scrupuleusement suivies dans les temples pour célébrer la révolution et la régénération universelle des Français. Tous les bons citoyens sont priés d'y assister, ainsi que les sociétés populaires et les fonctionnaires publics ; ils sont également invités à y prononcer en public des discours animés de l'amour de la liberté, de l'égalité, de la patrie et dignes en tout du culte de la raison. Ces fêtes seront toujours terminées par un chant d'hymnes patriotiques ; et dans les discours on n'oubliera pas de rappeler les époques mémorables de la révolution, et de rendre compte des événemens qui servent à son succès.

4. Il n'existera qu'une cloche dans les temples élevés à la raison ; toutes celles qui se trouvent dans les édifices non consacrés à ce culte seront descendues de suite à la diligence des municipalités, et transportées, sous leur responsabilité, au chef-lieu du district ; elles en informeront de suite les administrations des mêmes chefs-lieux ; celles-ci nous en rendront compte.

5. Si dans les communes il survenait quelques agitations ou mouvemens excités par la passion du fanatisme, ceux qui en seront reconnus les auteurs ou complices, et notamment les ministres du culte qui n'auront pas abdiqué leur état, en seront responsables; ils seront d'abord traités comme suspects, et les administrations du district, d'après des renseignemens pris, nous en rendront compte, pour savoir s'ils n'ont pas encouru d'autres peines.

6. Les mêmes administrations nous rendront également compte des offrandes faites par les communes, des pièces d'or et d'argent, ornemens et autres objets provenant de la dépouille des églises; et quelle a été leur destination; le même compte continuera d'être rendu pour celles qui suivront.

7. Le présent arrêté sera imprimé de suite à la diligence des directoires des départemens de Lot-et-Garonne et des Landes, chacun dans leurs ressorts respectifs, par eux envoyés à ceux du district, et par ces derniers aux municipalités de leur arrondissement, pour y être lu, publié et affiché. Ils nous en certifieront la réception sans délai, chacun en ce qui le concerne, ainsi que son exécution.

Fait à Marmande, le 27 pluviôse, l'an II de la République. — Signé MONESTIER. — *Par le représentant du peuple*, signé LAURENT, *secrétaire.*

Certifié conforme à l'original, le secrétaire général du département de Lot-et-Garonne. — *Signé* DICHET.

Lettre de Cousin à Robespierre.

Cossé, dans le Bas-Maine, ce 27 nivôse, l'an 2 de la République, une, indivisible et impérissable.

« Incorruptible représentant, tu pardonneras sans doute à un républicain dont le civisme t'est connu, du temps même de la première assemblée constituante, d'interrompre un instant tes précieux momens : je te dirai donc que les larmes de mon épouse et de mes trois filles m'ayant empêché de partir dans la légion des Alpes, lorsque tu voulus bien t'intéresser pour moi auprès de Châteauneuf, ton collègue, la patrie et la liberté étant devenues depuis et de plus en plus dans le plus grand péril, par l'exécrable guerre de la Vendée ; voulant voler à leurs secours dans ces contrées fanatisées, je n'ai écrit et prévenu mon épouse, pour éviter le premier inconvénient, qu'après être parti. *Nous sommes ici à exterminer le restant des chouans enfouis dans des bois ; le sang impur des prêtres et des aristocrates abreuve donc nos sillons dans les campagnes, et ruisselle à grands flots sur les échafauds dans nos cités. Juge quel spectacle est-ce pour un républicain animé, comme je le suis, du plus pur amour et du feu le plus sacré de la liberté et de la patrie qui brûle dans mes veines!* J'ai combattu à plus de dix batailles, particulièrement à Martigni, Vihié, Coron, en tirailleur, Craon, Dol, etc., sans compter la procession que nous leur fîmes depuis Angers jusqu'à Ancenis. Mais doit-on compter le nombre des combats? Les dangers personnels ne sont rien quand ceux de la patrie sont, comme ils l'étaient alors, dans le plus éminent péril.

» Néanmoins la campagne glorieuse de la Vendée m'a cruellement fatigué; tu jetteras, je t'en conjure, un coup d'œil sur mon mémoire. Je ne t'en dirai pas davantage, sinon *que les prêtres, nom qui devrait être à jamais proscrit, qui, par cela même qu'ils sont prêtres, sont et ne peuvent être que plus ou moins scélérats*, sont des intrigans qui briguent et occupent presque toutes les places à Laval. Bissy, ton collègue, malgré mes certificats, ne me connaissait pas assez, disait-il, n'ayant pas de recommandation, par écrit, d'aucun de ses collègues, pour me nommer dans une des commissions militaires : eh bien! ce sont, la plupart, tous prêtres et curés qui les composent; au grand scandale et murmure des patriotes. Tu vois mon mémoire; je ne puis m'exprimer davantage, sinon qu'ici, avec ta recommandation à la main, je pourrai, dans des occasions, me présenter à tes collègues près nos armées ou aux généraux. Etant à plus de soixante lieues de mon pays, j'ai besoin de ton secours. Tu a déjà eu des bontés pour moi, je te prie de les continuer à un père de famille, qui ne veut rentrer, ainsi que mes deux fils, dans nos foyers, que lorsque les tyrans d'Europe seront tous extirpés. Vive la

République, une, indivisible et impérissable ! — Salut et fraternité. — *Signé*, Cousin. »

Vadier à Robespierre.

Pamiers, le 12 avril de l'an 4 de la liberté.

» Vertueux et généreux ami, la lettre affectueuse que vous venez de m'écrire est un baume précieux qui a cicatrisé les plaies de mon âme. Je la garderai comme un monument glorieux, car rien ne peut être plus honorable à un amant de la liberté que l'amitié de Robespierre et l'estime inappréciable de ce tribun incorruptible du peuple. Je vous ai déjà dit, courageux frère d'armes, que j'étais avare de la louange; mais pardonnez à une effusion de cœur que je ne suis pas le maître de contenir. La société de Paris m'avait annoncé cette faveur; j'en étais encore plus impatient qu'enorgueilli. Recevez donc mon remercîment, et calculez, s'il se peut, l'étendue et la vivacité de ma reconnaissance.

» Notre situation, mon cher collègue, ne s'est point améliorée, ni par le changement du ministère, ni par la mort de l'empereur, ni par les triomphes des intrépides Jacobins. Nous sommes dans une extrémité de l'empire où l'esprit public ne saurait prévaloir sitôt sur les ravages du fanatisme, les amorces de l'intérêt, les leçons de l'égoïsme, les prestiges de la vanité; des têtes vides et incandescentes goûtent rarement le sel de la philosophie ou de la raison. Il n'a donc pas été difficile à un ministère perfide et malveillant d'y corrompre tous les pouvoirs subordonnés et d'y agiter les torches de la guerre civile.

» Vous verrez, cher et vertueux ami, par la nouvelle adresse que notre société vient d'envoyer à la société-mère, l'état déplorable de ce département et de notre ville en particulier. Nous lui proposons les moyens de venir à notre secours; peut-être en découvrira-t-elle de plus efficaces dans sa sagesse, peut-être votre zèle en imaginera-t-il de particuliers? Je me livre entièrement à cette bonne volonté que vous m'exprimez avec tant d'affection.

» Il suffit de vous dire que les brigands dont l'aristocratie nous environne se sont *jactés* de promener ma tête avant qu'il soit un mois, qu'ils en ont reçu le salaire et qu'ils s'engagent à le gagner.

» Vous savez que nous avons appris ensemble à braver la mort et que ces menaces ne sauraient m'atteindre. Je ne vous en parle que pour vous attacher à une cause où peut être lié le sort de l'empire, et c'est sous cet unique rapport que j'y mets tant d'ardeur et de *pertinacité*.

» Je ne veux pas vous charger ici des diverses pièces que nous adressons par le courrier à la société, mais j'espère et je suis bien sûr que vous ne dédaignerez pas d'en prendre connaissance et d'entraîner en notre faveur, avec cette éloquence mâle et facile qui vous est ordinaire, les suffrages et l'activité des vrais amis de la constitution.

» Le patriotisme récent de M. Gaston, et l'attestation qui nous en a été donnée, n'avaient pu effacer tout à coup la défiance que nous inspiraient de fâcheux souvenirs, et de mauvais services rendus. Nous nous étions un peu exaspérés pour justifier cette défiance ; mais les éloges qu'il a reçus de ses collègues, et de la société, l'ont entièrement effacée ; nous lui rendons de cela seul notre estime et notre amitié. Veuillez lui en garantir le témoignage.

» Nous avons reçu et admiré vos sublimes discours ; ils nous sont parvenus en leur temps ; ils ont été couverts d'applaudissemens, et notre société en a fait, dans son procès-verbal, la mention honorable qu'ils méritent. J'ajoute que votre portrait a été placé dans notre salle à côté de ceux de Pétion et de Mirabeau, et qu'il y reçoit l'hommage journalier des amis de la liberté et des admirateurs des grands hommes. — Je suis, mon cher et illustre collègue, avec les tendres sentimens que vous avez si bien su m'inspirer, votre meilleur ami. — *Signé*, VADIER. »

La suscription porte :

« Recommandée au comité de correspondance. »

A *monsieur Robespierre, membre de l'assemblée nationale constituante, et de la société des amis de la constitution de Paris, à Paris.*

Projet de décret de la main de Robespierre.

« La Convention nationale, considérant qu'aucun chef de conspiration n'a encore été jugé, que des tentatives avaient été faites pour exciter des émeutes aristocratiques alarmantes pour la tranquillité publique; . . . .
. . . .

» Considérant que le glaive de la loi ne paraît atteindre avec facilité que la tête des coupables obscurs, tandis que les jugemens de grands criminels éprouvent des lenteurs qui donnent un libre cours à l'intrigue, à l'imposture et à l'audace contre-révolutionnaire;

» Considérant qu'il est également absurde et contraire à l'institution du tribunal révolutionnaire de soumettre à des procédures éternelles des crimes. . . . .
. . . . où une nation entière est accusatrice et où l'univers est témoin;

» Décrète ce qui suit :

» S'il arrive que le jugement d'une affaire portée au tribunal révolutionnaire ait été prolongé trois jours, le président ouvrira la séance suivante en demandant aux jurés si leur conscience est suffisamment éclairée.

» Si les jurés répondent oui, il sera procédé sur-le-champ au jugement.

» Le président ne souffrira aucune espèce d'interpellation ni d'incident contraire aux dispositions de la présente. . . . .

Lettre de M. Robespierre à un anonyme.

« Paris, le 12 brumaire, l'an 1 de la République.

» Mon ami, je n'ai pas oublié un instant, ni l'armée du Rhin, ni nos deux commissaires. J'ai pris toutes les mesures nécessaires, et j'ai lieu de croire qu'aucune n'a été négligée. Le comité a adopté un plan qui me paraît très-bien conçu, et dicté par le même esprit que celui qui a si bien réussi pour l'armée du Nord. Ce plan est plus vaste et plus hardi que celui qui consiste à défendre les différens points du territoire, avec différens corps d'armée. Il est aussi plus sage et atteint seul le but. Carnot, qui nous en a présenté l'idée, vous a déjà écrit pour vous le développer. Nous vous enverrons ce collègue dans peu de jours pour mieux vous expliquer nos idées, si vous ne les avez pas entièrement saisies. Nous comptons beaucoup sur l'énergie que vous avez communiquée à l'armée, et sur l'activité que vous déployez. Pour moi, je ne doute pas du succès, si vous l'appliquez à l'exécution de notre plan. Au surplus, les ordres sont donnés pour procurer à l'armée tous les ressorts qui sont à notre disposition. Adieu, je vous embrasse de tout mon cœur.

» *Signé*, Robespierre. »

Le comité de salut public au citoyen Saint-Just, représentant du peuple à l'armée du Nord (1).

« Paris, le 6 prairial, de l'an 2 de la République une et indivisible.

» Cher collègue, la liberté est exposée à de nouveaux dangers; les factions se réveillent avec un caractère plus alarmant que jamais. Les rassemblemens pour le beurre, plus nombreux et plus turbulens que jamais, lorsqu'ils ont le moins de prétextes, une insurrection dans les prisons, qui devait éclater hier, les intrigues qui se manifestèrent au temps d'Hébert, sont combinés avec les assassinats tentés à plusieurs reprises contre des membres du comité de salut public; les restes des factions, ou plutôt les factions toujours vivantes, redoublent d'audace et de perfidie. On craint un soulèvement aristocratique, fatal à la liberté. Le plus grand des périls qui la menacent est à Paris. Le comité a besoin de réunir les lumières et l'énergie de tous ses membres. Calcule si l'armée du Nord, que tu as puissamment contribué à mettre sur le chemin de la victoire, peut se passer quelques jours de ta présence. Nous te remplacerons, jusqu'à ce que tu y retournes, par un représentant patriote.

» *Les membres composant le comité de salut public, signé*, Robespierre, Prieur, Carnot, Billaud-Varennes, Barrère. »

(1) La minute de cette lettre est de la main de Robespierre.

Première liste de patriotes, de la main même de Robespierre. Patriotes ayant des talens plus ou moins.

(Les notes sont de Courtois.)

Hermann (1), Dumas (2), Buchot, Payan l'aîné (3), Payan le jeune (4), Julien fils, Moënne (5), Jacquier, le beau-frère de Saint-Just, Lerebours (6), Moureau (de Vaucluse) (7), Campion, Thuillier, Gatteau (8), Piquet, Joannot, Raisson (9), Victor Dumas (de l'Ain), Defrésne (du Mont-Blanc), Favier (de Paul-les-Fontaines) (10), Brick, Liégeois, Roman-Fonrosa (11), Julien (frère du député), Goujon (frère du député), Viot (de la Drôme (12), François Foret (de la Drôme), Mathon, Daillet (13), Mercier (indiqué par Gatteau pour l'administration), Fleuriot (14), Bernard, Lubin (15), Viennot, Boizot (de Vesoul), Garnerin, Royer, Lanne, Fourcade, Garnier-Launay, Subleyras (16), Cofinhal (17), Lalande, Arthur (18), Laporte (frère du juré), Place (19), Achard (20), Charigny (21), Lécrivain (22), Darthé (23), Flamment, Chaussard, Leclerc (ici un mot effacé), Bouin, Hubert, Bourdon (marchand de chevaux), Humbert,

(1) Président du tribunal d'Arras, ministre provisoire de l'intérieur, et commissaire des administrations civiles, police et des tribunaux. (2) Président du tribunal de sang, guillotiné. (3 et 4) L'un, commissaire de l'instruction publique, hors de la loi; l'autre, agent national de la commune conspiratrice, guillotiné. (5) Substitut de l'agent national de la commune conspiratrice, guillotiné. (6) Membre du fameux comité d'exécution créé par les conspirateurs. (7) C'est l'oncle du jeune Agricol Viala. (8) C'est ce patriote qui avait une guillotine pour cachet. (9) Limonadier, orateur des Jacobins, secrétaire du département de Paris, commissaire des subsistances, et envoyé par décret à la citadelle de *Ham*. (10) Correspondant de Payan. (11) Juge de la commission sanguinaire d'Orange, le plus timoré de ses collègues; avant, juge du tribunal du district de Dye. (12) Accusateur public près la même commission. (13) L'ami de *Lebon*, et qui a tant figuré dans les scènes sanglantes d'Arras. (14) Maire de la commune conspiratrice, guillotiné. (15) Secrétaire de la commune conspiratrice, *idem*. (16) Membre de la commission populaire de Paris, établie au Louvre. (17) Membre du tribunal révolutionnaire de Paris, guillotiné. (18) Membre de la commune conspiratrice, *idem*. (19) De la commune de Thisy, commandant de bataillon. (20) C'est lui qui joue un si grand rôle dans les affaires de Lyon, ainsi que Fillon, Thonion, Ragot, etc., nommés ci-après. (21) Membre de la commission populaire de Paris. (22) Membre du comité de surveillance du département de Paris. (23) Un des coopérateurs de J. Lebon à Arras.

Bergot, Teurlot, Boulanger (24), Lambert (d'Étoges), Duclos, Moulins (section de la République), Mauban, Deschamps (25), Nugues, Leroux (de Béthune), Bouthillier (de Béthune), Lamarre, Simone, Lyonnais, Bugubert, Simon (section de la Halle-au-Blé), Simon, Jarry frères, Thonion, Parein (26), Fernex (27), Ragot (28), Mâcon (cordonnier), Bourbon, Fichon, Laurent (section des Piques), Grenard (29), Beaurieux, Lacoste (deux), Thibaut, Julien-Leroy, Wassal, Baudement (30), Thibaulot (31), Lesimple (un nom rayé), Jacques, Villers, Riquier, Mithois, Fleury, Soulier, Boulet, Maniesville, Pochet (indiqué pour les finances par Forestier), Hector Barrère, Duclusel, Carlès (ancien secrétaire d'ambassade), Dalmas (indiqué par Lacoste, rue Denis, maison du Lion-d'Argent), Sigaut (chirurgien à Soissons, indiqué par Lacoste, Groffier (chirurgien à l'armée des Pyrénées-Orientales), Bertholet (chirurgien de Reys), Marteau (32), (s'informer de Gravier), Reverdy (employé comme expéditionnaire dans les bureaux de la justice, indiqué par Campagne), Duhail (du Mans) pour l'instruction publique, indiqué par Levasseur), Verdun (pour les finances), Peys et Rompillon (de Saint-Calais, département de la Sarthe), Blachet (indiqué par Julien), Reverdy (de Baux) (greffier du tribunal du district à Valence).

Deuxième liste aussi de la main de Robespierre.

Commission des corps administratifs, Herman, Lanne.
Instruction publique, Payan, Julien, ou Lerebours.
Commissions des besoins publics, Lerebours, Daillet, Goujon.
Transports et messageries, Mathon, Mercier, Joannot.

---

(24) Employé avec Ronsin dans l'armée révolutionnaire, défendu avec intérêt par Robespierre aux Jacobins, et guillotiné le 10 thermidor. (25) Il a été chargé de faire des arrestations. (26) Général de division et président de la commission révolutionnaire à Commune-Affranchie. (27) Fabricant, juge de la commission révolutionnaire d'Orange. (28) Menuisier, membre de ladite commission. (29) Membre de la commune conspiratrice et du comité d'exécution du 9 thermidor, guillotiné. (30) Membre de la commission populaire de Paris. (31) *Idem.* (32) Greffier de la commission populaire de Paris.

Agriculture et arts, Gatteau, Thuillier.
Approvisionnemens, Piquet, Champion, Humbert.
Marine, D'Albarade.
Guerre, Pyles, Boulet.
Affaires étrangères, Buchot; Fourcade.
Maire, Fleuriot.
Agens nationaux, Payan, Moënne, Lubin fils.
Département, Campion, Jacquier.

*Troisième liste des mêmes individus, écrite par Robespierre,
mais plus détaillée.*

« Hermann, homme éclairé et probe, capable des premiers emplois; Dumas, homme énergique et probe, capable des fonctions les plus importantes; Payan l'aîné, *idem*; Payan jeune, *idem*, agent national de la commune de Paris; Moënne, *idem*, substitut de l'agent national; Julien fils, *idem*; Buchot, *idem*; Campion, patriote pur, bon pour l'administration; Gatteau, *idem*; Thuillier, *idem*; le beau-frère de Saint-Just, patriote énergique, pur, éclairé.

Quatrième liste de la même écriture. — *Membres du tribunal révolutionnaire.*

« *Président.* Hermann, président du tribunal criminel du Pas-de-Calais.

» *Juges.* — Dumas, homme de loi, à Lons-le-Saunier, patriote proscrit par les contre-révolutionnaires du Jura; Denisot, juge du 3e arrondissement; Royer, envoyé des assemblées primaires de Mâcon; Lefite, administrateur du district d'Arras; Liendon, juge du tribunal du 2e arrondissement; Coffinhal, Bravet (des Hautes-Alpes); David (de Lille); Renard, greffier du juge de paix de Saint-Cloud.

» *Accusateur public.* — Fouquier-Tinville.

» *Substituts.* — Fleuriot; Vilain-d'Aubigny; Royer; Verteuil.

» *Jurés.* — Antonelle, ex-député des Bouches-du-Rhône à l'Assemblée législative; Prieur, peintre, porte Saint-Denis;

Lanne, procureur-syndic de Saint-Pol ; Anonai, commis aux messageries ; Didier, serrurier, à Choisi-sur-Seine ; Célestin fils, administrateur du district d'Arras ; Renaudin, artiste, rue Saint-Denis ; Souberbielle, chirurgien, rue Honoré. »

Robespierre jeune à son frère.

« *Ma sœur n'a pas une seule goutte de sang qui ressemble au nôtre.* J'ai appris et j'ai vu tant de choses d'elle, que je la regarde comme notre plus grande ennemie. Elle abuse de notre réputation sans tâche pour nous faire la loi, et pour nous menacer de faire une démarche scandaleuse, afin de nous compromettre.

» *Il faut prendre un parti décidé contre elle.* Il faut la faire partir pour Arras, et éloigner ainsi de nous une femme qui fait notre désespoir commun. Elle voudrait nous donner la réputation de mauvais frères ; ses calomnies, répandues contre nous, viennent à ce but.

Je voudrais que tu visses la citoyenne *Lassaudraie ;* elle te donnerait des renseignemens certains sur tous les masques qu'il est intéressant de connaître en ces circonstances. Un certain Saint-Félix paraît être de la clique. »

Le même au même.

Commune-Affranchie, 5 ventôse, an II de la république.

» J'apprends que Bernard m'a dénoncé. Cet être petit et immoral ne peut m'atteindre ; je ne répondrai à sa stupide dénonciation, qui est un crime envers lui-même, que par le rapport de mes opérations. Je ne puis comprendre comment un représentant du peuple ose s'accuser d'avoir eu la condescendance de s'être laissé circonvenir, séduire même par un de ses collègues.

» Il a eu la sottise atroce de me traiter de contre-révolutionnaire ; il m'a supposé l'intention d'obtenir du comité de salut public un décret qui opprimât les patriotes ; il a débité à la société de Besançon des horreurs multipliées sur mon caractère, ma conduite, etc. Le frère d'Humbert est perdu dans l'opinion publique à Besançon. Il s'est servi de ce moyen pour prévenir tous les esprits contre moi, contre ce que j'avais fait; il a peint la commune de Vesoul en contre-révolution sous ma présidence, etc. J'ai facilement répondu à toutes ces calomnies : je n'ai trouvé d'adversaires à Besançon, qu'un frère de Vaublanc, et un rédacteur corrompu d'un journal qui se fabrique dans le département du Doubs. Rien n'est plus facile que de conserver une réputation révolutionnaire aux dépens de l'innocence. Les hommes médiocres trouvent dans ce moyen le voile qui couvre toutes leurs noirceurs : mais l'homme probe sauve l'innocence aux dépens de sa réputation. Je n'ai amassé de réputation que pour faire le bien, et je veux la dépenser en défendant l'innocence. Ne crains point que je me laisse affaiblir par des considérations particulières, ou par des sentimens étrangers au bien public. Le salut de mon pays, voilà mon guide, la morale publique, voilà mon moyen. C'est cette morale que j'ai nourrie, échauffée et fait naître dans toutes les ames. On crie sincèrement *vive la Montagne* dans les pays que j'ai parcourus. Sois sûr que j'ai fait adorer la Montagne, et qu'il est des contrées qui ne font encore que la craindre, qui ne la connaissent pas, et auxquelles il ne manque qu'un représentant digne de sa mission, qui élève le peuple, au lieu de le *démoraliser. Il existe un système d'amener le peuple à niveler tout; si on n'y prend garde, tout se désorganisera.*

» Celui qui te remettra cette lettre est le ministre de la république de Gênes, tiré de la classe des communes, avocat distingué, homme à talens. On m'a assuré qu'il était partisan de la révolution française; je désire que tu t'entretiennes un instant avec lui, et que tu cherches à découvrir les intentions du gouvernement ou les dispositions du peuple génois.

» *Signé*, Robespierre *jeune.*

» *P. S.* Je vais envoyer mon rapport au comité de salut public. Je crois que la Convention nationale ne souffrira pas que j'entre en lutte avec Bernard. »

Robespierre jeune, représentant du peuple près l'armée d'Italie, au comité de salut public.

« Nice, novembre.

» Nous avons saisi, citoyens collègues, une correspondance importante que nous vous envoyons en original avec un extrait. Elle confirme ce que vous savez déjà sur l'infâme Toulon et sur les projets des traîtres, et elle vous apprendra des choses intéressantes pour ceux qui sont spécialement chargés de conduire au port le majestueux vaisseau de la République.

» Nous avons aperçu hier un convoi qui conduit dans ce repaire du royalisme cinq mille Autrichiens, venant de Milan, embarqués au port d'Oneille.

» On assure que l'ambassadeur anglais a quitté Genève, fort courroucé de n'avoir pu déterminer cette république à se déclarer contre la république française, et d'avoir succombé dans ses demandes extravagantes. Il a vu surtout avec désespoir que le sénat avait accordé une escorte à tous les Français qui se trouvaient à Gênes pour retourner dans leur pays. Déjà plus de trois cents sont rentrés sur le territoire sacré de la liberté. Tous font le plus grand éloge de l'accueil qu'ils ont reçu des Génois sur toute leur route. Le crime des Anglais a dessillé les yeux du peuple, et lui a démontré les vertus républicaines du peuple français.

» Carteaux vient d'annoncer qu'il se rendait à l'armée d'Italie. Nous devons vous le déclarer, ce général n'est point fait pour commander en chef. Je crains que ceux-là aient à se repentir qui lui ont créé une place au-dessus de ses talens et de son républicanisme. Il prend le titre fastueux de général en chef des armées de la république, commandant les armées du Midi et d'Italie.

» Nous sommes dans l'attente que nous recevrons des nouvelles de la Convention ou du comité de salut public, sur la conduite que nous devons tenir avec les Génois, et sur le plan qu'il faudra suivre. Le territoire de Gênes nous est ouvert, nous y serons reçus en amis; il nous offre un passage facile pour renverser le trône du tyran sarde. Si nous avions quelques mille hommes de plus à l'armée d'Italie, pour faire cette expédition, les coalisés seraient obligés d'évacuer Toulon pour venir défendre leurs foyers. Nous détruirions sur notre route le port d'Oneille qui nous a harcelés, et qui a gêné notre cabotage, et qui l'a même interrompu. Les Génois s'empareraient eux-mêmes de ce territoire qui coupe leur communication avec nous. L'armée d'Italie ne se fonderait plus au milieu de montagnes stériles. Elle arriverait après tant de déserts dans la terre promise, et se reposerait des fatigues presque insurmontables pour tout autre que des républicains. Ces vues sont celles des amis de l'humanité et de la liberté, qui sont souvent consultés par nous. C'est le fruit d'un examen sérieux et approfondi de notre situation, tant intérieure qu'extérieure. C'est l'avis des hommes éclairés avec lesquels nous ne cessons de conférer sur les circonstances de la révolution française et sur la position où elle nous met avec tous les gouvernemens étrangers.

» Nous recevons à l'instant une lettre du chargé d'affaires de la république; elle vient à l'appui de la mesure que nous vous indiquons, elle nous assure des dispositions du peuple génois et du parti français qui se montre dans le gouvernement. Plus nous réfléchissons et plus il nous est démontré qu'il faut profiter des circonstances actuelles, infiniment favorables pour augmenter nos forces et nos ressources en tous genres, en occupant le territoire génois. Aucune démarche ne sera faite sans votre avis; nous croyons nécessaire que vos décisions soient secrètes et qu'elles ne soient divulguées que lorsque l'expédition sera faite; expédition, nous vous le répétons, qui mettra l'armée d'Italie dans un état respectable, et dans l'heureuse position de triompher sûrement des ennemis de la France. Avec quelques mille hommes de plus, en suivant le plan, l'armée d'Italie sera aussi formidable que si elle était composée de cent mille hommes, ce qui épouvantera tous les ennemis de la France et leur fera abandonner notre territoire.   ROBESPIERRE *jeune*. »

Extrait de plusieurs lettres et pièces trouvées sur un bâtiment génois venant de Toulon, et arrêté à la redoute de Frioul.

N. 1. Passe-port donné par les commissaires municipaux de la ville de Toulon,

A Vincent Annout Sio, commandant la félouque *Sainte-Liberaté.*

Signé de la maison commune, le neuvième jour d'octobre 1793, l'an 1er du règne de Louis XVII.

LONGUEVILLE, *commissaire municipal.* — CABRECHOY, *idem.* — BERGER, *idem.*

Le 20 octobre.

N. 2. Abeille écrit à Laurent Caire, actuellement à Gênes, de remettre à M. le chevalier Boyer d'Eguille six cents livres qu'il a reçues de madame la baronne de la Garde.

N. 3. Aubert frères, de Toulon, écrivent, le 16 octobre, à François-Marie Marsans, à Gênes :

« Notre ville est toujours dans la même position, mais avec trop peu de troupes pour repousser bien loin nos ennemis. Nous nous consolons de notre récolte en vin ; nous ne pouvons recevoir de comestibles de toutes espèces que par voie de mer et de l'étranger, etc. »

N° 4. Aubert frères, de Toulon, écrivent, le 19 octobre, au capitaine Massera, à Savone, pour demander des munitions de bouche dont ils manquent.

N° 5. De Grasse écrit de Toulon, le 19 octobre, à M. de Naillac, à Gênes, qualifié sur l'adresse *d'ancien ministre plénipotentiaire du roi de France, auprès de la république de Gênes.*

Il se plaint du comité général de Toulon qu'il appelle *la collection la mieux assortie des gens les plus ineptes et les plus présomptueux, des sots orgueilleux et des intrigans.*

Il dit que les commissaires Laurent, Caire et Pernetti, nommés par le comité général pour aller à Gênes, sont des êtres avec lesquels il est désagréable de traiter.

Il annonce à Naillac : « Vous risquez de voir à Gênes le commissaire de Lyon. Il compte partir dans deux ou trois jours, il retourne chez lui par l'Italie.

» *Nota.* Donnez ordre à Lyon de s'informer de ce commissaire. »

N° 6. Une femme qui signe P. O. écrit de Toulon, le 19 octobre 1793, l'an 1er du règne de Louis XVII, à M. le chevalier de Sorton, à Madrid, par Milan.

« Les choses prennent une assez bonne tournure, mais il nous faut encore des troupes pour dissiper nos craintes et soumettre les factieux scélérats. Toulon est depuis deux mois attaqué par deux fortes armées de brigands, soi-disant républicains. Jusqu'à présent tous leurs efforts ont été inutiles; leurs bombes et leurs boulets n'ont pu atteindre la ville, mais ils pillent et dévastent tous les environs; on fait bien de temps à autre des sorties heureuses, mais nous n'avons pas assez de monde, d'autant qu'il y a encore dans la ville une *infinité de faux-frères* qu'il est bon de contenir. On attend six mille Autrichiens qui, joints à quatorze ou quinze mille Piémontais, Napolitains, Anglais et Espagnols, que nous avons, pourront repousser cette horde. Vous voyez bien que, dans notre position, toute communication par terre nous est fermée, et que nous ignorons absolument le sort de nos parents et amis. Tout ce que nous savons, c'est que partout tout ce qui est honnête gémit dans les fers. Notre patrie n'en est sans doute pas exempte, mais ce qui me surprendrait, *c'est que le marquis de Cl... y eût été compris. Il a été si fort dans le sens qu'il n'est pas à présumer qu'il boive dans la tasse.* . . . . .

» Heureusement un ange tutélaire a sauvé cette ville (Toulon) en anéantissant les projets de *Saint-Julien*, major de vaisseau dans l'ancien régime, et contre-amiral dans le régime infernal. Ce scélérat soudoyé, n'ayant pu réussir, s'est enfui avec une partie des équipages qui a été de sa secte, et a erré deux jours dans les montagnes; enfin, se voyant perdu, il est venu se jeter aux pieds du général anglais, et lui a demandé la grâce de le soustraire à la fureur du peuple de Toulon. Le lord le lui a généreusement accordé, mais l'a fait partir tout de suite pour les mines. En grande partie, ceux de son parti sont au cachot, et très-souvent on purge la terre de ces monstres. *Castellan*, que bien vous connaissez, doit un de ces jours représenter à la potence, car il n'est plus question de guillotine depuis que Toulon est régénéré.....

» Marseille, cette ville si superbe, n'est plus qu'un théâtre d'horreurs ; les plus honnêtes gens y périssent, huit cents y gémissent dans les fers. On donne une nouvelle ; si elle est vraie, la fin des scélérats s'approche. On assure que le prince de Cobourg est entré dans Paris ; que la moitié des habitans y ont péri, que notre malheureuse reine a succombé, mais que le roi a été sauvé, et la maudite Convention a été massacrée, Dieu soit loué ! On donne pour certain que *Bordeaux* a arboré aussi le drapeau blanc, et que *Kellermann* et *Biron* sont entrés dans Lyon en vrais royalistes. C'est un peu tard, mais dans le malheur on se prend partout. On dit, en Corse, que l'armée de *Dubois Crancé*, honteuse de sa défaite à Lyon, vient renforcer celle de Carteaux, qu'il nous arrive du monde et nous nous en moquons.

» Nous n'avons point encore ici d'émigrés, on assure même que le général anglais ne veut pas qu'il en arrive encore. Nous avons eu cependant quelques jours le *chevalier de Sade*, votre camarade ; mais il est venu pour apporter des plis au lord, de la part de sa majesté sarde, et il est reparti. On parle de l'arrivée de notre évêque *Castellane*. Plusieurs de ses prêtres sont déjà ici. Tous les marins émigrés de Toulon ont déjà donné de leurs nouvelles depuis l'heureux événement ; ils attendent tous impatiemment le temps qui les ramènera dans leur patrie. »

N° 7. Autre lettre de la même femme, de Toulon, le 19 octobre, à M. *Saint-Quentin*, à Gênes, demeurant maison Balbi.

Elle dit que l'on a forcé son mari, le pistolet sur la gorge, de donner sa démission, et qu'il a été, avec soixante autres individus, traîné dans les cachots à Marseille.

Elle répète une partie de ce qui est dans la précédente.

« Nous sommes ici (à Toulon) très-mal, pour la vie animale,

attendu qu'il y a un monde infini et que tout y est d'une cherté terrible, mais très-bien pour la tranquillité, etc.

» Nous n'avons encore que quinze mille hommes de troupes coalisées, mais on en attend tous les jours, et les scélérats trouveront la mort pour prix de leurs forfaits. *C'est le vœu assez général ici, quoiqu'il y ait malheureusement encore de faux-frères, mais on les veille et surveille.*

» Il y a surtout lieu de croire que dans quinze jours nous serons assez forts pour repousser au loin cette horde de brigands, et la faire même rentrer dans le néant, dont elle n'aurait jamais dû sortir. »

N° 8. Alligre, négociant de Cadix, à Toulon, écrit, le 16 octobre, l'an 1er du règne de Louis XVII, à M. Branierel, négociant à Gênes :

« Il n'est pas que vous n'ayez connaissance de la révolution que nous avons opérée, au risque de notre vie, soit en ouvrant nos sections, soit en proclamant Louis XVII.

» Bien nous a valu d'appeler à notre secours les deux vice-amiraux *Houd* et *Langara*, qui croisaient sur nos côtes. Ces deux loyales nations ont sauvé notre ville et repoussé avec avantage deux armées de brigands qui nous auraient tous victimés. Nous avons actuellement ici quinze mille hommes de troupes anglaises, piémontaises, napolitaines et espagnoles ; nous en attendons encore trente mille, nous attendons aussi *M. le Régent, frère du défunt roi*, qui doit amener ses ministres ; M. le prince de Condé et ses fils, beaucoup de grands seigneurs et d'émigrés ; notre population actuelle passe quatre-vingt mille ames. Beaucoup de Marseillais et des gens de tous les alentours se sont réfugiés ici.

» Nous avons assez de blé, mais tous les autres vivres nous manquent ; il y a plus d'un mois que, faute de bœuf et de mouton, nous mangeons du cochon frais ; la volaille a disparu ; point de charbon ; le dernier s'est vendu à 40 francs le quintal...

» Depuis que les troupes sont arrivées l'argent roule et celui du pays reparaît.

» On s'occupe d'abolir les assignats qu'il y a en ville, en leur faisant perdre 50 pour cent; mais ceux qui nous viendront du dehors n'auront ici aucune valeur, l'emprunt que l'on fait actuellement chez vous est pour les éteindre.

» Je vous réitère que nous manquons de tout, et que, si les secours du dehors cessaient de nous alimenter, nous serions à plaindre; notre territoire et les villages d'alentour sont désolés par les deux armées qui venaient nous égorger.

» Dès que les secours que nous attendons seront arrivés nous irons délivrer Marseille qui gémit sous le despotisme de Carteaux. »

Cette lettre contenait l'adresse de M. Langara au peuple français.

N° 9. Lettre de M. de Cuer, de Toulon, en date du 19 octobre, l'an Ier du règne de Louis XVII, à M. Roche de l'Étang, à Gênes.

Il le prie de faire parvenir la lettre à son fils aîné, servant dans l'armée du prince de Condé. Dans la lettre à son fils il lui dit que ses frères, embarqués sur la frégate *la Modeste*, capitaine Gilloux, arriveront bientôt à Toulon; que plusieurs de ses camarades sont revenus, qu'on attend l'évêque et plusieurs membres du chapitre. Il engage son fils à revenir aussi.

N° 10. Julien écrit de Toulon, le 21 octobre 1793, à son fils, à Gênes :

« Le défaut de farines va mettre presque tout le monde à la galette. Je viens d'apprendre, dans ce moment, que Carteaux a eu ordre de détacher trois mille hommes de son armée pour aller s'opposer à celle du roi de Sardaigne, qui descend par Entrevaux. Les batteries de Carteaux ne tirent plus que faiblement. »

N° 11. Le même Julien écrit de Toulon, le 19 octobre 1793, à M. Castellan, à Gênes :

« Cette ville est entièrement bloquée par les armées républicaines, qui sont fortement repoussées toutes les fois que les troupes des puissances coalisées font quelque sortie. Celles-ci ne sont cependant pas en nombre suffisant pour garder toutes les forteresses, les redoutes et les autres postes qui, outre le corps de la place, sont au nombre de quinze ou de seize, et pour former une armée capable d'attaquer celles des assiégeans, qui, à l'apparition de nos troupes, s'enfuient toujours à toutes jambes. Ces scélérats font la guerre comme des barbares, massacrant les soldats et les officiers qui ont le malheur de tomber entre leurs mains.

» L'armée du côté du ponant, et qui est commandée par un certain général Carteaux, a établi plusieurs batteries qui tirent contre les vaisseaux de la rade; mais elles sont détruites en peu de temps, et chaque jour il faut recommencer, après avoir perdu beaucoup de monde.

» On attend ici quatre autres mille hommes de troupes napolitaines, avec un bataillon d'artillerie et quelques escadrons de cavalerie. Il arrive un convoi d'Espagnols, et l'on a envoyé des bâtimens pour prendre des Autrichiens et des Hessois, qui sont déjà prêts à Savone, avec quelques Piémontais. Ces jours derniers est arrivé un régiment suisse. Quand toutes ces troupes seront rassemblées on en formera une armée pour chasser les républicains qui nous tiennent bloqués, et en délivrer tout le voisinage.

» La blessure du général Gravina, quoique peu dangereuse, sera longtemps à guérir; ce général s'est acquis beaucoup d'honneur dans cette affaire, où il a montré beaucoup de courage et d'expérience.

» Il a chassé les ennemis d'un poste important dont ils s'étaient emparés furtivement, et il les a forcés de l'abandonner, avec perte d'environ mille hommes; enfin, dans toutes les rencontres, les troupes des puissances coalisées ont toujours eu l'avantage sur celles de la nation. Avec les troupes que l'on attend vers la fin de ce mois, au nombre de trente mille, on formera deux corps pour chasser les deux armées qui tiennent cette ville bloquée. »

N° 12. Coutencin, ancien directeur des fermes, écrit de Toulon, le 20 octobre, l'an I du règne de Louis XVII, à M. le marquis de Marignane, à Gênes :

Nota. (Ce Coutencin est le mari de la femme qui a écrit les lettres n°ˢ 6 et 7. Ce marquis de Marignane est, à Gênes, l'envoyé des princes. Le ministre de l'Angleterre, dans la dernière affaire de Gênes, a demandé à la République de le reconnaître en cette qualité).

» Je suis, depuis mon retour à Toulon, employé dans les corps administratifs. Nous attendons, avec impatience, la formation du nouveau gouvernement, et qu'il arrive des personnes chargées de pouvoirs suffisans pour abroger les corps constitués qui se heurtent dans leur marche, et qui entravent les opérations.

» Dieu veuille nous seconder et nous ramener l'ordre que vous désirez comme nous, et qui rétablira entièrement la monarchie française qui a été bouleversée depuis trois ans. »

N° 13. Le même Coutencin écrit de Toulon, le 20 octobre 1793, à Roche de l'Étang, à Gênes.

Il raconte la manière dont il a été forcé de donner sa démission, en vomissant mille injures grossières contre les jacobins, les républicains, etc.

Après avoir également maudit les corps administratifs patriotes, et le club de Toulon, il dit : « Vous voyez combien nous nous trouvons heureux d'avoir reçu ces secours et d'avoir donné l'entrée aux Anglais et aux Espagnols ; j'espère, avec leurs troupes et celles des autres puissances qui nous arrivent, que, d'ici à deux mois, nous aurons fait évacuer la Provence à la troupe des brigands qui a ravagé Marseille et les environs, et qu'alors nos princes pourront arriver en Provence avec la dignité qui leur convient. Cela peut être peu long, mais ce ne sera jamais aussi promptement que je le désire. »

N° 14. Régat écrit de Toulon, le 19 octobre, l'an Iᵉʳ du règne de Louis XVII, à Roche de l'Étang, à Gênes.

« Enfin la Providence nous a donné assez de force pour exécuter l'ouverture des sections, quoique ces énergumènes clubistes de Saint-Jean eussent fait une proclamation, à la tête de laquelle étaient tous les corps administratifs, par laquelle ils juraient d'exterminer quiconque parlerait des sections. Cette proclamation anima encore plus les bons habitans, et elles furent ouvertes; alors ces lâches bourreaux furent anéantis; les uns prirent la fuite, les autres, et en assez grand nombre, furent arrêtés. Le palais de justice en a été rempli, et des frégates désarmées qu'on a placées en rade au milieu des escadres de nos sauveurs, renferment ces destinés aux mines du Brésil. Nous avons nommé un tribunal qui juge martialement les sabreurs et instigateurs que l'on prend journellement; nous avons brûlé la guillotine, afin que ces monstres ne fussent pas suppliciés de la manière que l'a été notre bon roi.

» J'ai joui, en effet, lorsque j'ai vu entrer les escadres anglaise et espagnole, et c'était temps, car un jour plus tard nous étions perdus. Nous avions dans l'intérieur beaucoup de malveillans, et en rade, un coquin de Saint-Julien, qui, en se soulant avec ses équipages, c'était fait reconnaître à la place de M. Trogoff, en avait arboré le pavillon, et qui avait fait ranger tous les vaisseaux pour empêcher l'entrée des Anglais, auxquels nous avions envoyé des parlementaires; sans doute Carteaux serait entré tambour battant s'il n'avait pas tant tardé à marcher contre nous. Nos sectionnaires et volontaires ne manquaient pas d'ardeur; mais il y avait à craindre qu'il n'en fût pas ainsi au premier choc.

» Leur première ardeur a failli même être la perte de toute la ville. Ils voulaient absolument faire feu sur les vaisseaux. Les sections, les volontaires qui gardaient le fort Lamalgue, la grosse tour et la batterie royale envoyèrent des commissaires au comité de la guerre, dont j'étais membre, pour nous signifier que c'était leur intention, et qu'ils feraient feu de leur chef, si nous ne l'ordonnions pas dans une heure. Mais ayant considéré que si nous cédions à ces instances, vingt vaisseaux auraient bientôt mis la grosse tour en cendres, que le fort Lamalgue ne pouvait pas beaucoup nuire à l'escadre dans la position où elle était, et qu'elle serait ensuite venue canonner la ville, où cinq ou six mille hommes seraient venus commettre toutes les horreurs possibles, en attendant que Carteaux entrât pour finir le reste, nous fîmes tous les mouvemens possibles pour l'exécution du feu, et heureusement nous pûmes y parvenir. Dans cet intervalle, la peur s'empara de partie des équipages, qui se jetèrent à l'eau pour déserter. M. Trogoff profita de ce moment pour aller aborer le drapeau amiral sur une frégate qui était restée dans les bons principes près l'arsénal. L'on vit d'abord presque tous les vaisseaux se ranger et abandonner le traître Saint-Julien, qui prit la fuite. On prétend que Carteaux n'en a pas voulu, à cause qu'il n'a pas soutenu jusqu'à ce qu'il fût entré dans Toulon. Il a pris le parti d'aller à bord des Anglais où il est chargé de fers.

» Il n'y a pas à douter que si nos forts avaient tiré sur les vaisseaux, nous n'en aurions pas été bons marchands, d'autant mieux que Saint-Julien s'était emparé des batteries de l'Aiguillette et de Balaguier et du cap Sepet, et que les Anglais, au lieu d'entrer, auraient attendu de savoir à quel parti le succès aurait resté. Jugez quelle pouvait être notre position; et cette résolution n'ayant pas eu lieu, nous avons vu les Anglais le lendemain, et j'ai été fort content quand je les ai vus dans notre rade et dans nos forts, et que j'ai vu Carteaux arriver trop tard.

» Nous avons déjà environ quinze mille hommes anglais, espagnols, napolitains et savoyards; tous nos forts en sont garnis, et les fortifications de ceux qui avaient besoin de réparations, on y travaille journellement; ils ont fait plusieurs redoutes du côté de l'Aiguillette, pour empêcher que Carteaux n'y établît des batteries qui auraient inquiété la rade, ce qu'il aurait fait sans doute, puisqu'il en a formé une à l'Ermitage de Berzalion, et deux autres aux moulins sur la Scène, d'où il tire quelques coups de canons infructueusement, qu'on lui restitue avec usure, par des pontons, des chaloupes cononnières et des vaisseaux embossés. Il a fait mine d'attaquer nos petits forts; et G..... ou L....., qui sont venus jusqu'à Lavalette, de son côté, ont voulu se frotter au fort Pharon, et ils ont payé cher leur témérité. Ces derniers vinrent avant-hier attaquer, avec quinze cents hommes, un détachement de quatre cents hommes, qui protégeait des travailleurs au *cap Brun;* ils les maltraitèrent et s'emparèrent du cap;

mais dans la journée, ils en furent vigoureusement repoussés, et environ trois mille hommes, qui étaient sortis sur deux colonnes par Lavalette, furent les chasser de leurs camps, qui étaient au plant de la Garde, et leur firent tout abandonner. Jusqu'à présent on ne fait des sorties que lorsque ces brigands ont provoqué, et toutes les fois ils en ont tâté d'importance. On attend, sans doute, des forces pour les mener rondement.

» Il n'est pas possible de voir des troupes se battre avec plus d'ardeur que les troupes coalisées, il serait difficile de distinguer les plus braves; ils vont tous d'un courage inconcevable; il est à désirer qu'il arrive assez de forces pour éloigner et anéantir cette horde de brigands. Tous les villages des alentours sont au pillage, et l'on y commet les horreurs les plus atroces.

» Nous n'avons aucune nouvelle de Paris et des armées du nord. On nous débite que l'armée de Cobourg est entrée à Paris, puis on nous dit que non; en sorte que nous ne pouvons rien savoir de positif, ayant Carteaux d'un côté, et G.... et L.... de l'autre; nous tenons, à Toulon, la femme de ce dernier. »

Le reste de la lettre contient des doléances sur sa croix de Saint-Louis, qu'on l'a obligé de rendre.

N° 15. *Aimé Regin* écrivait de Gênes à Samatan, de Marseille, en date du 9 septembre, une lettre qui, étant restée à Toulon, s'est trouvée dans le paquet avec les lettres de Gênes, où on la renvoyait pour la faire passer immédiatement à Marseille.

Cette lettre, déjà ancienne et ne contenant rien d'intéressant pour le moment, renferme le passage suivant qu'il est bon de conserver pour en faire usage en temps et en lieux :

« L'événement de Toulon devait contribuer à rendre certaine puissance moins difficile à accorder des sorties pour ce port. Une tartane parlementaire, arrivée ici il y a dix jours, venant de chez vous et de l'escadre, a été enchaînée ainsi que l'équipage et les lettres enlevées par les ordres dudit ministre. Si vous nous avez écrit par ladite occasion, vous aurez la bonté de nous envoyer copie, car nous désespérons d'avoir l'original; au reste, le gouvernement a fait mettre en liberté l'équipage et le bâtiment;

si on demande les lettres, on les refuse; le despote pourrait s'en repentir. »

N° 16. Le prince de Mori d'Acqua-Viva écrit de Toulon, en date du 24 octobre, à sa mère, à Naples.

Après avoir attribué la conservation de sa santé *à Dieu et à la protection de la bienheureuse Vierge Marie de Constantinople* avec laquelle il se flatte d'être très-bien, il dit :

« Les troupes combinées qui sont dans Toulon sont à peu près dix-neuf mille hommes, et tous les jours il nous arrive des soldats. »

Le même écrit à son frère, le prince d'*Acqua Viva* : « Dans quelque temps les troupes combinées monteront ici à 40,000 hommes environ. »

» Il est parti d'ici un gros vaisseau pour aller chercher M. le comte de Provence, régent du royaume de France; on espère retirer un grand avantage de sa présence. »

N° 17. (Traduit de l'italien.)

Le capitaine de la deuxième brigade napolitaine écrit de Toulon, le 19 octobre, à Salvador Migiana, à Gaëte.

« Du reste, nous ne craignons rien quant à présent, quoique l'ennemi fasse quelques faibles efforts sur les postes avancés, il n'a encore fait qu'une guerre d'assassins, se montrant un moment et puis fuyant dans les bois. »

N° 18. (Traduit de l'italien.)

Giacomo Carreras écrit de Toulon à son père, Son Excellence *Monseigneur Emmanuel Carreras*, capitaine au régiment royal, à Naples.

« Nous avons déjà fait deux sorties pour secourir les forts autour de la ville, qui ont couru le risque d'être pris ou par M. Carteaux, ou par M. Gard...; tout a été mal pour eux, puisqu'ils ont été obligés de céder, qu'ils ont été battus, et qu'ils ont perdu les autres petits forts et un petit village tout près d'ici. »

Il fait l'éloge des troupes coalisées comme à l'ordinaire. « La sortie générale n'a pas encore eu lieu, parce qu'il n'y a pas encore assez de troupes pour garder la ville et battre en même temps cette maudite nation. Carteaux a fait briser les moulins et couper les eaux ; de sorte qu'on ne peut plus moudre le blé ; mais cela ne nous fait rien, parce que nous attendons du secours. Les souliers coûtent ici vingt carlins la paire. »

N° 19. Thomas de Mendoza écrit de Toulon, le 24 octobre, à son père, Son Excellence Monseigneur *Jean de Mendoza*, capitaine des milices provinciales à *Monte-Leone*, dans la Calabre.

(Traduit de l'italien.)

« Je vous annonce qu'un vaisseau français, nommé le *Commerce de Marseille*, est prêt pour aller prendre Monsieur, frère du défunt roi, et nommé régent de France. Cela est si vrai, que les ouvriers ont l'ordre de travailler dès demain au Palais-Royal qu'il doit habiter.

» On dit que l'Assemblé nationale, ces rebelles, ont rappelé leur général, notre *ennemi Carteaux*, pour avoir, en négligeant de se porter sur Toulon, le 8 d'août, laissé échapper l'occasion de massacrer les habitants de cette ville qui se sont mis sous la protection du nouveau roi ; ce retard ayant donné le temps aux Anglais et aux Espagnols d'entrer dans le port, il ne peut plus exécuter sa commission. L'on prétend même qu'il sera décapité, et qu'à sa place on a déjà nommé un sergent d'artillerie.

» Faites-moi recommander à la messe du chanoine Pisani, auquel je baise les mains. »

N° 20. Giuseppe Violante écrit du camp de Guillet, le 10 octobre 1793, à *Emmanuel Carreras*, à Gaëte.

« Nous sommes campés ici avec les Espagnols, les Anglais et les Piémontais. Nous avons un commandant espagnol, un colonel et un lieutenant-colonel commandant les batteries. Notre troupe, au moment où nous sommes arrivés ici, s'est laissée aller à voler le raisin, vous pouvez bien me croire ; elle est assez à la gêne pour être indisciplinée sur cet article. Un soldat de marine, en sentinelle à un poste avancé, a eu l'épaule et la tête emportées par un boulet de canon. »

N° 21. Thomas de Mendoza écrit de Toulon, le 19 octobre, à son père, à Monte-Leone. (Traduit de l'italien.)

« Le 15 et le 16 de ce mois, nous avons eu des affaires très-chaudes ; le 15, avec l'armée de Carteaux, et le 16, avec celle de Gard... Nous les avons battus, et nous leur avons pris trois canons, des armes, des provisions, et encore d'autres choses dont j'ignore la quantité. Depuis un mois nous ne nous sommes pas déshabillés, nous dormons tout habillés.

» Consolez-vous, parce que nous espérons en Dieu ; avec son aide, nous viendrons à bout de tout. »

N° 23. Le même écrit à un de ses amis, à Monte-Leone.

« Nous sommes au milieu d'un feu vif depuis le matin jusqu'au soir ; notre vie est calculée à minutes et à secondes ; nous avons deux armées ennemies, l'une à droite et l'autre à gauche. Dieu en dispose ainsi pour nos péchés. Jusqu'à présent nous sommes victorieux, et notre armée a perdu peu de monde, presque tous Anglais et Piémontais, trois du régiment de Borgona, deux du régiment du roi, tous soldats ; notre régiment n'a pas encore souffert, ainsi que celui de Messapia. Nous n'avons eu encore que trois blessés, compris le sergent Maestrini de la première compagnie de grenadiers.

» Recommande-moi donc à Dieu, car l'entreprise est difficile. »

N° 23. Gaudenzo Solari écrit de Toulon, le 17 octobre, à sa femme, à Gaëte.

» Aujourd'hui, à deux heures, j'ai descendu le détachement du fort Lamalgue, regardé comme le plus périlleux, et à cause de cela confié aux grenadiers ; j'y suis resté neuf jours avec la plus grande sûreté, en compagnie de mon capitaine et de trois subalternes, puisque l'ennemi n'a pas osé se présenter de ce côté. Dans les petites actions qui ont eu lieu pendant ces neuf jours, l'ennemi a toujours eu le dessous. Par l'effet de la divine providence, tout va bien, Dieu nous assiste et est avec nous. Sans lui nous devrions être victimes ; car, entre les Anglais, les Espagnols, les Suisses, les Piémontais, les Napolitains et les royalistes, tout est désordre, rien n'est concerté ; et si l'on ne nous envoie pas de quelque pays un général de terre, il sera impossible de ne pas reconnaître dans tout ceci le doigt de Dieu.

» Je t'écris sur une petite feuille de papier, parce qu'il est très-cher. Une tasse de café vaut onze grains et demi ; tout le reste est à l'avenant. Le prix exorbitant de tout est incroyable : le pain est cependant bon. L'on pend ici tous les jours des personnes de tout sexe, comme espions et correspondans des ennemis.

» Au milieu de toutes mes fatigues, je jouis toujours de la meilleure santé, ce que j'attribue à tes prières. On attend ici un gros renfort de vingt mille Espagnols et plusieurs milliers d'Autrichiens. Perpignan et Nice sont prêts à être pris par famine ; Cobourg n'est plus qu'à dix-huit lieues de Paris. Les ennemis perdent tous les jours beaucoup de monde par la désertion. Ceux qui se présentent à nous nous assurent qu'ils sont dans une grande disette. Nous espérons en Dieu que bientôt le calme renaîtra dans ce royaume désolé.

» Je ne vois ici aucuns nationaux, je n'ai pas voulu loger chez eux, je me suis retiré dans le quartier de mes grenadiers pour plus de sûreté et de peur de quelques vêpres siciliennes.

» On fait des prières dans les églises, on expose le Saint-Sacrement ; les prêtres et les moines reviennent ; et peut-être les religieuses qui ont été forcées d'abandonner leurs couvens se réuniront. Le blanchissage d'une chemise coûte 15 grains. »

(Traduit de l'italien.)

N° 24. Le même écrit, le 18 octobre, à sa femme.

« On attend ici de nouveaux renforts considérables, et, ce qui est bien plus important, un général capable. »

N° 25. Carlo de Martino écrit de Toulon, le 19 octobre, à son père, à Naples.

« Nous n'avons eu jusqu'à présent que trois batailles, et grâces à Dieu nous sommes restés vainqueurs ; il n'est mort personne des nôtres ; il n'y a que les Anglais qui aient perdu beaucoup de soldats et d'officiers. »

N° 26. Andreo Ribelino écrit de Toulon, le 20 octobre, à la princesse d'Acqua-Viva Carraccioli, à Naples.

« Aujourd'hui part un vaisseau de ligne pour aller chercher le comte de Provence et l'amener à Toulon. »

Extrait conforme aux originaux. *Signé* ROBESPIERRE *jeune*.

Les représentans du peuple près l'armée d'Italie à leurs collègues composant le comité de salut public.

« Nice, 26 brumaire an 2.

« Citoyens collègues, nous comptons au nombre des victoires l'éloignement du général Carteaux de l'armée sous Toulon. Le général Dugommier, qui l'a remplacé, est digne de la confiance des républicains. Il sait inspirer l'amour de la liberté, réchauffer les âmes tièdes. Un jour qu'on lui demandait comment il faisait pour se faire aimer des soldats, il fit cette réponse qui vous peindra son âme : *C'est que je les aime.*

» L'ordre va régner dans cette armée ; les ingénieurs, écartés jusqu'à présent par le fol orgueil de Carteaux, vont y être appelés. Nous avons requis le plus ancien de ceux qui sont à l'armée d'Italie de s'y rendre. Nous avons autorisé le payeur général près cette armée, à s'y transporter de suite pour y établir la comptabilité et empêcher les dilapidations.

» Toutes les parties d'administration y sont dans un désordre effrayant. Nous le voyons d'après les arrestations continuelles des objets qui sont destinés à l'armée d'Italie.

» Les farines emmagasinées à Saint-Maximin sont enlevées par les régisseurs qui se trouvent pressés par le besoin. Il en est de même des bœufs, des fourrages, etc. Cette situation est trop dangereuse pour négliger d'y apporter un prompt remède. Le mal vient de ce que les approvisionnemens ne se font que par réquisition, que plusieurs requérans tombent sur le même objet, de telle manière, que ce n'est point la première réquisition, ni la plus pressante qui est exécutée, mais c'est la dernière. Le choc d'autorité est infiniment nuisible et inquiétant pour ceux qui comptent sur un objet d'absolue nécessité qui leur est enlevé au moment où ils en ont le plus grand besoin.

« Nous vous avions déjà parlé de cet inconvénient majeur, néanmoins aucune mesure n'a été encore prise ; nous vous réitérons donc avec plus d'instance que jamais nos réclamations.

» Occupez-vous, citoyens collègues, de la brave armée d'Italie ;

elle n'a que pour quelques semaines d'approvisionnemens. Nous cherchons partout quelles sont nos ressources pour les mois de janvier et suivans ; nous ne les apercevons pas. Ce qu'il y a de plus effrayant, c'est que toutes les communes du département des Alpes maritimes et du Var sont dans une disette affreuse, que les régisseurs des vivres de l'armée ont été obligés, pour épargner de grands malheurs, de céder quelques charges de blé, afin de leur faciliter les moyens de s'approvisionner, ce qui leur est presque impossible ; les armées d'Italie et sous Toulon ont épuisé ces départemens, d'ailleurs peu productifs. L'administration des vivres sous Toulon n'étant pas organisée en ce moment, a pris autour d'elle tout ce qui existait, ce qui met ce pays dans le plus grand danger. Au nom de la patrie, faites amener à grands frais des subsistances dans cette contrée. Si vous n'ajoutez vos moyens aux nôtres, il sera difficile d'éviter les calamités qui nous menacent.

« Nous avons autorisé le régisseur des vivres d'user de tous les moyens possibles pour obtenir des blés de l'étranger ; quelque coûteuses que soient les mesures à prendre, nous les avons requises, et nous l'avons aussi autorisé à charger la République de tous les risques de la mer. C'est la seule mesure qui nous laisse quelque espérance. Nous croyons que la Convention ne désapprouvera point nos arrêtés à cet égard. Nous croyons qu'il ne faut pas les rendre publics, afin de ne point donner l'éveil à nos ennemis.

» Il serait un autre moyen infaillible de nous procurer de grandes ressources, ce serait d'occuper le territoire de Gênes, détruire sur notre route Oneille et Coano, où nous trouverions des richesses considérables, et pénétrer dans la Lombardie. Cette irruption de l'armée d'Italie retremperait son énergie et ferait une diversion qui épouvanterait les coalisés. Nous vous avons déjà parlé de cette expédition ; elle devient chaque jour plus nécessaire et plus facile : plus facile, par les dispositions favorables des Génois, qui, se déclarant pour la neutralité, ont déjoué et vaincu le ministre britannique, et n'ont plus d'autre parti à prendre pour leur gloire et leur intérêt que de se déclarer ouvertement pour les amis de la liberté ; plus nécessaire par les besoins de l'armée et l'ennui qu'elle éprouve d'être inactive, campée sur les montagnes d'un accès difficile, et pour déjouer les projets des ennemis qui méditent de grands forfaits, afin d'obtenir quelque avantage sur la République. Nous sommes instruits très-sûrement qu'ils paient le crime et versent de l'or à grands flots pour produire un mouvement dans l'armée, et commettre une nouvelle Saint-Barthélemy.

» Ils ont de grandes ressources dans ce pays où, chaque jour, les défenseurs de la patrie sont égorgés dans nos lignes à un quart de lieue des villes et des garnisons. Tous ces faits doivent provoquer votre extrême sollicitude sur la position de l'armée d'Italie, sur le renfort nécessaire pour tenir l'armée ennemie en échec : il est évident que les coalisés doivent chercher à faire reculer l'armée d'Italie qui est le boulevard de l'armée sous Toulon, et qui, par sa position, nous conserve des communications dans la Méditerranée, et nous offre encore des ressources de l'étranger pour des approvisionnemens, munitions et subsistances.

» Nous avons donné commission pour acheter le plomb qui existe à Gênes ; nous le renverrons en balles au tyran sarde, qui en manque et qui cherche à l'accaparer.

» Nous avons suspendu l'exécution de l'arrêté que vous avez pris de faire rentrer dans la caisse de la trésorerie le numéraire qui pouvait exister dans la caisse du payeur de l'armée. Cette mesure nous serait préjudiciable, puisque nous ne pouvons obtenir du blé de l'étranger qu'avec du numéraire, et que, dussions-nous échanger tout le numéraire de France pour du pain, nous ne devons pas le ménager ; les troupes qui sont en Corse recevant une partie de leur prêt en argent, les envois de fonds se faisant par le payeur de l'armée d'Italie, il nous est impossible d'exécuter votre arrêté, et nous sollicitons au contraire un envoi de numéraire pour agrandir et assurer nos subsistances.

» Nous vous avons marqué, il y a quelques jours, que nous

avions expédié à Tunis un aviso pour conserver à la République les vaisseaux qui se trouvaient dans ce port ; nous apprenons que quatre frégates sont entrées dans les ports de la République en Corse, qu'elles ont attaqué le bâtiment anglais qui a commis l'attentat dans le port de Gênes, et l'ont fort maltraité.

» Provoquez, nous vous en conjurons, le ministre de la guerre; que ses regards se tournent vers l'armée d'Italie ; qu'il lui fasse expédier la poudre dont elle manque déjà. La grande consommation de l'armée sous la ville infâme, ne nous permet plus d'en tirer des deux fabriques les plus voisines ; qu'il veuille bien aussi nous envoyer des baïonnettes ; c'est l'arme des républicains ; la moitié de l'armée en demande à grands cris. Les grenadiers ont brisé leurs sabres sur la tête des esclaves ; ils demandent qu'on leur en donne pour les briser encore de la même manière.

» Nous vous demandons le brevet de général de brigade pour le citoyen Macquart, qui s'est distingué par son courage, son exactitude et ses dispositions militaires dans l'armée d'Italie. Il a eu l'avantage de conduire plusieurs fois ses frères d'armes à la victoire : c'est une justice de le récompenser. Le citoyen Martin a droit au grade de chef de brigade, il a déployé des talens militaires ; il s'est distingué à l'affaire de Gilette. Le citoyen Lebrun, capitaine des grenadiers, excellent militaire, a montré dans toutes les occasions beaucoup de courage, de fermeté, et sert bien la République. On ne peut, sans injustice, lui refuser le grade d'adjudant-général chef de brigade.

» Le citoyen Guillot, capitaine des chasseurs, a mérité le grade d'adjudant-général ; il s'est distingué à la dernière affaire de Gilette, et sa conduite a beaucoup contribué aux derniers avantages que nous avons obtenus sur les ennemis. Le général Dugommier nous en a rendu un compte avantageux. Ces promotions sont indispensables ; elles sont conformes aux vœux des républicains qui veulent récompenser le mérite et les vertus civiques.

» Nous avons essayé de guérir un notaire de Nice de son horreur pour les assignats. S'étant fait payer 50 fr. pour la rédaction d'une procuration dont l'objet était de 500 liv., nous le fîmes mettre en état d'arrestation, et visiter ses papiers : on nous rapporta qu'il n'avait aucun assignat. Cette singularité nous fit croire qu'il les craignait : en conséquence, nous avons donné ordre au payeur général de donner à ce citoyen des assignats républicains en échange au pair des écus royalistes vieillis dans son secrétaire. On nous assure que, depuis, il se familiarise avec les attributs de la liberté.

» Un quidam, arrivé depuis deux jours à Nice, débitait que Carteaux était en état d'arrestation ; que Robespierre et Ricord allaient éprouver le même sort. Cette nouvelle compromettait la tranquillité publique : nous crûmes devoir mettre ce citoyen en arrestation et le livrer aux tribunaux. Cet individu se trouve être le frère d'un de nos collègues, officier dans l'armée d'Italie, à qui nous avions refusé une permission de s'éloigner de l'armée, convaincus qu'il devait suivre la loi générale, et rester à son poste. Ne voulant pas faire des parens des représentans une classe privilégiée, c'est notre constant refus qui nous a valu le ressentiment du citoyen Escudier. Notre conduite irréprochable nous met au-dessus de toutes les calomnies, et nous laisse le droit de poursuivre les coupables, quels qu'ils soient.

» Nous avons écrit à nos collègues de l'armée des Alpes, pour se concerter avec nous sur les moyens de réduire la ville imfâme ; nous n'avons pas eu de nouvelles, non plus que du général.

» Il est très-urgent de faire un rapport sur les prisonniers de guerre piémontais retenus comme suspects d'émigration, et de décider si ces esclaves du Piémont, avant la réunion de leur pays à la République, doivent être regardés comme émigrés. Le général ennemi use de représailles, maltraite les défenseurs de la République ; nous recevons des réclamations sans nombre ; faites terminer au plus tôt cette affaire.

» Nous devons vous instruire des horreurs commises par les ennemis contre les défenseurs de la République. Des milices du tyran sarde, appelés *barbets*, sous l'habit de paysans, qu'ils ne quittent point, pénètrent chaque jour dans nos lignes ; ces barbares ont saisi, il y a quelques jours, trois républicains, en ont fait précipiter deux du haut des montagnes, après les avoir dépouillés même de leurs chemises. Provoquez enfin une loi qui venge tant d'atrocités.

» La loi qui met en arrestation tous les Anglais, doit-elle s'étendre aux déserteurs qui se sauvent de Toulon ? Nous attendons un décret de la Convention qui détermine leur sort.

» Il serait nécessaire, citoyens collègues, que vous fissiez nommer une commission pour examiner les lois rendues sur diverses matières, afin d'en faire disparaître l'incohérence, et que l'on soit assuré qu'un décret n'est pas détruit ou amendé par un décret postérieurement rendu. La faction anéantie qui a trop longtemps gouverné la France, a proposé et fait adopter tant de décrets, corrigés depuis par des lois nouvelles, qu'il serait très-utile à l'ordre social de faire un Code simple et uniforme dans les diverses parties d'administration, qui servît de guide à tous les fonctionnaires publics, qui s'exécuterait en élaguant les nombreux décrets souvent contradictoires, rendus sur un même objet; les administrations se trouvent souvent très-embarrassées dans l'exécution par cette multitude de lois rendues au milieu des orages où les patriotes étaient très-souvent vaincus.

» *Signé* ROBESPIERRE *jeune.* »

» *P. S.* Nous joignons une lettre trouvée sur un Piémontais, qui atteste qu'ils avaient des intelligences à Entrevaux. Elle peut servir dans le procès de l'É......... On nous a assuré que ce général avait des liaisons intimes avec des femmes, parentes du capitaine dont il est parlé dans cette lettre. »

Lettre de la citoyenne ROBESPIERRE *à son frère.*

« Le 18 messidor, l'an 2 de la République française.

» Votre aversion pour moi, mon frère, loin de diminuer, comme je m'en étais flattée, est devenue la haine la plus implacable, au point que ma vue seule vous inspire de l'horreur; ainsi, je ne dois pas espérer que vous soyez jamais assez calme pour m'entendre, et c'est pourquoi je vais essayer de vous écrire.

» Abîmée sous le poids de ma douleur, incapable de lier mes idées, je n'entreprendrai pas mon apologie; il me serait cependant si facile de démontrer que je n'ai jamais mérité, en aucune façon, d'exciter cette fureur qui vous aveugle; mais j'abandonne le soin de ma justification au temps qui dévoile toutes les perfidies, toutes les noirceurs. Alors, quand le bandeau qui couvre vos yeux sera déchiré, si vous pouvez, dans le désordre de vos passions, distinguer la voix du remords; si le cri de la nature peut se faire entendre, revenu d'une erreur qui m'est si funeste, ne craignez pas que jamais je vous reproche de l'avoir gardée si long-temps; je ne m'occuperai que du bonheur d'avoir retrouvé votre cœur. Ah! si vous pouviez lire au fond du mien, que vous rougiriez de l'outrager d'une manière si cruelle! vous y verriez, avec la preuve de mon innocence, que rien ne peut en effacer l'attachement tendre qui me lie à vous, et que c'est le seul sentiment auquel je rapporte toutes mes affections; sans cela, me plaindrais-je de votre haine? Que m'importe, à moi, d'être haïe par ceux qui me sont indifférens et que je méprise! jamais leur souvenir ne viendra me troubler : mais être haïe de mes frères, moi pour qui c'est un besoin de les chérir, c'est la seule chose qui puisse me rendre aussi malheureuse que je le suis.

» Que *cette passion de la haine* doit être affreuse, puisqu'elle vous aveugle au point de vous porter à me calomnier auprès de mes amis! Cependant, n'espérez pas, dans votre délire, pouvoir me faire perdre l'estime de quelques personnes vertueuses, unique bien qui me reste; avec une conscience pure, pleine d'une juste confiance dans ma vertu, je peux vous défier d'y porter atteinte, et j'ose vous dire qu'auprès des gens de bien qui me connaissent, vous perdrez votre réputation plutôt que de nuire à la mienne.

» Il importe donc à votre tranquillité que je sois éloignée de vous, il importe même, à ce qu'on dit, à la chose publique, que je ne vive pas à Paris!.... J'ignore encore ce que je dois faire; mais ce qui me semble le plus urgent, c'est de vous débarrasser de la vue d'un objet odieux. Aussi, dès demain, vous pouvez rentrer dans votre appartement, sans craindre de m'y rencontrer; je le quitterai dès aujourd'hui, à moins que vous ne vous y opposiez formellement.

» Que mon séjour à Paris ne vous inquiète pas; je n'ai garde d'associer mes amis à ma disgrâce. Le malheur qui me poursuit doit être contagieux, *et votre haine pour moi est trop aveugle, pour ne pas se porter sur tout ce qui me témoignera quelque intérêt;* aussi je n'ai besoin que de quelques jours pour calmer le désordre de mes idées, me décider sur le lieu de mon exil; car, dans l'anéantissement de toutes mes facultés, je suis hors d'état de prendre un parti.

» Je vous quitte donc, puisque vous l'exigez; mais, malgré vos injustices, mon amitié pour vous est tellement indestructible, que je ne conserverai aucun ressentiment du traitement cruel que vous me faites essuyer. Lorsque, désabusé tôt ou tard, vous viendrez à prendre pour moi les sentiments que je mérite, qu'une mauvaise honte ne vous empêche pas de m'instruire que j'ai recouvré votre amitié; et, en quelque lieu que je sois, fussé-je même par delà les mers, si je puis vous être utile à quelque chose, sachez m'en instruire, et bientôt je serai auprès de vous......

» *Signé* ROBESPIERRE.

» P. S. Vous devez penser qu'en quittant votre logement je prendrai toutes les précautions nécessaires pour ne pas compromettre mes frères. Le quartier qu'habite la citoyenne Laporte, chez laquelle je me propose de me retirer provisoirement, est l'endroit de toute la République où je puis être le plus ignoré.»

Lettre de J.-P. Besson, à Robespierre, soumettant au tyran une adresse de la société populaire de Manosque, district de Forcalquier.

« Du 25 prairial de l'an 2 de la République, etc.

» Toi qui éclaires l'univers par tes écrits, saisis d'effroi les tyrans et rassures les cœurs de tous les peuples; tu remplis le monde de ta renommée; tes principes sont ceux de la nature, ton langage, celui de l'humanité; tu rends les hommes à leur dignité, et, fécond créateur, tu régénères ici-bas le genre humain; ton génie et ta sage politique sauvent la liberté; tu apprends aux Français, par les vertus de ton cœur et l'empire de ta raison, à vaincre ou mourir pour la liberté et la vertu, et à la France, jadis si fière et hautaine, à adorer l'égalité. Ménage ta santé pour notre bonheur et pour notre gloire, c'est mon cœur pur comme le tien qui t'en conjure. Tu connaîtras mieux mes sentimens dans l'adresse de la société populaire à la Convention, que tu voudras bien lire. — Salut et fraternité. J.-P. BESSON.

» *P. S.* Revois, corrige cette adresse que j'ai rédigée à la hâte, et daigne faire connaître les sentimens de ma patrie qui t'est entièrement dévouée.

» Ton digne frère m'a comblé d'amitiés et de caresses dans son passage à Manosque; c'est lui qui l'a sauvée, avec Ricors, des injustices et de la tyrannie du Midi; il s'y est immortalisé par sa générosité et sa clémence : tu sens tout le prix de ces vertus.

» Satisfais-moi d'une réponse ; ta vertu soutient ma vie, et ton amitié remplira mes désirs. »

Adresse de la société populaire des amis de la constitution de Caen, à Robespierre.

« Caen, ce 7 mars 1792.

» SALUT A L'INCORRUPTIBLE ROBESPIERRE.

» La société de Caen sait que le père du patriotisme était à son poste quand il fallut défendre ses enfans du Calvados poursuivis par les stylets de la calomnie; elle le sait....., et vient silencieusement ajouter une palme à sa couronne civique.

» Robespierre, ce nom qui fait ta gloire, ce nom qui porte l'effroi dans l'ame des tyrans, sera le mot d'ordre qui nous ralliera pour les combattre.

» Nous ne prétendîmes pas le rendre plus célèbre en te faisant cette adresse : l'entreprise était au-dessus de nos forces ; seulement elle est le gage précieux de notre reconnaissance, et le tribut particulier de l'estime publique.

» Les membres du comité de correspondance.

» *Signé* MÉNARD, *président*; HARDY, *vice-président*; VICTOR, » FERON, LELARGE fils, et BEAUNIER. »

Lettre du citoyen J***, *à Robespierre.*

« Tous les braves Français sentent avec moi de quel prix sont vos infatigables efforts pour assurer la liberté, en vous criant par mon organe, *Béni soit Robespierre, le digne imitateur de Brutus!* Ils se reposent tous sur votre zèle incorruptible, et sur ce courage qui honore à tant de titres les nobles élans de votre ardent et généreux patriotisme.

» La couronne, le triomphe vous sont dus, et ils vous seront déférés, en attendant que l'encens civique fume devant l'autel que nous vous élèverons et que la postérité révérera, tant que les hommes connaîtront le prix de la liberté. *Signé* J***. »

Extrait d'une lettre adressée à Maximilien Robespierre, datée de Vesoul, le 11 *prairial de l'an* II.

« Représentant, vous respirez encore pour le bonheur de votre pays, en dépit des scélérats et des traîtres qui avaient juré votre perte. Grâces immortelles en soient rendues à l'Être suprême qui veille sur vos jours; il sait qu'ils sont précieux à la patrie, et veut que vous ne cessiez de lui consacrer vos travaux et vos veilles que lorsque la liberté n'aura plus d'ennemis. Voilà votre tâche écrite dans les livres du destin, elle est digne de votre grande ame. Puissent ces sentimens, qui ne sont que l'expression faible d'un cœur pénétré de reconnaissance pour vos bienfaits, me mériter quelque part à votre estime, etc. — *Signé* H*** *jeune*. »

Autre lettre à Robespierre.

« Digne représentant du peuple! quels travaux immenses, quelle marche rapide à l'immortalité! l'histoire ne peindra jamais assez parfaitement tant de vertus, de talens et de courage. J'en

rends grâce à l'Être suprême, il a veillé sur tes jours. — *Signé*
Saint-V*** aînée. »

*Extrait d'un mémoire adressé au citoyen Robespierre, membre du
comité de salut public et député de la Convention nationale, par
le citoyen Dupont, ci-devant commissaire des guerres, employé
dans le département du Nord.*

« A Omer, le 2 messidor, l'an 2.

» Robespierre, républicain vertueux et intègre, ferme appui et colonne inébranlable de la république française, une et indivisible, permets aujourd'hui qu'un vrai citoyen, pénétré de tes sublimes principes et rempli de la lecture de tes illustres écrits où respirent le patriotisme le plus pur, la morale la plus touchante et la plus profonde, vienne à ton tribunal réclamer la justice qui fut toujours la vertu innée de ton ame. Je fus nommé commissaire des guerres, il y a deux ans; j'en ai géré les fonctions pendant quinze ou dix-sept mois à peu près; mais l'envie, qui se plaît à répandre son venin sur les hommes, et qui emploie souvent les armes de la calomnie pour les terrasser et satisfaire par là sa noirceur et son atrocité, est venue m'arracher d'un poste que je remplissais avec probité et intégrité..... Des médisans ou des envieux de mon sort ont trompé sur mon compte l'opinion du représentant Guyot, qui a prononcé ma destitution, fondée sur mon défaut de connaissance dans ma partie. Tu sais, Robespierre, s'il faut être un Voltaire, un Rousseau, un Racine, un Robespierre enfin, pour exercer de pareilles fonctions. La vertu la plus nécessaire pour gérer fidèlement cette partie est, je crois, d'être probe, intact et honnête homme... Je t'invoque, citoyen représentant, au nom de cet Être suprême dont l'auguste Convention a reconnu la grandeur et l'immensité des pouvoirs, dont les chefs-d'œuvre, et les merveilles de la nature opérées chaque jour par son influence divine, attestent l'irrévocable existence; je t'invoque, au nom de la justice dont tu fus dans tous les temps le plus zélé des défenseurs : rends à la patrie un homme qui brûle de la servir utilement.... fais-moi, s'il est possible, rentrer dans mon premier poste, obtiens-moi un emploi aux armées ; tu n'auras pas à te repentir de ton bienfait, etc. — Signé Dupont. »

Jacques M***, membre du directoire du district de Montpellier, département de l'Hérault, à Maximilien Robespierre, membre du comité de salut public, auteur du rapport du 18 floréal.

« Ganges, le 14 messidor, l'an 2 de la République, etc.

» La nature vient de me donner un fils ; j'ai osé le charger du poids de ton nom. Puisse-t-il être aussi utile et aussi cher à sa patrie que toi ! mes vœux..... les vœux d'un père ne voient rien au-delà. — Salut et fraternité. Vive la République ! — *Signé* J. M***. »

Lettre du citoyen Dathé à Robespierre.

« Joigny, le 29 brumaire, an 2 de la République française, une et indivisible.

» Citoyen, je t'ai vu, l'année dernière, à côté des Mirabeau, Pétion et Rœderer, comme défenseurs du peuple français et père de sa liberté, et dans ce moment je ne vois plus que toi resté sain au milieu de la corruption, depuis l'époque de notre heureuse révolution ; et dans ce moment je me suis dit à moi-même : Robespierre a toujours été et sera regardé dans les siècles futurs, comme la pierre de l'angle du superbe édifice de notre constitution.

» Plaise à Dieu que, pour finir ton ouvrage, tu ne confies qu'à toi-même l'exécution de ton plan et de tes desseins. Quoique ta modestie rejette avec mépris toutes louanges superflues, reçois ces vers produits par les sentiments d'un cœur républicain, vrai et sincère :

L'amour de la vertu et de la liberté
Te fit mépriser l'or, pour sauver la patrie
Contre tes faux collègues, soutint avec fierté
Les droits sacrés de l'homme, en dépit de l'envie.

» *Signé* Dathé, *ancien maire de Vermanton, en Bourgogne.* »

Autre lettre du citoyen P**.

« Paris, le 26 floréal de l'an 2.

» Admirable Robespierre, flambeau, colonne, pierre angulaire de l'édifice de la république française, salut. Je ne suis qu'un simple individu qui relève d'une grande maladie ; et dans mes rêves l'ardeur de mon patriotisme a produit dans mon imagination un moyen de défense contre nos ennemis, que je regarde comme infaillible et capable de les renverser ou de les arrêter sur cul, surtout dans les combats sur mer. Comme j'en fais un secret... (L'auteur se borne à demander un rendez-vous à Robespierre pour le lui communiquer.) — *Signé* P**. »

*Lettre du citoyen La B*** à Robespierre.*

« Paris, le 5 thermidor, l'an 2 de la République, etc.

» Tu te rappelles, mon cher Robespierre, le plaisir que j'avais à propager tes lumières. Tous tes plus beaux ouvrages sont, en entier, dans mes journaux, et ton nom est répété mille fois dans mes treize volumes révolutionnaires. Je n'ai point changé, je suis toujours le même, et à preuve,

» Robespierre ! te le dirai-je ! le malheur et l'indigence m'accablent. Je voudrais te voir, te parler ; me repousseras-tu de ton sein. Non, tu aimes trop les patriotes ; et, à ce titre, je puis tout obtenir de toi. Qui sait ? peut-être que je t'apprendrai ce que tu ne sais pas.

» Demain, j'irai chez toi savoir l'heure et le moment où je pourrai t'ouvrir mon cœur. — *Signé* LA B***.

» *P. S.* Lis mon mémoire au comité de salut public, je t'en prie. »

*G***, rédacteur en chef de l'article Convention nationale du Moniteur, au citoyen Robespierre.*

« Paris, le 18 juin 1793, l'an 2 de la République, etc.

» Citoyen, plusieurs personnes m'ont fait craindre que votre motion de dimanche dernier ne tendît à une proscription générale des feuilles publiques. Quoique je ne puisse croire qu'une feuille aussi utile que la nôtre puisse avoir été l'objet de votre proposition, au moment où des lettres des commissaires de la Convention attestent qu'elle a principalement et essentiellement contribué à éclairer l'opinion d'un grand nombre de départemens sur la révolution du 2 juin, je vous prie de me communiquer fraternellement les reproches que vous pourriez avoir à nous faire. Souvent on attribue à l'intention ce qui n'appartient qu'à l'erreur. L'écrivain le plus dévoué à la cause du patriotisme est sujet à être accusé, souvent on le soupçonne pour la plus légère omission, parce qu'on ne songe pas combien il est difficile qu'un travail aussi rapide et aussi compliqué que le nôtre atteigne toujours à une entière perfection, surtout lorsque avec des matériaux immenses on est forcé de le circonscrire dans les limites d'une feuille d'impression. Il n'y a que deux mois qu'on avait l'opinion qu'un journal devait également publier tout ce qui se dit dans une séance pour et contre; en sorte que nous étions forcés, sous peine d'être dénoncés, sous peine de perdre la confiance de nos abonnés, de publier les diatribes les plus absurdes des imbéciles ou des intrigans du côté droit. Cependant vous devez avoir remarqué que toujours le *Moniteur* a rapporté avec beaucoup plus d'étendue les discours de la Montagne que les autres. Je n'ai donné qu'un court extrait de la première accusation qui fut faite contre vous, par Louvet, tandis que j'ai inséré en entier votre réponse. J'ai rapporté presque en entier tous les discours qui ont été prononcés pour la mort du roi, et je ne citais quelques extraits des autres qu'autant que j'y étais indispensablement obligé pour conserver quelque caractère d'impartialité. Je puis dire avec assurance que la publicité que j'ai donnée à vos deux discours et à celui de Barrère, en entier, n'a pas peu contribué à déterminer l'opinion de l'assemblée et celle des départemens. Nous avons publié l'appel nominal de cette délibération avec la plus grande étendue. Il nous a occasionné 6,000 livres de frais; et vous avez dû remarquer que ce travail, fruit de mes veilles, a été rédigé dans le sens le plus pur, et que toutes les opinions qui concluaient à la mort du tyran ont été mises dans leur intégrité. Personne ne contestera non plus que le *Moniteur* n'ait rendu les plus grands services à la révolution du 10 août. Depuis plusieurs mois je fais les plus grands efforts pour détruire les préventions qu'auraient pu exciter contre nous quelques séances retouchées par Rabaut Saint-Etienne, l'hiver dernier et pendant mon absence. Il est connu que ce Rabaut n'a été attaché que pendant trois semaines au *Moniteur*. Nous l'en avons exclu, ainsi qu'un nommé His, qui rédige actuellement le *Républicain*, et nous allons changer de rédacteur pour la partie politique. Au reste, il suffit de jeter un coup d'œil sur nos feuilles, depuis un mois, pour voir qu'il n'est aucun journal qui ait plus contribué à culbuter dans l'opinion les intrigans dont le peuple va faire justice. Aussi avons-nous déjà perdu mille abonnés dans le Midi et dans la Normandie; aussi à Marseille a-t-on d'abord arrêté à la poste, puis brûlé le *Moniteur* en place publique. D'après cela nous croyons avoir quelque droit à l'indulgence et même à la protection des patriotes.

» *Signé*, G***. »

L'a*nat*** provisoire du district de Carismont, ci-devant Saint-Aignan, au citoyen Robespierre, représentant du peuple, membre du comité de salut public.

« Carismont, ci-devant Saint-Aignan, le 12 prairial, l'an 2 de la République française.

» J'ai été saisi d'horreur en apprenant les dangers que tu as courus : rassure-toi, brave républicain, l'Être suprême dont tu viens de prouver l'existence veille sur tes jours; ils seront conservés malgré tes ennemis nombreux, et la République sera sauvée.

» On t'a tendu un piége en t'offrant pour demeure le palais national : garde-toi de l'accepter. On ne peut être ami du peuple et habiter un palais. Il est d'autres moyens de conserver tes jours. *Signé* D***. »

Lettre du citoyen D*** à Robespierre.

« Paris, le 14 messidor, l'an 2 de la République, etc.

» Citoyen, l'administration du district de Grandvilliers, département de l'Oise, m'a nommé commissaire pour présenter sa pétition au comité des subsistances, dont ce district a un besoin des plus urgens. Je n'ai pas hésité à accepter cette nomination et à faire ce voyage pour coopérer, autant qu'il est en moi, au bien général, et dans le doux espoir de revoir en toi un ancien camarade de classe, dont mon cours doit s'honorer, et dont en mon particulier je me fais gloire.

» Tes efforts pour le bien public dont tu es le vif ami, et dont les ennemis ne voient en toi qu'un zélé persécuteur de leurs vices, ont fait craindre pour tes jours, et tu deviens, dit-on, peu accessible dans ce moment où tu cours des dangers, non pas par crainte, mais par le désir, je dirai même la nécessité, de conserver à la patrie son plus ferme soutien.

» Robespierre, tu ne refuseras pas à un de tes plus vrais amis le plaisir de te voir ; et procure-moi cet avantage ; je veux rassasier mes yeux et mon cœur de tes traits ; et mon ame, électrisée de toutes tes vertus républicaines, rapportera chez moi de ce feu dont tu embrases tous les bons républicains. Tes écrits le respirent ; je m'en nourris ; mais permets-moi de te voir.

» Ton ancien camarade de classe, depuis Tréguier jusqu'à Hériveau. *Signé*, D***, d'Amiens. »

Les sans-culottes Peys et Rompillon, président et secrétaire du comité de surveillance de Saint-Calais, au montagnard Robespierre, représentant du peuple et membre du comité de salut public.

« Saint-Calais, le 15 nivôse, l'an 2 de la République, etc.

» Robespierre, colonne de la République, protecteur des patriotes, génie incorruptible, montagnard éclairé, qui vois tout, prévois tout, déjoues tout, et qu'on ne peut tromper ni séduire, c'est à toi, homme éloquent et vraiment philosophe, c'est à toi que s'adressent deux hommes qui, sans avoir ton génie, possèdent ton ame tout entière. Viens au secours des patriotes de Saint-Calais. L'or, l'argent, les assignats, les soupers, la plus basse intrigue, tout est employé pour les opprimer et détruire la société populaire. Le triomphe des intrigans, des égoïstes, des modérés, est assuré ici, si tu es sourd à notre voix. L'oppression des patriotes est complète, si tu ne viens à leur secours. Écoute, voici une preuve de ce triomphe, de cette oppression, de l'intrigue et de la séduction.

» Tallecourt, le contre-révolutionnaire Tallecourt, déclaré suspect, et en état d'arrestation, et qui, par la fuite, a évité l'incarcération, est élargi provisoirement. Les deux frères de ce contre-révolutionnaire, en fuite, et par conséquent réputé émigré, ont surpris la religion de deux patriotes, sur la foi desquels Garnier de Saintes a prononcé un élargissement provisoire. Nous pensions qu'au moins, avant tout, le comité de surveillance aurait dû être consulté. La raison et la loi veulent qu'avant un jugement, même provisoire, les deux parties soient entendues. Quel effet doit avoir la loi révolutionnaire ? Est-ce de condamner les opérations des comités de surveillance, sans les consulter ni les entendre ! Non, nous ne le pensons pas; car autrement il faudrait abandonner une fonction qui ne servirait qu'à rendre coupable celui qui l'exercerait avec le plus grand zèle et la plus austère intégrité.

» Quoi qu'il en soit, cet élargissement provisoire, qui a surpris ce comité, fait le triomphe et la joie des riches, des ennemis de l'égalité et du sans-culotisme. Tallecourt a reparu triomphant, orgueilleux et menaçant. Que ceux-là, dit-on, qui l'ont fait incarcérer prennent garde de l'être eux-mêmes !

» Qu'induire de ce langage dont rit un sans-culotte qui a juré de vaincre ou de périr pour la République ? C'est qu'il y a ici la montagne et la plaine ; c'est qu'il ne faut rien moins ici que des journées pareilles à celles des 31 mai, 1er et 2 juin, pour déjouer et rompre les complots patriotiques. Mais malheureusement le peuple calésien n'est pas à la hauteur du peuple parisien, et douze à quinze hommes seulement, sur lesquels tu peux compter comme sur toi-même, composent ici la montagne. Le reste est trompé, séduit, égaré, corrompu, entraîné; et l'esprit public, perdu par l'or et l'intrigue des honnêtes gens : enfin la plaine de Saint-Calais nous persécute comme la plaine de la Convention te persécuta, toi, Marat et autres montagnards.

» Le moyen de faire triompher les patriotes et la société est dans les mains du représentant qui doit venir nous épurer. Il doit ne connaître, ne voir qu'elle, ne manger qu'à la table des sans-culottes, ou ne manger chez personne. Tous les riches sont ici les partisans de Tallecourt, qui est riche lui-même. L'épuration, bonne ou mauvaise, dépendra de ceux dont le représentant s'environnera. Il doit écarter de sa personne tous les riches. Le triomphe de Tallecourt leur fait, dit-on, former des vœux pour que Garnier vienne ici. Pour nous, vienne qui voudra, la montagne de Saint-Calais l'attend, et ne craint rien, pas même les préventions, qui disparaissent toujours au flambeau de la vérité : ainsi donc le triomphe de Tallecourt sera de courte durée. Mais si, par une fatalité attachée à la fragilité humaine, les patriotes succombaient, nous volerons à la Convention en demander justice. Tu nous écouteras, Robespierre, et tu jugeras.

» *Signé*, Peys, *président*, et Rompillon, *secrétaire*. »

Extrait du discours prononcé le 12 prairial de l'an second républicain, à une séance extraordinaire de la société populaire de Strasbourg, par le citoyen Lesp***, président de cette société.

« Le 31 mai 1793 (vieux style), dont ce jour est l'anniversaire, sera mémorable dans les fastes de la révolution française. Des députés infidèles, d'accord avec des généraux perfides, ne cessaient de conspirer contre la liberté, contre l'unité de notre République, contre le peuple français ; mais une sainte indignation embrasa de nouveau l'ame des Parisiens : ils se levèrent. Les principaux conspirateurs pâlirent ; ils furent arrêtés, et bientôt, au nom de la loi, ils expièrent sur l'échafaud leurs attentats contre la souveraineté nationale.

» A compter de cette belle et fameuse époque du 31 mai, on est en droit de dire que les dignes représentans qui siégeaient sur la montagne respirèrent seulement. . . . .
Homme méchant, ou tout-à-fait matériel ou stupide, tu ne me croiras pas si je t'annonce que Dieu et avec lui la liberté, l'égalité, la fraternité et toutes les vertus remplissent tous les espaces et servent d'égide à l'homme qui les aime et qui sait les défendre! Tu ne me croiras pas si je t'annonce que le gouffre d'une mort

ignominieuse est sous les pieds des impies qui les méconnaissent, et qu'il va s'entr'ouvrir !

» Robespierre l'aîné et Collot-d'Herbois, législateurs si chers aux Français, ne devraient pas exister dans ce moment, d'après les résultats ordinaires des actions morales. Collot-d'Herbois particulièrement, qui l'a sauvé? Un monstre, le même payé par Pitt pour tuer aussi Robespierre, arrête Collot-d'Herbois à une heure après minuit, tire sur lui à brûle-pourpoint deux coups de pistolet : ils font long feu; l'un cependant part assez vite, et le plomb mâché qu'il renfermait ne l'atteint pas. Qui l'a sauvé? Qui a sauvé encore Robespierre, le faisceau de toutes les vertus qu'ils adorent et qu'ils propagent avec courage? l'Être suprême! D'un autre côté il protége visiblement la République, et il a voulu, dans cette occasion, lui épargner des pleurs éternels.

» Allons, citoyens, allons dans son temple où l'on célèbre aujourd'hui dans cette commune la fête du 31 mai : allons jurer de surveiller, plus que jamais, les conspirateurs, les assassins et les traîtres.... Nous dirons à l'Être suprême : Reçois notre profonde gratitude : tu as conservé au peuple français et au genre humain deux de leurs amis courageux et éclairés, etc. — *Signé*, Lesp***.

Lettre anonyme à Robespierre.

« L'arrêté du comité de salut public, concernant la commission populaire, est révoltant par son injustice et son atrocité. Il veut que cette commission, d'ailleurs très-mal composée, condamne à la déportation les détenus suspects, c'est-à-dire innocens, ou, ce qui est la même chose aux yeux de la loi, non convaincus et même non accusés d'aucun délit. Et voici un exemple de ce que je dis :

» Je connais un malheureux père de famille qui est en prison depuis six mois, par ordre du comité révolutionnaire de sa section? Pourquoi y est-il? Parce que ce comité l'a trouvé suspect. Et pourquoi l'a-t-il trouvé suspect? Parce qu'ayant des affaires très-urgentes dans son pays il demandait un passe-port pour y aller. Le comité le remit au lendemain ; le lendemain, ce comité parla encore de remise ; mon homme dit ce qu'il put pour l'éviter, et par là montra l'impatience de partir. Alors un des membres du comité, avec lequel il s'était trouvé en opposition d'opinion, dans une assemblée de la section, et qui est un ancien portier, dit à ses collègues : « Ce citoyen est trop pressé de quitter Paris, pour qu'il n'ait pas quelque chose contre lui. Il m'est suspect ; je suis d'avis que nous le foutions en prison », et on l'y foutit à l'instant. Eh bien ! cet homme qui gémit dans les fers depuis six mois, parce qu'il a demandé un passe-port, et qu'il a trouvé un ennemi au comité, peut être condamné à la déportation par la commission, sans autre motif que celui qui l'a fait incarcérer ; car il n'y a absolument rien sur son compte. Et, pour combler la mesure de l'iniquité et de l'atrocité, le même arrêté, qui donne à la commission le pouvoir effrayant de condamner arbitrairement des gens qu'on ne peut accuser devant aucun tribunal, lui défend d'acquitter et de mettre en liberté ceux qu'elle trouvera innocens !

» Tibère, Néron, Caligula, Auguste, Antoine et Lépide imaginèrent-ils dans leurs fureurs cruelles quelque chose d'aussi horrible ? Non, grand Dieu ! On nous mène ainsi en parlant de liberté, de vertu, de justice et probité ! Mais êtes-vous donc tous frappés de vertige, ou bien, comme je l'ai entendu dire même à quelques-uns de vos collègues montagnards, et comme on le pense généralement, allez-vous à la contre-révolution par la même route qu'Hébert et Chaumette, par les excès ?

Lettre anonyme à Robespierre.

(Le timbre de l'ancien *comité de salut public*, dont elle est frappée, annonce qu'elle a passé sous ses yeux.)

« Robespierre ! Robespierre ! ah ! Robespierre, je le vois, tu tends à la dictature, et tu veux tuer la liberté que tu as créée. Tu te crois un grand politique, parce que tu as réussi à faire périr les plus fermes soutiens de la république. C'est ainsi que Richelieu parvint à régner en faisant couler sur les échafauds le sang de tous les ennemis de ses projets. Richelieu, sans doute, était un grand politique; plusieurs fois on tenta de renverser sa fortune : on ne réussit jamais. Pourquoi? c'est qu'on n'était pas assez assuré, assez persuadé de la grandeur de son génie, contre lequel devaient se briser tous desseins formés contre lui; mais un seul homme qui n'eût point cherché à faire assaut de ruse, à contreminer sous ses pieds, un seul qui ne se fût point amusé à vouloir dénouer ces nœuds difficiles, mais eût d'un seul coup tranché la difficulté sans craindre la mort, eût mis à bas, renversé, terrassé ce colosse de ruse, de génie, de pénétration et de politique. Voila le moyen, le vrai moyen de vaincre le génie et l'habileté des politiques tyrans. Eh bien! Robespierre, tu as prévenu Danton, Lacroix, etc., tous les plus fermes appuis de la liberté. Tu te crois un grand homme, et tu te crois déjà triomphant : mais sauras-tu prévoir, sauras-tu éviter le coup de ma main, ou celui de vingt-deux autres, comme moi, *Brutus* et *Scévola* déterminés? Oui, nous sommes déterminés à t'ôter la vie et à délivrer la France du serpent qui cherche à la déchirer, à la mettre dans les fers, à faire périr la plus grande partie de tes frères de misère et de faim. Tyran, nous connaissons tes projets; nous savons tes arrangemens; mais tremble! tremblez tous, nouveaux décemvirs! des vengeurs de la patrie sont prêts à faire couler votre sang. Environne-toi de gardes, de satellites, de noirs et d'esclaves; je serai parmi eux, n'en doute point. Trente fois, déjà, j'ai été près de t'enfoncer dans la bouche mon poignet empoisonné, mais je préfère, nouveau *Brutus*, de partager cette gloire avec d'autres que j'ai vus pleurer sur le sort des malheureuses victimes de ta rage. Oui, la France va être délivrée du plus rusé tyran qui fut jamais; de l'auteur de tous nos maux, par de véritables patriotes, dont la plus grande partie ont leurs enfans sur la frontière, combattant pour la liberté.

« Malheureux, tu as vendu ta patrie! tu déclames avec tant de force contre les tyrans coalisés, contre nous, et tu veux nous livrer à eux! tu leur as vendu notre sang, notre or, nos vivres, nos provinces, pour ton ambition enragée de régner sur vingt lieues de pays; tu leur promets de nous faire égorger les uns après les autres, et, pour comble de rage, les uns par les autres! Que t'avons-nous fait? ne sommes-nous pas tes frères, tes collègues et tes amis?..... Ah! scélérat, oui tu périras et tu périras de mains desquelles tu n'attends guère le coup qu'elles te préparent. As-tu bien songé au crime affreux que tu as promis? quoi! nous faire périr, tous périr les uns après les autres, tes collègues, toutes les autorités, et jusqu'au peuple même; les uns par le fer, les autres dans les prisons, et la plus grande partie par la faim! Quoi! réduire la France à deux millions d'hommes, et c'est encore trop, as-tu dit! quoi! entretenir une guerre défensive pour faire périr tous nos soldats, les uns après les autres, par le feu des despotes que tu feins de tant haïr! quoi! faire de la France un vaste cimetière en proposant des lois dures dont l'enfreinte, à chaque instant, fera périr le peuple! Dis-moi, est-il un tyran dans l'histoire, plus tyran que toi?.... et tu ne périras pas! et nous ne délivrerons pas notre patrie d'un tel monstre! nous mourrons tous, s'il le faut, mais tu n'échapperas pas. Crois-moi, Robespierre, il en est temps encore, repens-toi, renonce à tes desseins. Je t'ai aimé autrefois, parce que je t'ai cru républicain; je t'aime encore comme malgré moi-même; mais crains un amour jaloux, un amour en fureur qui ne te pardonnera pas si tu oses porter tes pas plus loin. Songe à l'avis que je vais te donner, si tu conserves encore quelque reste d'amour pour la patrie : depuis 1789, tu n'as pas encore pu vivre simple particulier; eh bien! commence à vivre l'égal de presque tous les Français, c'est un sacrifice que tu dois faire à la patrie, à la défiance publique. On peut se passer de toi; assez d'autres sauront défendre la liberté : si ton ambition ne peut s'y résoudre, va, tu n'es qu'un traître, et tu dois périr. O vous, ses malheureux collègues au comité, tremblez de favoriser ses projets! il est plus fin que vous; élevé à la souveraine puissance, il vous sacrifierait : un tyran connaît-il des amis? vous lui auriez rendu de trop grands services pour qu'il ne vous haït pas. Une fois maître, il ne songerait plus qu'à se défaire de ceux qui l'auraient aidé. Mais non, il n'y parviendra pas; j'en jure par la liberté, il n'y parviendra pas;

le traître périra. Robespierre, songe à toi, tes projets sont éventés ; nous venons tous d'écrire, en forme de circulaire, une lettre toute semblable à celle-ci, à toutes les sections de Paris, dans la personne des ames vraiment républicaines ; on gardera jusqu'à ce que tu sois décidé..... Mérite encore une fois l'estime publique, ou c'en est fait du plus grand des traîtres. »

Lettre anonyme trouvée dans les papiers de Robespierre.

« Où est D....., M....., l'infâme M.....? où sont les autres ? Vous êtes encore, D....., S....., Ch....., lâches et vils meurtriers !

« Tu es encore, tigre imprégné du plus pur sang de la France..., bourreau de ton pays, furie sortie du tombeau d'un misérable rég....., moins coupable que toi ! tu es encore ! Écoute ! lis l'arrêt de ton châtiment. J'ai attendu, j'attends encore que le peuple affamé sonne l'heure de ton trépas ; que, juste dans sa fureur, il te traîne au supplice..... Si mon espoir était vain, s'il était différé, écoute, lis, te dis-je : cette main qui trace ta sentence, cette main que tes yeux égarés cherchent à découvrir, cette main qui presse la tienne avec horreur, percera ton cœur inhumain..... Tous les jours je suis avec toi, je te vois tous les jours ; à toute heure, mon bras levé cherche ta poitrine..... O le plus scélérat des hommes, vis encore quelques jours pour penser à moi ; dors pour rêver de moi ; que mon souvenir et ta frayeur soient le premier appareil de ton supplice !

« Adieu..... Ce jour même, en te regardant, je vais jouir de ta terreur. »

Lettre anonyme à Robespierre, sans date de lieu ni d'époque (1).

« Sans doute vous êtes inquiet de ne pas avoir reçu plus tôt des nouvelles des effets que vous m'avez fait adresser, pour conti-

---

(1) Cette lettre étant la seule pièce écrite produite par ceux qui ont accusé Robespierre d'être un conspirateur royaliste, nous avons cru devoir la conserver. Il suffit, au reste, d'en lire l'intitulé et le contenu pour se convaincre qu'elle est fabriquée. *Note des auteurs.*)

nuer le plan de faciliter votre retraite dans ce pays. Soyez tranquille sur tous les objets que votre adresse a su me faire parvenir, depuis le commencement de vos craintes personnelles, et non pas sans sujet. Vous savez que je ne dois vous faire de réponse que par notre courrier ordinaire; comme il a été interrompu dans sa dernière course, cela est cause de mon retard aujourd'hui. Mais lorsque vous le recevrez, vous emploierez toute la vigilance qu'exige la nécessité de fuir un théâtre où vous devez bientôt paraître et disparaître pour la dernière fois. Il est inutile de vous rappeler toutes les raisons qui vous exposent; car le dernier pas qui vient de vous mettre sur le sopha de la présidence, vous rapproche de l'échafaud, où vous verriez cette canaille qui vous cracherait au visage, comme elle a fait à ceux que vous avez jugés. Égalité, dit d'Orléans, vous en fournit un assez grand exemple. Ainsi, puisque vous êtes parvenu à vous former, ici, *un trésor suffisant* pour exister long-temps, ainsi que les personnes pour qui j'en ai reçu de vous, je vous attendrai avec grande impatience, pour rire avec vous du rôle que vous aurez joué, dans le trouble d'une nation aussi crédule qu'avide de nouveautés..... Prenez votre parti, d'après nos arrangemens; tout est disposé. Je finis, notre courrier part, je vous attends pour réponse.

Lettre anonyme d'un ex-constituant, trouvée dans les papiers de Robespierre.

« Nantes, le 30 ventôse, l'an 2.

« Nous commençons enfin à entrevoir la fin de la Vendée. L'arrestation de Ronsin et Vincent, et leur prochain supplice feront plus que les armées. Depuis deux mois, les bons citoyens n'attribuaient qu'à ces deux scélérats la résurrection de cette affreuse guerre; ils gémissaient en secret sur l'aveuglement du comité de salut public. L'espoir renaît enfin, et bientôt nous pourrons, libres de toutes inquiétudes du côté de la Vendée, tourner toutes nos pensées et nos forces vers nos ennemis extérieurs; ainsi les malveillans du Morbihan ne fonderont plus d'espérance sur leurs auxiliaires de la Vendée ; ainsi sera détruit ce chancre politique qui dévore chaque jour tant d'hommes.

» Ton ame sensible frémirait d'horreur au récit des mesures exécutées dans les cantons paisibles des départemens insurgés. Les ordres du comité de salut public ont été méprisés. Tout, tout, sans exception, est incendié, massacré, dévasté. Des villes, des bourgs, des villages habités par des patriotes ont disparu, et le fer a achevé ce que la flamme épargnait ; c'est ainsi qu'on a ressuscité la Vendée. Elle était finie par la prise de Noirmoutier ; mais Ronsin et Vincent ne le voulaient pas. Ils l'ont recréée en forçant les paysans dont un grand nombre rapportaient leurs armes, à se réunir aux brigands pour éviter la mort.

» Il ne tient qu'au comité de salut public de finir enfin cette affreuse guerre. Qu'il ordonne l'exécution de ses premiers plans, qu'il mette un terme aux incendies, aux meurtres, aux horreurs qui souillent ce pays, et je jure que dans quinze jours tout sera fini.

» Tu sens combien, à la veille de commencer une campagne d'où dépend le sort de la République, il est important d'étouffer les mouvemens intérieurs. Eh bien que la Vendée finisse, et la paix règnera partout ; elle est le foyer et l'espoir de tous les mécontens ; détruisez-la, vous en êtes les maîtres.

» A côté de plusieurs erreurs dans le rapport de Philippeaux sont de grandes vérités. Quelques-unes sont justifiées par les derniers événemens. Il y a long-temps qu'ici Ronsin et Vincent étaient désignés comme des traîtres.

» Tels sont, Robespierre, les avis d'un vétéran de la révolution qui a partagé tes travaux pendant trois ans.

» Adieu. Vive la République ! Le comité de salut public peu la sauver ; mais qu'il commence par détruire la Vendée encore redoutable malgré les faux rapports. »

Lettre de la sœur de Mirabeau à Robespierre.

« Ce 30 germinal, l'an 2 de la République.

» Cher Robespierre, ne crois pas que l'intérêt me domine jamais. Je propose au comité de salut public de me rendre utile, en apprenant à lire, écrire, travailler, la musique ; enseigner dans le *Catéchisme de la nature*, l'*a, b, c,* qui a été présenté à la Convention. J'assiste sans cesse aux séances ; c'est un code d'instruction qui nourrit le cœur et l'esprit ; de là je vais aux Jacobins. Les principes de vertu que tu exprimes autant dans tes paroles que dans des actions m'ont fait concevoir le projet d'instruire les enfans *gratis*. Je ferais tort à des officiers, à des femmes de la patrie.... Non, citoyen, l'or ne me corrompra jamais ; tu peux croire que j'aimerais mieux mourir de misère pour la vertu, cela n'est pas déshonorant ; mais l'or, corrompu par le vice, prend une acrimonie qui empoisonne la conscience et les mœurs. La Grèce a été perdue par le luxe. Les Romains étaient vertueux, ils menaient une vie frugale ; l'ame s'agrandit par la fatigue, s'endurcit au vice et se renouvelle à la vertu. Mon cher Robespierre, non, je ne te quitterai jamais ; ne crains pas cela ; j'aurai des vertus en suivant tes conseils et tes exemples ; et, loin de toi peut-être, un autre air que le sol que tu habites me perdrait. Non ; ferme et invariable, tu es un aigle qui plane dans les cieux ; ton esprit, ton cœur est séduisant ; l'amour du bien est ton cri d'armes ; le mien est que tu vives long-temps pour le bonheur d'une Convention que j'aime. Je me flatte que tu auras égard à ma demande. Je n'ai d'autre désir que de me rendre utile à la République que j'aime. Compte sur mon cœur.

» Je suis ta concitoyenne, qui te salue avec fraternité.

» *Signé* RIQUETTI. »

Au citoyen Robespierre.

Faciamus experientiam in anima vili.
(Ancien axiôme de médecine.)

» Monsieur, ce que j'ai eu l'honneur de vous écrire jusqu'à présent, ne prouve que mon désir d'être utile, et ne l'était peut-être pas ; mais j'espère que cette lettre vous intéressera davantage.

Lorsque j'ai su, le lendemain du massacre du Champ-de-

Mars, qu'on amenait en prison par douzaines, des citoyens honnêtes qui n'avaient fait que gémir sur leurs parens et leurs amis égorgés, je devinai facilement qu'on voulait motiver le massacre sur des torts apparens, et qu'on essayait de violentes arrestations sur des citoyens sans appui, pour parvenir par degrés aux citoyens qui ont quelque influence dans les affaires publiques par leur opinion. *Faciamus experientiam in anima vili*, est la marche ordinaire des tyrans.

» Il y a ici soixante-quatre motionnaires, et il n'y en a pas un seul dont je ne sache les affaires aussi bien que lui-même. S'il m'était permis de vous écrire tous les motifs de leur emprisonnement, il vous serait difficile d'y ajouter foi : pas un seul n'a mérité vingt-quatre heures de prison; et je m'imaginais bonnement qu'ils seraient au moins mis en liberté, sur requête provisoire, aussitôt qu'ils auraient été interrogés par le juge de l'Abbaye.

» On les a interrogés; et, personne n'étant élargi, j'ai compris qu'il y avait une autorité ultérieure qui gênait la justice dans ses fonctions les plus sacrées. Ma conviction a été entière lorsque j'ai lu dans le journal la pétition très-inconstitutionnelle des juges de l'Abbaye à l'assemblée nationale, et l'attribution encore plus inconstitutionnelle qui leur a été accordée; mais, passant sur cet article, j'observe seulement que le président du tribunal a dit formellement qu'il y avait dans les dépositions faites au sujet du Champ-de-Mars une suite de faits qui annonçaient une intrigue préparée et suivie dont il est essentiel de suivre le fil, et qu'il y avait plus de deux cents personnes à décréter.

» Oui, monsieur; je puis certifier devant Dieu et devant vous que c'est un mensonge abominable, que ce fil d'intrigue commun à tous les gens arrêtés. J'en connais plus d'un grand tiers, soixante-quatre sur cent cinquante; je connais les plus coupables, puisque j'ai sous les yeux ceux qui sont décrétés, et il n'y en a peut-être pas un seul qui ne soit un être très-isolé et très-peu au courant des affaires. Presque tous n'ont été arrêtés que pour quelques mots tout au plus imprudens, lâchés devant leurs voisins ou à la vue des cadavres qu'on apportait du Champ-de-Mars ; beaucoup n'ont pas même dit ce que les mouchards leur ont fait dire ; et quelques-uns, brutalement traités par la garde nationale pour des attroupemens de voisinage à leur porte, n'ont pas même répliqué comme un citoyen libre peut le faire. C'est pitié que de voir sous quels prétextes on a emprisonné tant de gens honnêtes.

Je ne les connais pas, me dira-t-on ; ils me mentent... Non, non, ils ne m'ont pas menti. J'ai vu le procès-verbal d'arrestation d'un très-grand nombre d'entre eux, et les procès-verbaux m'ont eux-mêmes appris deux grandes vérités qu'il faut vous exposer.

C'est que la plupart de ces procès-verbaux sont ordinairement rédigés, avec un dessein de nuire, en paroles ambiguës ; et il est très-évident qu'on a profité de l'ascendant qu'a un commissaire sur des citoyens troublés pour leur faire dire en mots vagues ce qu'ils n'ont jamais voulu dire. Dans un de ces procès-verbaux on a transformé un pauvre perruquier allemand qui n'entend ni ne parle français, qui est d'ailleurs aussi bête qu'on puisse le désirer, et tombant du mal caduc qui l'abrutit encore, en motionnaire dangereux et incendiaire. *Crimine ab uno disce omnes.*

» La seconde vérité qui résulte de tout ces faits, c'est qu'on veut faire une monstrueuse procédure sur cette affaire, comme celles des 5 et 6 octobre, afin d'atteindre, par des moyens détournés, à certaines personnes qu'il serait dangereux d'attaquer ouvertement. Cette procédure, divisée en trois ou quatre cents portions d'un grand tout, fournira des rapprochemens de dépositions insidieuses ; et il suffira que dans le nombre des accusés on ait fait glisser quatre ou cinq mouchards pour joindre habilement à leurs défenses des délations salariées qui servent à lier l'ensemble en donnant lieu à des inductions. Il faudrait supposer, me dira-t-on, que les juges soient des juges vendus à l'iniquité ; je n'ai garde de le penser, ni de le dire ; mais dans une procédure de cette espèce, il est si aisé de tromper les juges eux-mêmes, de les entraîner par la rigueur des formes, par un ensemble de témoignages achetés dont ils ne connaissent pas la source ! J'ai beaucoup connu un des juges d'instruction de l'affaire du 6 octobre, le plus intègre des hommes qu'on avait trompé à meilleur marché.

» Je ne prétends inculper ni soupçonner personne; je sais ce que je sais; et je ne suis pas dans une position à prouver ce que je sais ni comment je le sais. Ce que je dis n'est donc qu'une opinion; mais je me crois fondé à prédire que la procédure du Champ-de-Mars va devenir un nuage d'épouvante et d'effroi contre les bons citoyens.

» Mais comment faire pour y remédier, puisque cette poursuite a été décrétée par l'assemblée nationale? Je crois qu'il y aurait un moyen que je vous exposerai dans une lettre suivante.

» J'ai l'honneur d'être, avec un profond respect, votre très-humble et très obéissant serviteur. — *Signé* L......

Éloi Bohan au citoyen Robespierre.

« Ce 30 prairial, l'an 2 de l'ère républicaine.

« Citoyen, sauveur de la patrie, toi qui as tant de fois sauvé la République, toi qui as tant de fois exposé à la fureur des scélérats tes jours si précieux à la patrie; toi, dis-je, qui du sommet de la Montagne sainte as juré d'exterminer surtout les tyrans de la terre, achève donc, par un dernier effort, de purger cette terre sacrée de la liberté, tant de fois souillée par les agens du despotisme et de la tyrannie. Le fanatisme, ce monstre abominable qui a tant de fois répandu le sang de nos frères dans la Vendée, à Lyon, à Toulon et dans toute la République, ose encore lever la tête dans nos départemens, sans craindre les soins exacts de ma surveillance. Je suis, comme toi, né dans le département du Pas-de-Calais. Mon pays natal a éprouvé tous les plus grands orages que la malice des apôtres de la fable évangélique a su agiter dans cette commune, de manière que de douze cents ames de population une vingtaine se sont soumises aux principes de la révolution, sur lesquelles étaient trois de mes frères et nos père et mère.

» Nous étions nés de parens pauvres; mais nous avons la gloire d'avoir fait tant de sacrifices d'un temps qui nous était si précieux, qu'à l'aide de nos augustes représentans, nous avons soumis le reste de cette population rebelle aux principes révolutionnaires, de sorte que du premier au dernier chacun confesse publiquement son erreur, et crie de vive voix : Vive la République ! vive la Montagne ! écrasons nos tyrans ! Quel malheur pour moi de voir mes prosélytes me reprocher du fanatisme à cause de la variété du gouvernement dans le département de la Somme, que le représentant Dumont n'a pas mis à la hauteur des circonstances, comme le fait aujourd'hui le citoyen Lebon dans le département du Pas-de-Calais.

» J'ai été chargé de la surveillance dans notre commune, en qualité de président. Nos fonctions sont suspendues par la loi, à cause de notre petite population et du degré de parenté. Cependant, il serait urgent de continuer nos fonctions, pour faire marcher au pas tous ces hermaphrodites de la révolution.

» Considérant que vous avez décrété un calendrier républicain ; considérant que les départemens du Nord et du Pas-de-Calais ont terrassé les superstitions évangéliques, et que le département de la Somme veut conserver les signes insupportables du fanatisme : considérant enfin qu'un administrateur du district de Péronne voit dans le temple de la raison des autels, confessionnaux, cierges, croix et autres objets, sans faire tonner la foudre de la représentation nationale, je demande que les foudres de la Montagne éclatent dans un instant par toute la République, et viennent consommer tous ces abominables replis qui cachent pendant l'orage le signe dont nos aïeux ont été empoisonnés. Je te demande, citoyen, que tu invites la Convention à nous envoyer un décret formel que le décadi soit consacré au repos sous des peines très-sévères, et que les dimanches et fêtes soient consacrés au travail, sous les mêmes peines. Je demande aussi que les ci-devant prêtres qui sont chargés des exercices publics fassent publiquement abjuration de tout culte dans le lieu de leur résidence ; qu'ils soient mariés, si toutefois ils ne le sont pas, dans le temps de trois décades après la publication de la loi. Je demande ensuite d'être réintégré dans mes fonctions, ou que toutes les communes soient tenues de former des sociétés populaires, et tu verras la République marcher au pas républicain. Je te prie, citoyen, de me répondre à ce sujet. Je suis avec sincérité ton égal en droit.

Salut et fraternité. — Éloi Bohan, *ci-devant président du comité de surveillance de la commune d'A......., district de Péronne.* »

Deforgues, ministre de la guerre, à Robespierre.

« 14 germinal, an 2 de la République.

« Je suis en état d'arrestation; on m'a conduit cette nuit au Luxembourg. Vous le saviez, Robespierre, puisque vous avez signé le mandat d'arrêt. Je le savais aussi, et je l'avais annoncé hier soir à plusieurs de mes collègues. Vous me connaissez; vous avez toujours lu dans mon cœur; mes principes, ma conduite, mon caractère, tout vous est connu. Comment avez-vous pu même soupçonner que j'aurais pu un seul instant me démentir? Je me livre tout entier à l'examen le plus sévère. Qu'on me mette à ma place; qu'on ne me confonde pas avec les ennemis de la liberté. Vous m'avez vu, dans les temps les plus orageux, ferme et invariable, et, quoique simple particulier, complétement dévoué à la cause de la liberté; vous n'avez pas pu un seul instant en douter, vous n'avez pas pu douter davantage de mes sentimens pour vous; je vous ai toujours confondu dans mon cœur avec la liberté que vous défendez et que j'ai toujours défendue avec vous. Vous devez vous rappeler qu'à l'époque du Champ-de-Mars, vous avez craint un instant d'être la victime des massacreurs; vous vous rappellerez que je vous ai offert toutes les consolations et tous les encouragemens de l'amitié; que je vous accompagnerais partout, que je me placerais à la porte de votre prison, si on avait eu la barbarie de vous y conduire, que je m'enfermerais avec vous, que j'y périrais, s'il le fallait, ainsi que le petit nombre de patriotes de ce temps-là disposés à s'ensevelir avec la liberté. Je vous enverrai le tableau de ma vie entière, je le présenterai à l'examen le plus sévère; je n'avais jamais cru que je pourrais en avoir besoin. Consultez tous les témoins de ma conduite, tous ceux même auxquels ma franchise farouche aurait pu déplaire, qu'ils citent un seul fait, un seul sentiment que le patriotisme le plus austère ne puisse avouer. Votre suffrage m'est nécessaire; la privation de la liberté est bien moins pénible pour moi que l'idée que vous et quelques autres patriotes ont pu douter un instant de mes principes; mais vous n'avez pas pu en douter : non, j'en appelle à votre bon cœur, vous ne m'avez pas cru parjure à la cause de la liberté.

» Vous m'avez peut-être soupçonné de liaisons trop intimes avec Danton : je ne l'ai vu et connu que pour vous et par vous. Je ne l'ai pas vu quatre fois chez lui, avant d'être aux affaires étrangères; je ne l'ai vu qu'une seule fois depuis cette époque. Il n'est jamais venu chez moi que pour y dîner; je ne l'ai jamais vu en particulier; toujours il était accompagné d'hommes que l'on croyait attachés à la cause commune. Je ne l'ai jamais invité à y venir, que lorsque vous étiez vous-même invité, et toujours dans l'espérance que vous pourriez vous juger mutuellement, et anéantir ce que je croyais des préventions; beaucoup d'autres ont eu le même but. Vous vous y êtes prêté vous-même en plusieurs circonstances, et j'avais cru en voir résulter un très-bon effet pour la chose publique. Vous n'ignorez pas que, dans plusieurs occasions, je me suis chargé du rôle pénible de conciliateur. J'ai rencontré souvent des patriotes qui se déchiraient faute de se connaître. J'ai tenté de les rapprocher, et souvent j'y ai réussi. Je veux vous citer l'exemple de Barrère, qui vous jugeait avec beaucoup de sévérité, que vous ne le jugiez pas avec plus d'indulgence. Je vous ai peints l'un et l'autre tels que vous étiez, vous avez fini pour vous voir, vous apprécier, et vous combattez aujourd'hui avec succès sous les mêmes drapeaux. Barrère peut vous dire lui-même quels ont toujours été mes efforts pour réunir des patriotes qui se divisaient, et dont cependant la réunion était nécessaire au succès de notre cause. Par quelle fatalité arrive-t-il donc que mes intentions ont été si mal jugées? Pourriez-vous souffrir, Robespierre, que je fusse confondu avec les ennemis de la chose publique? Faites-moi venir au comité de sûreté générale, au comité de salut public; que l'on scrute toutes mes actions privées et publiques; je me dévoue à tous les tourmens et à l'ignominie si on ne me voit pas à tout instant n'agissant, ne respirant que pour la liberté. Je ne peux renoncer à votre ancienne amitié, parce que j'ai toujours mérité votre estime. Mettez-moi dans le cas de dissiper promptement le nuage affreux qui s'est élevé sur moi; je l'ai vu se former depuis plusieurs jours. Enfin hier je savais que l'orage devait éclater; je me suis bien donné de garde de m'y soustraire. La liberté m'est bien moins précieuse que l'estime des patriotes; donnez-moi des examinateurs sévères; que sans examen mon nom ne soit pas placé à côté de celui des traîtres. Simple particulier j'avais juré de mourir pour la liberté : homme public, mes fonctions m'ont doublement attaché à mon serment; je ne l'ai jamais trahi, jamais je ne le trahirai, tout autre sentiment est étranger à mon cœur, et vous en aurez pour garans tous ceux qui me connaissent. Vous devez être vous-même mon garant; vous l'avez été aux époques les plus intéressantes de ma carrière publique. Je me rappelais avec orgueil que lorsque je vous annonçai que le comité de salut public voulait me porter au ministère des affaires étrangères, vous vous écriâtes : Cela n'est pas possible! mais nous sommes donc sauvés? J'ai attribué, avec raison, cette exclamation à la confiance que vous aviez dans mon dévouement plus que dans mes talens. Vous avez pensé que le comité était dans les meilleures dispositions, puisqu'il plaçait au gouvernement des hommes dignes de votre estime et de votre amitié. Cette confiance seule a pu me décider à accepter un fardeau énorme qu'en toute autre circonstance j'aurais écarté. Jugez-moi donc, Robespierre, faites-moi entendre et juger; je ne demande votre estime et votre amitié qu'après cet examen. — *Signé* DEFORGUES.

« Communiquez ma lettre, je vous prie, à Barrère et à tous ceux à qui vous croirez devoir la faire connaître, et n'oubliez pas un ancien ami, et un patriote imperturbable. »

Gravier, juré du tribunal révolutionnaire, à Robespierre.

« Le 20 ventôse, l'an 2 de la République française.

« Citoyen, n'ayant d'espoir qu'en vous seul pour le salut de la patrie, je vais encore vous ennuyer un moment pour vous dire mon opinion et mes vues sur ce qui se passe actuellement, et les menées si souvent établies pour mettre le désordre.

» Repassez, je vous prie, les différentes motions faites depuis trois mois; l'on a commencé par celle où l'on disait que l'assemblée nationale avait rempli sa tâche, et qu'il fallait nommer les assemblées primaires, vu que la Convention ne devait que juger les tyrans et faire une constitution, ce qui était fait. Vous voyez bien que l'on voulait la dissolution de l'assemblée nationale. Vous avez vu la menée du pain, ensuite la dénonciation contre les membres absens, que le sieur Hébert n'a cessé de dénoncer le temps de leur absence; depuis, la manière dont ils ont travaillé le peuple pour le soulever; ce que l'on a prêché et dit pour jeter la défaveur sur vous tous patriotes : à l'affaire du citoyen Camille, les commis de la guerre tenaient des propos affreux aux Jacobins. Moi qui les suivais à la piste, je les entendais clabauder et dire qu'il serait guillotiné.

» Depuis la sortie du sieur Vincent, les cordeliers sont menés par eux, et vous connaissez les propos qu'ils ont l'horreur de tenir, tant à votre sujet que sur les autres membres des jacobins et des représentans du peuple. Vous avez vu que l'on a demandé que l'armée révolutionnaire fût portée à cent mille hommes, ce qui s'appelle la force départementale. Je vous dirai aussi, et je peux le prouver, que le journal du père Duchêne était envoyé avec tant de profusion à....., qu'aux commodités de l'auberge il y en avait au moins quatre cents exemplaires sans être coupés.

» Je vous dirai aussi que les meneurs prêchent de manger des pommes de terre; et eux font tuer et faire des provisions à sept, huit et dix lieues de Paris, et ils font entrer en détail chez eux, à Paris, ces provisions, de manière qu'ils ne manquent de rien. Faites faire des observations sur ces faits et vous trouverez le fil.

Je suis bien persuadé que la brave Montagne ne laissera pas toutes ces horreurs-là impunies. Ils ont profité de votre maladie pour faire tous leurs complots. Je sais qu'ils craignent votre santé pour déjouer leurs trames perfides et leur insurrection. Je vous demande pardon de vous importuner. Nous n'avons que vous pour faire triompher la liberté et le patriotisme. Tous mes désirs sont pour le prompt rétablissement de votre santé, ce que je vous souhaite du meilleur de mon cœur.

» Citoyen, salut et fraternité. — GRAVIER.

» P. S. Pardon de mon importunité et de ma mauvaise écriture. »

Le même au même.

« Le 15 pluviôse, an 2 de la République, une et indivisible.

« Citoyen, faites-vous rendre compte de la séance d'hier des Cordeliers, où il a été dit qu'il ne fallait plus reconnaître le comité de salut public, puisqu'il ne voulait pas terminer l'affaire de Vincent et Ronsin. Ces propos n'ont pas eu de suites : mais je crois qu'on cherche à avilir la Convention nationale ; si ce malheur-là arrivait nous serions perdus. Comme vous êtes notre sauveur, je vous fais part de ces événemens, afin que vous y mettiez remède.

» Je vous dirai aussi qu'il n'y a guère de jours que je ne voie des lettres écrites du département des Ardennes, qui est fort mécontent du citoyen Massieu, évêque de Beauvais, qui a épousé la fille du maire de Givet, qui s'appelle Leroy de Givet. Toutes ces lettres disent qu'ils font emprisonner tous les bons patriotes.

» Je m'imagine que vous en devez savoir plus que moi à ce sujet ; mais je vous fais part de ce que je vois, pour que nous évitions les malheurs qui pourraient nous arriver.

» Tous mes désirs sont d'être utile à ma patrie ; je fais tout ce que je peux sans intérêt.

» Je vois qu'il faut être sur ses gardes plus que jamais. Soyez bien persuadé que nos ennemis font tous leurs efforts pour nous faire du mal. — Salut et fraternité. — GRAVIER. »

Le même au même.

« Citoyen, voici une note où il se fait des rassemblemens de prêtres réfractaires et autres personnes suspectes au château de Vennest, département de la Meurthe, district de Toul, municipalité de Vennest. Il y a pour fondation dudit château le sieur Griveaux, ci-devant notaire à Paris; Griveaux son frère, ci-devant chanoine à Évreux; la citoyenne d'Auberville, ci-devant actrice de l'Opéra, ayant maison de campagne et maison de ville à Paris à elle appartenant; Catelan, ci-devant huissier-priseur à Paris; de Marion, ci-devant major de place. Ceux ci-dessus désignés sont le fond de la maison; les assistans sont prêtres, nobles, intrigans de tous les pays. Il est bon de vous dire qu'il a été envoyé dans les temps un nommé Thierry, par le pouvoir exécutif, à Nancy, qui a beaucoup aidé à fédéraliser ce département. Il a été renvoyé, quinze jours avant son départ, de l'administration de la justice, pour son incivisme, et à son retour il a été mis dans les bureaux de la guerre, chef, où il est encore.

» Je vous fait part de la personne de Combeau, ci-devant comte ou marquis; de la Chaise, chevalier de Saint-Louis, noble et ivrogne, tous les jours bien enviné, qui est rédacteur du Bulletin de la Convention nationale. Vous jugerez de l'homme et de sa rédaction.

» Je vous dirai aussi qu'il y a un nommé Vilpaille, ci-devant baron, officier des gardes du ci-devant Monsieur, et le plus grand intrigant de Paris, qui est toujours avec le genre suspect, court tous les groupes et toutes les femmes intrigantes. Il a été arrêté et mis à la Force, et est sorti sous la responsabilté de son sergent-major, qui est peut-être aussi suspect que lui; il loge maison du Cirque, rue ci-devant Richelieu; près celle des Petits-Champs.

» Il y a aussi un comte D...., qui est de Rouen, qui n'est pas trop *secundum*, au foubourg du Roule, qui court les rues de Paris. Vous savez ce que valent tous ces nobles.

» C'est sur la surveillance que vous nous avez engagés d'avoir, que je vous fais tous ces détails, et parce que je les crois utiles au salut de la patrie.

» Je vous fais part de tous ces faits, parce que je les crois tous nécessaires au bien de l'état; je suis plus que persuadé qu'aucuns de ces personnages ne sont les amis de la révolution.

» Salut et fraternité. GRAVIER. »

Bouchotte, ministre de la guerre, au citoyen Robespierre, représentant du peuple et membre du comité de salut public.

« Paris, le 4 frimaire, l'an 2 de la République, une et indivisible.

» Je t'envoie, citoyen représentant, copie d'une lettre d'Ysabeau, représentant, avec mes réflexions à mi-marge. Je te l'adresse, parce que j'ai ouï dire qu'il avait fait circuler ses idées, et même directement à toi. J'ai une grande répugnance à ces sortes de transmissions, je suis autant qu'il est possible insusceptible, et je me suis appliqué à éloigner des affaires toute discussion qui n'était pas commandée par le service public. Il attaque la guerre avec violence, et jamais il n'y eut d'administration plus tolérante; et je demande s'il y est né depuis sept mois une seule discussion d'amour-propre ou de chicane sur l'exercice du pouvoir; cependant nous sommes dans un temps où les points de contact sont continuels. Il se plaint d'Augé, adjudant-général : c'est un jeune homme ardent. Brune qui est là ne s'en plaint pas. Bonnefoi, à ce qu'il prétend, a une apostille de ma main; qu'il la montre. J'ai écrit à Tallien une lettre de ma main pour le mettre à même de comparer les écritures. Ni l'un ni l'autre n'ont répondu à cette invitation. Je ne me mêle de rien : l'on devrait en être assez convaincu. Absorbé par un très-grand travail hors de toute proportion, je n'ai pas même le plaisir, comme autrefois, de suivre toutes les ondulations de la révolution, et d'être ce qu'on appelle au courant. Il y a des patriotes ardens à la guerre, cela n'est pas étonnant, je les ai recherchés par la raison qu'il en manquait. L'on aurait voulu que je commandasse à leurs opinions, je ne le dois pas, qu'elles soient justes ou non : c'est au public seul à les juger. Souvent même je ne suis pas au fait de ce qui a été dit; je n'ai pas le temps de lire les papiers publics, que bien accidentellement. Si je t'importune de tout cela, c'est que je l'ai cru utile à la circonstance. Il en est peu qui aiment plus que moi le système populaire, et par cela même je n'aime guère ma place. Je ne suis venu que par dévouement, je ne suis resté que par ce motif. L'on doit croire que si l'on faisait un autre arrangement, ce ne serait pas moi qui réclamerais. — Salut et fraternité. — J. BOUCHOTTE.

C. Alex. Ysabeau, l'un des représentans du peuple délégués dans le département du Bec-d'Ambès, au citoyen Bouchotte, ministre de la guerre.

« Bordeaux, le 27 brumaire, l'an 2 de la République, une et indivisible.

» J'ai écrit à un jacobin de mes amis, qui est à Paris, pour lui faire part de l'indignation que je ressentais sur le projet formé dans les bureaux d'avilir la représentation nationale, et de contrarier dans toutes leurs démarches les montagnards envoyés dans les départemens. Il y a plus de six mois que j'ai connu ce projet. Je me suis tû, dans l'espoir de voir cesser cette lutte si désavantageuse aux intérêts de la République; mais, enfin, les choses sont portées trop loin aujourd'hui pour que le silence ne soit pas coupable.

» Il y a erreur de nom dans ta lettre. Ce n'est pas à Augé que tu as écrit, mais bien à Bonnefoi, ton agent supérieur (je l'écris comme il signe),

Une telle assertion sans preuves n'est rien.

J'ignore si quelques individus des bureaux ont eu des difficultés avec un représentant comme individu; mais il y a loin de là à chercher à avilir la représentation nationale.

Bonnefoi est agent supérieur du conseil exécutif pour le recrutement de trois cent mille hommes, en remplacement d'un autre nommé par Beurnonville. Il m'a été proposé par Poultier, député, qui m'a assuré qu'il était son ami depuis vingt ans; du reste, je ne le connais pas; et il n'a pas reçu de mes lettres.

Il est aisé de vérifier la fausseté de cette assertion, puisque j'ai écrit de ma main à Tallien, qui l'avait répétée afin qu'il pût comparer les écritures. J'avais écrit à Ysabeau pour lui demander copie de la prétendue lettre; il ne l'a pas envoyée.

Les lettres ont été sûrement répondues; car on répond à tout dans les bureaux, plus ou moins promptement.

Tout le monde a vu Dumas ici, et personne ne l'a jugé muscadin. Il a manqué quelques personnes pour entrer dans l'état-major: ceci ne se refuse pas ordinairement. J'ignore si ce sont là les muscadins dont on veut parler.

qu'à la suite d'une lettre d'un de tes adjoints, tu écris de ta main ce qui suit : *Sans la lâcheté des représentans du peuple à l'armée du Rhin, la guerre serait terminée.* Ton agent supérieur a montré cette lettre à qui a voulu la voir, parce qu'elle contient en trois pages emphatiques, écrites par ton adjoint, l'éloge le plus pompeux de ce Bonnefoi, qu'il appelle le sauveur et le libérateur de Bordeaux, où il est ignoré, pendant qu'il est aisé de prouver, par la correspondance de cet embryon au physique et au moral, qu'il n'a été dirigé ici que par les muscadins et les fédéralistes.

» Écoute, Bouchotte, tu es républicain ; Marat, qui m'aimait, m'a parlé de toi avec avantage : tu es digne d'entendre la vérité ; je vais te la dire.

» Comment se fait-il que tu n'aies pas répondu à une seule de mes lettres pendant sept mois que j'ai été député près de l'armée des Pyrénées-Occidentales?

» Pourquoi toutes nos nominations ont-elles été contredites ?

» Pourquoi, à la place des braves républicains que nous élevions en grade sur le champ de bataille, aux applaudissemens de l'armée, nous as-tu envoyé une fourmilière de muscadins ineptes, pétris d'orgueil et d'insolence autant que d'aristocratie, et qu'il a fallu destituer, et même enfermer? Pourquoi, loin de concerter de bonne amitié avec nous, qui sommes sur les lieux, des mesures salutaires, les bureaux prennent-ils à tâche de prendre littéralement le contre-pied de ce que nous combinons pour le salut de la patrie?

> Je n'ai jamais remarqué cette prétendue opposition.

» Que veux-tu que je dise quand je vois conférer des grades supérieurs, et qui demandent des guerriers consommés, à des imberbes sans capacité et sans talens, à qui leurs épaulettes et leurs broderies achèvent de tourner la tête?

» Par exemple, Augé, dont nous parlions, n'est-il pas adjudant-général et chef de brigade, chef de l'état-major et adjoint moral du ministre de la guerre? Deux lignes de titres à un jeune homme de vingt-deux ans, intrigant de profession, calomniateur par caractère!

> Augé est adjudant-général, chef de bataillon; il était capitaine lorsqu'il a été nommé. Les jeunes gens sont plus propres à servir la révolution que ceux qui sont pliés sous de vieilles habitudes, et le grade d'adjudant-général ne convient pas à un homme âgé, parce qu'il y faut beaucoup d'activité. Du reste, il n'a d'autre mission qu'une militaire.

> Cravey est plus âgé qu'Augé; la société populaire de la Tête-de-Busch l'a demandé.

» Par exemple, Cravey, même âge, adjudant-général comme l'autre, couvert de broderies d'or. Quel respect veux-tu que de pareils êtres inspirent? Quel chagrin pour d'anciens soldats criblés de blessures, d'être obligés d'obéir à des hommes qui ne commandent que le mépris?

» Aussi, voyant d'une part l'extrême réserve des représentans du peuple dans leur choix, et la facilité de tes bureaux, ils disent : On voit bien qu'il faut aller intriguer à Paris pour obtenir des grades.

» Que de traits pareils j'aurai à te citer quand tu me les demanderas ! Je te les dirai, car je suis homme vrai, n'ayant d'autre passion et d'autre intérêt que celui de la patrie.

Le nombre des agens est proportionné aux besoins et au travail qui survient, ce qui est accidentel.

» Tu inondes les départemens et les armées de tes agens ! fort bien ; ils pourraient être d'une grande utilité. Mais pourquoi, dans leurs instructions publiques et secrètes, ne leur est-il pas même recommandé de voir les représentans du peuple, et de se concerter avec eux ? par exemple, Cheval et Leclerc, que tu envoies à Bayonne pour purger l'armée sans l'aveu de mes collègues ? O honte de ma patrie ! ces hommes n'ont nulle espèce de connaissance... Si tu voyais un billet que j'ai d'eux, tu rougirais d'un pareil choix.

Leurs instructions portent de faire viser leur commission par les représentans.

On ne peut rougir que du vice, et non de ce qu'il n'a pas un beau style.

Si cela est, les plus coupables sont ceux qui ont eu connaissance de ces délits et ne les ont pas réprimés.

» Ce n'est pas tout : ces agens, ignorans et brutaux, ont usurpé le nom de représentans du peuple et en ont exercé les fonctions. Ils se sont fait rendre les honneurs suprêmes dus à la majesté nationale ; des villes entières sont sorties au-devant d'eux ; ils ont menacé de la foudre celles qui se refusaient à ces démonstrations. Si Beaudot est à Paris, demande-lui ce qui s'est passé à Castres, à Albi, dans l'Arriége, etc., avec deux de tes agens qui ne savent ni lire ni écrire !

Des forgerons sont très-convenables quand il s'agit de faire faire des piques.

» J'ai vu jusqu'à des forgerons, que tu as envoyés avec le titre de te

Quant aux entreprises dont on parle, celui qui en a eu connaissance devait les réprimer.

L'on ne prétend pas me rendre responsable de ce que peuvent dire ou écrire six cents employés qui sont dans les bureaux de la guerre. Il est bien possible à ceux qui n'ont pas fait un grand chemin en politique d'errer dans cette matière, sans avoir aucune mauvaise intention. Il y a long-temps que le système des deux pouvoirs est jugé par ceux qui sont attachés à la cause populaire; ils sentent bien qu'il n'en faut qu'un.

agens pour fabriquer des piques, avoir l'audace de destituer des municipalités, d'en créer d'autres, d'emprisonner des citoyens, d'en relâcher, de requérir à tort et à travers tout ce qui leur plaisait; et ces gens-là gagnent leur argent en te faisant écrire mille belles actions qu'ils n'ont point faites, et surtout en calomniant auprès de toi les montagnards représentans; et les flatteurs de tes bureaux d'applaudir et de se frapper les mains de joie!

» Crois-tu que cet état de choses puisse durer long-temps? Quelle serait donc cette autorité rivale qui prétendrait s'élever sur le seul pouvoir légitime? ou plutôt, y a-t-il deux pouvoirs en France? Non, dit le peuple; oui, disent les commis; car j'ai lu hier cette phrase de l'un d'eux : Il est temps que l'on trace la ligne de démarcation entre les deux pouvoirs. N'est-ce pas là le langage de la cour? Faudrait-il faire le siége de tes bureaux comme on a fait celui des Tuileries?

» Pardonne à ma franchise, ministre républicain. Je jure par la liberté, ma seule idole, que je ne t'ai rien dit qui ne fût vrai. N'écoute que ton cœur et sauve ta patrie des maux qui la menacent, et qui ont leur source dans l'intrigue et l'ambition de ceux qui t'entourent. Hâte-toi de réformer les abus que je te dénonce, et tu auras bien mérité de la République.

» Salut et fraternité.

» *Signé* C.-Alex. Ysabeau.

» Pour copie conforme,

» *Le ministre de la guerre,*

» Bouchotte. »

Lettre de J. Bouchotte à Robespierre, membre du comité de salut public.

« 5 prairial.

» Je t'envoie quelques réflexions qui viennent répondre aux objections que tu as pu entendre faire, et qui te mettront à même de faire connaître qu'elles sont sans fondement, lorsqu'il en sera question. Nous avons mis la probité à l'ordre du jour, et cependant on ne juge pas encore assez les hommes sur leur moralité.

» Salut et fraternité. *Signé* J. Bouchotte. »

Note.

« Lorsque je suis arrivé à la guerre, le public se plaignait que l'on ne se servait pas de patriotes. L'on m'a présenté Vincent et plusieurs autres qui avaient été écartés par Beurnonville; ils furent admis. L'opinion qu'il était patriote le fit recevoir, et cette opinion ne se perdit parmi les sans-culottes, que lors de la procédure qu'il a subie. Son exagération et son habitude de parlage éloignaient toute idée qu'il pût concevoir de mauvais desseins. Il était peu travailleur, et c'eût été un motif pour l'écarter, sans l'appui que les patriotes lui prêtaient, n'étant pas désabusés sur son compte, et le regardant pour bon citoyen. Renfermé tout le jour dans mon cabinet, livré à un grand travail, je ne pouvais acquérir par moi-même une opinion sur lui, je ne pouvais qu'avoir celle des patriotes qui ont été induits en erreur sur son compte.

» Après le 31 mai, le comité manifesta l'intention d'envoyer des papiers publics aux armées; des fonds furent mis à la disposition du conseil, qui en assigna pour cet objet. La feuille du *Père Duchêne*, le *Journal des hommes libres*, le *Journal universel* et plusieurs autres furent envoyés. Le but était d'empêcher les soldats de s'engouer de leurs généraux, et de leur présenter l'aristocratie sous les couleurs odieuses qui lui appartiennent. La feuille du *Père Duchêne* semblait destinée à ce but : les soldats ne virent que ces objets transcendans, et ne firent aucune attention à tout ce qui n'était pas cela. Aussi l'esprit des armées est-il resté bon, sans altération. L'on était loin de supposer les mauvaises intentions de l'auteur qu'on a découvertes, et que les patriotes n'ont connues que par la procédure. La feuille était généralement accueillie des patriotes ; les bataillons, les généraux, les représentans en étaient contens. Ce qui était même propre à rassurer, c'est que les représentans près les armées n'auraient pas manqué d'en supprimer la distribution, s'ils avaient reconnu qu'elle produisît un mauvais effet. L'on sent, d'après cela, que je n'aurais pu ordonner cette suppression, sans me mettre beaucoup de personnes à dos, et qu'il m'eût fallu un ordre supérieur pour cela.

» La nomination de Ronsin au généralat de l'armée révolutionnaire, ainsi que de son état-major, fut encore l'objet de l'opinion publique ; le comité, pour s'en assurer, envoya la liste aux Jacobins, où ils furent agréés.

» C'est donc l'opinion publique qui a consacré l'erreur pour ces trois hommes. Un fonctionnaire, dans son cabinet, ne peut savoir autrement la valeur des personnes. Il est par là-même sujet à être trompé ; l'essentiel est de s'assurer de sa moralité, et s'il a été trompé de bonne foi.

» Les députés qui m'ont proposé pour cette place connaissaient bien ma moralité, tout comme ma répugnance à y venir. »

FIN DU TRENTE-CINQUIÈME VOLUME.

TABLE DES MATIÈRES

DU TRENTE-CINQUIÈME VOLUME.

Note additionnelle au trente-troisième volume.—Réclamation de MM. Saint-Albin, p. v-xv. — Suite du procès de Fouquier-Tinville, p. 1-147.—Extrait de la procédure du comité révolutionnaire de Nantes, p. 147-171.—Mission de Maignet.—Commission populaire d'Orange, p. 171-219. — Affaire de Joseph Lebon, p. 219-369. — Saint-Just (notice, lettres, institutions républicaines), p. 269-516.—Lebas.—Correspondance inédite, p. 517-565.—Papiers de Robespierre, p. 566-469.

www.ingramcontent.com/pod-product-compliance
Lightning Source LLC
Chambersburg PA
CBHW050238230426
43664CB00012B/1739